PraxisWissen

Mann

Vertriebsrecht in Handel und Industrie

PraxisWissen

Vertriebsrecht in Handel und Industrie

von

Dr. Marius Mann, MBA, M. Jur. (Oxford)

Rechtsanwalt in Stuttgart

2017

C.H.BECK

Für Lena und Mathilda

www.beck.de

ISBN 978 3 406 71162 6

Wilhelmstraße 9, 80801 München

Druck: Druckhaus Nomos
In den Lissen 12, 76547 Sinzheim

Satz: Fotosatz H. Buck
Zweikirchener Str. 7, 84036 Kumhausen

Umschlaggestaltung: Bruno Schachtner Grafik-Werkstatt

Gedruckt auf säurefreiem, alterungsbeständigem Papier
(hergestellt aus chlorfrei gebleichtem Zellstoff)

Vorwort

Dieses Buch soll Arbeitshilfe und Nachschlagwerk für jeden sein, der im Rahmen seiner Tätigkeit mit vertrags- und vertriebsrechtlichen Fragestellungen in Berührung kommt. In erster Linie richtet sich das Werk damit als praxisorientierter Leitfaden an Vertriebsmitarbeiter, Einkäufer und Projektmanager. Zugleich soll es aber auch Unternehmensjuristen und Geschäftsführern die Arbeit erleichtern und Hilfestellung geben.

In die Darstellungen dieses Buches sind die praktischen Erfahrungen eingeflossen, die ich als Rechtsanwalt bei der jahrelangen Beratung von Vertriebs-, Einkaufs- und Logistikabteilungen sowie Mitarbeitern mit Führungsverantwortung und Geschäftsführern gesammelt habe. Dieses Buch hat den Anspruch, vor allem auch Personen ohne juristische Ausbildung einen schnellen Zugang zu den für sie wichtigen und häufig wiederkehrenden rechtlichen Fragestellungen zu ermöglichen. Die hervorgehobenen Praxishinweise sollen zudem die Anwendung des Dargestellten im Arbeitsalltag erleichtern. Hinweise und Verbesserungsvorschläge nehme ich gerne entgegen.

Stuttgart, im Juli 2017 Dr. Marius Mann

Inhaltsverzeichnis

Abkürzungsverzeichnis

AAA	American Arbitration Association
Abs.	Absatz
AcP	Archiv für die civilistische Praxis (Zeitschrift)
ADSp	Allgemeine Deutsche Spediteurbedingungen
AG	Aktiengesellschaft; Amtsgericht
AGB	Allgemeine Geschäftsbedingungen
AktG	Aktiengesetz
AMG	Arzneimittelgesetz
b2b	business to business
b2c	business to consumer
BAG	Bundesarbeitsgericht
BauR	Zeitschrift für das gesamte öffentliche und zivile Baurecht
BB	Betriebs-Berater (Zeitschrift)
BeurkG	Beurkundungsgesetz
BGB	Bürgerliches Gesetzbuch
BGH	Bundesgerichtshof
BGHZ	Entscheidungen des Bundesgerichtshof in Zivilsachen
bspw.	beispielsweise
BT-Drucks.	Bundestags-Drucksache
BVerfG	Bundesverfassungsgericht
BvR	Aktenzeichen des Bundesverfassungsgerichts
bzw.	beziehungsweise
CE	Europäisches Qualitätssiegel (CE-Kennzeichnung)
CESL	Common European Sales Law (Entwurf)
CISG	UN Convention on Contracts for the International Sale of Goods
DB	Der Betrieb (Zeitschrift)
DIHK	Deutscher Industrie- und Handelskammertag e.V.
DIN	Deutsche Institution für Normung e.V.
DIS	Deutsche Institution für Schiedsgerichtsbarkeit e.V.
DNotZ	Deutsche Notar-Zeitschrift
DStR	Deutsches Steuerrecht (Zeitschrift)
DZWIR	Deutsche Zeitschrift für Wirtschafts- und Insolvenzrecht
e.g.	exempli gratia (zum Beispiel)

Abkürzungsverzeichnis

EEA	European Economic Area (Europäischer Wirtschaftsraum)
etc.	et cetera
EU	Europäische Union
EuGH	Gerichtshof der Europäischen Union
EuGVVO	EU-Verordnung über die gerichtliche Zuständigkeit und die Anerkennung und Vollstreckung von Entscheidungen in Zivil- und Handelssachen (Brüssel Ia)
EWR	Europäischer Wirtschaftsraum
GG	Grundgesetz
GmbH	Gesellschaft mit beschränkter Haftung
GmbHG	GmbH-Gesetz
GRUR	Gewerblicher Rechtsschutz und Urheberrecht (Zeitschrift)
GRURInt	Gewerblicher Rechtsschutz und Urheberrecht Internationaler Teil
GS	Geprüfte Sicherheit
GVO	EU-Gruppenfreistellungsverordnung
GWB	Gesetz gegen Wettbewerbsbeschränkungen (Kartellgesetz)
HdB	Handbuch
HGB	Handelsgesetzbuch
HGÜ	Haager Übereinkommen über Gerichtsstandsvereinbarungen
IBR	Immobilien- & Baurecht
ICC	International Chamber of Commerce
i.d.R.	in der Regel
IP	Intellectual Property (Geistiges Eigentum)
i.S.d.	im Sinne des
ISO	Internationale Organisation für Normung
IT	Informationstechnik
JuS	Juristische Schulung (Zeitschrift)
JZ	Juristenzeitung
Kart	Kartellrecht
KZR	Aktenzeichen des Bundesgerichtshofs in Kartellsachen
LFGB	Lebensmittel- und Futtermittelgesetzbuch
LG	Landgericht
LSG	Landessozialgericht
LugÜ	Lugano-Übereinkommen
M&A	mergers and acquisitions
MDR	Monatsschrift für Deutsches Recht
MMR	Multimedia und Recht (Zeitschrift)

MPG	Medizinproduktegesetz
MPR	Zeitschrift für das gesamte Medizinproduktrecht
NJOZ	Neue Juristische Online-Zeitschrift
NJW	Neue Juristische Wochenschrift
NJW-RR	NJW-Rechtsprechungs-Report Zivilrecht
Nr.	Nummer/n
NZA	Neue Zeitschrift für Arbeitsrecht
NZG	Neue Zeitschrift für Gesellschaftsrecht
OEM	Original Equipment Manufacturer
o.ä.	oder ähnliches / ähnlicher
OLG	Oberlandesgericht
OWi	Ordnungswidrigkeit
POS	Point of Sale
ProdHaftG	Produkthaftungsgesestz
ProdSG	Produktsicherheitsgesetz
RdA	Recht der Arbeit (Zeitschrift)
RG	Reichsgericht
Rom-I-VO	EU-Verordnung über das auf vertragliche Schuldverhältnisse anzuwendende Recht
Rom-II-VO	EU-Verordnung über das auf außervertragliche Schuldverhältnisse anzuwendende Recht
z.T.	zum Teil

Teil 1
Einleitung

Spektakuläre Fälle aus der Zulieferindustrie und der Vertriebswirtschaft haben in jüngster Vergangenheit wiederholt ein breites Medienecho hervorgerufen. Dies gilt etwa für die Auseinandersetzung von *Volkswagen* mit den Zulieferern *Car Trim* und *ES Automobilguss* im Sommer 2016, die nicht nur für einen Belieferungsstopp und damit zu einer Produktionsunterbrechung bei *Volkswagen* geführt hat, sondern zudem zu einer in der breiten Öffentlichkeit diskutierten gerichtlichen Auseinandersetzung.[1] Durch den Abgasskandal hatte *Volkswagen* bereits zuvor erheblich an öffentlicher Glaubwürdigkeit eingebüßt. 1

Noch spektakulärer – für die betroffenen Unternehmen indes besonders bedrohlich – sind Bußgelder, die vom Bundeskartellamt oder der Europäischen Kommission wegen illegaler Preisabsprachen oder Kundenschutzabsprachen verhängt werden. So hat das Bundeskartellamt im mittels illegaler Preisabsprachen gebildeten „Zementkartell" die Rekordgeldbuße von insgesamt EUR 380 Mio. verhängt. In ähnlicher Größenordnung lag das Bußgeld, welches das Bundeskartellamt wegen illegaler Kundenschutzabsprachen gegen die Mitglieder eines „Flüssiggaskartells" verhängte und das vom Oberlandesgericht Düsseldorf sogar noch auf EUR 244 Mio. angehoben wurde.[2] 2

Neben schlechter Presse für die betroffenen Unternehmen verbindet all diese Fälle aus Industrie und Handel, dass sie durch das Verhalten einzelner Mitarbeiter ausgelöst wurden. Diese Mitarbeiter besaßen nicht die erforderliche Sachkunde, um die ihnen im Unternehmen zugewiesenen Aufgaben gewissenhaft und rechtlich einwandfrei zu erfüllen. 3

In den folgenden Kapiteln werden daher die wesentlichen – vor allem vertrags- und vertriebsrechtlichen – Kenntnisse vermittelt, die zur Bewältigung der Rechtsprobleme erforderlich sind, die insbesondere in der Industrie, aber auch im Handel häufig wiederkehren. Es wird dabei Wert auf eine leicht verständliche und praxisbezogene Darstellung gelegt. Zahlreiche Praxishinweise sollen zudem helfen, den Bezug zur konkreten Tätigkeit und zur Anwendung des Dargestellten in der täglichen Praxis zu erleichtern. 4

---

[1] LG Braunschweig – 21 O 1590/16 (*VW ./. Car Trim GmbH*) und LG Braunschweig – 21 O 1590/16 (*VW ./. ES Automobilguss GmbH*).
[2] OLG Düsseldorf, 15.4.2013 – VI-4 Kart 2–6/10 OWi.

Teil 2
Vertragsverhandlungen und Vertragsabschluss

I. Vertragsabschluss

5 Ein Vertrag kommt durch (mindestens) zwei übereinstimmende Willenserklärungen, nämlich Angebot und Annahme, zustande. Dies klingt zwar einfach, in der Praxis kommt es indessen immer wieder zu schwierigen Abgrenzungsfragen: Wie lange gilt ein Angebot; ist dieses bindend; besteht die Gefahr dass ein Vertragsabschluss „untergeschoben" wird; was geschieht, wenn die Annahme des Vertragspartners Änderungen oder Bedingungen zum ursprünglichen Angebot enthält; kann ein Vertrag auch durch Schweigen oder wortlos – durch bloße Belieferung – geschlossen werden oder kann ein bloßer Produktabruf für den Lieferanten bindend sein? Diesen praxisrelevanten Einzelfragen wird im Folgenden nachgegangen.

1. Wesentlicher Vertragsmindestinhalt

6 Der notwendige Inhalt eines Vertrags heißt im Fachjargon *essentialia negotii*. Bei einem Kaufvertrag sind die wesentlichen Bestandteile (i) Kaufsache (Bezeichnung und Menge), (ii) Kaufpreis und (iii) die Vertragsparteien. Diese wesentlichen Vertragsbestandteile müssen zumindest identifizierbar sein. Fehlen diese, so liegt eine Vertragslücke vor, die – falls sie nicht ausgefüllt werden kann – (hierzu unten), dazu führt, dass ggf. kein wirksamer Vertrag geschlossen wurde. Die *essentialia negotii* unterscheiden sich selbstverständlich nach Vertragstypen. Im Rahmen eines Werkvertrags sind die wesentlichen Vertragsbestandteile (i) Werklohn, (ii) herzustellendes Werk und (iii) Werkvertragsparteien. Schließen die Parteien einen schriftlichen Vertrag, fehlt es in der Regel nicht an der Bestimmbarkeit der *essentialia negotii*. Üblicherweise werden die wesentlichen Vertragsbestandteile bereits in den ersten Ziffern eines Vertrags geregelt und ggf. schon in einer Präambel festgehalten.

2. Angebot und Annahme

Wie erwähnt, kommen Verträge durch zwei übereinstimmende Willenserklärungen, nämlich Angebot und Annahme, zustande. Angebot und Annahme sind in den §§ 145 bis 157 BGB ausführlich und detailliert geregelt. Sind mehrere Parteien an einem Vertrag beteiligt, müssen sämtliche Parteien – wenn sie wirksam in den Vertrag einbezogen werden wollen – eine Willenserklärung abgeben. Dies gilt auch für drei- oder mehrseitige Verträge, die zwischen Gesellschaften einer Unternehmensgruppe oder zwischen einem Hersteller und mehreren Zulieferern geschlossen werden. So kommt es beispielsweise in der Automobilindustrie immer wieder vor, dass ein OEM mit mehreren Lieferanten einen Vertrag zur Herstellung eines bestimmten Werkzeugs abschließt. In derartigen Fällen müssen alle am Vertrag beteiligten Gesellschaften eine Willenserklärung abgeben. Gleiches gilt für einen *Joint Venture*, an dem mehrere Unternehmen beteiligt sind. 7

In der Praxis ist häufig nicht klar, welche Partei nun das Angebot und welche die Annahme abgegeben hat. Solange allerdings zwei übereinstimmende Willenserklärungen vorliegen, spielt es keine Rolle, welche Willenserklärung das Angebot und welche die Annahme war. Eine Willenserklärung, die beispielsweise als Auftragsbestätigung oder *order confirmation* bezeichnet wurde, kann – entgegen ihrem Wortlaut – ohne weiteres im rechtlichen Sinne ein Angebot auf Abschluss eines Vertrags sein, auch wenn zuvor kein Angebot vorlag oder die Auftragsbestätigung vom Angebot erheblich abweicht. Wenn die andere Vertragspartei die Leistung dann entsprechend der Auftragsbestätigung ausführt, hat sie das als Auftragsbestätigung bezeichnete Angebot durch schlüssiges Verhalten (konkludent) angenommen. Ein wirksamer Vertrag kommt in diesen Fällen dann eben durch schlüssiges Verhalten zustande. 8

3. Bindungswirkung eines Angebots

Bereits ein Angebot entfaltet Bindungswirkung, soweit die Partei, die das Angebot unterbreitet, die Bindungswirkung nicht explizit ausschließt (im letzten Fall spricht man von freibleibendem Angebot). Die Bindungswirkung eines Angebots erlischt allerdings, wenn das Angebot von der anderen Vertragsseite nicht rechtzeitig angenommen oder abgelehnt wird, § 146 BGB. Für die Frage der Rechtzeitigkeit ist die Verkehrssitte maßgeblich. In Lieferbeziehungen, bei denen die Schnelllebigkeit des Handelsverkehrs zu berücksichtigen ist, kann die Bindungswirkung eines Angebots schon nach kurzer Zeit (ggf. bereits nach einem halben oder ganzen Tag) erlöschen, was aber eher unüblich ist. In laufenden Geschäftsbeziehungen 9 wird es darauf ankommen, wie die Parteien den Warenaustausch organisieren und/oder in der Vergangenheit praktiziert haben. Näheres zur Annahmefrist eines Angebots unten.

10 Eine Willenserklärung ist grundsätzlich bindend, solange der Erklärende die Bindungswirkung nicht ausschließt. In der Praxis findet man beispielsweise in Aufträgen oder schriftlichen Angeboten Hinweise wie „*freibleibend*“ oder „*ohne Obligo*“ oder „*unverbindlich*“. Im Rahmen der Auslegung der Willenserklärung wird man in der Regel dazu kommen, dass derartige Angebote keine Bindungswirkung entfalten sollen. Sie können vom Erklärungsempfänger angenommen werden; ohne dass derjenige, der das Angebot abgibt, daran festgehalten bzw. gebunden werden kann. In jedem Fall gilt, dass Angebote in Katalogen, auf Internetseiten oder in Preislisten keine bindenden Angebote sind, sondern lediglich dazu auffordern sollen, dass ein Angebot abgegeben wird (*invitatio ad offerendum*).[3]

11 **Praxishinweis:**

Ein bereits dem Vertragspartner zugegangenes Angebot können Sie ohne dessen Einverständnis nicht einfach zurücknehmen. Ein Angebot kann lediglich dann widerrufen werden, wenn der Widerruf beim Empfänger zeitgleich mit dem Angebotsschreiben zugeht, § 130 Abs. 1 Satz 2 BGB. Der unberechtigte „Rücktritt“ von einem Angebot kann also Schadensersatzansprüche desjenigen auslösen, der sich von seinem Angebot noch innerhalb der Bindungsfrist distanziert. Macht ein Verkäufer (Sublieferant) etwa gegenüber seinem potenziellen Käufer (dem Lieferanten eines OEM) ein bindendes Angebot, tritt er aber noch innerhalb der Bindungsfrist zurück, so kann der Käufer gegenüber diesem Verkäufer ggf. Schadensersatz geltend machen, wenn dem Käufer ein sicheres Geschäft mit dessen Kunden (beispielsweise einem OEM) entgeht (vgl. OLG Köln 11 U 10/14, IBR 2014, 716).

4. Annahme

12 Die Annahme eines Angebots muss ohne Einschränkungen erfolgen. Die Annahme darf also weder neue noch weitere Elemente, z.B. Bedingungen, enthalten. Anderenfalls ist die Annahmeerklärung unter Erweiterungen, Einschränkungen oder sonstigen Änderungen eine Ablehnung des ursprünglichen Angebots verbunden mit einem neuen Angebot, § 150 Abs. 2 BGB. Gleiches gilt für ein verspätet angenommenes Angebot, § 150 Abs. 1 BGB. Während ein Angebot zumindest für eine gewisse Dauer Bindungswirkung entfaltet, ist der Angebotsempfänger selbstverständlich frei, das ihm gegenüber gemachte Angebot anzunehmen oder abzulehnen. Dies

[3] BGH VIII ZR 32/08, NJW 2009, 1337, 1338.

ergibt sich aus dem Grundsatz der Vertragsfreiheit. Ausnahmen hiervon gibt es allenfalls im Rahmen öffentlicher Daseinsvorsorge (Lieferung von Gas, Elektrizität, Wasser oder öffentlichen Verkehrsmitteln) und für Unternehmen, die eine marktbeherrschende Stellung gemäß §§ 19 ff. GWB innehaben. Für Unternehmen aus der Zulieferindustrie oder dem Handel ist dies eher selten der Fall.

5. Dauer der Annahmefrist

Die Dauer der Annahmefrist hängt in erster Linie davon ab, ob das Angebot gegenüber einer anwesenden oder abwesenden Person gemacht wird, § 147 Abs. 1 und Abs. 2 BGB. Dies bedeutet, dass Angebote, die telefonisch, in Besprechungen oder im Rahmen eines Chats gemacht werden, nur solange angenommen werden können, wie das Gespräch oder der Chat andauern. Angebote gegenüber Abwesenden, die per E-Mail, per Brief oder über ein (Online-) Bestellportal abgegeben werden, sind für den Angebotsempfänger dagegen länger (im Grundsatz einen bis mehrere Tage) annahmefähig. 13

Die Annahme gegenüber einem Abwesenden kann bis zu dem Zeitpunkt erklärt werden, in dem der Antragende, also die Person, die das Angebot macht, den Eingang der Annahmeerklärung unter regelmäßigen Umständen erwarten durfte. Für die Frage, was regelmäßige Umstände sind, kommt es auf den Einzelfall an, insbesondere auf die Art des Rechtsgeschäfts (also seine Komplexität, die kaufmännischen Auswirkungen, das Vertragsvolumen, etc.). Während in Dauerlieferbeziehungen die Annahmefrist für eine Lieferanfrage relativ kurz ist (ein bis wenige Tage), kann dies anders sein, wenn ein großes Unternehmen ein nicht alltägliches Rechtsgeschäft tätigt (Anschaffung einer großen Maschine oder Kauf eines Unternehmens oder Unternehmensteils), Behörden involviert sind oder interne Gremienbeschlüsse, z.B. von Geschäftsführung, Vorstand oder Aufsichtsrat, eingeholt werden müssen. Für die Anschaffung großer Maschinen oder Immobilien ist eine Annahmefrist von vier Wochen möglicherweise akzeptabel.[4] Für den Abschluss von Mietverträgen dürfte eine Annahmefrist von zwei bis drei Wochen noch akzeptabel sein.[5] 14

6. Folgen einer geänderten Annahmeerklärung

Setzt beispielsweise ein Händler in seine Auftragsbestätigung einen höheren Preis als den des Angebots ein (z.B. wegen der zwischenzeitlichen 15

4 BGH V ZR 85/09, NJW 2010, 2873, 2874.
5 OLG Naumburg 9 U 3/04, NZG 2005, 75, 76.

Erhöhung des Listenpreises), ist dies die Ablehnung des ursprünglich gemachten Angebots verbunden mit einem neuen Antrag.[6] Gleiches gilt, wenn in der Annahmeerklärung, die auf das Angebot zur Erstellung eines Bauwerks oder Werkzeugs erfolgt, eine vom Angebot abweichende Bauzeit verlangt oder eingefügt wird.[7] Etwas anderes gilt wiederum, wenn das Angebot angenommen wird, die Annahmeerklärung aber lediglich mit der Bitte um eine Verlängerung der Bau- oder Lieferzeit ergänzt wird und die Auslegung der Umstände ergibt, dass der Annehmende notfalls auch mit den angebotenen Erstellungs- oder Lieferbedingungen einverstanden ist.

7. Untergeschobene Vertragsänderung

16 Ein wirksamer Vertrag kommt lediglich zustande, wenn (i) jede Partei eine wirksame Willenserklärung abgibt, (ii) diese Willenserklärungen übereinstimmen und (iii) der jeweils anderen Partei zugehen. Im Geschäftsverkehr werden insbesondere bei größeren Vertragsabschlüssen üblicherweise Vertragsentwürfe (häufig Markups) ausgetauscht. Schiebt eine Partei der anderen dabei einen geänderten Entwurf unter und unterschreibt die empfangende Partei diesen geänderten Entwurf, ohne Kenntnis von der Änderung zu haben, so kommt der Vertrag nicht mit den untergeschobenen Änderungen zustande. Dies hängt damit zusammen, dass eine Partei, die eine Willenserklärung abgibt, Geschäfts- und Rechtsbindungswille mit Blick auf ihre tatsächlich abgegebene Erklärung haben muss. Die handelnde (unterschreibende) Partei muss also Kenntnis und den Willen haben, dass sie die unterzeichnete Erklärung auch in ihrer gesamten Tragweite abgeben will. In dem vorstehend beschriebenen Fall kommt der Vertrag also nicht mit den untergeschobenen Änderungen zustande.[8]

17 **Praxishinweis:**

Der Empfänger eines Angebots muss seine Änderungen im Text also kenntlich machen, wenn er diesen zur Rechtswirksamkeit verhelfen will oder in anderer Weise unzweideutig zum Ausdruck bringen, dass er mit der derzeitigen Entwurfsfassung eines Vertrages nicht einverstanden ist.

8. Vertragsschluss ohne ausdrückliche Annahme

18 Die Annahme eines Angebots kann gemäß § 151 BGB auch schlicht durch Bewirken der Leistung oder Entgegennahme der Gegenleistung erfolgen.

[6] BGH VIII ZR 20/82, NJW 1983, 1603.
[7] OLG 24 U 58/05, Hamm NJW-RR 2007, 819.
[8] BGH VII ZR 334/12, NJW 2014, 2100.

Auch bloßes Schweigen kann in derartigen Fällen ausnahmsweise ausreichen, wenn der andere Teil nach den Umständen des Falles verpflichtet wäre, seine etwaige Ablehnung alsbald zu erklären (beispielsweise bei völlig geringfügigen Ergänzungen in der Annahmeerklärung). Typischer Fall ist, dass der Kunde eine Bestellung aufgibt und der Lieferant auf diese Bestellung (ohne separate Auftragsbestätigung) ausliefert.

9. Produktabruf als Vertragsschluss

Produktabrufe eines Kunden können je nach vertraglicher Beziehung zum Lieferanten bereits zu einem Vertragsschluss führen oder andererseits lediglich ein Angebot enthalten. Maßgeblich kommt es darauf an, wie die Vertragsbeziehung zwischen Kunde und Lieferant ausgestaltet ist. Haben die Parteien beispielsweise in einem Rahmenvertrag vereinbart, dass in einem Kalenderjahr 20.000 Produkte des Typs „XX" abgerufen werden, liegt bereits eine bindende Verpflichtung des Lieferanten zur Lieferung dieser 20.000 Produkte vor. Der Produktabruf durch den Kunden bestimmt dann lediglich den konkreten Lieferzeitpunkt. **19**

Anders liegt der Fall, wenn die Parteien noch keine vom Lieferanten zu liefernde Produktmenge unter ihrem Rahmenvertrag vereinbart haben. Der Rahmenvertrag stellt in diesen Fällen lediglich das vertragliche Gerüst dar, unter dem die Parteien dann – mit noch zu schließenden Einzelkaufverträgen – Bestellungen abwickeln. In diesen Fällen ist von den Parteien meistens gewollt, dass ein einseitig bindender Produktabruf durch den Kunden nicht erfolgen soll. Der Produktabruf ist in diesem Fall also lediglich ein Angebot zur Lieferung, das vom Lieferanten ausdrücklich oder stillschweigend (z.B. durch die tatsächliche Auslieferung) angenommen werden muss. **20**

Praxishinweis: **21**

Die Parteien können selbstverständlich (etwa im Rahmenvertrag) vereinbaren, dass der Kunde nach eigenem Ermessen und zu jeder Zeit sowie in beliebiger Menge Produkte abrufen darf. Für den Kunden ist dies natürlich eine angenehme Situation, da er seine Zulieferteile danach wie „Strom aus der Steckdose" beziehen kann. Für den Lieferanten gehen damit allerdings nicht kalkulierbare Risiken einher, da der Kunde im Falle einer guten Auftragslage möglicherweise Produkte in einer Menge anfordert, die der Lieferant nicht liefern kann. Falls der Lieferant sich vorbehaltlos verpflichtet hat, jedwede Menge zu liefern, können ihm im Falle ausbleibender Lieferungen Schadensersatzrisiken drohen.

10. Kein Vertrag zu Lasten Dritter

22 Es ist nicht möglich eine dritte Partei ohne deren Willen vertraglich zu verpflichten. Rechte und Pflichten einer Vertragspartei entstehen also nur dann, wenn diese dem Vertragsabschluss zugestimmt hat. Dies kann selbstverständlich auch durch schlüssiges Verhalten (z.B. Zulieferung von Waren wie im Vertrag vorgesehen oder Zahlung des Kaufpreises) geschehen.

II. Schweigen im Rechtsverkehr

23 Grundsätzlich kommt Schweigen im Rechtsverkehr kein Erklärungswert zu. Wer schweigt, wird grundsätzlich vertraglich nicht gebunden. Reagiert ein Kunde auf das Angebot seines Lieferanten nicht (oder umgekehrt), kommt also grundsätzlich kein Vertrag zustande.

1. Rechtliche Bindung durch Schweigen

24 Dies gilt natürlich dann nicht, wenn die Parteien verabredet haben, dass Schweigen auf ein Angebot eine Willenserklärung, beispielsweise eine Zustimmung bedeuten soll (sogenanntes beredtes Schweigen).[9] So können die Parteien z.B. verabreden, dass Schweigen auf ein Angebot eine Annahme bedeutet, soweit der Angebotsempfänger nicht binnen einer Woche ab Zugang des Angebots widerspricht.

25 Schweigen kann ausnahmsweise auch dann eine Willenserklärung (Annahme) sein, wenn sich zwischen den Parteien durch deren Zusammenarbeit „eingebürgert" hat, dass Schweigen z.B. über einen Zeitraum von drei Tagen, die Annahme des Angebots bedeutet. Es ist allerdings wichtig, zwischen Schweigen und konkludentem Verhalten zu unterscheiden. Schweigen ist eine Nichtreaktion, wohingegen konkludentes Handeln (beispielsweise Nicken oder die Entgegennahme einer Lieferung) grundsätzlich eine Handlung und damit eine Zustimmung vermittelt. Derartiges Verhalten wird dann im Wege der Auslegung als Willenserklärung beurteilt.

2. Schweigen im Handelsverkehr

26 Eine wichtige Ausnahme von dem Grundsatz, dass Schweigen keine Willenserklärung, d.h. kein Angebot oder keine Annahme ist, gilt für den Handelsrechtsverkehr. So ist in § 362 Abs. 1 HGB geregelt, dass Schweigen

[9] BGH X ZR 135/93, NJW 1996, 919.

die Annahme eines Angebots bedeutet, wenn einem Kaufmann, dessen Gewerbebetrieb die Besorgung von Geschäften für andere mit sich bringt, ein derartiges Angebot zugeht. Damit ist gemeint, dass ein Unternehmer, der in einem bestimmten Geschäftsbereich tätig ist, auch durch Schweigen verpflichtet werden kann, wenn ihm von einem Geschäftspartner, mit dem er in Geschäftsverbindung steht, ein Auftrag oder eine Bestellung zugeht.[10] Reagiert der Kaufmann in derartigen Fällen nicht, wird sein Schweigen als Annahme gewertet. Dadurch können Leistungs- und Lieferpflichten – oder im Falle der Nichtleistung – ggf. auch Schadensersatzpflichten begründet werden.

> **Praxishinweis:** 27
>
> Reagieren Sie auf eine Bestellung auch in den Fällen, in denen Sie an einem Geschäft kein Interesse haben.

3. Kaufmännisches Bestätigungsschreiben

Eine weitere wichtige Ausnahme von dem Grundsatz, dass Schweigen keine Willenserklärung ist, stellt das kaufmännische Bestätigungsschreiben dar. Es findet ausschließlich im kaufmännischen Rechtsverkehr Anwendung und damit sowohl in (Zuliefer-)Industrie als auch im Handel. Es bezweckt, den Handelsverkehr zu beschleunigen. Das kaufmännische Bestätigungsschreiben und dessen Rechtsfolgen haben sich als Handelsbrauch entwickelt. Es gibt also kein geschriebenes Gesetz, welches das kaufmännische Bestätigungsschreiben regelt. Die Gerichte haben aber Voraussetzungen und Rechtsfolgen des kaufmännischen Bestätigungsschreibens präzisiert. Liegen die Voraussetzungen des kaufmännischen Bestätigungsschreibens vor, so gilt Schweigen derjenigen Partei, der das kaufmännische Bestätigungsschreiben zugeht, als Annahme (Vertragsschluss) und zwar unabhängig davon, ob die Parteien zuvor tatsächlich bereits einen Vertrag geschlossen haben. Anders als eine Auftragsbestätigung (echte Willenserklärung) ist das kaufmännische Bestätigungsschreiben eine Beweisurkunde, mit welcher der Versender des kaufmännischen Bestätigungsschreibens im Streitfall nachweisen kann, dass ein Vertrag geschlossen wurde. Voraussetzung des kaufmännischen Bestätigungsschreibens ist: 28

[10] Ein öffentliches Feilbieten von Ware und Leistungen allein (z.B. über die Homepage) genügt hierzu nicht, vgl. *Hopt*, in: Baumbach/Hopt, HGB, 37. Aufl. 2016, § 362 Rn. 4.

29 – Die handelnden Parteien müssen sich in **Vorverhandlungen** befinden oder in sonstiger Weise mündlich, telefonisch oder über andere Korrespondenz in einem Austausch stehen.

30 – Das Bestätigungsschreiben, das auch per Telefax, E-Mail, WhatsApp oder SMS versandt werden kann, muss **zeitlich unmittelbar auf Verhandlungen** zwischen den Parteien folgen.

31 – Der Versender des kaufmännischen Bestätigungsschreibens muss davon ausgehen, dass er ein **echtes Bestätigungsschreiben** (und keine Auftragsbestätigung) verschickt, d.h. er muss davon ausgehen, dass ein Vertrag bereits geschlossen wurde.

32 – Das Bestätigungsschreiben muss einen **genehmigungsfähigen Inhalt** haben, d.h. es darf lediglich geringfügige Abweichungen von dem haben, was die Parteien ursprünglich im Rahmen ihrer Verhandlungen – wenn auch noch nicht rechtsverbindlich – besprochen haben. Geringfügige Abweichungen (beispielsweise durch das Beilegen oder den Verweis auf handelsübliche AGB, das Einbeziehen einer handelsüblichen Schiedsvereinbarung oder wohl auch geringfügige terminliche Abweichungen) schaden nicht.[11]

33 – Schließlich muss der Empfänger des kaufmännischen Bestätigungsschreibens schweigen und nicht etwa widersprechen.

34 Obwohl das kaufmännische Bestätigungsschreiben an sich keine Auftragsbestätigung ist, liegt seine Brisanz gerade darin, dass es tatsächlich doch zu einem Abschluss eines bislang nicht geschlossenen Vertrags kommen oder dazu führen kann, dass ein ursprünglich geschlossener Vertrag nach Versendung des kaufmännischen Bestätigungsschreibens mit abweichendem Inhalt weiterbesteht.

35 Ein Widerspruch auf ein kaufmännisches Bestätigungsschreiben ist entbehrlich, wenn der Absender des Bestätigungsschreibens bewusst ein unrichtiges oder vom ursprünglichen Verhandlungsinhalt zu weit entferntes Bestätigungsschreiben auf den Weg gebracht hat. Hierfür ist allerdings der Empfänger beweisbelastet. In diesem Fall kann der Absender nicht damit rechnen, dass sein Bestätigungsschreiben einen genehmigungsfähigen Inhalt hat. Auch im Fall sich kreuzender Bestätigungsschreiben ist grundsätzlich kein Widerspruch erforderlich.[12]

[11] Vgl. OLG Hamburg, 5 U 122/80, RIW 1981, 262; BGH VII ZR 70/68, WM 1970, 1108.
[12] BGH VIII ZR 44/64, NJW 1966, 1070, 1071.

Praxishinweis: 36

Im Handelsverkehr empfiehlt es sich, stets selbst derjenige zu sein, der ein Bestätigungsschreiben auf den Weg bringt. Sind Sie hingegen Empfänger eines Bestätigungsschreibens, sollten Sie dieses unverzüglich und möglichst genau prüfen. Bei Textinhalten, die nicht besprochen wurden und/oder Ihren Interessen widersprechen (auch bloße Nebenabsprachen), sollten Sie unverzüglich eine Gegenstellungnahme oder einen Widerspruch auf den Weg bringen. Beachten Sie, dass ein kaufmännisches Bestätigungsschreiben in der Praxis selten als solches bezeichnet ist. Kaufmännische Bestätigungsschreiben können daher in Protokollen, Verhandlungszusammenfassungen, E-Mail-Korrespondenz oder Briefen „versteckt" sein.

III. Stellvertretung

Unternehmen sind künstliche, d.h. durch das Recht geschaffene Personen, 37
die nicht selbst handlungsfähig sind. Sie benötigen natürliche Personen als Vertreter. Dies sind in erster Linie Geschäftsführer und Vorstände.[13] Insbesondere in großen Organisationen würde es aber nicht ausreichen, wenn lediglich die Geschäftsführer und Vorstandsmitglieder vertretungsbefugt wären. Dies wird deutlich, wenn man sich vergegenwärtigt, dass in mittelständischen und größeren Unternehmen sowie Konzernen täglich tausende von Rechtsgeschäften abgeschlossen werden. Insoweit sind Unterbevollmächtigungen erforderlich. Vollmachten ermöglichen es, dass Willenserklärungen, d.h. Angebot und Annahme nicht lediglich von der Person abgegeben werden, für welche die Willenserklärung dann Rechtswirkung entfalten soll. Die Vollmacht räumt dem Bevollmächtigten das Recht ein, rechtlich bindende Erklärungen für den Vollmachtgeber abzugeben.

1. Die Voraussetzungen der Stellvertretung

Die allgemeinen Grundsätze der Stellvertretung sind in den §§ 164 bis 38
181 BGB geregelt.

Zulässigkeit der Stellvertretung: Eine Stellvertretung muss zulässig 39
sein (was lediglich bei höchstpersönlichen Rechtsgeschäften wie der Eheschließung nicht der Fall ist).

Abgabe einer eigenen Willenserklärung: Ferner muss der Stellver- 40
treter eine eigene Willenserklärung abgeben. Er muss also einen eigenen

[13] § 35 Abs. 1 GmbHG (Geschäftsführer) und § 76 Abs. 1 AktG (Vorstand).

Willen bilden und darf nicht lediglich eine fremde Willenserklärung (etwa als Bote) überbringen. Üblicherweise haben Vertreter in Unternehmen für ihren Bereich eine gewisse Entscheidungsbefugnis, ob und wie sie ein Geschäft aus dem Bereich der ihnen zugewiesen ist, abwickeln.

41 **Offenkundigkeit**: Ferner muss offenkundig, d.h. erkennbar sein, dass der Vertreter nicht für sich selbst, sondern für eine dritte Person (nämlich den Vertretenen, z.B. den Arbeitgeber) handelt. Sofern der Vertreter dies nicht ausdrücklich offenlegt, kann sich allerdings auch aus den Umständen oder der Art des Geschäfts ergeben, dass der Vertreter nicht für sich selbst, sondern für einen Dritten (beispielsweise das Unternehmen) handelt. Dies ist bei einem sogenannten unternehmensbezogenen Geschäft der Fall. So ist für einen Geschäftskunden offensichtlich, dass sein Ansprechpartner beim Lieferant, der ihm ein industriell hergestelltes Produkt verkauft, nicht für sich selbst, sondern für dessen Arbeitgeber – also das Unternehmen – handelt. Das Gleiche gilt beispielsweise für einen mit Handelsvollmacht ausgestatteten Vertriebsmitarbeiter, der einem Kaufhaus oder Händler größere Chargen von Waren verkauft. In diesen im Handelsverkehr typischen Fällen wird jeweils das Unternehmen und nicht der handelnde Mitarbeiter des Unternehmens verpflichtet.[14] Gleiches gilt übrigens auch für alltägliche Geschäftssituationen (beispielsweise für einen Supermarkteinkauf der Tochter für die Mutter). In diesen Fällen ist es für den Vertragspartner (hier den Supermarktbetreiber) unerheblich, ob der Vertrag mit der Mutter oder der bevollmächtigten Tochter zustande kommt (sog. Geschäft für den, den es angeht).

42 **Vertretungsmacht**: Schließlich muss dem Vertreter tatsächlich Vertretungsmacht eingeräumt sein. Vertretungsmacht kann sowohl per Gesetz als auch per Rechtsgeschäft (gewillkürte Vertretungsmacht) eingeräumt werden. Typische Fälle der gesetzlichen Vertretungsmacht finden sich im Gesellschaftsrecht. So ist der Geschäftsführer kraft Gesetz gemäß § 35 Abs. 1 GmbHG Vertreter der GmbH. Gleiches gilt für den Vorstand der Aktiengesellschaft, § 76 Abs. 1 AktG. Die rechtsgeschäftlich eingeräumte Vertretungsmacht ist indessen im Handelsrechtsverkehr nicht minder häufig anzutreffen. Unternehmen räumen ihren Mitarbeitern häufig für bestimmte Arten von Geschäften Handlungsvollmacht ein, § 54 Abs. 1 HGB. So haben bestimmte Mitarbeiter, insbesondere im Vertrieb, in der Regel Handlungsvollmacht für den Kauf oder Verkauf von Produkten.

---

[14] BGH II ZR 311/88, NJW 1990, 2678.

2. Prokura

Eine besondere Art der Vertretungsmacht im Handelsverkehr ist die Prokura. Sie ist eine im Außenverhältnis gegenüber Dritten unbeschränkbare Vertretungsmacht. Sie kann nur vom Inhaber eines Handelsgeschäfts (üblicherweise vom Geschäftsführer) erteilt werden, §§ 48 bis 53 HGB. Aufgrund der weitreichenden Befugnisse und ihrer im Außenverhältnis unbeschränkbaren Natur muss die Prokura im Handelsregister eingetragen werden, wobei eine fehlerhafte oder fehlende Eintragung die Prokura nicht entfallen lässt. Die Prokura ist dadurch gekennzeichnet, dass der Prokurist die Gesellschaft gegenüber Dritten (also einem Vertragspartner) auch bei Rechtsgeschäften vertreten kann, selbst wenn diese den ihm im Innenverhältnis (also vom Geschäftsführer) zugewiesenen Aufgabenbereich überschreiten. In derartigen Fällen macht sich der Prokurist lediglich im Innenverhältnis gegenüber seinem Vollmachtgeber (also i.d.R. der Gesellschaft) Schadensersatzpflichtig. Grundlagengeschäfte (also beispielsweise den Verkauf des Unternehmens oder wesentlicher Teile davon) kann der Prokurist aber nicht wirksam vornehmen. Indessen kann er Prozesse führen, Prozessvollmachten erteilen, teure Maschinen anschaffen, Arbeitsverträge unterzeichnen und großvolumige Bestellungen aufgeben. **43**

3. Rechtsscheinvollmacht

Ein Unternehmen kann durch Mitarbeiter, die für das Unternehmen auftreten, auch dann wirksam verpflichtet werden, wenn diese in Wahrheit überhaupt keine Vollmacht zum Abschluss betreffender Geschäfte haben. Die Rechtsprechung hat für derartige Fälle die Rechtsfiguren der **Anscheins- und Duldungsvollmacht** entwickelt. Für den Vertragspartner bleibt häufig unklar, ob er mit einer bevollmächtigten oder nicht bevollmächtigten Person zusammenarbeitet. Aus Verkehrsschutzgründen werden Unternehmen daher unter bestimmten Voraussetzungen so behandelt, wie wenn sie ihre Mitarbeiter oder die für sie handelnden Personen (die eigentlich keine Vollmacht haben) bevollmächtigt hätten. Voraussetzung ist stets, dass das Unternehmen einen **zurechenbaren Rechtsschein** gesetzt hat und der Vertragspartner **gutgläubig ist** (also keine Kenntnis davon hat, dass eigentlich kein Vertretungsverhältnis vorliegt). Derartige Fälle liegen beispielsweise vor, wenn ein Mitarbeiter – der eigentlich keine Vollmacht hat – wiederholt Bestellungen beim Lieferanten aufgibt und die Geschäftsführung dieses Mitarbeiters davon Kenntnis hat oder hätte haben können. Gleiches gilt beispielsweise für den Fall, in dem ein Unternehmen einem Mitarbeiter die Betreuung eines bestimmten Kunden überträgt, dieser Mitarbeiter gegenüber dem Kunden über längeren Zeitraum als **44**

Ansprechpartner auftritt und Verträge unterzeichnet oder Bestellungen aufgibt, ohne dass die Geschäftsführung oder der Vorgesetzte regulierend eingreifen.[15] In all diesen Fällen wird das Unternehmen, das durch „gewähren lassen" einen zurechenbaren Rechtsschein für den Vertragspartner setzt, berechtigt und verpflichtet, d.h. der Vertrag kommt zwischen dem Vertragspartner und dem Unternehmen (nicht dem handelnden Mitarbeiter) zustande.

45 **Praxishinweis:**

Will ein Unternehmen einen einmal gesetzten Rechtsschein (beispielsweise durch schlichtes Gewährenlassen über einige Wochen, Monate oder Jahre) entkräften, muss die Unternehmensleitung bzw. das Management dies gegenüber dem Vertragspartner ausdrücklich tun und dies bestenfalls dokumentieren. Dies erfolgt in der Regel mittels eines Hinweisschreibens. Anderenfalls wirken Anscheins- und Duldungsvollmacht fort und führen dazu, dass das Unternehmen durch die betreffende Person (fortlaufend) rechtlich verpflichtet werden kann.

4. Vertragsschluss durch Vertreter ohne Vertretungsmacht

46 Anders liegt der Fall, wenn eine handelnde Person (z.B. ein Angestellter) keine Vertretungsmacht hat und das Unternehmen auch keinen Rechtsschein im Sinne einer Rechtsscheinvollmacht gesetzt hat.

47 In derartigen Fällen ist die handelnde Person Vertreter ohne Vertretungsmacht. Ein wirksamer Vertrag mit dem Unternehmen kommt dann nicht zustande, § 177 Abs. 1 BGB. Die Gefahr für den Mitarbeiter liegt allerdings darin, dass er als Vertreter ohne Vertretungsmacht gegenüber dem Vertragspartner persönlich haftet, § 179 Abs. 1 BGB. Dies gilt natürlich nicht, wenn der Vertragspartner wusste, dass der Mitarbeiter des Unternehmens keine Vertretungsmacht hatte. Auf einen solchen Fall kann sich ein Mitarbeiter, der ohne Vertretungsmacht handelt, in der Regel aber nicht berufen. Grundsätzlich darf der Vertragspartner nämlich in dem Glauben leben, dass ein Angestellter, der wie ein Vertreter auftritt und seine Vertretungsmacht schlüssig behauptet, tatsächlich auch bevollmächtigt ist.[16]

48 **Praxishinweis:**

Um sich selbst zu schützen, sollten (Vertriebs-)Mitarbeiter darauf achten, dass sie ausschließlich im Rahmen der ihnen eingeräumten Befugnisse und Vollmachten handeln. Anderenfalls droht persönliche Haftung.

[15] Vgl. BGH I ZR 96/51, NJW 1952, 657, 658.
[16] BGH VIII ZR 12/99, NJW 2000, 1407, 1408.

5. Typische Praxisfälle

Das Handeln von Mitarbeitern kann dem Unternehmen insbesondere nach den oben beschriebenen Rechtscheingrundsätzen zugerechnet werden. Dies kann dazu führen, dass das Unternehmen verpflichtet wird oder bereits geschlossene Verträge ergänzt oder geändert werden. Dies kann beispielsweise im Rahmen einer gemeinsamen Begehung einer Anlage bei der mündliche Zusagen gemacht werden, bei der Abnahme eines (Bau-) Werks oder u.U. sogar durch den Austausch von E-Mails sowie im Rahmen von Besprechungen erfolgen. **49**

So hat das OLG München entschieden, dass dann, wenn ein Auftraggeber einen mit dem Bauvorhaben befassten, sachkundigen Mitarbeiter zu Verhandlungen auf die Baustelle schickt, und dieser Mitarbeiter mit dem Auftragnehmer Nachträge verhandelt, der Auftraggeber sich dies zurechnen lassen muss, selbst wenn sein auf die Baustelle entsandter Mitarbeiter in Wahrheit nicht bevollmächtigt war.[17] Im Ergebnis muss der Auftraggeber die Nachträge also abnehmen und bezahlen. **50**

Das OLG Braunschweig hat ferner entschieden, dass ein Auftraggeber sich das Handeln eines von ihm zum Abnahmetermin entsendeten vollmachtlosen Vertreters (Mitarbeiter) zurechnen lassen muss, wenn die andere Partei die Vollmachtlosigkeit nicht kennt. Der Auftraggeber setzt mit dem Entsenden seines Mitarbeiters nämlich den Rechtsschein, dass er diesen zur Abnahme bevollmächtigt hat.[18] **51**

Nichts anderes wird gelten, wenn Fach- und Mitarbeiter, denen ein bestimmtes Projekt zur Bearbeitung zugewiesen ist, gegenüber dem Projektpartner Erklärungen (per E-Mail, Protokoll oder mündlich) abgeben. Freilich gilt dies nur dann, wenn der Projektpartner gutgläubig ist, d.h. nicht weiß, dass der Fach- oder Mitarbeiter in Wahrheit keine Vertretungsmacht hat. **52**

IV. Formbedürftigkeit von Verträgen

1. Grundsatz der Formfreiheit

Verträge können grundsätzlich formfrei geschlossen werden. Dies folgt aus dem Grundsatz der Vertragsfreiheit. Lediglich dann, wenn ein übergeordnetes Schutzinteresse (beispielsweise bei Grundstücksgeschäften, § 311b BGB) besteht, sieht das Gesetz Formerfordernisse vor – im Falle **53**

[17] OLG München 13 U 2760/10, IBR 2013, 457.
[18] OLG Braunschweig 8 U 7/12, IBR 2013, 140.

von Grundstücksgeschäften die notarielle Beurkundung gemäß § 311b Abs. 1 Satz 1 BGB. Rechtsgeschäfte in Zulieferindustrie und Handel sind üblicherweise nicht formbedürftig. Der Handelsverkehr erfordert eine zügige und unbürokratische Abwicklung von Geschäften, häufig auch auf Zuruf. Dies gilt vor allem für „*just-in-time*"-Produktionen und „*lean production*", bei denen Produktionsprozesse besonders schlank und effizient organsiert sind. Demgegenüber bedarf beispielsweise die Übertragung von GmbH-Geschäftsanteilen gemäß § 15 Abs. 3 GmbHG einer notariellen Beurkundung. Die Abgabe einer Bürgschaftserklärung muss gemäß § 766 Satz 1 BGB schriftlich erfolgen (allerdings nicht im Handelsverkehr, § 350 HGB). Bei dieser Art von Geschäften ist eine besondere Eilbedürftigkeit nicht erkennbar; stattdessen stehen Beratung und/oder Warnung einer Vertragspartei im Vordergrund.

54 Die unterschiedlichen im BGB vorgesehenen Schriftformen sind in den §§ 126 bis 129 BGB geregelt. Sofern das Gesetz Formerfordernisse vorschreibt, kommt diesen in erster Linie Warn-und Beratungsfunktion (im Falle notarieller Beurkundung) sowie Beweisfunktion zu. Dies erklärt, warum beispielsweise Grundstücksgeschäfte oder die Übertragung von GmbH-Anteilen notariell beurkundet werden müssen. Mit derartigen Transaktionen geht üblicherweise eine erhebliche Vermögensübertragung einher. Zum Schutze der Beteiligten müssen diese die Übertragung vom Notar beurkunden lassen, der wiederum die Pflicht hat, die Parteien über die damit einhergehenden rechtlichen Risiken zu belehren.

55 **Praxishinweis:**

Im Handelsverkehr übliche Geschäfte können in aller Regel formfrei abgeschlossen werden. Im Streitfall scheitert die Durchsetzung von Ansprüchen aber häufig an der Beweisbarkeit. Eine Dokumentation zumindest per E-Mail ermöglicht indessen in der Regel den notwendigen Nachweis. Es gilt: „Wer schreibt, der bleibt."

2. Schriftformklauseln

56 Von erheblicher praktischer Relevanz im Handelsrechtsverkehr sind sogenannte Schriftformklauseln. Diese Klauseln, die sich häufig am Ende eines Vertrags finden, sehen vor, dass Änderungen eines zwischen den Parteien geschlossenen Vertrags schriftlich erfolgen müssen. Derartige Schriftformklauseln sind, sofern sie formularmäßig (also in AGB) vereinbart werden, unwirksam.[19] Schriftformklauseln sind hingegen als qualifizierte

[19] BGH XII ZR 312/02, NJW 2006, 138.

Schriftformklauseln wirksam, wenn sie individualvertraglich –also nicht in AGB – vereinbart werden.[20] Eine sogenannte qualifizierte Schriftformklausel stellt nicht nur klar, dass Änderungen des zwischen den Parteien geschlossenen Vertrags schriftlich vereinbart werden müssen, sondern dass dies auch für die Änderung der Schriftformklausel selbst gilt.

Praxishinweis: 57

Ein weitgehend verbreiteter Irrtum ist es, dass die Schriftform durch eine E-Mail gewahrt wird, da jede E-Mail eine „verkörperte Gedankenerklärung" darstellt. Die Schriftform ist allerdings gemäß § 126 Abs. 1 BGB nur dann gewahrt, wenn die betreffende Urkunde tatsächlich unterschrieben wird; daran fehlt es bei E-Mail und Telefax. Um die Dinge zu vereinfachen, ist es daher empfehlenswert, die Schriftform vertraglich abzuändern bzw. zu konkretisieren. Dies ist ohne weiteres möglich, indem die Parteien (etwa mittels Klammerzusatz) deutlich machen, dass sie die Schriftform beispielsweise auch durch E-Mail oder Telefax als gewahrt erachten. Eine typische Schriftformklausel könnte lauten:

„Änderungen oder Ergänzungen dieses Vertrags bedürfen der Schriftform (unterschriebenes Dokument, Telefax oder E-Mail). Dies gilt auch für den Verzicht auf das vorstehende Schriftformerfordernis selbst."

V. Vertragsvorbereitung und Vertragsstruktur

Inhalt, äußeres Erscheinungsbild und Zusammensetzung eines Vertrags **58** unterscheiden sich von Fall zu Fall, je nach den Erwartungen und den Bedürfnissen der vertragsschließenden Parteien. In der Praxis ist es allerdings üblich, dass Vertriebsmanager, Syndikusanwälte und externe Rechtsanwälte oder Notare auf Musterverträge aus ihren Vertragssammlungen zugreifen. Dies spart Zeit und Kosten. Allerdings sollte man sich im Klaren darüber sein, dass es erhebliche rechtliche Auswirkungen haben kann, ob ein Vertrag im Einzelnen individuell ausgehandelt wurde oder im Wesentlichen auf einem Muster basiert, das mehrfach verwendet wurde oder dazu erstellt wurde, künftig wiederholt verwendet zu werden. Vorformulierte Entwürfe, die zur mehrfachen Verwendung bestimmt sind, unterfallen der AGB-rechtlichen Inhaltskontrolle gemäß den §§ 305 ff. BGB.[21]

Der Aufbau von Verträgen, die in (Zuliefer-)Industrie und Handel **59** eine Rolle spielen, ist überwiegend in ähnlicher Weise gegliedert. So lässt

---

[20] BGH VIII ZR 97/74, NJW 1976, 1395; OLG Düsseldorf 24 U 195/10, NJOZ 2012, 533.

[21] Hierzu → Rn. 123 ff.

sich die allgemeine Struktur von Handelsverträgen häufig in sechs Blöcke aufteilen, wobei dies freilich kein zwingendes Muster ist. Allerdings hilft eine solche Struktur – unabhängig von Abwandlungen im Einzelfall – den ersten Entwurf für einen geplanten Vertrag zu entwerfen. Zudem kann die Gefahr minimiert werden, dass wichtige Regelungen vergessen werden. Folgende Aufteilungen werden empfohlen:

60 – **Teil 1 – Vertragsbasis**: Dieser Teil des Vertrags enthält in der Regel alle Informationen, die notwendig sind, um im Streitfall Lücken im Vertrag durch Auslegung zu schließen; so etwa das Rubrum, die in der Präambel beschriebenen Absichten der Parteien, die Historie und die Hintergründe des Vertragsabschlusses. Soweit im Vertrag – etwa aufgrund dessen Größe – Definitionen notwendig sind, können diese in der Regel ebenfalls im ersten Teil niedergelegt werden (üblicherweise aber nicht in der Präambel, sondern im ersten Paragraphen).

61 – **Teil 2 – Vertragsinhalt**: Der zweite Teil des Vertrags besteht in der Regel aus sämtlichen Regelungen, die notwendig sind, um die Leistungspflichten der Parteien zu regeln. Dies betrifft in erster Linie die Beschreibung der Hauptleistungspflichten, wobei in komplexen Verträgen Detailregelungen in Anlagen (Anhänge) verschoben werden sollten; insbesondere dann, wenn die Regelung der Leistungspflichten umfangreich ist und umfassender Erläuterung bedarf (z.B. bei Transport und Logistikverträgen). Dies dient der Übersichtlichkeit. In Lieferverträgen enthält Teil 2 beispielsweise eine Beschreibung des Bestellprozesses, des Kaufgegenstandes sowie weiterer Nebenpflichten (wie etwa Instandhaltung und Servicepflichten) einerseits sowie die Höhe des Kaufpreises und ggf. die Zahlungsmodalitäten andererseits. In Handelsvertreterverträgen ist hingegen in Teil 2 üblicherweise spezifiziert, in welchem Vertragsgebiet der Handelsvertreter tätig werden soll, welche Produkte er bewerben soll, welche Provision er für welche Leistungen enthält und wann Zahlungen fällig werden.

62 **Praxishinweis:**

Es empfiehlt sich, den Grundsatz einzuhalten, dass ein bestimmter Punkt im Vertrag nur einmal geregelt wird. Anderenfalls besteht die Gefahr widersprüchlicher Regelungen, denn häufig werden Dinge leicht abweichend beschrieben, sofern sie im Vertrag zweimal oder häufiger angesprochen werden. Dies kann zu Unklarheit, Vertragslücken und ggf. teuren (gerichtlichen) Auseinandersetzungen führen.

63

– **Teil 3 – Leistungsabsicherung**: Teil 3 umfasst herkömmlicher Weise nähere Ausführungen zur Produktbeschaffenheit, zu Gewährleistung und Garantien (beispielsweise zum Eigentumsvorbehalt, sofern es sich um einen Kauf- oder Liefervertrag handelt) oder zur Bauhandwerkersicherung (soweit es sich um einen Werkvertrag oder Werkzeugvertrag handelt). Des Weiteren sind in Teil 3 üblicherweise Wettbewerbsklauseln, Verschwiegenheitsverpflichtung, Haftung, Verzug und beispielsweise Verjährung geregelt.

– **Teil 4 – Vertragsausführung**: In diesem Abschnitt wird geregelt, wie **64**
die Leistungspflichten der Parteien zu erfolgen haben. Von Teil 2 unterscheidet sich Teil 4 dadurch, dass Teil 4 Details der Leistungserbringung regelt, die Teil 2 lediglich voraussetzt. So werden in Teil 4 beispielsweise im Rahmen komplexer Lieferverträge die Übergabe der Güter, Einzelheiten zum Transport, zur Verladung, zum Frachtbrief oder zur Transport- oder Verladungssicherheit sowie zum Transportmittel geregelt.

– **Teil 5 – Allgemeine Regelungen**: Dieser Teil enthält in der Regel **65**
sonstige Bestimmungen wie etwa die Rechtswahl, den Gerichtsstand oder eine Schiedsklausel, möglicherweise eine Schriftformklausel sowie eine salvatorische Klausel.

– **Teil 6 – Anlagen**: Die Anlagen oder Anhänge enthalten üblicherweise **66**
keine rechtlichen, sondern kaufmännische oder technische Details. Die rechtliche Relevanz der Anlagen wird allerdings häufig unterschätzt. Fehlende Präzision in Anhängen kann ebenfalls zu Unklarheit und Regelungslücken führen, die im schlechtesten Fall in teure Auseinandersetzungen münden. Daher kann nur davor gewarnt werden, die Anhänge nicht sorgfältig auszuarbeiten oder diese erst nach Vertragsschluss zu entwerfen (und dies möglicherweise auch noch der anderen Vertragspartei zuzugestehen ohne sich wirkliche Mitwirkungs- oder Vetobefugnisse vorzubehalten). Ein weit verbreiteter Irrtum ist auch, dass Anlagen nach Vertragsschluss ohne weiteres und ggf. auch einseitig geändert werden können. Dies trifft nicht zu. Die Anlagen zum Vertrag sind genauso Vertragsbestandteil wie die – räumlich vor den Unterschriften - geregelten Vertragsinhalte. Soll eine Anlage zu einem Zeitpunkt nach Vertragsabschluss geändert werden, ist dies lediglich aus praktischen und redaktionellen Gründen einfacher, als den Vertragstext selbst abzuändern.

Praxishinweis: **67**

Lassen Sie auch bei Ausarbeitung und Verhandlung der Anlagen größte Sorgfalt walten. Eine Änderung der Anlagen bedarf auch nach Abschluss des Vertrags stets zweier übereinstimmender Willenserklärungen; anderenfalls liegt eine unzulässige einseitige Vertragsänderung vor.

VI. Rechtliche Bindungen vor Abschluss eines Vertrags

1. Vertragsverhandlung

68 Für einen wirksamen Vertrag bedarf es zweier übereinstimmender Willenserklärungen, die mit Rechtsbindungswillen, d.h. mit dem Willen der Parteien, sich vertraglich und bezüglich des konkret in Frage stehenden Rechtsgeschäfts binden zu wollen. Verhandlungen im Vorfeld dienen dazu, den Vertragsinhalt auszuloten und die Rechte und Pflichten zu regeln, welche die Parteien später aus dem Vertrag ableiten sollen. Grundsätzlich bindet sich daher keine der Parteien, wenn sie mit der anderen Partei in Verhandlungen über den Abschluss eines Vertrags tritt. Dies gilt im Grundsatz selbst dann, wenn der andere Teil in Erwartung des Vertrags bereits Aufwendungen gemacht hat (z.B. Reise- und Rechtsberatungskosten, Anschaffungen).[22]

69 Die Bindung durch den Vertrag tritt grundsätzlich erst dann ein, wenn die Parteien sich geeinigt haben; in der Regel mit den Unterschriften unter den ausgehandelten Vertrag. Bei einem Vertrag muss die Unterzeichnung der Parteien auf derselben Urkunde erfolgen. Es genügt allerdings, wenn jede Partei die für die andere Partei bestimmte Urkunde unterzeichnet, sofern es zwei oder mehr Vertragsurkunden geben soll, § 126 Abs. 2 BGB.

2. Auslegung des Parteiwillens mittels Vertragsentwürfen

70 Es ist gängige Praxis, dass die Parteien im Rahmen der Vertragsverhandlungen auch Vertragsentwürfe austauschen. Häufig werden diese – sofern es sich um Office Word-Dokumente handelt – im Änderungsmodus (sog. Mark-up) überarbeitet; über die letzten offenen Punkte wird dann häufig noch durch Videokonferenz oder physische Anwesenheit, also „*face-to-face*" verhandelt. Von dem Grundsatz, dass Verhandlungen keinerlei rechtliche (Bindungs-)Wirkung haben, gibt es natürlich Ausnahmen. So kann Vertragsentwürfen dann eine rechtliche Relevanz zukommen, wenn nach Abschluss des geschlossenen Vertrags zwischen den Parteien Streit über Punkte entsteht, welche die Parteien (versehentlich) nicht geregelt oder aus anderen Gründen offen gelassen haben. Verbleibende oder später zu Tage tretende Vertragslücken müssen in diesen Fällen durch Auslegung geschlossen werden.[23] Für die Auslegung kann die Vertragshistorie – also die Entstehungsgeschichte des Vertrags – Aufschluss über die Absichten

[22] BGH VII ZR 360/98, NJW-RR 2001, 381, 382.
[23] Hierzu → Rn. 96 ff.

und den Willen der Parteien geben. Ein Blick in die ursprünglich ausgetauschten Vertragsentwürfe kann insoweit erhellend sein.

3. Grundloser Abbruch von Vertragsverhandlungen

Bei grundlosem und völlig unerwartetem Abbruch von Vertragsverhandlungen kann eine Haftung auch schon vor Abschluss eines Vertrags entstehen, sog. Haftung aus *culpa in contrahendo*, §§ 311 Abs. 2 und 3 BGB (*c.i.c.*). Allerdings kommt eine Schadensersatzhaftung für den schuldhaften Abbruch von Vertragsverhandlungen nur unter sehr engen Voraussetzungen in Betracht. Es ist nicht allein für sich ausreichend, dass eine oder beide Parteien in ernsthafte Verhandlungen getreten sind, einer Partei durch den Nichtabschluss des Vertrags ein gutes Geschäft entgeht oder sie erhebliche Aufwendungen hatte, deren Kompensation durch den Abbruch der Verhandlungen vereitelt wurde. Voraussetzung ist vielmehr, dass ein Verhandlungspartner bei der Gegenseite zurechenbar das aus deren Sicht berechtigte Vertrauen erweckt hat, der Vertrag werde mit Sicherheit zustande kommen, dann aber die Vertragsverhandlungen ohne triftigen Grund abbricht. Die Partei, welche die Verhandlungen abbricht, muss also (i) die berechtigte Erwartung auf Abschluss des Vertrags geweckt haben, (ii) die Partei, die Ansprüche geltend machen will, muss im Vertrauen auf den Abschluss des Vertrags erhebliche Aufwendungen gemacht haben und (iii) der Abbruch der Verhandlungen muss willkürlich oder zumindest grundlos erfolgt sein.[24] 71

Praxishinweis: 72

Brechen Sie Verhandlungen nie grundlos ab, sondern begründen sie das Ende von Verhandlungen sachlich z.B. damit, dass die Verhandlungen in eine von Ihnen nicht akzeptable Richtung gehen.

4. Letter of Intent

Vor Abschluss eines Vertrags werden gelegentlich auch Absichtserklärungen (sog. *Letter of Intent*) geschlossen. Diese können dazu dienen, einer Partei Verhandlungsexklusivität zuzusichern oder für den Abbruch von Verhandlungen eine Entschädigung vorsehen. Üblicherweise enthält ein Letter of Intent die Verpflichtung der Parteien, dass diese (i) in ernsthafte Verhandlungen mit der anderen Partei treten, (ii) während der Dauer der 73

[24] BGH VII ZR 360/98, NJW-RR 2001, 381, 382; BGH VIII ZR 4/88, NJW-RR 1989, 627.

Verhandlungen nicht mit Wettbewerbern verhandeln, (iii) geheime oder im Rahmen der Verhandlungen bekannt werdende Informationen vertraulich behandeln, und (iv) jede Partei die ihr entstehenden Kosten selbst trägt. Es ist selbstredend, dass ein Letter of Intent daneben noch weitere Aspekte regeln kann. So finden sich immer wieder Regelungen dazu, unter welchen Bedingungen eine Due Diligence ausgeführt wird (Kosten, Datenzugang, Datenmenge, Dauer, Folgen für den Abbruch der Verhandlungen etc.). In der Praxis enthält ein Letter of Intent meist nur wenige bindende Regelungen, da sich die Parteien vor Abschluss des Vertrags nur ungern verbindlichen Pflichten oder einer Haftung unterwerfen wollen ohne zu wissen, ob sich diese später wirtschaftlich amortisiert.

74 **Praxishinweis:**

Prüfen Sie einen von der Gegenseite zur Unterschrift vorgelegten Letter of Intent sorgfältig, insbesondere darauf, ob in dem Dokument bindende Regelungen enthalten (oder sogar versteckt) sind. Ein Letter of Intent kann auch im Gewand eines „Memorandum of Understanding (MoU)", „Term Sheet", „Heads of Agreement" oder manchmal auch nur als Verhandlungsprotokoll erscheinen. Die Bezeichnung spielt keine Rolle – aber der Inhalt.

5. Optionsvertrag

75 Ein Optionsvertrag gewährt einer Vertragspartei das einseitige Recht, der anderen Vertragspartei den Abschluss eines anderen Vertrages aufzuzwingen. Der andere Vertrag kommt erst durch die Ausübung der Option, die dem Optionsberechtigten durch den Optionsvertrag eingeräumt wurde, zustande. Die mit der Option begünstigte Partei ist grundsätzlich frei darin, die Option auszuüben oder sie verstreichen zu lassen. Optionsverträge kommen in der Praxis zum Beispiel bei Wiederkaufsrechten, wenn für einen bestimmten Fall das Recht bestehen soll, dass eine Partei einen Vertragsgegenstand wiedererwirbt sowie bei Finanz- und Termingeschäften vor. In Industrie und Handel ist die Bedeutung des Optionsvertrags gering. Ein Optionsvertrag ist dann formbedürftig, wenn für den Hauptvertrag Formbedürftigkeit besteht (beispielsweise im Falle von Immobilienkaufoptionen).

6. Vorvertrag

76 Der Vorvertrag ist ein Vertrag, der für beide Parteien die Verpflichtung zum späteren Abschluss eines Hauptvertrages begründet. Der Vorvertrag kann so ausgestaltet sein, dass nur ein Vertragsteil durch ihn gebunden

ist, der andere Vertragsteil dagegen keine Pflicht, sondern beispielsweise nur das Recht oder die Option zum Vertragsschluss übernimmt. Ein Vorvertrag kann sinnvoll sein, wenn dem Abschluss des Hauptvertrages beispielsweise noch tatsächliche oder rechtliche Hindernisse entgegenstehen; beispielsweise in dem Fall, dass der Lieferant seinerseits Belieferungen durch einen Zulieferer sicherstellen muss oder der Käufer einer Maschine vor Abschluss des Hauptvertrages seinerseits Abnahme durch seine Kunden sicherstellen muss.

Anders als ein Letter of Intent hat der Vorvertrag grundsätzlich bin- **77**
denden Charakter. Der Vorvertrag gibt den Parteien die Möglichkeit, bereits zu einem frühen Zeitpunkt festzulegen, dass eine vertragliche Verpflichtung zu einem späteren Zeitpunkt eintreten soll. In der Praxis sind Vorverträge dann sinnvoll, wenn die Parteien mehr Zeit benötigen, um beispielsweise die Details des Hauptvertrages zu verhandeln, sie sich aber schon früher insoweit binden wollen, als sie bereits vor Abschluss des Hauptvertrages festlegen wollen, dass der Hauptvertrag später zustande kommen soll. Gleichermaßen bedeutsam sind Vorverträge dann, wenn beispielsweise auf behördliche Genehmigungen (Kartellfreigabe durch die Kommission, Eintragung von Marken oder Handelsregisteranmeldungen) oder das Vorliegen eines Due Diligence Reports gewartet werden muss.

Ein Vorvertrag muss alle wesentlichen Regelungspunkte des Haupt- **78**
vertrages abdecken. Dies erfordert, dass die vertraglichen Hauptpflichten der Parteien im Vorvertrag zumindest bestimmbar sind. Soweit der Hauptvertrag eine bestimmte Form vorschreibt (beispielsweise notarielle Beurkundung) muss der Vorvertrag dieser Form ebenfalls entsprechen. Praktisch bedeutsam ist dieser Grundsatz insbesondere für den Fall, dass die Parteien in einem Vorvertrag die in der Zukunft liegende Übertragung eines Grundstücks regeln.[25]

VII. Beweisfragen

Wer einen Anspruch (beispielsweise auf Lieferung oder Zahlung) durchset- **79**
zen möchte, muss seinen Anspruch beweisen. Die Beweislastverteilung im deutschen Recht geht dahin, dass der Anspruchssteller die Beweislast dafür trägt, dass die rechtsbegründenden Voraussetzungen seines Anspruchs erfüllt sind. Will ein Käufer beispielsweise seinen Belieferungsanspruch durchsetzen, muss er nachweisen, dass ein entsprechender Liefervertrag geschlossen oder – im Falle eines Rahmenliefervertrages – eine Bestellung aufgegeben wurde und diese Bestellung vom Lieferanten angenommen

[25] BGH III ZR 144/76, NJW 1978, 212.

wurde. Will hingegen der Verkäufer seinen Zahlungsanspruch durchsetzen, muss er nachweisen, dass ein Kaufvertrag geschlossen und die Kaufsache an den Käufer geliefert wurde. Der Käufer, der nicht bezahlen will, muss hingegen Einwendungen gegen den Kaufpreisanspruch des Lieferanten beweisen, sofern derartige Einwände (z.B. Mangel oder Nichtleistung) existieren.[26]

80 Besondere Bedeutung kommt im Rahmen eines Vertragsschlusses dem Nachweis zu, dass eine Willenserklärung, insbesondere die Annahme eines Angebots (Auftragsbestätigung oder order confirmation) dem Vertragspartner zugegangen ist. Da der Zugang der eigenen Willenserklärung beim Vertragspartner wesentlicher Bestandteil für das Zustandekommen des Vertrages ist, entsteht in der Praxis häufig Streit darüber, ob der Zugang der Annahmeerklärung tatsächlich erfolgt ist. Die Beweislast für den Zugang trägt derjenige, der sich darauf beruft.[27] Wer also aus einem Vertrag Rechte ableiten will (beispielsweise Belieferung oder Bezahlung) muss das Zustandekommen des Vertrages – und damit auch den Zugang seiner Willenserklärung (Annahme) – beweisen. Folgende praxisrelevante Einzelfälle bedürfen insoweit weiterer Erörterung:

1. Postsendung und Einschreiben

81 Es bestehen weder Voll- noch Anscheinsbeweis dafür, dass ein zur Post gegebener Brief den Empfänger auch tatsächlich erreicht. Gleiches gilt auch für ein Einwurfeinschreiben. Selbst ein Einwurfeinschreiben mit Rückschein begründet weder Voll- noch Anscheinsbeweis dafür, dass dem Empfänger tatsächlich eine bestimmte Willenserklärung (beispielsweise eine Auftragsbestätigung) zugegangen ist. Mit dem Rückschein gelingt nämlich der Nachweis nicht, dass in der entsprechenden Postsendung auch das streitgegenständliche Dokument (z.B. die Auftragsbestätigung) enthalten war.

2. Beweiskraft des Telefax-Sendeprotokolls

82 Der „OK"-Vermerk eines Telefax-Sendeberichts ist zwar kein Voll- aber wohl nach neuerer Rechtsprechung Anscheinsbeweis für den Zugang des Telefaxes beim Empfänger. In jedem Fall hilft die Vorlage des „OK"-Sendeberichts eines Telefaxes bei Gericht im Streitfall der Vertragspartei weiter, die sich darauf beruft. Es ist nämlich unbestritten, dass der „OK"-Vermerk auf dem Sendebericht zumindest ein Indiz dafür ist, dass das

[26] BGH V ZR 386/97, NJW 1999, 352, 353.
[27] OLG Saarbrücken 5 W 99/04, NJW 2004, 2908, 2909.

Telefax dem Empfänger tatsächlich zugegangen ist.[28] Der Empfänger eines Telefaxes kann sich in derartigen Fällen also nicht einfach nur damit verteidigen, er habe das Telefax mit der Auftragsbestätigung nicht erhalten. Notwendig wäre ein substantiierter Einwand – also beispielsweise der Nachweis des Empfängers, dass sein Faxgerät an besagtem Tag defekt, der Speicher voll oder kein Papier eingelegt war und er das Telefax daher nicht erhalten hat.

3. E-Mail

Eine E-Mail ist dem Empfänger dann zugegangen, wenn sie in dessen E-Mail Postfach abrufbar gespeichert ist. Den Nachweis hierfür muss grundsätzlich der Absender erbringen. Auch insoweit gilt, dass weder eine ausgedruckte E-Mail, noch eine entsprechend ausgedruckte Lesebestätigung den Voll- oder Anscheinsbeweis dafür erbringt, dass die streitgegenständliche E-Mail dem Empfänger tatsächlich zugegangen ist. In entsprechender Anwendung der Rechtsprechungsgrundsätze zum Telefax-Sendeprotokoll begründet aber sowohl eine E-Mail-Lesebestätigung als wohl auch schon der bloße Ausdruck einer versandten E-Mail zumindest ein (starkes) Indiz dafür, dass die E-Mail tatsächlich versandt wurde und beim Empfänger zugegangen ist.[29] **83**

4. Übergabe mittels Bote

Die Übergabe einer Willenserklärung mittels Bote kann den Vollbeweis für den Zugang der Willenserklärung erbringen, wenn der Bote die Willenserklärung (also beispielsweise die Auftragsbestätigung) dem Empfänger persönlich überbringt oder diese in dessen Empfangsvorrichtung (Briefkasten) einlegt. Der Bote kann hierüber als Zeuge vernommen werden oder – was noch einfacher wäre – über die Über- bzw. Abgabe einen kurzen Vermerk anfertigen, der im Streitfall vorgelegt werden kann. Der Bote muss allerdings auch bezeugen können, dass er eine bestimmte Erklärung überbracht hat; d.h. er muss die Willenserklärung vor Über- bzw. Abgabe inhaltlich zur Kenntnis genommen haben (z.B. beim kuvertieren). **84**

Praxishinweis: **85**

Sofern Sie wichtige Erklärungen abgeben oder überbringen, sollten Sie sich diese quittieren lassen. Einfach und praktisch ist es, wichtige Erklärungen zudem vorab per Telefax oder per E-Mail zu übersenden, da der Telefax-

[28] BGH IV ZR 163/13, NJW-RR 2014, 683, 685 Rn. 27–29.
[29] LAG Berlin 15 Ta 20/66/12, DB 2013, 407 L = BeckRS 2013, 66632.

Sendebericht bzw. der Ausdruck einer versandten E-Mail zumindest als Indiz (ggf. sogar als Anscheinsbeweis) für den Zugang der Willenserklärung beim Empfänger herangezogen werden kann.

VIII. Unwirksamkeit von Verträgen

86 Verträge, die unwirksam sind, entfalten keine Rechtswirkung. Vor diesem Hintergrund sollten Unwirksamkeitsgründe umschifft werden. Die Unwirksamkeit von Verträgen droht insbesondere dann, wenn ein Vertrag gegen zwingende Formvorschriften verstößt (§ 125 BGB), sittenwidrig ist (§ 138 Abs. 1 und 2 BGB), gegen ein gesetzliches Verbot verstößt (§ 134 BGB), eine Vertragspartei unangemessen benachteiligt (§ 307 Abs. 2 BGB) oder eine Willenserklärung angefochten wird (§ 142 ZPO).

1. Sittenwidrigkeit von Verträgen

87 Verträge sind sittenwidrig und unwirksam, wenn sie gegen das Anstandsgefühl aller billig und gerecht Denkenden verstoßen.[30] Dieser unbestimmte Rechtsbegriff der Sittenwidrigkeit unterliegt einem stetigen Wandel, was sich daraus ergibt, dass sich die sittliche Gesinnung mit dem gesellschaftlichen Wandel verändert. In der Praxis haben sich Fallgruppen herausgebildet, welche die Sittenwidrigkeit näher umschreiben und definieren. Sittenwidrig sind danach insbesondere (i) wucherähnliche Verträge (beispielsweise im Mietrecht bei einer Miete für Wohnraum, welche die angemessene Miete – nach Mietspiegel – um 50 %, bei Gewerberaum um 100 % übersteigt[31]), (ii) strukturelle Überforderung eines Schuldners oder eines Bürgen, (iii) Knebelungsverträge besonders dann, wenn sie auf einem Abhängigkeitsverhältnis eines Ehegatten oder Angehörigen beruhen und zu einer krassen Überforderung des Verpflichteten führen. Die Anwendung von § 138 Abs. 1 und Abs. 2 BGB ist auf besonders krasse Fälle beschränkt; ihr Anwendungsbereich ist sehr eingeschränkt, was in der Praxis häufig verkannt wird.

88 **Praxishinweis:**

Wer sich schlicht von einem unvorteilhaften Vertrag oder einer bestimmten Vertragsklausel lösen möchte, kann die Sittenwidrigkeit in der Regel nicht mit Erfolg geltend machen. Dies gilt erst recht im Geschäftsverkehr, wo die

[30] BGH II ZR 2016/03, NJW 2004, 2668, 2670.
[31] KG 12 U 5939/99, NJW-RR 2001, 1092.

Hürden für die Sittenwidrigkeit noch höher sind. Zielführender kann es sein, seine Willenserklärung in derartigen Fällen anzufechten oder eine ggf. unangemessene Benachteiligung nach § 307 Abs. 2 BGB prüfen zu lassen.

2. Verstoß gegen gesetzliche Verbote

Auch Rechtsgeschäfte, die gegen ein gesetzliches Verbot verstoßen, sind unwirksam, § 134 BGB. Dies schränkt die Vertragsfreiheit erheblich ein, wird aber vom Gesetzgeber in Kauf genommen, um Recht und Gesetz sicher zu stellen, denn gesetzliche Verbote stehen nicht zur Disposition der Parteien, sondern sind einzuhalten. Praxisrelevante gesetzliche Verbote finden sich beispielsweise im Strafgesetzbuch (StGB), in Außenhandelsgesetzen (beispielsweise Verstöße gegen Embargos), im Kartellrecht (Verbot von Preisabsprachen) oder bei Verstößen gegen das Schwarzarbeitsverbot. 89

Nicht jeder Verstoß gegen ein gesetzliches Verbot führt indessen zur Unwirksamkeit des Vertrags. Zwar ist die Unwirksamkeit der Regelfall, allerdings berühren Verstöße gegen gesetzliche Verbote, die sich lediglich gegen die Art und Weise des Zustandekommens eines Rechtsgeschäfts richten, die Wirksamkeit des Rechtsgeschäfts nicht. Ein Vertrag, der beispielsweise unter Verstoß gegen das Ladenschlussgesetz (LadSchlG) geschlossen wird, ist nicht unwirksam. Grund ist, dass nicht der Vertrag oder der Vertragsschluss an sich, sondern lediglich der Zeitpunkt, zu dem der Vertrag geschlossen wurde, zu beanstanden ist. 90

Praxishinweis: 91

Beim Abschluss von Vertriebsverträgen ist stets darauf zu achten, dass die Regelungen des Vertrags insbesondere nicht gegen AGB-Recht oder Kartellrecht verstoßen. Derartige Verstöße können auch unbeabsichtigt oder durch unterlassene Prüfung der einzelnen Klauseln erfolgen.

3. Rechtsfolge unwirksamer Klauseln

Sofern ein Teil eines Vertrags nichtig ist, so ist der ganze Vertrag nichtig, wenn nicht anzunehmen ist, dass der Vertrag auch ohne den nichtigen Teil vorgenommen sein würde, § 139 BGB. Die Vorschrift des § 139 BGB stellt eine Vermutung dahingehend auf, dass die Teilunwirksamkeit eines Vertrages zur Gesamtunwirksamkeit desselben führt. § 139 BGB soll verhindern, dass den Parteien anstelle des von ihnen ursprünglich gewollten 92

Rechtsgeschäfts ein Geschäft mit anderem Inhalt aufgedrängt wird, das durch die Teilunwirksamkeit entstanden ist.

93 Die Teilunwirksamkeit führt allerdings dann nicht zur Gesamtunwirksamkeit, wenn der mutmaßliche Parteiwille dahin geht, dass die Parteien ihren Vertrag auch in dem Fall abgeschlossen hätten, in dem sie die Teilunwirksamkeit – zum Beispiel einer gewissen Klausel im Vertrag – gekannt hätten. Letztlich kommt es also auf eine Auslegung des (mutmaßlichen) Parteiwillens an. In der Praxis kann beispielsweise davon ausgegangen werden, dass die Unwirksamkeit eines Rahmenvertrages die Wirksamkeit der unter ihm geschlossenen Einzelkaufverträge unberührt lässt und umgekehrt. In der gleichen Weise bleibt eine Gerichtsstandvereinbarung oder Schiedsklausel wirksam, selbst dann, wenn der Vertrag, in dem sie steht, unwirksam ist.[32]

94 **Praxishinweis:**

Vereinbaren die Parteien eine salvatorische Klausel oder Erhaltungsklausel, dürfte die Auslegung im Falle der Teilnichtigkeit meist dahin gehen, dass der Vertrag als Ganzes wirksam bleibt.

IX. Vertragslücken und Vertragsauslegung

95 Selbst nach umfangreichen Vertragsverhandlungen, ggf. unter Hinzuziehung von Rechtsanwälten und hoch qualifizierten Fachkräften, lassen sich Regelungslücken in Verträgen nur selten vermeiden. Dies liegt daran, dass sich die wirtschaftlichen und tatsächlichen Umstände des Vertrags häufig verändern und dadurch Situationen eintreten, an welche die Vertrags- bzw. Verhandlungspartner während der Verhandlungen und bei Abschluss des Vertrages nicht gedacht haben. In derartigen Fällen müssen Vertragslücken mittels Auslegung geschlossen werden.

1. Auslegung

96 Die Vertragsauslegung hat überragende praktische Bedeutung im gesamten Bereich des Zivilrechts. Sie ist in den §§ 133, 157 BGB geregelt. § 133 BGB betrifft die Auslegung einzelner Willenserklärungen, während § 157 regelt, wie Verträge auszulegen sind. Das Instrument der Auslegung dient entweder dazu, unklare Vertragsregelungen einer Klärung zuzuführen

[32] BGH ZR III ZR 18/77, NJW 1979, 2567, 2568.

oder Vertragslücken zu schließen. Sie zielt darauf ab, den wahren Willen der Parteien zu ermitteln und diesem zur Geltung zu verhelfen.

Bei der Auslegung einzelner Willenserklärungen (wie etwa Angebot, Annahme oder einer Kündigungserklärung) kommt es auf den wirklichen Willen des Erklärenden an, der aufgrund äußerer Umstände, Indizien und im Zweifel danach zu ermitteln ist, wie ein objektiver Dritter die Erklärung verstehen durfte. Bei der Auslegung von Verträgen ist demgegenüber danach zu fragen, was die Parteien bei verständiger Würdigung gewollt und vereinbart hätten. Regelungslücken sind im Wege der ergänzenden Vertragsauslegung zu schließen. Der hypothetische Parteiwille ist Grundlage für die Ergänzung des Vertragsinhalts; es ist also danach zu fragen, was die Parteien bei angemessener Abwägung ihrer Interessen nach Treu und Glauben vereinbart hätten, wenn sie den nicht geregelten Fall (also die Vertragslücke) bedacht hätten.[33] Können die Parteien sich über Auslegungsfragen nicht einigen, bestimmt im Streitfall das Gericht, wie der Vertrag auszulegen ist oder Lücken zu schließen sind. **97**

Für die Auslegung ist auf den Zeitpunkt des Vertragsschlusses abzustellen, nicht auf den der Feststellung der Vertragslücke. Maßgeblich für die Vertragsauslegung sind der Wortlaut, der Geist und der Zweck des Vertrages, die Umstände, die zum Abschluss des Vertrages geführt haben - teilweise auch das Verhalten der Vertragsparteien nach Abschluss des Vertrages[34] - sowie vor Abschluss des Vertrages geäußerte Absichten der Parteien. Verhandlungsprotokolle und Vertragsentwürfe, sowie die Präambel des Vertrages geben häufig Aufschluss darüber, welchen Zweck die Parteien bei Abschluss des Vertrages verfolgt haben und welche Regelungen für sie besonders wichtig sind. Bei unerwarteten Vor- oder Nachteilen, die sich aus der Ergänzung einer Vertragslücke ergeben, kann häufig eine Halbteilung die angemessene Vertragsergänzung sein.[35] **98**

Teilweise stellt das BGB auch Auslegungsregeln zur Verfügung, die für bestimmte Situationen eine Zweifelsregelung enthalten und damit die Auslegungsrichtung vorgeben (§§ 364 Abs. 2, 2097, 2304 BGB). Für bestimmte Fallkonstellationen stellen BGB oder Rechtsprechung zudem bestimmte Auslegungsmaximen zur Verfügung. So gilt nach § 305 c Abs. 2 BGB beispielsweise, dass Auslegungszweifel von AGB stets zu Lasten des Verwenders gehen. Gleiches gilt etwa für das Versicherungsrecht, wenn die Versicherungsbedingungen unklar gefasst sind. **99**

---

[33] BGH II ZR 261/01, NJW 2004, 2449; BGH X ZR 144/06, NJW-RR 2008, 582 Rn. 15.
[34] BGH VIII ZR 136/04, NJW 2005, 3205, 3207.
[35] BGH V ZR 334/98, NJW-RR 2000, 894.

2. Nachträgliche Vertragsänderung

100 Das Prinzip „*pacta sunt servanda*" besagt, dass Verträge zu erfüllen sind, d.h. jede Vertragspartei hat die Pflicht, ihre Vertragspflichten zu erfüllen. Die andere Vertragspartei hat dementsprechend Anspruch auf Vertragserfüllung und kann diesen Anspruch einklagen. Erfüllt eine Vertragspartei ihre Pflicht aus dem Vertrag nicht, zu spät oder schlecht (nicht ordnungsgemäß), stellt dies eine Vertragsverletzung dar.

101 Aus der vertraglichen Bindung ergibt sich, dass nachträgliche Änderungen des Vertrags nur möglich sind, wenn beide Parteien der Änderung zustimmen (also einverstanden sind). Derartige Änderungen können auch stillschweigend erfolgen. Das Verhalten des Vertragspartners muss aber erkennen lassen, dass er mit der Vertragsänderung einverstanden ist. Ob im Einzelfall eine Vertragsänderung durch schlüssiges, konkludentes Verhalten beschlossen wurde, muss im Zweifel durch Auslegung ermittelt werden. Einkäufer können etwa einer Preisänderung konkludent zustimmen, wenn sie die erhöhten Preise des Lieferanten (über einen längeren Zeitraum) akzeptieren.[36] Wenn ein Arbeitgeber seinen Arbeitnehmer über eine Änderung des Arbeitsvertrags informiert und dieser seine Arbeit ohne Beanstandung weiterbetreibt, kann dies ebenfalls als Zustimmung ausgelegt werden.[37] Für einseitige Provisionskürzungen hat der BGH eine stillschweigende Zustimmung des Handelsvertreters allerdings abgelehnt, wenn dieser auf eine entsprechende Mitteilung nicht reagiert.[38]

102 **Praxishinweis:**

Einseitige nachträgliche Vertragsänderungen sind nicht möglich und daher unwirksam. Das bedeutet, dass etwa die Provision eines Handelsvertreters nicht einseitig herabgesetzt werden kann. Lieferzeiten oder Liefermengen können nachträglich ebenso wenig einseitig abgeändert werden wie etwa Lieferpreise. Haben die Parteien mündlich eine Vertragsänderung besprochen, sollte diese unbedingt per E-Mail, unterzeichnetem Gesprächsprotokoll oder durch eine Nachtragsvereinbarung festgehalten werden.

3. Vertragsänderungs- und Verhandelnsklauseln

103 Um Verträge im oft schnelllebigen Handelsrechtsverkehr in einem wirtschaftlichen Gleichgewicht zu halten, kann es erforderlich sein, Teile des Vertrags von Zeit zu Zeit anzupassen und nach zu verhandeln. Sofern die

[36] BGH VIII ZR 36/06, NJW 2007, 2540 (*Gaspreisanpassung*).
[37] BAG 4 AZR 129/00, MDR 2002, 37.
[38] BGH VIII ZR 293/94, NJW 1996, 588.

Vertragsparteien bereits bei Vertragsabschluss absehen, dass eine Vertragsanpassung (bspw. in Form einer Preisanpassung oder einer Änderung des Logistikablaufs) notwendig wird, werden in Verträgen häufig Klauseln aufgenommen, nach denen die Vertragsparteien auf Aufforderung einer Partei in ernst gemeinte Verhandlungen („*good faith negotiations*") treten wollen bzw. eine Partei dies einfordern kann. Derartige Verhandelnsklauseln enthalten häufig jedoch selbst noch keine Änderungsvereinbarung, sondern dokumentieren lediglich die Absicht, den Willen und ggf. den zeitlichen Ablauf entsprechender Verhandlungen zum Zwecke der Vertragsanpassung. Dementsprechend kann aus Verhandelnsklauseln weder ein einklagbares Recht auf Vertragsänderung abgeleitet werden noch gewähren derartige Klauseln ein einseitiges Vertragsanpassungsrecht einer Partei.

Praxishinweis: 104

Verhandelnsklauseln sind in der Praxis weit verbreitet obwohl sie ein „zahnloser Tiger" sind. Denn sie gewähren kein einklagbares Recht auf Vertragsanpassung, sondern nur ein Recht auf Verhandlungen, deren Ausgang wiederum ungewiss sein wird. Ist bereits absehbar, dass ein Vertrag während seiner Laufzeit anzupassen ist, sollte nicht lediglich eine Absichtserklärung, sondern zumindest auch (ggf. ergänzend) ein Korridor für die Vertragsanpassung vorgehsehen werden. Alternativ können die Vertragsparteien für den Eintritt bestimmter Bedingungen (z.B. Umsatzvolumina, Preisindizes etc.) vorsehen, dass durch eine Klausel eine fest definierte Anpassung erfolgt (z.B. Preissteigerung oder Preisreduzierung um 5 %). Dies reduziert die Wahrscheinlichkeit von Streitigkeiten darüber, ob und vor allem wie der Vertrag im Einzelfall konkret anzupassen ist.

4. Vertragsanpassung und Wegfall der Geschäftsgrundlage

Unter sehr engen Voraussetzungen gewährt das BGB die Möglichkeit, 105
Verträge an geänderte wirtschaftliche Verhältnisse anzupassen und diese Anpassung notfalls einzuklagen (sog. Wegfall der Geschäftsgrundlage). Dies ist nur dann möglich, wenn sich gemäß § 313 Abs. 1 BGB (i) die Umstände, die zur Grundlage eines Vertrags geworden sind, (ii) nach Abschluss des Vertrags wesentlich geändert haben und (iii) die Parteien den Vertrag nicht oder nicht so geschlossen hätten, wenn sie diese Veränderung vorausgesehen hätten. § 313 Abs. 1 BGB gewährt den Vertragsparteien allerdings kein einseitiges Vertragsänderungsrecht, sondern stellt lediglich klar, dass ein gerichtlicher Anspruch auf Vertragsanpassung dann besteht, wenn die Parteien sich über eine Vertragsanpassung nicht einigen können. Die praktische Bedeutung des § 313 Abs. 1 BGB ist vergleichsweise gering, da

eine Vertragsanpassung danach nur dann in Betracht kommt, wenn sich die Grundlage des Vertrags (nicht dessen Inhalt) schwerwiegend geändert haben; etwa im Falle einer schweren Inflation, eines massiven Preisverfalls oder Preisanstiegs oder eines unvorhersehbaren hoheitlichen Eingriffs, der das ökonomische Gleichgewicht des Vertrags aus den Angeln hebt (z.B. überraschende Gesetzesänderung).

X. Verjährung

106 Der Verjährung kommt in der Praxis hohe Bedeutung zu. Ist ein Anspruch verjährt, so besteht er zwar noch, ist aber nicht mehr durchsetzbar, d.h. der Anspruchsinhaber kann seinen Anspruch (beispielsweise auf Zahlung, Nachbesserung oder Lieferung) nicht mehr durchsetzen. Rechtspolitischer Hintergrund der Verjährung ist, dass Ansprüche aus Gründen von Rechtssicherheit und Rechtsfrieden nicht für alle Zeiten durchsetzbar sein sollen. Die Einrede der Verjährung ist nicht von Amts wegen zu beachten, das bedeutet, dass der Schuldner, der die Einrede der Verjährung erheben kann, diese tatsächlich auch erheben muss, damit er die Leistung verweigern darf, § 214 Abs. 1 BGB.

1. Verjährungsfähige Ansprüche

107 Verjährungsfähig sind nur Ansprüche i.S.d. § 194 Abs. 1 BGB. Gestaltungsrechte, wie etwa Kündigung, Anfechtung, Rücktritt, Widerruf oder Aufrechnung sind hingegen nicht verjährungsfähig. Insoweit droht also keine Verjährung bei der Ausübung eines Rechts, sondern nur bei der Durchsetzung eines Anspruchs. Anspruch ist nach § 194 Abs. 1 BGB das Recht, von einem anderen ein Tun oder Unterlassen zu verlangen (Zahlung, Herausgabe einer Sache, Belieferung aus einem Vertrag, Herstellung eines Werks, Abgabe einer Willenserklärung, Unterlassen von Wettbewerbshandlungen o.Ä.).

2. Verjährungsfristen

108 Die Regelverjährungsfrist für Ansprüche beträgt drei Jahre, § 195 BGB. Allerdings gibt es spezielle Verjährungsfristen, so etwa für den Anspruch auf Übertragung des Eigentums an einem Grundstück, der binnen zehn Jahren verjährt, § 196 BGB. Die maximale Verjährungsfrist, die nach § 197 Abs. 1 Nr. 3, 4 BGB insbesondere für rechtskräftig festgestellte Ansprüche (Vollstreckungsbescheid, vollstreckbarer Vergleich, vollstreckbares Urteil,

Kostenerstattungsansprüche) gilt, beträgt 30 Jahre. Darüber hinaus sehen das Kaufrecht sowie das Werkvertragsrecht abweichende Verjährungsfristen für die Verjährung von Mängelgewährleistungsansprüchen vor, die im Handelsrechtsverkehr eine große Rolle spielen. Gemäß § 438 Abs. 1 Nr. 3 BGB beträgt die Verjährungsfrist für Mängelansprüche an beweglichen Sachen (wie etwa Zulieferteilen, Modeartikeln, Lebensmitteln und sonstigen beweglichen Gegenständen) zwei Jahre ab Übergabe der Sache. Für Gegenstände, die für ein Bauwerk verwendet werden oder verwendet werden sollen, beträgt die Verjährungsfrist fünf Jahre (etwa für Baustoffe und Bauteile wie Beton, Zement, Bauholz, Fenster, Dachplatten, Rohrleitungen, Heizung, Bodenbelag, Tapeten, Installationen, Sanitärobjekte u.w.m.). Die gleiche Unterscheidung zwischen beweglichen und unbeweglichen Gewerken gilt für die Mängelgewährleistungsfrist aus Werkverträgen, § 634a Abs. 1 Nr. 2 BGB. Im Logistikrecht gelten sogar noch kürzere Verjährungsfristen für Ansprüche die Beförderungsleistungen betreffen, wie etwa Transportschadensersatzansprüche. Diese verjähren nach § 439 Abs. 1 Satz 1 HGB binnen eines Jahres ab Ablieferung des Beförderungsgutes. Gleiches gilt nach § 474a HGB für Ansprüche aus einem Lagervertrag.

3. Beginn und Ablauf der Verjährung

Die regelmäßige Verjährungsfrist beginnt zu laufen am Schluss des Jahres, (i) in dem der streitgegenständliche Anspruch entstanden ist und (ii) der Gläubiger von den den Anspruch begründenden Umständen und der Person des Schuldners Kenntnis erlangt oder ohne grobe Fahrlässigkeit hätte erlangen müssen. Verletzt also beispielsweise eine Vertragspartei den Vertrag im Jahr 2015 und erhält die andere Vertragsseite (der Gläubiger) hiervon im Laufe des Dezembers 2015 Kenntnis, so begann die dreijährige Verjährungsfrist mit Ablauf des 31. Dezember 2015 zu laufen. Die Verjährungsfrist läuft dann drei Jahre, also für die Jahre 2016, 2017 und 2018. Mit Ablauf des 31. Dezember 2018 tritt Verjährung ein, so dass am 1. Januar 2019 eventuelle vertragliche Schadensersatzansprüche aus der Vertragspflichtverletzung verjährt sind und nicht mehr durchgesetzt werden könnten. Erhält der Gläubiger in vorstehend beschriebenem Beispiel erst im Januar 2016 Kenntnis von den im Jahr 2015 begangenen Vertragspflichtverletzungen des Vertragspartners, so beginnt die Verjährung erst mit Ablauf des 31. Dezember 2016 zu laufen. Die Verjährungsfrist läuft dann von 2017 bis 2019, so dass Schadensersatzansprüche wegen dieser Vertragspflichtverletzungen ab dem 1. Januar 2020 nicht mehr durchgesetzt werden könnten. 109

110 Da für den Beginn der Verjährungsfrist ein Wissenselement erforderlich ist (der Gläubiger muss Kenntnis von seinem Anspruch erhalten), hat der Gesetzgeber eine Höchstfrist vorgesehen. Das bedeutet, dass unabhängig von der Kenntnis des Anspruchsinhabers (Gläubigers) Ansprüche zehn Jahre nach ihrer Entstehung verjähren. Diese Zehnjahres-Höchstfrist nach § 199 Abs. 3 Satz 1 Nr. 1 BGB ist Tag genau zu berechnen.

111 Für Schadensersatzansprüche, die auf Verletzungen des Lebens, des Körpers, der Gesundheit oder der Freiheit beruhen, gilt die 30-jährige Verjährungsfrist, die kenntnisunabhängig – also ab dem auslösenden Ereignis (Schädigungshandlung) – zu laufen beginnt.

112 Der Beginn der Verjährungsfrist für Mängelbeseitigungsansprüche im Kauf- und Werkvertragsrecht beginnt nicht mit Ende eines Jahres zu laufen, sondern immer mit Ablieferung der Sache (im Kaufrecht, § 438 Abs. 2 BGB) bzw. Abnahme (im Werkvertragsrecht, § 634 a Abs. 2 BGB).

113 **Praxishinweis:**

Dokumentieren Sie wichtige Ereignisse, wie etwa die Übergabe einer Lieferung, deren Untersuchung und ggf. wann Sie Kenntnis von Mängeln oder Schäden erlangen. Die Dokumentation ist etwa durch E-Mail-Korrespondenz oder die Anfertigung von Aktennotizen oder Protokollen möglich, die mit Datum und ggf. Ihrer Unterschrift (nicht zwingend) versehen sind.

4. Verjährungshemmung

114 Die vorstehend beschriebenen Verjährungsfristen können gehemmt werden mit der Folge, dass der Anspruch des Gläubigers nicht binnen der vorstehend genannten Fristen, sondern erst – bisweilen deutlich – später verjährt. Ein in der Praxis wichtiger Hemmungstatbestand ist das Verhandeln über einen Anspruch, § 203 BGB. Der Begriff der Verhandlung ist weit auszulegen.[39] Der Gläubiger des Anspruchs muss klarstellen, dass er einen Anspruch geltend machen möchte und worauf er ihn im Kern stützt. Im Anschluss muss ein Meinungsaustausch zwischen den Parteien erfolgen. Nicht erforderlich ist, dass dabei eine Vergleichsbereitschaft oder eine Bereitschaft zum Entgegenkommen signalisiert wird.[40] Sofern der Schuldner sofort erkennbar Verhandlungen ablehnt, liegt allerdings kein Verhandeln vor.

[39] BGH VI ZR 173/81, NJW 1983, 2075, 2076; BGH VI ZR 429/02, NJW 2004, 1654.
[40] BGH VI ZR 208/00, NJW-RR 2001, 1168.

Praxishinweis: 115

Eine Nichtreaktion des Schuldners kann nicht als Verhandeln ausgelegt werden. Anders liegen die Dinge, wenn der Schuldner beispielsweise den Empfang eines Anspruchsschreibens bestätigt und zu erklären gibt, er werde zeitnah darauf zurückkommen. Bekommen Sie als möglicher Anspruchsgegner und Schuldner ein Anspruchsschreiben und wollen Sie in jedem Fall die Hemmung der Verjährung vermeiden, ist zu empfehlen, jegliche Ansprüche zurückzuweisen und klarzustellen, dass keine Verhandlungsbereitschaft besteht.

In § 204 Abs. 1 BGB sind enumerativ, d.h. abschließend, weitere Hemmungstatbestände aufgeführt. Danach wird die Verjährung beispielsweise gehemmt durch (i) Erhebung einer Klage, (ii) Erwirkung eines Mahnbescheids, (iii) Stellung eines (konkret gefassten) Güteantrags, (iv) Aufrechnung mit eigenen Ansprüchen gegen die Hauptforderung, (v) Durchführung eines selbständigen Beweisverfahrens, (vi) Anmeldung eines Anspruchs zur Tabelle im Insolvenzverfahren, (vii) Beginn eines schiedsrichterlichen Verfahrens u.w.m. Gemäß § 205 BGB tritt Hemmung auch dann ein, wenn die Parteien ein Stillhalteabkommen (Stundungsvereinbarung) vereinbaren. 116

Wer sich auf die Hemmung der Verjährung beruft, muss die Tatsachen beweisen, aus denen sich die Hemmung ergibt. Wer also behauptet, es hätten verjährungshemmende Verhandlungen stattgefunden, muss hierfür Beweis (beispielsweise Schreiben, Gesprächsprotokolle oder E-Mail-Korrespondenz) vorlegen. 117

Praxishinweis: 118

Wird ein Anspruch kurz vor Verjährungsablauf identifiziert, sollten Sie verjährungshemmende Maßnahmen ergreifen, falls der Vertragspartner die Erfüllung des Anspruchs ablehnt. Beachten Sie, dass einseitige E-Mail-Korrespondenz (also etwa wiederholte Mahnungen oder Schreiben mit dem Hinweis auf Vertragserfüllung, die ausschließlich vom Anspruchssteller stammen) kein Verhandeln im Sinne des § 203 BGB ist. Mit relativ überschaubarem Zeit- und Kostenaufwand lässt sich bei Geldansprüchen aber ein Mahnbescheid erwirken. Mit diesem kann unabhängig von der Mitwirkung des Vertragspartners (Schuldners) eine Verjährungshemmung für einige Monate erreicht werden.

5. Abweichende Vereinbarungen 119

Die im Gesetz vorgesehenen Vorgaben zu Verjährungsfristen und Verjährungsbeginn sind grundsätzlich disponibel, d.h. in Verträgen zwischen

Parteien können vom Gesetz abweichende Regelungen vereinbart werden. Derartige Vereinbarungen können vor oder nach Anspruchsentstehung geschlossen werden.

a) Verjährungsverzicht nach Anspruchsentstehung

120 In der Praxis kommen häufig **Verjährungsverzichtserklärungen** vor, mit denen der Schuldner für einen bestimmten Zeitraum auf die Einrede der Verjährung verzichtet. Ein Verjährungsverzicht kann insbesondere dann sinnvoll sein, wenn dadurch eine gütliche Streitbeilegung ermöglicht wird, etwa weil Risikoabschätzungen oder rechtliche Vorprüfungen bis zum Ablauf der Verjährung nicht mehr erfolgen können.

b) Verjährungserleichterungen vor Anspruchsentstehung

121 **Verjährungserleichterungen** (also die Verkürzung der Verjährungsfrist) oder Verjährungserschwerungen (die Verlängerung der Verjährungsfrist) werden üblicherweise vor Anspruchsentstehung – i.d.R. bei Abschluss eines Vertrags – vereinbart. Insoweit ist die Wahrscheinlichkeit größer, dass derartige Regelungen einer AGB-Inhaltskontrolle standhalten müssen (hierzu → Rn. 123 ff. in Teil 3). Der Verkäufer möchte die Frist für seine Mängelgewährleistung häufig herabsetzen. Dies ist – zumindest in Formularverträgen – nur in gewissen Grenzen (Herabsetzung von 2 Jahren auf 1 Jahr) möglich.[41]

122 Zudem können gemäß § 202 Abs. 1 BGB keine Vereinbarungen (auch keine Individualvereinbarungen) getroffen werden, wonach die **Verjährungsfrist für die Haftung wegen Vorsatzes** im Voraus erleichtert (etwa ausgeschlossen oder verkürzt) wird. Vereinbaren die Parteien also beispielsweise, dass für vorsätzliche Verstöße gegen die Belieferungspflicht des Verkäufers keine Haftung des Verkäufers erfolgen soll, so verstößt diese Regelung gegen § 202 Abs. 1 BGB. Gleiches gilt, wenn die Parteien im vorstehend genannten Beispiel vereinbaren, dass die Haftung für vorsätzliche Verstöße gegen die Lieferpflicht auf ein Jahr beschränkt ist oder derartige Schadensersatzansprüche vom Vertragspartner binnen eines Jahres geltend gemacht werden müssen.

---

[41] Vgl. § 309 Nr. 8 b ff. BGB sowie BGH X ZR 67/92, NJW 1993, 2054.

Teil 3
Allgemeine Geschäftsbedingungen zwischen Unternehmern

I. Einleitung

Das Recht der Allgemeinen Geschäftsbedingungen (AGB) ist im deutschen Vertrags- und Handelsrecht allgegenwärtig. AGB müssen bereits dann beachtet werden, wenn Verträge entworfen und verhandelt werden. Denn bereits dann entscheidet sich, ob der Anwendungsbereich des AGB-Rechts eröffnet wird. Dies ist gemäß § 305 Abs. 1 BGB dann der Fall, wenn es sich bei den entsprechenden Vertragsklauseln, welche die Parteien verwenden, um **vorformulierte Vertragsbedingungen** handelt, die für eine **Vielzahl von Verträgen** gelten sollen und der anderen Vertragspartei vom Verwender **gestellt** werden.[42] 123

Das Recht der AGB, das ursprünglich zu Zwecken des Verbraucherschutzes geschaffen wurde, findet heute in erheblichem Umfang auch Eingang in Verträge zwischen Unternehmen (sog. b2b-Verträge). In der Praxis gibt es beispielsweise kaum einen Vertrag zwischen einem Lieferant und seinem Abnehmer der keine AGB enthält. Trotz des nach § 310 Abs. 1 Satz 2 BGB eigentlich eingeschränkten Anwendungsbereichs der AGB im unternehmerischen Rechtsverkehr findet die AGB-Inhaltskontrolle im Unternehmervertragsrecht in erheblichem Umfang Anwendung. 124

Die deutsche Umsetzung des AGB-Rechts geht zudem weit über die Vorgaben des Europäischen Gesetzgebers hinaus. Es ist in erheblichem Maße durch die Rechtsprechung deutscher Gerichte geprägt, daher unübersichtlich und auch für Kaufleute nur wenig vorhersehbar. Nachfolgend werden die Grundzüge des deutschen AGB-Rechts beleuchtet, wobei der Schwerpunkt der Darstellung dort liegt, wo sich praxisrelevante Fragen stellen. 125

[42] Die Richtlinie des Europäischen Rates vom 5. April 1993 (93/13/EWG) kann als Meilenstein bei der Harmonisierung des Vertragsrechts der europäischen Mitgliedstaaten betrachtet werden.

II. Funktionsweise des AGB-Rechts

126 Dreh- und Angelpunkt des AGB-Rechts ist die in § 307 ff. BGB niedergelegte Inhaltskontrolle. Fällt eine Klausel oder ein Vertragswerk unter das Recht der Allgemeinen Geschäftsbedingungen (dies bestimmt sich nach § 305 BGB), dann findet die Inhaltskontrolle nach § 307 Abs. 2 BGB Anwendung. Danach dürfen Vertragsklauseln bzw. Verträge die andere Vertragspartei (also die Partei, der Vertragsklauseln oder ein Vertragswerk vorgelegt werden) nicht **unangemessen benachteiligen**. Eine unangemessene Benachteiligung ist im Zweifel anzunehmen, wenn (i) eine Vertragsbestimmung mit wesentlichen Grundgedanken der gesetzlichen Regelung, von der abgewichen wird, nicht vereinbar ist oder (ii) wesentliche Rechte oder Pflichten, die sich aus der Natur des Vertrags ergeben, durch die in Streit stehende Vertragsbedingung so einschränkt werden, dass die Erreichung des Vertragszwecks gefährdet ist.

127 Diese relativ abstrakte Umschreibung der AGB-Inhaltskontrolle wird durch die §§ 308 und 309 BGB konkretisiert. In diesen Paragraphen sind bestimmte Klauselverbote normiert. Darüber hinaus hat die Rechtsprechung durch jahrzehntelange Judikatur Fallgruppen für bestimmte Konstellationen geschaffen, die Orientierungshilfe bieten. Für die Frage, ob eine Vertragsklausel der AGB-Inhaltskontrolle nicht standhält und damit gegen AGB-Recht verstößt, ist erstens zu prüfen, ob eine streitgegenständliche Vertragsklausel (oder ein gesamter Vertrag) eine allgemeine Geschäftsbedingung ist, also unter § 305 BGB fällt, und zweitens, ob diese Vertragsklausel die andere Vertragspartei unangemessen benachteiligt. Sofern eine Vertragsklausel AGB ist (hierzu sogleich unten), so ist im Anschluss also zu fragen, ob die Klausel gemessen an den §§ 309, 308 und ggf. 307 BGB der Inhaltskontrolle standhält.

III. Wann ist eine Vertragsklausel oder ein Vertrag AGB?

128 Die im unternehmerischen Rechtsverkehr „gefürchtete" AGB-Inhaltskontrolle gelangt nur dann zur Anwendung, wenn eine Vertragsklausel zugleich eine allgemeine Geschäftsbedingung im Sinne des § 305 BGB ist. Es ist daher stets zu prüfen, ob eine Vertragsklausel oder ein Vertrag (i) eine Vertragsbedingung ist, die (ii) vorformuliert ist und (iii) für eine Vielzahl von Verträgen verwendet werden soll; zudem muss (iv) die Vertragsbedingung von einer Partei (dem Verwender) der anderen Vertragspartei einseitig gestellt werden. Diese Voraussetzungen müssen kumulativ vorliegen.

1. Vertragsbedingungen

Vertragsbedingungen sind Regelungen, die den Inhalt eines Vertrags gestalten; also im Regelfall die Klauseln, aus denen sich ein Vertrag zusammensetzt. Dies bedeutet, dass nicht nur das „Kleingedruckte", also die typischen einseitigen Vertragsbedingungen, die ein Verbraucher beim Abschluss seines Mobiltelefonvertrags erhält, AGB sind. Selbst Rahmenlieferverträge, Einkaufs- und Verkaufsverträge, Handelsvertreterverträge, Vertragshändlerverträge, Transportverträge, Qualitätssicherungs- oder Vertraulichkeitsvereinbarungen können ohne Weiteres AGB im Sinne der §§ 305 BGB sein. **129**

Nicht (nur) das gesamte Vertragswerk, sondern die einzelnen Klauseln müssen der Inhaltskontrolle der §§ 305 ff. BGB standhalten. Das äußere Erscheinungsbild des Vertragstexts ist daher nicht von Belang (Großdruck, Kleindruck, einseitig oder mehrseitige Formulare), kann allerdings ein Indiz für AGB sein. Es ist auch nicht nötig, dass die Vertragsbedingungen in ausgedruckter Form vorliegen. Auch das Setzen des Häkchens in Online-Bestellformularen kann eine AGB-Inhaltskontrolle auslösen.[43] **130**

2. Benutzung für eine Vielzahl von Verträgen

Verträge bzw. Vertragsklauseln, die lediglich für bestimmte Einzelfälle und nur zur einmaligen Verwendung entworfen werden, fallen nicht unter die AGB-Inhaltskontrolle. Sobald eine Vertragsklausel oder ein Vertrag allerdings zur wiederholten Verwendung entworfen wird, fällt die Klausel bzw. dieser Vertrag bereits bei erstmaliger Nutzung unter § 305 BGB. Sobald ein Vertrag ein zweites Mal benutzt wurde, besteht zudem die erkennbare Vermutung, dass eine mehrfache Verwendungsabsicht besteht. Es genügt auch die mehrfache Verwendung gegenüber dem gleichen Vertragspartner. Es ist daher keine Absicht erforderlich, einen Vertragsentwurf oder einzelne Vertragsbedingungen gegenüber verschiedenen Vertragspartnern zu verwenden.[44] **131**

Ausgearbeitete Musterverträge sind typischerweise zur mehrfachen Verwendung gedacht. Gleiches gilt selbstverständlich auch für Musterklauseln, und zwar unabhängig davon, ob diese vom Verwender selbst oder von Dritten – beispielsweise durch Zugriff auf Formularhandbücher oder Klauselsammlungen – entworfen wurden. Dies gilt sogar dann, wenn die von einem Dritten entworfenen Klauseln durch den Verwender lediglich einmalig verwendet werden sollen.[45] Diese weite Anwendung von AGB **132**

[43] BGH III ZR 368/13, NJW 2014, 2857.
[44] BGH VII ZR 31/03, NJW 2004, 1454.
[45] BGH V ZR 217/89, NJW 1991, 843 f.

mag durchaus kritikwürdig erscheinen, sie muss indessen im Rahmen von Vertragsverhandlungen und beim Vertragsabschluss dringend berücksichtigt werden.

3. Vorformulierung

133 Vorformuliert sind Vertragsbedingungen dann, wenn sie für eine mehrfache Verwendung aufgezeichnet sind. Allerdings genügt eine in dauerhafter Weise perpetuierte Form, etwa eine Word-Datei, das Programm eines Schreibautomaten, ein Tonband oder sogar die Abspeicherung im Kopf eines Vertragspartners, der die gleichen Formulierungen gegenüber unterschiedlichen Vertragspartnern immer wieder niederschreibt.[46] Die tatsächliche Zurverfügungstellung eines Schriftstücks ist nicht erforderlich. Ausreichend kann auch das Aushängen in Geschäftsräumen oder die Möglichkeit der Einsichtnahme auf der Homepage sein, wenn die übrigen Voraussetzungen vorliegen (hierzu unten). Der AGB-Inhaltskontrolle kann man also nicht dadurch entgehen, dass Vertriebsmitarbeiter bestimmte Formulierungen auswendig lernen und diese gegenüber ihren Vertragspartnern immer wieder in Verträge einfügen.

134 Es ist nicht erforderlich, dass der AGB-Verwender die einzelnen vorformulierten Klauseln selbst entworfen hat.[47] Vertragsentwürfe oder einzelne Klauseln, die von einem Verband, dem Unternehmensjurist, externen Rechtsanwalt oder vom Notar entworfen und verwaltet werden, sind ebenfalls vorformuliert im Sinne des § 305 Abs. 1 BGB. Gerichte haben das Merkmal „vorformuliert“ angenommen u.a. bei Abfindungserklärungen, Auftrags- und Auftragsbestätigungsformularen, Bestellformularen, Bevollmächtigungen sowie für sämtliche Arten von Musterverträgen.[48]

135 Am Merkmal der Vorformulierung fehlt es indessen, wenn Vertragsbedingungen zwischen den Parteien ausgehandelt wurden und damit eine sog. Individualvereinbarung vorliegt. Ein Aushandeln setzt indessen voraus, dass die Vertragsbedingungen, die eine Partei der anderen übergibt **ernsthaft zur Disposition gestellt** werden.[49] Die wohl erfolgversprechendste Strategie, die strenge AGB-Inhaltskontrolle zu umgehen, liegt darin, die einzelnen Klauseln eines Vertrags zu verhandeln. Allerdings sind die Voraussetzungen an ein Aushandeln hoch. Eine Individualabrede

[46] BGH XI ZR 170/13, NJW-RR 2014, 1133.
[47] BT-Drucks. 7/3919, S. 16.
[48] Einzelnachweise bei: *Ulmer/Habersack*, in Ulmer/Brandner/Hensen, AGB-Recht, 12. Aufl. 2016, § 305 Rn. 19.
[49] BGH III ZR 199/01, NJW 2002, 2388, 2389; OLG Düsseldorf 6 U 283/95, NZG 1998, 353.

soll nicht schon dann vorliegen, wenn der Verwender in seinem zur Verfügung gestellten Formulartext die Möglichkeit vorsieht, durch Streichung einzelner Klauseln auf den Inhalt des im Übrigen unveränderten Formularvertrags einzuwirken.[50] Tatsächlich ist ein echtes Aushandeln, also eine inhaltliche Einflussnahme des Kunden auf die Vertragsgestaltung erforderlich. Der Vertragspartner (Kunde) muss also eine echte Möglichkeit haben, auf den Aussagegehalt der einzelnen Klauseln einzuwirken.

Sofern in einem Vertrag einzelne Klauseln ernsthaft verhandelt wur- **136**
den, andere hingegen unverändert übernommen wurden, findet die AGB-Inhaltskontrolle auf eben diese nicht verhandelten vorformulierten Vertragsbedingungen Anwendung, allerdings auch nur auf diese. Der Nachweis, dass eine Vertragsbedingung nicht vorformuliert, sondern individuell vereinbart wurde, obliegt dem Verwender.[51]

Praxishinweis: **137**

Indizien für ein Aushandeln können sich beispielsweise aus dem Abgleich von Vertragsentwürfen ergeben, insbesondere aus dem Mark-up von Word-Dokumenten. Ein Indiz, das gegen ein individuelles Aushandeln spricht, kann indessen im äußeren Erscheinungsbild eines Vertrags liegen (z.B. formularmäßiger Vordruck mit handschriftlich auszufüllenden Freifeldern).

4. Einseitiges Stellen der Vertragsbedingungen

Die vierte und letzte Voraussetzung für das Vorliegen von AGB ist, dass **138**
der Verwender die vorformulierten Vertragsbedingungen der anderen Vertragspartei stellt. Beim einseitigen Stellen geht es nicht darum, dass der Verwender die AGB der anderen Vertragspartei aufoktroyiert oder deren Geltung gegen den Willen der anderen Vertragspartei durchsetzt. Tatsächlich kann der Verwender auch die wirtschaftlich schwächere Vertragspartei sein.[52] Beim Stellen geht es lediglich darum, dass der Verwender die Nutzung seines vorformulierten Vertrags veranlasst. Jedes Einbeziehungsangebot führt also dazu, dass das Merkmal des „Stellens“ erfüllt ist. Die Geltung der AGB-Inhaltskontrolle scheitert im Regelfall nicht am Merkmal des Stellens.

[50] BGH III ZR 84/86, NJW 1987, 2011.
[51] BGH VII ZR 92/14, ZIP 2015, 1026 (Rn. 33); BGH V ZR 220/02, NJW 2003, 1313, 1314.
[52] BGH VIII ZR 67/09, NJW 2010, 1131.

IV. Einbeziehungsvereinbarung

139 Allgemeine Geschäftsbedingungen unterfallen nur dann der AGB-Inhaltskontrolle, wenn sie wirksam in den Vertrag zwischen beiden Vertragsparteien einbezogen wurden. Sind die AGB zugleich auch das Vertragswerk zwischen den Parteien, der durch die beiden Unterschriften zustande kommt, so wirft die Einbeziehung der AGB keine Probleme oder Fragen auf. Anders ist dies beispielsweise bei Verträgen, die mündlich zustande kommen oder wortlos durch schlüssiges Verhalten geschlossen werden. In diesen Fällen ist ein ausdrücklicher Hinweis auf die AGB des Verwenders gegenüber der anderen Vertragspartei erforderlich. Die andere Vertragspartei muss zudem zu verstehen geben, dass sie mit der Geltung der AGB des Verwenders einverstanden ist. Ausnahmsweise kann auch ein Aushang in den Geschäftsräumen ausreichen (insbesondere bei Geschäften des Massenverkehrs). Der Aushang muss allerdings so angebracht werden, dass er nicht übersehen werden kann.

140 Praxisrelevante Abgrenzungsfragen stellen sich insbesondere in Geschäften zwischen Unternehmern, besonders dann, wenn durch Handelsbrauch oder aufgrund besonderer äußerer Umstände (*Just-in-Time-*Produktion) Verträge besonders zügig oder durch einseitigen Abruf geschlossen werden. Grundsätzlich bedarf auch die Einbeziehung von AGB im Verkehr zwischen Unternehmern (b2b) einer Einbeziehungsvereinbarung, deren Voraussetzungen sind aber niedriger als im b2c-Bereich. Im Unternehmerrechtsverkehr muss der AGB-Verwender dem Vertragspartner (Kunden) lediglich die **Möglichkeit zumutbarer Kenntnisnahme** verschaffen. Dies setzt mindestens einen zutreffenden Hinweis voraus, wo der Vertragspartner die AGB einsehen kann. Eine physische Übergabe der AGB ist grundsätzlich nicht erforderlich. Wichtige Einzelfälle werden nachfolgend erläutert.

141 **Praxishinweis:**

Wer Zweifel an einer wirksamen Einbeziehung seiner AGB in jedem Fall vermeiden will, sollte einen Verweis auf seine AGB in der Bestellung nicht unterhalb der Unterschriftsleiste, sondern im Vertragstext platzieren. Zweifel vermeidet zudem ein zusätzlicher Abdruck der AGB auf der Rückseite des entsprechenden Dokuments und ein entsprechender Hinweis darauf.

V. Praxisrelevante Einbeziehungskonstellationen im b2b-Bereich

- **Bestellung**: Sofern der Käufer seine AGB der Bestellung zugrunde legen möchte, muss er darauf in der Bestellung hinweisen. Zudem muss in der Bestellung ein deutlicher und klarer Hinweis darauf enthalten sein, wo der Vertragspartner die AGB einsehen kann. **142**

Praxishinweis: **143**

Will der Käufer bzw. Besteller eine wirksame Einbeziehungsvereinbarung erreichen, sollte eine Bestellung zum einen erkennen lassen, dass der Besteller dem Vertrag seine AGB zugrunde legen möchte. Zum anderen sollte ein Hinweis auf die geltenden AGB enthalten sein (bestenfalls mit dem Hinweis, dass die AGB – beispielsweise auf der Rückseite – abgedruckt sind). Allein der Abdruck auf der Rückseite, ohne Hinweis auf die Einbeziehung der AGB, genügt nicht.

- **Auftragsbestätigung**: Wird in einer Auftragsbestätigung (Annahme) erstmals Bezug auf die AGB des Bestätigenden genommen, so liegt hierin grundsätzlich eine Ablehnung des vom Besteller gemachten Angebotes verbunden mit einem neuen Angebot des Bestätigenden, § 150 Abs. 2 BGB. Ein Vertragsschluss unter wirksamer Einbeziehung der AGB des Bestätigenden setzt nunmehr voraus, dass der Besteller die modifizierte Auftragsbestätigung annimmt. Eine bloß widerspruchslose Entgegennahme der modifizierten Auftragsbestätigung genügt i.d.R. nicht.[53] Von einer stillschweigenden Annahme bzw. Einbeziehungsvereinbarung kann aber dann ausgegangen werden, wenn der Besteller die ihm angetragene Vertragsleistung widerspruchslos entgegennimmt.[54] **144**
- **Nachschieben von AGB**: Sofern bei Vertragsschluss auf AGB nicht Bezug genommen wurde, ist es grundsätzlich ungenügend, AGB erst nach Vertragsabschluss nachzuschieben. So reicht etwa der Verweis auf die AGB erstmals im Lieferschein oder auf der Rechnung nicht aus. Anders liegt der Fall möglicherweise dann, wenn Lieferschein oder Rechnung mit der Bestellung ausgeliefert werden und der Käufer die Lieferung samt Lieferschein/Rechnung widerspruchslos entgegennimmt. **145**

---

53 BGH X ZR 42/99, NJW-RR 2001, 484, 485.

54 Die Entgegennahme ist dann als Bestätigung des geänderten Angebots zu werten, vgl. BGH IX ZR 122/99, NJW-RR 2000, 1154, 1155.

146

> **Praxishinweis für Käufer:**
> Wer vermeiden möchte, dass ihm die AGB des Verkäufers untergeschoben werden, sollte den AGB in Auftragsbestätigungen, Rechnungen oder Lieferscheinen (schriftlich, per E-Mail oder Telefax) widersprechen.

147 – **Kommentarlose Übersendung von AGB**: Die kommentarlose Übersendung von AGB kann allenfalls dann zu einer wirksamen Einbeziehung führen, wenn im Einzelfalls deutlich wird, dass der Empfänger mit der Geltung der AGB einverstanden ist (z. B. durch ein zustimmendes Antwortschreiben, ggf. auch durch die widerspruchslose Entgegennahme der Leistung).

148 – **Erstmaliger Hinweis auf AGB in Liefer- oder Transportschein**: Ob dies für eine Einbeziehungsvereinbarung ausreicht, ist zweifelhaft; insbesondere auch deshalb, weil Logistikmitarbeiter oder Buchhalter, welche die Liefer- oder Transportscheine erhalten, im Regelfall keine Befugnis haben, Verträge zu ändern.[55]

149 – **Kaufmännisches Bestätigungsschreiben**: Eine Einbeziehungsvereinbarung durch die erstmalige Übersendung der AGB bzw. durch entsprechenden Hinweis auf die AGB in einem kaufmännischen Bestätigungsschreiben ist nach den allgemeinen Grundsätzen des kaufmännischen Bestätigungsschreibens möglich.[56]

150

> **Praxishinweis:**
> Wer ein Bestätigungsschreiben im Rahmen einer Lieferbeziehung erhält, sollte dieses sorgfältig prüfen und für den Fall, dass es erstmals AGB enthält, widersprechen (aus Nachweisgründen per E-Mail, schriftlich oder per Telefax).

151 – **Vertragsschlüsse über das Internet**: Die Einbeziehung von AGB ist ohne weiteres auch mittels moderner Kommunikationsmittel wie etwa E-Mail, SMS, WhatsApp oder über Online-Bestellportale möglich. Nach den allgemeinen Grundsätzen ist erforderlich, dass der AGB-Verwender für den Vertragspartner die zumutbare Möglichkeit der Kenntnisnahme seiner AGB schafft. In der Praxis wird dies häufig über das sogenannte „Klick-Wrapping", also das Anklicken von Masken auf einer Internetseite ermöglicht. Dies ist zulässig und wirksam.

---

[55] Ähnlich auch BGH I ZR 138/89, NJW-RR 1991, 570, 571; BGH V ZR 262/90, NJW 1992, 1099, 1100.

[56] BGH VIII ZR 146/77, NJW 1978, 2243, 2244; OLG Karlsruhe 4 U 61/92, DZWiR 1994, 70.

- **Einbeziehung von AGB unter einem Rahmenvertrag**: Eine Einbeziehung von AGB kann relativ einfach über einen Rahmenvertrag erreicht werden. Sofern die Parteien darin die AGB einer Vertragspartei vereinbaren, sollte allerdings auch bei einem Rahmenvertrag beachtet werden, dass Kenntnisnahmemöglichkeit in zumutbarere Weise gewährleistet sein muss. **152**

Praxishinweis: **153**

Auch beim Abschluss von Verträgen sollten einbezogene AGB dem Vertrag möglichst in einer Anlage beigefügt werden.

- **Erstreckungsklauseln**: Erstreckungsklauseln sind Vertragsklauseln, nach denen die AGB einer Partei auch für sämtliche zukünftigen Verträge zwischen den Parteien gelten sollen. In einem Rahmenvertrag können derartige Klauseln problemlos geschlossen werden, etwa dann, wenn die Parteien vereinbaren, dass die betreffenden AGB für alle künftig abzuschließenden Einzelverträge gelten sollen. In herkömmlichen Einzelkauf- oder Werkverträgen sind derartige Erstreckungsklauseln allerdings nach § 305c Abs. 1 BGB überraschend und daher unwirksam. Dies liegt daran, dass Einzelkauf- oder Werkverträge auf einmaligen Leistungsaustausch ausgerichtet sind. **154**
- **Einbeziehung künftiger AGB-Neufassungen**: Die Wirksamkeit von Regelungen (beispielsweise in einer Rahmenvereinbarung) dahingehend, dass bestimmte AGB auch künftig *„in ihrer jeweils gültigen Fassung“* gelten sollen (sog. dynamischer Verweis), ist umstritten. In jedem Fall wird es erforderlich sein, dass der AGB-Verwender in diesen Fällen seine jeweils neue Fassung der AGB an die andere Vertragspartei übermittelt. **155**
- **Kollidierende AGB**: Ein in der Praxis häufig anzutreffender Fall ist, dass beide Parteien ihre AGB zur Anwendung bringen wollen. Dies geschieht, wenn sowohl dem Angebot als auch der Auftragsbestätigung AGB einer Partei beigelegt sind. Die Frage, ob und welche AGB gelten, hängt in den Fällen kollidierender AGB vom Einzelfall und hier insbesondere von folgenden Umständen ab: **156**

  (1) Hat nur eine Partei ihre AGB wirksam (!) einbezogen, so gelten deren AGB, während die AGB der anderen Vertragspartei, die ihre AGB nicht wirksam einbezogen hat, nicht zur Geltung gelangen. **157**

  (2) Haben beide Parteien ihre AGB wirksam einbezogen, so gelten die AGB lediglich insoweit, als sie sich decken (Kongruenzlehre). Regelungen, die sich widersprechen, werden also nicht Vertragsbestandteil. An deren Stelle treten die gesetzlichen Regelungen. **158**

159 (3) Das vorstehend Gesagte gilt nur mit Einschränkungen, wenn beide oder eine AGB-Fassung eine sogenannte Abwehrklausel enthalten. Abwehrklauseln sind Hinweise in AGB, wonach eine Vertragspartei in ihren AGB klarstellt, dass ausschließlich ihre, jedenfalls aber keinesfalls die AGB der Gegenseite gelten sollen. Eine Abwehrklausel schließt nicht nur widersprechende, sondern auch ergänzende Klauseln des anderen Vertragsteils aus.[57]

160 – **AGB in grenzüberschreitenden Verträgen**: Für die wirksame Einbeziehung von AGB im Rahmen grenzüberschreitender Vertragsabschlüsse ist insbesondere erforderlich, dass die AGB des Verwenders vom Vertragspartner verstanden werden. Anderenfalls ist eine wirksame Einbeziehung nicht möglich. Sind AGB in der Heimatsprache des ausländischen Vertragspartners abgefasst, so ist in jedem Fall gewährleistet, dass dieser die AGB verstehen kann. Gleiches gilt, wenn der Hinweis sowie der AGB-Text in der Verhandlungssprache abgefasst wurden.[58] Die überwiegende Meinung geht zudem davon aus, dass es im b2b-Bereich ausreichend ist, dass Hinweis und Text der AGB in einer Weltsprache (also Englisch) abgefasst und vorgelegt werden.[59] Etwas anderes gilt indes dann, wenn der Vertragspartner zu verstehen gegeben hat, dass er der betreffenden Sprache nicht mächtig ist oder sich dies aus den Umständen ergibt.

161 – **Einbeziehung von AGB unter Geltung des UN-Kaufrechts (CISG)**: Ist UN-Kaufrecht auf einen Vertrag (mit Auslandsbezug) anwendbar, so ist erforderlich, dass der Verwender dem Vertragspartner nicht nur die Möglichkeit zumutbarer Kenntnisnahme der AGB verschafft, sondern diese der anderen Vertragspartei übersendet oder anderweitig konkret zugänglich macht.[60] Das UN-Kaufrecht stellt also etwas höhere Maßstäbe an die Einbeziehung von AGB als das deutsche Recht – das u.U. den zutreffenden Hinweis auf die Quelle genügen lässt – dies tut.

162 **Praxishinweis:**

Achten Sie darauf, dass Ihre AGB wirksam einbezogen werden und eine Abwehrklausel enthalten. Damit lässt sich zwar nicht sicherstellen, dass Ihre AGB zur Anwendung gelangen. In jedem Fall ist aber gewährleistet, dass die AGB der Gegenseite nicht zur Anwendung gelangen.

---

[57] BGH X ZR 42/99, NJW-RR 2001, 484.
[58] BGH VII ZR 302/82, NJW 1983, 1489.
[59] OLG Hamburg 11 U 32/79, NJW 1980, 1233.
[60] BGH VIII ZR 60/01, NJW 2002, 370, 371.

Formulierungsvorschlag: 163

Diese Verkaufsbedingungen/Einkaufsbedingungen gelten ausschließlich. Abweichende oder entgegenstehende Bedingungen werden weder anerkannt noch Vertragsbestandteil, sofern diesen nicht ausdrücklich zugestimmt wird. Die Parteien sind sich bereits jetzt einig darüber, dass AGB des Vertragspartners auch dann nicht zur Geltung gelangen, wenn sie im Laufe der Geschäftsbeziehung (unter diesem Rahmenvertrag) z.B. in Einzelaufträgen oder Bestellungen des Vertragspartners in Bezug genommen oder übergeben werden.

VI. Die AGB-Inhaltskontrolle im unternehmerischen Rechtsverkehr

164 Sofern AGB im unternehmerischen Rechtsverkehr wirksam in einen Vertrag einbezogen wurden, stellt sich die Frage inwieweit diese AGB einer AGB-Inhaltskontrolle standhalten - also wirksam sind. dies ist dann der Fall, wenn eine Klausel den anderen Vertragsteil nicht unangemessen benachteiligt.

165 Die §§ 307, 308 und 309 BGB regeln die Voraussetzungen, unter denen AGB den Vertragspartner unangemessen Benachteiligen und damit unwirksam sind. Während § 307 BGB die Kernregelung für die Inhaltskontrolle ist, enthalten die §§ 308 und 309 BGB eine nicht abschließende Liste von Beispielen für das Vorliegen einer unangemessenen Benachteiligung (sogenannte Klauselverbote).

166 Gemäß § 310 Abs. 1 Satz 2 und Satz 3 BGB findet die AGB-Inhaltskontrolle auf Verträge zwischen Unternehmern nur eingeschränkt Anwendung. Insbesondere die detaillierten Regelungen zu den Klauselverboten in den §§ 308 und 309 BGB, die für bestimmte vertragliche Konstellationen Verbote enthalten, finden im unternehmerischen Rechtsverkehr keine Anwendung. Ob eine Vertragsklausel im Einzelfall eine **unangemessene Benachteiligung** der anderen Vertragspartei darstellt, bemisst sich im Unternehmerrechtsverkehr nach § 307 Abs. 2 BGB, wobei die §§ 308 und 309 BGB eine starke Indikationswirkung haben. Diese Indikationswirkung muss bei der Frage, ob im Einzelfall eine unangemessene Benachteiligung vorliegt, auch im Rahmen von § 307 Abs. 2 BGB berücksichtigt werden.

Praxishinweis: 167

Möchten Sie prüfen, ob eine Vertragsklausel eine unangemessene Benachteiligung darstellt, hat sich in der Praxis folgende Prüfungsreihenfolge bewährt:

(1) Handelt es sich bei der streitgegenständlichen Klausel um eine AGB i.S.d. §305 BGB (Definition)? Falls ja:

(2) wurde diese Klausel wirksam zwischen den Parteien vereinbart (Einbeziehungskontrolle)? Falls ja:

(3) hat die streitgegenständliche Vertragsklausel einen kontrollfähigen Inhalt? Falls ja:

(4) benachteiligt die streitgegenständliche Klausel den anderen Vertragsteil unangemessen, nach §309 BGB, falls nein, nach §308 BGB, falls nein, nach §307 BGB (Inhaltskontrolle)? Falls dies so ist, ist die entsprechende Vertragsklausel unwirksam, ansonsten wirksam.

Falls eine der oben gestellten Fragen mit nein beantwortet werden muss, so ist die Vertragsklausel wirksam, sofern sie nicht gegen andere gesetzliche Unwirksamkeitsvorschriften verstößt, wie etwa Formvorschriften (§125 BGB), gesetzliche Verbote (§134 BGB) oder Treu und Glauben (§242 BGB) oder falls sie sittenwidrig ist (§138 BGB).

VII. Kontrollfähiger Inhalt

168 Die strenge AGB-Inhaltskontrolle des §307 BGB findet keine Anwendung auf Leistungsbeschreibungen, Preisvereinbarungen und Spezifikationen, zumindest solange diese vorstehend genannten Vertragsinhalte hinreichend transparent dargestellt sind. In gleicher Weise ist die Hauptleistungspflicht der Parteien nicht Gegenstand der Inhaltskontrolle. Im Übrigen findet die Inhaltskontrolle nur auf Vertragsklauseln Anwendung, die vom gesetzlichen Leitbild abweichen, d.h. etwas anderes vorsehen, als das Gesetzesrecht es vorschreibt.

VIII. Rechtsfolgen einer unangemessenen Benachteiligung

169 Gemäß §307 Abs. 1 BGB sind AGB unwirksam, wenn sie die andere Vertragspartei unangemessen benachteiligen. §306 Abs. 1 BGB stellt klar, dass ein Vertrag wirksam bleibt, sofern einzelne oder mehrere Klauseln des Vertrages unwirksam sind. Das bedeutet, dass die Unwirksamkeit einer Klausel den Rest des Vertrages grundsätzlich unberührt lässt.

170 Sofern eine Klausel unwirksam ist, so ist sie grundsätzlich im Ganzen unwirksam (Verbot der geltungserhaltenden Reduktion). Grund ist, dass vermieden werden soll, dass ein Verwender eine für ihn möglichst vorteilhafte Regelung entwirft, die im Fall ihrer Unwirksamkeit vom Gericht

bis auf das zulässige Maß reduziert wird. Würde dies nämlich zugelassen, so würde die Partei, die den Vertragsentwurf zur Verfügung stellt (der AGB-Verwender) ermutigt, Vertragsklauseln zu entwerfen, die für sie sehr vorteilhaft gleichzeitig aber für den anderen Vertragsteil unvorteilhaft und unangemessen sind. So darf eine in der Höhe unwirksame Vertragsstrafe beispielsweise nicht auf eine angemessene herabgesetzt werden. Gleiches gilt für im Vertrag vorgesehene zu lange Fristen. Diese werden nicht auf ein zulässiges Maß abgekürzt.

Eine Ausnahme vom Verbot der geltungserhaltenden Reduktion gilt **171**
für teilbare Klauseln. Enthält eine unwirksame Klausel neben dem unwirksamen auch unbedenkliche und sprachlich sowie inhaltlich abtrennbare Bestimmungen, so bleiben diese wirksam, selbst wenn sie den gleichen Sachkomplex wie der unwirksame Teil betreffen (sog. „*Blue Pencil-Test*“).[61]

Praxishinweis: **172**
Im Rahmen der Vertragsgestaltung ist zu empfehlen, keine in sich verknüpften und verschachtelten Regelungen, sondern möglichst klare und kurze Sätze zu verwenden. Dies sowie Absätze und Untergliederungen reduzieren die Wahrscheinlichkeit, dass im Fall der Unwirksamkeit einer Regelung weiter Regelungen der Klausel „infiziert“ werden.

IX. Praxisrelevante Klauseln und Einzelfragen

Obwohl die §§ 308 und 309 BGB eine Auflistung von Klauselverboten **173**
(nicht abschließend) enthalten, wurde das AGB-Recht wesentlich durch die Rechtsprechung beeinflusst und geprägt. Ohne Kenntnis des entsprechenden Fallrechts ist es daher kaum möglich zu bestimmen, ob Vertragsklauseln im Einzelfall der Inhaltskontrolle standhalten, also wirksam sind oder nicht. Die nachfolgenden Vertragsklauseln spielen in der unternehmerischen Praxis eine bedeutende Rolle:

– Einfache **Schriftformklauseln** sind in AGB unwirksam, soweit sie **174**
für eine Änderung des Vertragstextes die Einhaltung der Schriftform fordern. Formularmäßige Klauseln (AGB) können die nachträglich getroffene höherrangige individuelle Abrede nämlich nicht außer Kraft setzen (§ 305 b BGB). Dies soll in AGB selbst dann gelten, wenn es sich um eine sogenannte „doppelte Schriftformklausel“ handelt, bei der auch vorgesehen ist, dass eine Änderung des Schriftformerfordernisses selbst wiederum der Schriftform bedarf. Derartige **doppelte**

[61] BGH XII ZR 176/13, NJW 2015, 928.

Schriftformklauseln können allerdings individualvertraglich wirksam vereinbart werden.[62]

175 – Der vollständige Ausschluss von **ordentlichen Kündigungsrechten** kann in bestimmten Dauerschuldverhältnissen unwirksam sein.[63]

176 – Der Ausschluss des **außerordentlichen Kündigungsrechtes** aus wichtigem Grund gemäß § 314 BGB ist nicht zulässig. Selbst in Individualvereinbarungen ist der Ausschluss des außerordentlichen Kündigungsrechts lediglich für eine befristete Zeit und bei wichtigem Grund zulässig.[64]

177 – Klauseln, die einer Partei das **einseitige Recht** gewähren, den **Vertrag zu ändern** oder anzupassen, sind zumindest in AGB unwirksam.[65]

178 – **Abtretungsverbote** sind in AGB grundsätzlich wirksam, da die Vertragsparteien in der Regel ein anerkennenswertes und billiges Interesse an der ordnungsgemäßen Erfüllung der Leistungspflichten des Vertragspartners haben. Dieses Interesse kann gefährdet sein, wenn der Vertragspartner seine Leistungspflichten an einen Dritten abtritt, dessen Leistungsfähigkeit nicht bekannt ist.[66] Gemäß § 354 a HGB sind Abtretungsverbote im Handelsverkehr allerdings unwirksam, wenn (i) die abzutretende Forderung eine Geldforderung ist und (ii) das Rechtsgeschäft, dass diese Forderung begründet hat, für beide Teile ein Handelsgeschäft ist. Der Grund für die Unwirksamkeit derartiger Abtretungsverbote im Handelsverkehr liegt darin, dass die Abtretung von Geldforderungen für die Finanzierung kleiner und mittlerer Unternehmen notwendig ist.

179 – Der **Haftungsausschluss** oder die **Haftungsbeschränkung** für vorsätzlich herbeigeführte Schäden ist nach § 276 Abs. 3 BGB unwirksam. Dies gilt nicht nur für AGB, sondern auch für Individualvereinbarungen, und zwar unabhängig davon, ob es sich um einen Haftungsausschluss oder nur eine Haftungsbegrenzung dem Grunde oder der Höhe nach handelt.

180 – Der **Haftungsausschluss** oder die Beschränkung der Haftung bei der **Verletzung von Leben, Körper oder Gesundheit** ist in AGB unwirksam (§ 309 Nr. 7 a BGB).

[62] BGH XII ZR 312/02, NJW 2006, 138; BGH VII ZR 97/74, NJW 1976, 1395.
[63] LG Kassel 4 O 802/93, NJW-RR 1995, 269 (Mietvertrag); BGH VII ZR 365/98, NJW 1999, 3261, 3262 (Bauvertrag).
[64] BGH VIII ZR 47/72, WM 1973, 694.
[65] BGH III ZR 63/07, NJW-RR 2008, 134, 136.
[66] BGH VII ZR 51/05, NJW 2006, 3486.

- Der **Haftungsausschluss für fahrlässige Handlungen** ist grundsätzlich wirksam, allerdings dann nicht, wenn dieser sog. Kardinalpflichten einschließt. Die fahrlässige Haftung für die mangelfreie Lieferung des Kaufgegenstandes in einem Kauf- oder Händlervertrag kann in AGB folglich nicht ausgeschlossen werden, wenn der vernünftigerweise vorhersehbare Schaden durch den verbleibenden Haftungsbetrag nicht gedeckt wird.[67] **181**
- **Preisanpassungsklauseln** sind in AGB, die ein Dauerschuldverhältnis begründen, grundsätzlich unwirksam, wenn der Verwender sich ein einseitiges Recht vorbehält, die Preise im Vertrag nach seinem Ermessen anzupassen.[68] In b2b-Verträgen zeichnet sich allerdings ab, dass die Gerichte teilweise einen weniger strengen Maßstab an die Wirksamkeit von Preisanpassungsklauseln anlegen. Allerdings bestimmen die Gerichte überwiegend im Wege des Einzelfalles, ob eine unbillige Benachteiligung des Vertragspartners gemäß § 307 BGB vorliegt. Die Wahrscheinlichkeit, dass eine Preisanpassungsklausel im Einzelfall einer AGB-Inhaltskontrolle standhält, dürfte insbesondere dann erhöht sein, wenn (i) die Berechnungsbasis für eine Preisanpassung inklusive der Berechnungsmethode klar beschrieben ist, (ii) Preisanpassungen in beide Richtungen möglich sind (also Preissteigerungen genauso wie Preisabsenkungen) und (iii) die jeweils andere Partei im Falle einer Preisanpassung das Recht hat, sich vom Vertrag zu lösen, zumindest dann, wenn die Preisanpassung für sie eine unangemessene Härte bedeuten würde.[69] **182**
- Die **Verkürzung der Gewährleistungsfrist** durch den Verkäufer kann in AGB unwirksam sein, wenn die Gewährleistungszeit für bewegliche Güter auf weniger als zwölf Monate beschränkt wird, § 309 Nr. 8 b ff. BGB. **183**
- Die **Verlängerung der Gewährleistungsfrist** durch den Käufer, beispielsweise in Formularverträgen (AGB) eines OEM mit seinen Lieferanten, ist in gewissen Grenzen möglich. So dürfte eine Ausdehnung der Gewährleistungsfrist auf zehn Jahre unangemessen sein, während eine Verlängerung von zwei auf drei Jahre für wirksam erachtet wird.[70] **184**
- Vereinbaren die Parteien ein **Formerfordernis**, wonach Erklärungen, wie etwa die Kündigung, lediglich **per Einschreiben** erklärt werden dürfen, führt dies nicht dazu, dass eine per Fax oder Brief erklärte Kün- **185**

---

67 BGH I ZR 58/03, NJW-RR 2006, 267, 269.
68 BGH III ZR 195/84, NJW 1986, 1803, 1806.
69 Zu Einzelheiten: *Grüneberg*, in Palandt, 76. Aufl. 2017, § 309 Rn. 8 m.w.N.
70 BGH VIII ZR 16/05, NJW 2006, 47, 48, 50.

digung unwirksam ist. Das strenge Formerfordernis eines Einschreibens dient lediglich dazu, den Empfang der Erklärung sicherzustellen, lässt aber die Wirksamkeit einer abgegebenen Erklärung unberührt – auch wenn die in den AGB vorgeschriebene Form nicht erfüllt ist.[71]

186 – Eine **einseitige Änderung** von AGB ist unwirksam. Ebenso wenig führt die nachträgliche Änderung von AGB durch eine Vertragspartei dazu, dass diese plötzlich gelten. Notwendig ist vielmehr, dass die neuen (geänderten) AGB erneut wirksam einbezogen werden, was ggf. mittels sog. dynamischem Verweis auf jeweils neue AGB-Fassungen erfolgen kann.[72]

187 – Der vollständige **Ausschluss** der **Untersuchungs- und Rügeobliegenheit** nach § 377 HGB, wonach der Käufer die Kaufsache unverzüglich nach Ablieferung untersuchen und Mängel anzeigen muss, ist in AGB grundsätzlich unwirksam; allerdings in Individualvereinbarungen möglich. In AGB ist der Ausschluss der Untersuchungs- und Rügepflicht des Käufers allenfalls dann möglich, wenn die in § 377 Abs. 1 HGB gesetzlich vorgesehene Eingangsuntersuchung durch eine Ausgangsuntersuchung beim Verkäufer ersetzt wird und hierfür nachvollziehbare Gründe, z.B. logistik- oder produktionsbedingt (*Just-in-Time*-Produktion) bestehen.

– Eine **Abmilderung der Rügeobliegenheit** nach § 377 HGB für erkennbare Mängel dahingehend, dass Mängel innerhalb von zwei Wochen ab Ablieferung beim Verkäufer beanstandet werden müssen, ist unproblematisch auch in AGB möglich.[73]

188 – **Rechtswahlklauseln** sind grundsätzlich zulässig, soweit sie nicht unüblich oder überraschend in der Weise sind, dass die andere Vertragspartei mit ihnen nicht zu rechnen braucht. Eine Überraschung könnte beispielsweise dann vorliegen, wenn ein deutscher Verkäufer seinem italienischen Vertragspartner die Wahl afghanischen Rechts aufdrängt. Dies gilt aber in grenzüberschreitenden Verträgen zwischen Unternehmern mit Sicherheit nicht, wenn die AGB das Recht Singapurs, englisches oder Schweizer Recht vorsehen (neutrales Recht).

189 – **Gerichtsstandsklauseln** können zwischen Kaufleuten nach § 38 ZPO problemlos – auch in Formularverträgen (AGB) – vereinbart werden. Für unwirksam erachtet wurden allerdings Gerichtsstandsklauseln in Fällen, in denen beide Parteien einen einheitlichen Gerichtsstand (beispielsweise in Stuttgart) haben, die Klausel aber Frankfurt oder Berlin

[71] BGH XII ZR 2014/00, NJW 2004, 1320.
[72] OLG Stuttgart 9 U 216/93, WM 1994, 626, 630; dazu auch → Rn. 155.
[73] Vgl. *Hopt*, in Baumbach/Hopt, HGB, 37. Aufl. 2016, § 377 Rn. 59.

als Gerichtsstand vorsieht.[74] Auch ein Gerichtsstand, der keinerlei Zusammenhang zum Inhalt des Vertrages oder dem Sitz des Verwenders hat, soll unwirksam sein.[75]

- Eine **Verkürzung der Verjährungsfrist** in AGB, nach der die Verjährung für die Haftung wegen Vorsatzes im Voraus verkürzt werden soll, ist nach § 202 Abs. 1 BGB unwirksam. 190
- Die Verwendung von sog. **„Circa-Klauseln"** für die Beschreibung bestimmter Abnahmemengen (etwa im Transport- oder Kaufrecht) ist zulässig und möglich. Verwenden die Vertragsparteien die Umschreibung „ca." oder „voraussichtlich" so erlaubt die Rechtsprechung eine Abweichung von 5-10 %.[76] Sagt der Käufer beispielweise zu, er nimmt pro Jahr ca. 1 Mio. Antriebswellen oder Ventilbuchsen ab, so hat der Verkäufer Anspruch auf Abnahme von mindestens 900.000 Stück. 191
- Ob **Salvatorische Klauseln** in AGB wirksam sind, nach denen die Gültigkeit der übrigen Bestimmungen erhalten bleibt, falls einzelne Bestimmungen des Vertrags ganz oder teilweise nichtig oder unwirksam sind (Erhaltungsklausel) oder eine nichtige oder unwirksame Bestimmung durch eine solche zu ersetzen ist, die dem wirtschaftlich Gewollten in zulässiger Weise am Nächsten kommt (Ersetzungsklausel), ist umstritten. Unabhängig davon ist die Verbreitung Salvatorischer Klauseln in der Praxis weit verbreitet. Bedeutsam können Salvatorische Klauseln vor allem für die Frage der Beweislast sein, da derjenige, der sich – entgegen der vereinbarten Salvatorischen Klausel – auf die Gesamtunwirksamkeit eines Vertrages beruft, diese beweisen muss.[77] 192

X. Umgehung der AGB-Inhaltskontrolle

Die relativ strenge AGB-Inhaltskontrolle wirft zwangsläufig die Frage auf, ob es Wege gibt, diese zu umgehen. Dies ist freilich keine einfache Aufgabe, da der Verwender, der seine AGB zur Anwendung bringen möchte, allenfalls darauf Einfluss nehmen kann, ob seine Vertragsbedingungen vorformuliert sind (dann AGB) oder im Einzelnen ausgehandelt wurden (dann Individualvereinbarungen, die nicht unter die AGB-Inhaltskontrolle fällt). Ein Aushandeln nach § 305 Abs. 1 Satz 3 BGB 193

[74] Vgl. OLG Köln 24 U 44/89, ZIP 1989, 1068.
[75] LG Konstanz 3 HO 31/83, BB 1983, 1372.
[76] OLG Düsseldorf 6 U 40/90, NJW-RR 1001, 679, 680; OLG München 7 U 5659/92, NJW-RR 1994, 886, 887.
[77] BGH KZR 10/01, NJW 2003, 347.

erfordert, wie der BGH in ständiger Rechtsprechung deutlich gemacht hat, ein **ernsthaftes zur Disposition** stellen.[78] Dies verlangt, dass die andere Vertragspartei ernsthaft Einfluss auf den vom Verwender gestellten Vertragstext nehmen kann; der Verwender seinen vorformulierten Vertragstext also nicht nur pro forma, sondern wirklich zur Diskussion stellt. Deshalb ist es nicht ausreichend, wenn ein Vertrag am Ende einen Passus mit dem Inhalt enthält, dass alle Vertragsbedingungen des Vertrages zur Disposition gestanden hätten. Auch eine allgemein geäußerte Bereitschaft des Verwenders (beispielsweise in einer Begleit-E-Mail, mit welcher der Vertragsentwurf übersandt wird), wonach Bereitschaft bestünde, Vertragsklauseln nach Aufforderung des Vertragspartners zu ändern, genügt für sich alleine nicht. Selbst handschriftliche Ergänzungen im Vertrag können ABG sein, wenn es sich dabei um Formulierungen handelt, die bereits zuvor verwendet wurden. Sinnlos ist auch eine Vertragsklausel, wonach sich die Parteien einig sind, dass die Klauseln im Einzelnen verhandelt wurden und die Parteien der Auffassung sind, es handle sich um eine Individualvereinbarung.[79]

194 Hingegen liegen Indizien für eine Individualvereinbarung dann vor, wenn der finale Vertragstext Änderungen zu den ursprünglichen Klauseln enthält,[80] umfangreich Korrespondenz zu den einzelnen Klauseln ausgetauscht wurde und sich die Parteien wiederholt zu Verhandlungen getroffen haben.[81]

195 **Praxishinweis:**

In jedem Fall ist es aus Sicht des Verwenders ratsam, eine Papierlage zu schaffen, mit der nachgewiesen werden kann, dass über sämtliche (oder zumindest die wichtigen) Vertragsklauseln gesprochen und verhandelt wurde, etwa mittels Vorlage von entsprechenden Protokollen, Vorlage von E-Mail-Korrespondenz und diversen – geänderten – Vertragsentwürfen.

[78] BGH VII ZR 192/01, NJW 2002, 2388, 2389; BGH VII ZR 9/97, NJW 1998, 3488, 3489.
[79] BGH IV ZR 135/75, WM 1977, 15.
[80] BGH XII ZR 129/90, NJW 1992, 2283, 2285.
[81] OLG Brandenburg 5 U 69/96, VIZ 1997, 375, 377.

Teil 4
Schlechtleistung und Verzug

I. Die Haftung des Lieferanten für Verzug

Lean Management, Just-in-time-Produktion und die immer enger werdende Verknüpfung von Herstellungs-, Liefer- und Produktionsprozessen führen dazu, dass die pünktliche und rechtzeitige Belieferung des Käufers zunehmend an Bedeutung gewinnt. Bleibt die rechtzeitige und pünktliche Lieferung aus, hat dies ggf. lang andauernde Produktionsunterbrechungen zur Folge. Dies führt dann nicht nur zu Unzufriedenheit beim Kunden (Käufer), sondern ggf. auch zu immensen Schäden, beim Käufer und in der Lieferkette, für die der Lieferant im Falle des Verzugs einstehen muss. Dies zeigt, dass Lieferant und Käufer gleichermaßen ein hohes Interesse an einer rechtzeitigen und pünktlichen Belieferung haben. 196

Sowohl BGB als auch HGB und UN-Kaufrecht enthalten Regelungen bzw. Teilregelungen zum Verzug. Verzug ist vereinfacht dargestellt dann gegeben, wenn der Lieferant die fällige Leistung trotz Mahnung schuldhaft nicht erbringt. Liegt dieser Fall vor, so kann der Käufer die kausalen – also die durch den Verzug verursachten – Schäden ersetzt verlangen. 197

Die gesetzlichen Regelungen zum Verzug finden sich in erster Linie in den §§ 286 ff. BGB. Allerdings ist es den Parteien unbenommen, vom Gesetz abweichende Regelungen zum Verzug (insbesondere für die Frage, wann z.B. Fälligkeit vorliegen soll) zu treffen. In der Praxis kommt es häufig vor, dass die Parteien zum Themenkomplex des Verzuges keine vertraglichen Regelungen treffen oder auf die §§ 286 ff. BGB verweisen. In beiden Fällen geltend dann die nachfolgenden Darstellungen. 198

1. Wann liegt Verzug vor?

Die Voraussetzungen des Verzuges sind, dass (i) eine **fällige Leistungspflicht** besteht (beispielsweise die Lieferung von 100 Zylinderkolben), (ii) diese Lieferung **angemahnt** wurde oder ein Sonderfall vorliegt, in dem die Mahnung ausnahmsweise entbehrlich ist und (iii) die Lieferung der 100 Zylinderkolben bis zu dem in der Mahnung genannten Zeitpunkt **unterblieben** ist. 199

a) Fälligkeit

200 In der Praxis dürfte sich häufig die Frage stellen, wann eine Leistung fällig ist. Sofern die Parteien im Vertrag nichts Genaues geregelt haben, gilt gemäß § 271 Abs. 1 BGB, dass der Käufer die Leistung vom Lieferanten sofort verlangen kann. Allerdings gilt nach § 358 HGB im Verkehr zwischen Unternehmern, dass der Lieferant die Lieferung nur während der gewöhnlichen Geschäftszeiten anliefern muss, was in erster Linie Lieferungen von Montag bis Freitag (9:00 – 18:00 Uhr) einschließt. Je nach Branche können allerdings auch die Nachtzeit oder Sonn- und Feiertage gewöhnliche Geschäftszeiten i.S.d. § 358 HGB sein. Selbstverständlich können die Parteien auch Lieferzeiten und damit Fälligkeitstermine vereinbaren, die außerhalb der vorstehend genannten Zeitpunkte liegen.

201 Haben die Parteien eine Rahmenvereinbarung geschlossen, unter der einzelne Lieferabrufe durch den Käufer erfolgen oder Einzelaufträge abgeschlossen werden, so bestimmt der Lieferabruf oder der abgeschlossene Einzelauftrag in der Regel die Fälligkeit der Lieferung. In der Praxis enthalten Lieferabrufe oder Einzelaufträge üblicherweise nämlich einen Lieferzeitraum oder einen konkreten Lieferzeitpunkt (z.B. „*Lieferung zum Monatsersten*“, „*Lieferung binnen 3 Tagen ab Lieferabruf*“ oder „*Lieferung in KW 30*“).

202 Die Lieferung ist rechtzeitig erfolgt, wenn sie innerhalb des vereinbarten Zeitraums oder des vereinbarten Zeitpunkts beim Käufer abgeliefert wird oder – sofern ein Versendungskauf gemäß § 447 BGB vereinbart wurde – vom Lieferanten an den Frachtführer übergeben wurde.

b) Mahnung

203 Sofern der Lieferant nicht binnen der vereinbarten Zeit (also bei Fälligkeit) leistet, tritt grundsätzlich noch kein Verzug ein. Der Verzug wird erst durch die Mahnung ausgelöst, § 286 Abs. 1 BGB. Die Mahnung ist eine an den Schuldner (Lieferanten) gerichtete Aufforderung, die geschuldete Leistung zu erbringen. Die in der Mahnung enthaltene Aufforderung zur Leistung muss eindeutig sein; eine Fristsetzung ist nicht nötig, ebenso wenig muss bei der Mahnung eine bestimmte Form eingehalten werden. Eine Mahnung ist auch in höflicher Form möglich. Anders als bei einer Abmahnung ist auch nicht erforderlich, dass die Mahnung erkennen lässt, dass das Ausbleiben der Leistung Folgen haben wird.[82] Allerdings ist es nicht ausreichend, wenn der Käufer lediglich sagt, er werde der Leistung gerne entgegensehen oder den säumigen Lieferanten auffordert, sich über die Leistungsbereitschaft zu erklären.[83]

[82] OLG Hamm 26 U 23/91, NJW-RR 1992, 668.
[83] OLG Düsseldorf 22 U 116/96, NJW-RR 1998, 1749.

Von der Notwendigkeit einer den Verzug begründenden Mahnung gibt es allerdings - teilweise auch praxisrelevante - Ausnahmen. Einer Mahnung bedarf es gemäß § 286 Abs. 2 Nr. 1 BGB nicht, wenn für die Leistung eine **Zeit nach dem Kalender** bestimmt ist. Als Leistungszeit muss unmittelbar oder mittelbar ein bestimmter Kalendertag festgelegt sein.[84] Allerdings genügt beispielsweise auch die Angabe eines Monats, einer Kalenderwoche oder eines Jahres- bzw. Jahresendes als Kalendertagbestimmung. In diesen Fällen ist die Leistungszeit nach dem Kalender bestimmbar, da in den vorgenannten Beispielen die Leistungszeit immer am letzten Tag der angegebenen Zeitspanne endet. Bei einer Bestimmung nach Kalenderwochen am letzten Tag der Kalenderwoche bzw. bei einer Leistungsbestimmung „*im September*" am letzten Tag des Septembers. Gemäß § 286 Abs. 2 Nr. 2 BGB kann der Leistungszeitpunkt aber beispielsweise auch an ein Ereignis, beispielsweise 14 Tage nach Zugang des Lieferabrufs, geknüpft werden. 204

Für den Fall, dass der Lieferant die geschuldete Leistung **ernsthaft und endgültig verweigert**, kommt er auch ohne Mahnung in Verzug. Eine ernsthafte und endgültige Erfüllungsverweigerung i.S.d. § 286 Abs. 2 Nr. 3 BGB liegt allerdings nur dann vor, wenn die Erfüllungsverweigerung als das „*letzte Wort*" des Lieferanten aufgefasst werden kann. Eine sog. Selbstmahnung macht eine weitere Mahnung durch den Käufer ebenfalls entbehrlich. Eine sog. **Selbstmahnung** des Lieferanten liegt vor, wenn er die alsbaldige Leistung ausdrücklich angekündigt hat, dann aber nicht leistet.[85] 205

Eine weitere praxisrelevante Ausnahme von dem Erfordernis einer Mahnung ist der Fixhandelskauf nach § 376 HGB. Ein Fixhandelskauf oder auch **absolutes Fixgeschäft** liegt vor, wenn die Einhaltung der Leistungszeit für den Käufer so wesentlich ist, dass eine verspätete Leistung nicht mehr als Erfüllung angesehen werden kann.[86] Der Lehrbuchfall für ein absolutes Fixgeschäft ist die Hochzeitstorte, die erst nach der Hochzeit geliefert wird. In Industrie und Handel kommen absolute Fixgeschäfte eher selten vor. Auch eine vereinbarte Just in Time-Belieferung ist in der Regel kein absolutes Fixgeschäft, da der Käufer an bestellten Zulieferteilen auch dann noch ein Interesse hat, wenn diese verspätet geliefert werden. Nur in Fällen des **absoluten Fixgeschäftes** ist eine **Mahnung entbehrlich**, da die Leistung ohnehin nicht mehr nachholbar ist und die Mahnung daher sinnlos wäre. 206

[84] BGH VII ZR 170/69, WM 1971, 615.
[85] BGH V ZR 94/11, NJW 2012, 2955.
[86] BGH I ZR 287/98, NJW 2001, 2878.

207 Just-in-time-Verträge sind nach herrschender Ansicht demgegenüber **relative Fixgeschäfte.**[87] Unter einem relativen Fixgeschäft versteht man ein Geschäft, bei dem die Leistungszeit ebenfalls sehr wichtig ist - das Geschäft soll also mit pünktlicher Leistung „stehen und fallen". Allerdings bleibt die Erfüllung nach Zeit- oder Fristablauf grundsätzlich noch möglich, weshalb das Erfordernis einer **Mahnung** für den Verzug **nicht entfällt**. Möchten die Parteien auch bei Just in Time-Lieferungen (relativen Fixgeschäften) das Erfordernis einer Mahnung abbedingen, bedarf dies einer vertraglichen Vereinbarung.

c) Verschulden des Lieferanten für die Spätlieferung

208 Verzug setzt neben Fälligkeit und Mahnung auch ein Verschulden des säumigen Lieferanten voraus. Das Verschulden entfällt nicht etwa schon dann, wenn der Lieferant nicht liefern kann, weil sein eigener Zulieferer mangelhafte Rohstoffe angeliefert hat oder dieser seinerseits in Verzug ist. Insoweit trägt der Lieferant das Beschaffungsrisiko für die Rohstoffe und sämtliche Leistungen, die er benötigt, um seine Produkte herzustellen. Gleiches gilt auch für den Fall, dass die Nachfrage nach Produkten des Lieferanten plötzlich sprunghaft angestiegen ist und er daher seine Kunden nicht wie vereinbart beliefern kann. In diesen Fällen ist der Lieferant dazu angehalten, absehbare Verspätungen gegenüber dem Käufer anzuzeigen und diesen vorzuwarnen, um Schäden möglichst gering zu halten. Allerdings führt dies nicht dazu, dass der säumige Lieferant aus der Verzugshaftung entlassen wird.

209 An einem Verschulden des säumigen Lieferanten fehlt es, wenn dieser einen **Entschuldigungsgrund** vorbringen kann. Hierzu zählen etwa (i) schwere Erkrankung des Lieferanten (insbesondere bei Verpflichtung zur Leistung in Person), (ii) **höhere Gewalt** wie etwa auf Kriegseinwirkungen oder Naturereignissen beruhende Betriebsstockung bzw. Transportbehinderung, (iii) Einfuhrbeschränkungen oder (iv) das unverschuldete Fehlen einer behördlichen Genehmigung.

210 **Praxishinweis:**

Just in Time-Belieferungsverhältnisse sind kein absolutes, aber ein relatives Fixhandelsgeschäft. Für die Verzugshaftung des Lieferanten bedarf es daher einer Mahnung durch den Käufer. Der Käufer kann verspätete Lieferungen des Lieferanten daher nicht einfach zurückweisen; es sei denn, der Lieferant liefert erst nach Ablauf einer vom Käufer gesetzten Frist.

[87] Vgl. *Koch*, in Oetker, HGB, 4. Aufl. 2015, § 376 Rn. 15; *Grunewald*, in Münchner Kommentar, HGB, 3. Aufl. 2013, § 376 Rn. 7 (dort Fn. 28); *Hopt*, in Baumbach/Hopt, HGB, 37. Aufl. 2016, § 376 Rn. 7.

2. Rechtsfolgen des Verzugs

Ist der Lieferant in Verzug, so kann der Käufer **Schadensersatz** für die Schäden verlangen, die durch den Verzug verursacht wurden. Zudem kann der Käufer vom Vertrag **zurücktreten**, dies allerdings nur dann, wenn er – über die Mahnung hinaus – zuvor eine angemessene Frist zur Leistung gesetzt hatte und auch diese erfolglos verstrichen ist. Bezüglich der Fristsetzung kann schon eine recht kurz gesetzte Frist ausreichen, um die Rücktrittsfolge auszulösen, insbesondere, wenn es sich um ein Just-in-Time-Belieferungsverhältnis handelt. Eine Ausnahme gilt für das absolute und relative Fixgeschäft. Gemäß § 376 HGB kann der Käufer beim absoluten und relativen Fixgeschäft auch ohne Fristsetzung zurücktreten. **211**

Von hoher Praxisrelevanz ist die Frage, welche Schäden typischerweise als Verzugsschaden geltend gemacht werden können. Es gilt insoweit der Grundsatz, dass der Käufer vom säumigen Lieferanten verlangen kann, so gestellt zu werden, wie er bei rechtzeitiger Leistung des Lieferanten stehen würde, §§ 249 ff. BGB. Der Schadensersatz erfolgt regelmäßig durch Geldzahlung. Den geschädigten Käufer trifft eine Schadensminderungspflicht, d.h. er muss unter mehreren möglichen Schadensbeseitigungsmaßnahmen die für den säumigen Lieferanten günstigste auswählen. **212**

Typische Verszugsschäden sind: **213**

- **Entgangener Gewinn**: Der Käufer kann vom säumigen Lieferanten beispielsweise seinen entgangenen Gewinn – also die Differenz zwischen dem Weiterverkaufspreis und dem Einkaufspreis, den er an den Lieferanten hätte zahlen müssen – verlangen, wenn er die Sache weiterverkaufen wollte und der Weiterverkauf durch den Verzug „geplatzt“ ist.
- **Haftungsschaden**: Ist der Käufer infolge der nicht rechtzeitigen Belieferung gegenüber seinem Abnehmer zum Schadensersatz verpflichtet, kann er beim säumigen Lieferanten Regress nehmen.
- **Produktions- und Betriebsstörungen**: Steht durch den Verzug des Lieferanten beispielsweise das Produktionsband des Käufers still, kann dies erhebliche Schäden verursachen, die ebenfalls vom säumigen Lieferanten zu ersetzen sind.[88] Schäden einer Produktionsunterbrechung können beispielsweise Kosten für das Anhalten und Wiederanfahren der Produktion oder Personalkosten für den zusätzlichen Einsatz von Ingenieuren sein.
- **Kosten eines Deckungskaufs**: Durch den Verzug des Lieferanten kann es erforderlich werden, dass der Käufer einen Deckungskauf durchfüh-

[88] BGH Xa ZR 3/07, NZBau 2010, 558.

ren muss, um die Zulieferteile möglichst rasch von einem anderen Anbieter zu erlangen. In diesem Fall kann der Käufer vom säumigen Lieferanten eventuelle Mehrkosten eines Deckungskaufs ersetzt verlangen.

3. Verzug mit einzelnen Lieferungen

214 Sofern die Vertragsparteien in einem Dauerschuldverhältnis stehen, was in Belieferungsverhältnissen typischerweise der Fall ist, kann der Verzug des Lieferanten mit einzelnen Lieferungen auch erhebliche Konsequenzen auf den Belieferungs- oder Rahmenvertrag haben. Zwar beziehen sich die oben beschriebenen Verzugsfolgen immer nur auf die streitgegenständliche Lieferung, d.h. Verzugsschadensersatz wird lediglich für die einzelne verzögerte Lieferung fällig. Allerdings kann der Vertragspartner den gesamten Rahmenvertrag, unter dem die Lieferungen durch den Lieferanten (mehrfach) verspätet geleistet wurden, möglicherweise außerordentlich fristlos kündigen. Dies ist dann der Fall, wenn ein Festhalten am Belieferungs- oder Rahmenvertrag für den Käufer insgesamt unzumutbar wird. Im Einzelfall müssen also Schwere und Häufigkeit der Belieferungsverzögerungen ins Auge gefasst werden um festzustellen, ob im Einzelfall ein wichtiger Grund vorliegt, der zur außerordentlichen Kündigung berechtigt, § 314 BGB. Da es sich bei verzögerten Lieferungen in der Regel um steuerbares Verhalten des Lieferanten handelt, bedarf eine außerordentliche Kündigung zudem regelmäßig einer vorherigen Abmahnung.

4. Typische Vertragsklauseln zum Verzug

215 Sofern die Parteien eine vertragliche Regelung zum Verzug treffen, müssen diese sich in der Regel an der strengen AGB-Inhaltskontrolle messen lassen. Dies hängt damit zusammen, dass für vertragliche Lieferbeziehungen häufig Musterverträge oder sogar die typischen „kleingedruckten" AGB verwendet werden. Hier gilt folgendes:

216 – Unzulässig ist es in AGB, das Erfordernis einer **Mahnung auszuschließen**.

217 – Zulässig soll es hingegen sein, wenn die Parteien in AGB vereinbaren, dass der Käufer für den Fall der Überschreitung des Zahlungsziels auch **ohne Mahnung** bankübliche **Zinsen** zahlen muss.[89]

218 – Grundsätzlich ist es möglich, dass – auch in AGB – die Zahlung einer **Vertragsstrafe** vereinbart wird, falls der Lieferant in Verzug gerät.

[89] BGH I ZR 157/89, NJW-RR 1991, 995, 997; OLG Karlsruhe 4 U 244/8, NJW-RR 1987, 498.

Praxisüblich sind Klauseln, wonach beispielsweise für jeden Tag des Verzuges ein bestimmter Betrag fällig wird. Bei der Vereinbarung von Vertragsstrafen ist allerdings Folgendes zu berücksichtigen: Erstens muss die vereinbarte **Vertragsstrafe angemessen** sein. Die Angemessenheit bestimmt sich nach dem Vertragsvolumen und auch danach, wie erheblich die pünktliche Lieferung für den Käufer ist. Zweites darf die Vertragsstrafe **keine verschuldensunabhängige Zahlungspflicht** des säumigen Lieferanten auslösen.[90] Drittens gilt der Grundsatz des sogenannten **Kumulationsverbots**, wonach der Gläubiger niemals Schadensersatz einerseits und Vertragsstrafe andererseits geltend machen darf. Vielmehr ist erforderlich, dass eine fällige Vertragsstrafe auf einen Schadensersatz angerechnet wird. Viertens müssen kontinuierlich ansteigende Vertragsstrafen, also Regelungen, die beispielsweise für jeden Tag, an dem sich der Lieferant in Verzug befindet, eine Vertragsstrafe vorsehen, gedeckelt werden. Dieser **Deckelungs-Höchstbetrag** sollte bei maximal 5% der Auftragssumme liegen.[91]

- Grundsätzlich möglich ist es auch, **Schadenspauschalen** für den Fall des **219** Verzuges zu vereinbaren. Allerdings müssen diese ebenfalls angemessen sein und dürfen jedenfalls nicht den Schaden übersteigen, der nach dem gewöhnlichen Lauf der Dinge zu erwarten wäre. Zudem darf für den säumigen Lieferanten die Möglichkeit nicht ausgeschlossen werden, den Nachweis zu führen, dass der tatsächlich eingetretene Schaden wesentlich niedriger als die vereinbarte Schadenspauschale ist.[92]
- Ferner ist es möglich, **Rechtsfolgen** für den Fall **des Verzuges** ver- **220** traglich festzulegen. In Belieferungsverträgen, die in der Regel Dauerschuldverhältnisse sind, kann es beispielsweise Sinn machen, bestimmte Kündigungsfolgen für den Fall festzuschreiben, dass eine Partei wiederholt oder über einen längeren Zeitraum in Verzug gerät. Diese Fälle können die Parteien z.B. als wichtigen Grund i.S.d. § 314 BGB definieren.
- Auch der Käufer kann in Verzug geraten, nämlich mit seiner Zah- **221** lungspflicht. Ein Käufer mit starker Verhandlungsmacht könnte daher versucht sein, seine Zahlungsfristen besonders lang auszugestalten. Allerdings setzt das BGB hier Grenzen. Nach § 271 a Abs. 1 BGB dürfen **Zahlungsziele von mehr als 60 Tagen** stets, d.h. auch in Individualvereinbarungen, nur dann vereinbart werden, wenn (i) sie ausdrücklich

[90] BGH VII ZR 28/07, NJW-RR 2008, 615.
[91] BGH VII ZR 2010/01, NJW 2003, 1805.
[92] §§ 309 Nr. 5a und b, 310 Abs. 1 Satz 2, 307 Abs. 1 und 2 BGB; vgl. auch BGH VIII ZR 165/92, NJW 1994, 1060, 1068.

getroffen werden und (ii) für den Lieferanten nicht grob unbillig sind. Das AGB-Recht ist sogar noch strenger. Danach gilt, dass in AGB eine **Zahlungsfrist von mehr als 30 Tagen** – gerechnet ab Lieferung – im Zweifel unangemessen lang und damit unwirksam ist, § 308 Nr. 1 a BGB.

222 **Praxishinweis:**

Zahlungsziele von bis zu 30 Tagen können Sie bedenkenlos vereinbaren. Zahlungsziele von mehr als 30 Tagen sollten Sie auf ihre Wirksamkeit prüfen lassen.

5. Verzug im UN-Kaufrecht

223 In grenzüberschreitenden Lieferbeziehungen - also wenn ein Lieferant und ein Käufer, die ihren Firmensitz in unterschiedlichen Staaten haben und beide Staaten dem Übereinkommen der Vereinten Nationen über Verträge über den internationalen Warenkauf (UN-Kaufrecht oder auch CISG) beigetreten sind – bestimmen sich die Rechtsfolgen des Verzugs nach UN-Kaufrecht, Art. 1 CISG. Dies gilt zumindest dann, wenn die Parteien die Geltung des UN-Kaufrechts nicht ausgeschlossen haben.

224 Verzug tritt nach Art. 33 CISG schon dann ein, wenn (i) die Parteien einen Zeitpunkt im Vertrag bestimmt haben oder ein Lieferzeitpunkt zwar nicht ausdrücklich bestimmt wurde, aber sich aus den Umständen ableiten lässt und (ii) der Lieferant nicht binnen dieses bestimmten oder bestimmbaren Zeitraums leistet. Anders als das deutsche Recht ist für den Eintritt des Verzuges im UN-Kaufrecht kein Verschulden des säumigen Lieferanten erforderlich. Auch einer vorherigen Mahnung durch den Käufer bedarf es unter Geltung des UN-Kaufrechts nicht. Allerdings kann sich ein säumiger Lieferant auch unter Geltung des UN-Kaufrechts von seiner Verzugshaftung befreien, nämlich dann, wenn der Verzug auf Gründen außerhalb seines Einflussbereiches beruht (z.B. bei höherer Gewalt, wie etwa Naturkatastrophen). Auch unter Geltung des UN-Kaufrechts kann der Käufer Ersatz des Verzugsschadens verlangen und/oder nach Setzung einer erfolglos abgelaufenen Frist vom Kaufvertrag zurücktreten.

225 **Praxishinweis:**

Unter Geltung des UN-Kaufrechts gerät der Schuldner einer Leistung (Lieferant) tendenziell schneller in Verzug als unter Geltung des BGB. Das UN-Kaufrecht ist insoweit also eher käuferfreundlich. Ein Lieferant hat daher eher ein Interesse daran, die Geltung des UN-Kaufrechts auszuschließen.

II. Die Haftung des Lieferanten für Schlechtleistung

Erbringt der Lieferant die geschuldete Leistung nicht wie vertraglich vereinbart, so verletzt er seine Pflichten unter dem Vertrag und haftet hierfür grundsätzlich auf Nacherfüllung bzw. im Falle wiederholt fehlgeschlagener Nacherfüllung auch auf Schadensersatz. Im Kauf- und Werkvertragsrecht sind Fälle der Schlechtleistung im Mängelgewährleistungsrecht explizit geregelt; für Mängel im Kaufrecht in den §§ 434 ff. BGB sowie im Werkvertragsrecht in den §§ 633 ff. BGB. Wann eine Kaufsache mangelhaft ist und welche Rechte der Käufer im Falle mangelhaft gelieferter Ware hat, ist Inhalt der Darstellungen von Teil 5. **226**

Allerdings regelt das Mängelgewährleistungsrecht nur die Voraussetzungen und Rechtsfolgen mangelhaft gelieferter Waren. Nicht jede Schlechtleistung des Lieferanten ist allerdings zugleich auch ein Mangel. Zudem ist im Falle (wiederholt) mangelhaft gelieferter Ware unter einem Rahmenvertrag durch das Mängelgewährleistungsrecht nicht geklärt, ob und inwieweit sich auch Auswirkungen auf den Rahmenvertrag, also das Belieferungsverhältnis insgesamt, ergeben. **227**

1. Schlechtleistung und Mängelgewährleistung

Liegt die Schlechtleistung des Lieferanten in der mangelhaften Lieferung der Kaufsache, so hat der Käufer Anspruch auf Mangelbeseitigung (Nacherfüllung). Liegt die Schlechtleistung des Lieferanten hingegen nicht nur darin, dass er eine mangelhafte Sache liefert und entsteht dadurch auch ein Schaden des Käufers, so kann der Käufer vom Lieferanten Schadensersatz für die ihm aus dieser Schlechtleistung des Lieferanten entstandenen Schäden verlangen. Dies ist etwa der Fall, wenn der Lieferant Aufklärungs-, Beratungs-, Verpackungs- oder sonstige Nebenpflichten aus dem Vertrag verletzt und dadurch die Kaufsache selbst beschädigt wird oder ein Schaden an anderen Rechtsgütern des Käufers entsteht. Der BGH hat beispielsweise entschieden, dass der Lieferant den Käufer über eine plötzliche Änderung der Produktbeschaffenheit aufklären muss. Tut er dies nicht und entsteht dem Käufer dadurch ein Schaden, haftet der Lieferant dafür.[93] **228**

Der Käufer kann nämlich die durch die Schlechtleistung des Lieferanten verursachten Schäden ersetzt verlangen. Allerdings trifft den Käufer die Beweislast für die Schlechtleistung (Pflichtverletzung) sowie für den Schaden und den Ursachenzusammenhang zwischen Schlechtleistung und Schaden. Soweit der geschädigte Käufer Schlechtleistung und Schaden **229**

[93] BGH VIII ZR 140/88, BGHZ 107, 336; BGH VIII ZR 333/94, BGHZ 132, 175.

allerdings beweisen kann, wird das Verschulden des Lieferanten vermutet. Dies hat der Käufer also nicht zu beweisen, § 280 Abs. 1 Satz 2 BGB.

230 **Praxishinweis:**

Dokumentieren Sie alle Arten von Schäden sowie die Umstände ihrer Entdeckung (z.B. Zeitpunkt und anwesende Zeugen). Die Dokumentation kann mittels E-Mail an den Lieferanten oder zunächst auch an interne Mitarbeiter oder mittels eines selbst angefertigten Protokolls erfolgen.

2. Schlechtleistungen und ihre Auswirkungen auf das Belieferungsverhältnis

231 Leistet der Lieferant mangelhaft oder anderweitig schlecht und verletzt damit seine Pflichten unter einem zwischen den Parteien geschlossenen Rahmenvertrag, so kann dies dazu führen, dass das Festhalten am Rahmenvertrag für den Käufer unzumutbar wird. Dies kann gemäß § 314 BGB ein Kündigungsrecht des Käufers aus wichtigem Grund auslösen.[94] Notwendig ist hierfür in der Regel aber zunächst eine Abmahnung des schlecht leistenden Lieferanten, da Schlechtleistungen in der Regel ein steuerbares Verhalten des Lieferanten betreffen.[95]

[94] Vgl. → Rn. 335 ff.
[95] Vgl. → Rn. 337.

Teil 5
Mängelgewährleistung und Garantie für Produkte

I. Grundlagen des Mängelgewährleistungsrechts

Im Rahmen eines Kaufvertrages ist der Verkäufer verpflichtet, dem Käufer die Sache mangelfrei zu übergeben. Kommt der Verkäufer dieser Pflicht nicht nach, so stehen dem Käufer bestimmte Gewährleistungsrechte zur Seite, die in den §§ 437 ff. BGB geregelt sind. im Vordergrund steht das Recht des Verkäufers zur zweiten Andienung (d.h. zur Nacherfüllung gemäß § 437 Nr. 1 BGB). Dem Verkäufer soll die Möglichkeit gegeben werden, seiner vertraglichen Pflicht zur Lieferung einer mangelfreien Sache noch nachkommen zu können. Erforderlich sind eine Fristsetzung des Käufers und die konkrete Bezeichnung des zu beseitigenden Mangels. Nimmt der Verkäufer die Gelegenheit zur zweiten Andienung (Nacherfüllung) nicht wahr, so kann der Käufer von dem Kaufvertrag zurücktreten (§ 437 Nr. 2 Alt. 1 BGB), Schadensersatz verlangen (§ 437 Nr. 3 BGB) oder den Kaufpreis mindern (§ 437 Nr. 2 Alt. 2 BGB). Ist an dem Kaufvertrag ein Kaufmann beteiligt, so sind zusätzlich die Sonderbestimmungen des HGB zu beachten. 232

Praxishinweis: 233

Die Rechte des Käufers bei Mängeln der Kaufsache werden in der Praxis zum Teil anders wahrgenommen. Dies kann daran liegen, dass die Parteien – gerade im Handelsverkehr – abweichende Regelungen treffen, indem z.B. Schadenspauschalen oder ein Selbstvornahmerecht des Käufers vereinbart werden. Teilweise gewährt der Verkäufer auch aus Kulanz Rücktritts- oder Umtauschrechte, die über den gesetzlich vorgesehenen Umfang hinausgehen. Bei der Frage, welche Rechte dem Käufer im Streitfall zustehen, bleiben derartige freiwillige Leistungen aber unberücksichtigt.

1. Wann ist eine Sache mangelhaft? 234

Eine Sache ist mangelhaft, wenn die Ist- von der Sollbeschaffenheit abweicht, wenn die Sache also nicht die vereinbarte oder die vorausgesetzte oder diejenige Beschaffenheit aufweist, die bei Sachen der gleichen Art üblich ist. Eine Sache kann sowohl mit einem Sach- als auch einem Rechtsmangel behaftet sein, §§ 434, 435 BGB. Für beide Arten von Mängeln gilt das Mängelgewährleistungsrecht.

235 Das Gesetz regelt in § 434 BGB wann eine Sache konkret mangelhaft ist.

236 – **Abweichung von der vereinbarten Beschaffenheit**: Eine Beschaffenheitsvereinbarung liegt beispielsweise vor, wenn vereinbart wurde, dass die Sache *„fabrikneu"* oder *„werkstattgeprüft"* verkauft wird. Zur Beschaffenheit gehören alle physischen Merkmale, wie zum Beispiel Größe, Gewicht und Farbe; zudem auch alle sog. wertbildenden Faktoren, wie etwa Alter der Sache[96], Herkunft oder öffentliche-rechtliche Beschränkungen[97]. Abweichungen von einer solchen Beschaffenheitsvereinbarung begründen einen Mangel. Werden im Vertrag mit einem Zulieferer z.B. bestimmte Spezifikationen für die bestellten Teile vereinbart, so begründet eine Abweichung von diesen einen Mangel.

237 – **Vertraglich vorausgesetzte Verwendung**: Gibt es keine Beschaffenheitsvereinbarung, so ist maßgeblich, ob sich die Sache für die von den Parteien vorausgesetzte Verwendung eignet. Das ist eine nicht abgesprochene, nach dem Vertrag jedoch faktisch vorausgesetzte und für den Verkäufer erkennbare Verwendung.[98] So wird etwa bei Lebensmitteln der gefahrlose Verzehr innerhalb des Mindesthaltbarkeitsdatums vorausgesetzt; im Handel wird die Weiterveräußerlichkeit der Ware erwartet; beim Kunstkauf wird erwartet, dass das Kunstwerk ein Original ist.[99]

238 – **Gewöhnliche Verwendung**: Ist keine Beschaffenheit vereinbart und eine Verwendung vertraglich nicht vorausgesetzt kommt es auf die gewöhnliche Verwendung an, die bei Sachen gleicher Art üblich und erwartbar ist. So muss ein Kfz fahren und bremsen. Ein Radio muss sich zum Musikhören eignen.

239 – Auch die **unsachgemäße Montage** einer Sache, eine unklare oder **unvollständige Montageanleitung** sowie die Lieferung einer völlig anderen Sache begründen einen Mangel. Liefert der Verkäufer eine zu geringe Menge (Minderlieferung) liegt ebenfalls ein Mangel vor.

240 – **Rechtsmangel**: Ein Rechtsmangel liegt nach § 435 BGB vor, wenn Dritte in Bezug auf die Sache Rechte geltend machen können. Rech-

[96] BGH VIII ZR 70/94, NJW 1995, 2159.
[97] BGH V ZR 27/86, NJW 1987, 2511.
[98] OLG Düsseldorf 1 U 38/06, NJW 2006, 2858.
[99] Vgl. *Weidenkaff*, in Palandt, 76. Aufl. 2017, § 434 Rn. 22.

te an der Sache sind insbesondere dingliche Belastungen der Sache, wie Pfandrechte[100], Anwartschaftsrechte oder Nießbräuche aber auch Schutzrechte. Verkauft der Zulieferer dem OEM ein nicht-lizenziertes Produkt so kann der OEM Schadensersatz vom Zulieferer verlangen, wenn dem OEM dadurch ein Schaden entsteht, dass er vom Berechtigten gerichtlich in Anspruch genommen wird.[101]

2. Maßgeblicher Zeitpunkt für das Vorliegen des Mangels

a) Gefahrübergang

Die Mängelgewährleistungsrechte kann der Käufer nur dann geltend ma- **241** chen, wenn ein Mangel zum Zeitpunkt des Gefahrübergangs vorliegt. Die Gefahr geht gemäß § 446 Satz 1 BGB grundsätzlich bei **Übergabe der Sache an den Käufer** über. Handelt es sich um einen Versendungskauf, soll die Sache also laut Vereinbarung an den Käufer verschickt werden, so genügt die Übergabe der Kaufsache an die Versendungsperson, also den Transporteur (§ 447 BGB). Es reicht aus, dass der Mangel zu diesem Zeitpunkt in der Sache angelegt war. Er muss noch nicht nach außen sichtbar geworden sein.[102]

b) Übergabe von Traditionspapieren anstatt Übergabe der Kaufsache

Zum einen wird die Pflicht zur Übergabe der Sache bei Handelskäufen **242** häufig durch die Übergabe von **Traditionspapieren** ersetzt. Ein Traditionspapier ist ein Dokument, mit dem der Käufer – wenn er es vorlegt – selbst die Herausgabe der Kaufsache von einem Fremdbesitzer, also dem Transporteur oder Lagerhalter verlangen kann. Dazu zählen insbesondere der Ladenschein (§ 444 HGB), der Orderlagerschein (§§ 475c, 475 g HGB) und das Seeschifferkonnossement (§ 650 HGB). Durch die Übergabe des Traditionspapiers wird die Pflicht zur Übergabe der Kaufsache aber nur dann erfüllt, wenn dies durch die Kaufvertragsparteien vereinbart wurde. Typische Formulierungen hierfür sind in der Praxis beispielsweise „*Zahlung gegen Konnossement*“ oder „*Kasse gegen Dokument*“. Mit anderen Worten: Die Parteien können die Übergabe der Sache ersetzen durch die Übergabe eines Lade- oder Lagerscheins wenn sich aus diesem Dokument das unbedingte Recht des Käufers zur Herausgabe gegen den Transporteur oder Lagerhalter ergibt.

---

100 BGH II ZR 252/90, NJW 1992, 362, 363.
101 OLG Koblenz 5 U 521/01, GRUR-RR 2002, 127.
102 BGH VIII ZR 70/13, NJW 2014, 1086.

c) Transportkosten und Transportverantwortung

243 Zum anderen werden im Handelsverkehr abweichend vom gesetzlichen Leitbild des § 448 BGB oftmals **Vereinbarungen über die Kostentragung** getroffen. § 448 BGB sieht vor, dass der Verkäufer die Kosten für die Übergabe der Sache trägt. Hingegen trägt der Käufer die Kosten für die Abnahme der Ware, also etwa das Einschaffen der Ware in sein Lager. Zudem muss der Käufer auch für Transportkosten aufkommen, wenn er sich die Ware auf seinen Wunsch liefern lässt (Versendungskauf). Durch vertragliche Vereinbarung kann von dieser gesetzlich vorgesehenen Kostenverteilung abgewichen werden. Bei Handelsgeschäften sind Regelungen wie „*Lieferung ab Werk*" oder „*Lieferung frei Haus*" gängig. Bei einer „*Lieferung ab Werk*", trägt der Verkäufer nur diejenigen Kosten, die zur Bereitstellung der Ware am eigenen Werk nötig sind. Bei einer „*Lieferung frei Haus*" übernimmt hingegen der Verkäufer auch die Kosten der Abnahme.

244 **Praxishinweis:**

Häufig werden die Rechte und Pflichten der Parteien mit Blick auf Gefahrtragung, Übergabe und Kosten auch über die Incoterms geregelt. Vermeiden Sie Doppelregelungen.

3. Beweislast für das Vorliegen des Mangels

245 Die **Beweislast** für das Vorliegen eines Mangels trägt grundsätzlich der Käufer. Er muss auch beweisen, dass die Sache bereits im Zeitpunkt der Übergabe mangelhaft war. Da dies vor allem für Verbraucher schwierig werden kann, ist für den sog. Verbrauchsgüterkauf, also einem Kaufvertrag zwischen einer Privatperson auf Käuferseite und einem Unternehmer auf Verkäuferseite, in § 476 BGB eine Beweislastumkehr zu Gunsten des Käufers geregelt. Danach gilt: zeigt sich in den ersten sechs Monaten nach Gefahrübergang ein Mangel, so hat der Verkäufer zu beweisen, dass dieser Mangel nicht bereits bei Gefahrübergang in der Sache angelegt war. § 476 BGB ist eine zwingende Vorschrift, d.h. die Parteien können vertraglich nicht vereinbaren, dass die Beweislastumkehr nicht gelten soll.

246 Diese Vorschrift des § 476 BGB hat aber auch Auswirkungen auf den Unternehmerrechtsverkehr – also die Vertragsbeziehungen zwischen Lieferant und Käufer. Grund hierfür ist, dass der Vertrieb von Waren in einer Wertschöpfungs- und Lieferkette erfolgt, in welcher der Zulieferer an den Hersteller, der Hersteller an den Großhändler, dieser an den Zwischen- und Kleinhändler und letzterer an den Verbraucher verkauft. Der Letztverkäufer soll die Belastungen des Verbraucherschutzes nicht

endgültig und alleine tragen, sondern diese auf seinen Verkäufer abwälzen können; und dies gilt in der Lieferkette bis zum Erstverkäufer. In diesen Fällen des **Unternehmerregresses**, ist die Fristsetzung entbehrlich, die im Mängelrecht eigentlich immer notwendig ist. Zudem kann sich auch ein Unternehmer gegenüber seinem Lieferant auf die Beweislastumkehr des § 476 BGB berufen und zwar für 6 Monate ab Übergabe der Sache vom Letztverkäufer an den Verbraucher, § 478 Abs. 3 BGB.

Die Regressregelungen des § 478 BGB gelten allerdings nicht, wenn: 247

- Der Letztkäufer ein Unternehmer und kein Verbraucher ist;
- Gebrauchte, also *Second-Hand*-Produkte in der Lieferkette veräußert werden;
- Zulieferteile und nicht das Endprodukt vertrieben werden.

Praxishinweis: 248

Beachten Sie, dass Sie im Falle von Kulanzrücknahmen keinen Regressanspruch gegenüber ihrem Lieferanten haben. Wollen Sie aus Gründen der Kundenpflege dennoch eine Sache zurücknehmen, obwohl der Kunde keine Frist gesetzt hat oder nicht erwiesen ist, ob überhaupt ein Mangel vorliegt, empfiehlt es sich, zuvor das Einverständnis des Lieferanten einzuholen oder mit diesem eine Kostenteilung zu vereinbaren.

4. Die Untersuchungs- und Rügeobliegenheit des Käufers, § 377 HGB

Im Handelsrecht und damit im Verkehr zwischen Unternehmern gilt die Besonderheit, dass der Käufer die Kaufsache untersuchen und etwaige Mängel gegenüber dem Verkäufer anzeigen (rügen) muss, wenn er die Mängelgewährleistungsrechte nicht verlieren will. Sinn und Zweck dieser Vorschrift ist es, Rechtsgeschäfte zwischen Kaufleuten möglichst schnell abzuwickeln und mögliche Mängel zeitnah zu dokumentieren. 249

a) Anwendungsbereich und Voraussetzungen

Die Pflicht zur Untersuchung und Rüge der Ware besteht nur bei **beiderseitigen Handelsgeschäften**. Das heißt sowohl auf Käufer- als auch auf Verkäuferseite müssen Kaufleute stehen. Zudem muss das Geschäft zum Handelsgeschäft des Kaufmanns gehören; es darf sich also nicht um ein privates Geschäft eines Kaufmanns handeln. 250

251 Es muss sich zudem um den Kauf einer **beweglichen Sache** handeln (z.B. Werk- und Teilstoffe, Maschinen, Lebensmittel, Textilien).

b) Untersuchungsobliegenheit

252 **Art und Umfang**: Der Käufer hat die Ware nach Ablieferung zunächst unverzüglich auf Mängel zu untersuchen. § 377 Abs. 1 HGB schreibt vor, dass der Käufer die Untersuchung vornehmen muss, soweit dies nach einem ordnungsgemäßen Geschäftsgang tunlich ist. Art und Umfang der Untersuchung richten sich immer nach dem jeweiligen Einzelfall. Maßgeblich sind insbesondere Kosten, Zeitaufwand, technische Kenntnisse und Möglichkeiten sowie das Risiko besonders hoher Mangelfolgeschäden.[103] Die Untersuchungspflicht muss sich stets im Rahmen des für den Käufer Zumutbaren handeln. Die Untersuchung darf beispielsweise nicht unverhältnismäßig teuer sein. In der Rechtsprechung haben sich folgende praxisrelevante Fallgruppen gebildet:

- Lieferung gleichartiger **Massengüter**: Stichprobenartige Untersuchung.[104]
- Lieferung von **Maschinen**: Maschinen sind in Gang zu setzen und ggf. auch einem längeren Probelauf zu unterziehen.
- Waren mit besonders **geringwertiger Fehleranfälligkeit**: einfache äußerliche Prüfung reicht in der Regel aus.
- **Lebensmittel** muss der Käufer nach Aussehen, Geruch und Geschmack prüfen (ggf. mit Stichproben).
- **Textilien** muss der Käufer mit einem feuchten Lappen auf Farbechtheit prüfen. Bei gefärbtem Wäschestoff ist ein Wasch- und Kochtest erforderlich.[105]
- Bei **Sukzessivlieferungsverträgen** (Teillieferungen) ist jede einzelne Teillieferung zu untersuchen.[106]

253 Wird die Ware direkt an einen Zweitkäufer geliefert, ohne dass die Ware beim Erstkäufer umgeladen wird, so reicht es aus, wenn nur der Zweitkäufer untersucht. Dieser hat etwaige Mängelrügen an den Erstkäufer weiterzugeben, der dann die Rüge an den Verkäufer weiterleiten muss.[107] In diesem Fall wird auch eine entsprechend längere Rügefrist zugebilligt.

254 Bestehen die Geschäftsbeziehungen zwischen Käufer und Verkäufer schon über mehrere Jahre, so sind an die Untersuchung geringere Anforderungen zu stellen, wenn die bisherigen Lieferungen nicht zu beanstanden

---

[103] BGH VIII ZR 141/75, WM 1977, 822.

[104] BGH VIII ZR 194/75, WM 1977, 555.

[105] BGH VIII ZR 237/74, NJW 1976, 625; BGH VIII ZR 156/68, DB 1970, 2165.

[106] BGH VIII ZR 334/86, NJW 1988, 52.

[107] BGH VIII ZR 22/89, NJW 1990, 1290.

waren. In einem solchen Fall darf der Käufer auf die Qualität der Ware in gewissem Maße vertrauen. Zeigt sich allerdings später ein Mangel, so hat der Käufer diesen unverzüglich gegenüber dem Verkäufer anzuzeigen.[108]

Ort: Der Ort der Untersuchung ist in der Regel der Ort der Abliefe- **255**
rung, da die Untersuchung unverzüglich stattzufinden hat. Wurde vereinbart, dass der Käufer die Ware beim Verkäufer abholen muss (Holschuld), so ist die Ablieferung erfolgt, wenn die Ware tatsächlich abgeholt und übernommen wurde.[109] Dann muss sie unverzüglich untersucht werden. Hat der Verkäufer die Ware an den Käufer zu versenden (Versendungskauf), so ist die Ablieferung dann erfolgt, wenn die Ware an den Käufer vom Lieferanten oder dessen Spediteur übergeben wurde. Gleiches gilt bei einer Bringschuld. Auch hier ist die Ablieferung in der Übergabe der Ware an den Käufer zu sehen.

Zeit: Die Untersuchung muss grundsätzlich „unverzüglich" nach **256**
Ablieferung der Ware erfolgen, soweit dies nach ordnungsgemäßem Geschäftsgang tunlich ist, § 377 Abs. 1 BGB. Unverzüglich heißt ohne schuldhaftes Zögern. Ordnungsgemäßer Geschäftsgang meint den branchenüblichen Geschäftsgang. Es werden strenge Anforderungen gestellt, d.h. bereits geringe Nachlässigkeiten können zu Verspätung und damit zum Verlust der Mängelgewährleistungsrechte führen.[110] Bei schnell verderblicher Ware oder Saisonware gelten besonders kurze Fristen. So sind beispielsweise Blumen noch am Tag der Lieferung zu untersuchen.[111] Gleiches gilt für Obst- und Gemüselieferungen.[112]

Ist die Feststellung etwaiger Mängel besonders schwierig, so ist die Frist **257**
entsprechend lange zu bemessen. Die Rechtsprechung sieht auch Fristen von bis zu zwei Monaten noch als angemessen an. Dies gilt insbesondere dann, wenn zur Untersuchung der Ware ein Sachverständiger hinzugezogen werden muss.[113] Bei technisch komplizierten Geräten wird eine Frist von zwei Wochen als angemessen erachtet.[114]

Praxishinweis: **258**

Stellen Sie im Rahmen des Qualitätsmanagements sicher, dass jede Lieferung (mittels Stichproben) untersucht wird, und zwar unmittelbar nach Anlieferung. Dokumentieren Sie die Untersuchung (nach Zeit, Dauer, Menge

[108] Vgl. BGH VIII ZR 333/94, NJW 1996, 1537.
[109] BGH VIII ZR 299/98, NJW 2000, 1415, 1416.
[110] OLG Hamm 29 U 19/04, NJOZ 2005, 2220.
[111] OLG Saarbrücken 1 U 703/ 97, NJW-RR 1999, 780.
[112] OLG München 6 U 1304/56, BB 1957, 663.
[113] BGH VIII ZR 287/98, ZIP 2000, 234.
[114] OLG Oldenburg 12 U 40/00, DB 2001, 1088.

und Auswahl der Proben und ggf. Auffälligkeiten) am besten mittels eines Protokolls, das von denjenigen Personen unterzeichnet wird, die der Untersuchung beigewohnt haben.

c) Rügeobliegenheit

259 Wurde bei der Untersuchung der Ware ein Mangel festgestellt, so hat der Käufer diesen dem Verkäufer unverzüglich anzuzeigen, § 377 Abs. 1 BGB. Ansonsten verliert der Käufer seine Mängelgewährleistungsrechte. Der Verkäufer soll möglichst schnell über etwaige Mängel informiert werden, um darauf entsprechend reagieren zu können.

260 **Inhalt**: Die Rüge muss inhaltlich hinreichend bestimmt sein. Das heißt, der Mangel ist so genau und spezifisch wie möglich zu bezeichnen.[115] Bei einer Mehrheit von Mängeln ist jeder Mangel einzeln zu rügen. Wurde zu wenig Ware geliefert, so ist genau anzugeben, wie viel der Lieferung fehlt. Bei komplizierten technischen Anlagen, reicht es aus, den Fehler präzise zu beschreiben. Vom Käufer kann hingegen nicht verlangt werden, dass er die Fehlerquelle kennt oder ausfindig macht.

261 **Praxishinweis:**

Pauschale und in der Praxis häufig benutzte Wendungen wie „Ware funktioniert nicht", „Ware ist nicht einsatzbereit" oder „Ware beschädigt" reichen für eine Mängelrüge nicht aus.

262 **Form**: Das Gesetz schreibt für die Rüge keine besondere Form vor. Sie muss vom Käufer oder einer erkennbar vertretungsberechtigten Person lediglich an den Verkäufer gerichtet sein. Aus Beweisgründen empfiehlt es sich jedoch, die Mängelrüge schriftlich zu verfassen und die Rüge per Fax oder E-Mail (Zugangsnachweis) an den Verkäufer zu senden.

263 **Frist**: Wie die Untersuchung so hat auch die Rüge unverzüglich zu erfolgen, § 377 Abs. 1 HGB. Das bedeutet, dass entdeckte Mängel grundsätzlich innerhalb von ein bis zwei Tagen gerügt werden müssen.[116] Die Frist zur Rüge beginnt zu laufen, wenn sich ein Mangel zeigt. Dabei ist zwischen offenen und verdeckten Mängeln zu unterscheiden. Von einem **offenen Mangel** spricht man, wenn er bei Ablieferung oder Untersuchung erkannt wurde oder zumindest bei ordnungsgemäßer Untersuchung hätte erkannt werden können. Ein **verdeckter Mangel** liegt hingegen vor, wenn dieser sich weder bei ordnungsgemäßer Untersuchung noch auf sonstige

[115] OLG Düsseldorf 22 U 99/00, NJW-RR 2001, 821.

[116] BGH VIII ZR 152/84 NJW-RR 1986, 52; OLG Koblenz 2 U 39/04, NJW-RR 2004, 1553.

Weise gezeigt hat. Wurde die Untersuchung unterlassen, so muss mit an Sicherheit grenzender Wahrscheinlichkeit feststehen, dass sich der Mangel auch bei einer ordnungsgemäßen Untersuchung nicht gezeigt hätte. Bei einem verdeckten Mangel hat die Rüge erst dann zu erfolgen, wenn der Mangel in Erscheinung tritt, § 377 Abs. 3 HGB.

d) Rechtsfolgen versäumter oder nicht rechtzeitig erfolgter Rügen

Hat der Käufer nicht rechtzeitig gerügt, so gilt die Ware als genehmigt, **264** § 377 Abs. 1 HGB. Das bedeutet, dass die Ware als vertragsgerecht, also mangelfrei gilt. Der Käufer verliert demnach sämtliche Mängelgewährleistungsrechte. Dies gilt nur dann nicht, wenn der Verkäufer den Mangel arglistig verschwiegen hat, § 377 Abs. 5 HGB. In einem solchen Fall ist der Verkäufer nicht schutzwürdig. Allerdings muss der Käufer beweisen, dass der Verkäufer arglistig gehandelt hat. Dies ist oft schwer, aber ggf. mittels Indizien möglich.

Mangelfolgeschäden und Schäden an anderen Rechtsgütern als der **265** gelieferten Sache selbst, könnten ggf. auch dann noch geltend gemacht werden, wenn eine rechtzeitige Rüge versäumt wurde. Die nicht rechtzeitig erfolgte Rüge kann dann allerdings im Rahmen eines anspruchsmindernden Mitverschuldens berücksichtigt werden.[117]

e) Beweislast

Der Käufer hat den Zugang der Mängelrüge darzulegen und zu beweisen. **266** Er muss zudem Beweisen, dass er die Sache unverzüglich untersucht und gerügt hat. Bei einem verdeckten Mangel muss der Käufer im Einzelnen darlegen und beweisen, dass der Mangel bei der Untersuchung nicht zu entdecken war. Er muss den Zeitpunkt der Entdeckung des verdeckten Mangels angeben. Notfalls muss er genaue Angaben bezüglich der Untersuchung machen. Aus diesem Grund sollte stets auf eine ausreichende Dokumentation von Untersuchung und Rüge geachtet werden.

f) Abdingbarkeit der Rügeobliegenheit

Die Untersuchungs- und Rügeobliegenheit nach § 377 HGB ist grundsätz- **267** lich durch Parteivereinbarung individuell abdingbar. Die Obliegenheiten an sich sowie die Rechtsfolgen können also verschärft, abgemildert oder auch aufgehoben werden.[118] Eine Vereinbarung kann insoweit auch stillschweigend erfolgen. Ein stillschweigender Verzicht auf den Einwand der Verspätung der Mängelrüge wird beispielsweise darin gesehen, dass der

---

117 BGH VIII ZR 334/86, NJW 1988, 52.
118 BGH I ZR 77/51, BB 1952, 330.

Verkäufer die Ware vorbehaltslos zurücknimmt oder die Nachbesserung zusagt.[119] So kann für die Rüge z.B. die Schriftform ausbedungen oder eine bestimmte Rügefrist vorgesehen werden. In Individualverträgen ist es zudem möglich, die Rügeobliegenheit vollständig auszuschließen.

268 Die vorstehend genannten Beschränkungen der Untersuchungs- und Rügeobliegenheit können nicht oder nur mit Einschränkungen in AGB vereinbart werden. Diese Thematik ist von hoher praktischer Relevanz, da insbesondere Qualitätssicherungsvereinbarungen, in denen oftmals Regelungen zur Rügepflicht getroffen werden, stets AGB sind.[120]

5. Rechte des Käufers bei Mängeln

269 Kommt der Verkäufer seiner Pflicht zur mangelfreien Lieferung der Kaufsache nicht nach, so hat der Käufer Anspruch auf Nacherfüllung. Der Verkäufer kann grundsätzlich nach seiner Wahl eine neue Sache liefern (Nachlieferung) oder die mangelhafte Sache reparieren (Nachbesserung). Erst wenn auch die Nachlieferung fehlgeschlagen ist, kann der Käufer sich vom Vertrag lösen, mindern oder Schadensersatz verlangen – wobei auch hier gilt, dass in der Praxis von diesem gesetzlichen Leitbild häufig abgewichen wird.

a) Nacherfüllung

270 **Wahlrecht**: Zwischen den beiden Arten der Nacherfüllung kann der Käufer grundsätzlich wählen. Ist aber eine der beiden Varianten mit unverhältnismäßig hohen Kosten verbunden oder sogar unmöglich, so kann der Verkäufer diese Art der Nacherfüllung verweigern und die andere ausführen (§ 439 Abs. 3 BGB). Sind sogar beide Nacherfüllungsvarianten unmöglich, so ist der Anspruch des Käufers auf Nacherfüllung insgesamt ausgeschlossen. In diesem Fall kann der Käufer zurücktreten oder Schadensersatz verlangen. Dies ist beispielsweise im Kunsthandel denkbar, wenn sich herausstellt, dass das gekaufte Kunstwerk kein Original ist. Eine Nacherfüllung ist in diesem Fall nicht möglich.

271 Bei Sachen von geringem Wert (z.B. Verpackungsmaterial, billige Konsumgüter oder geringwertige und einfache Zulieferteile) ist im Regelfall davon auszugehen, dass eine Nachbesserung mit hohen Kosten verbunden wäre, sodass eine Reparatur (Nacherfüllung) unverhältnismäßig ist. Bei Lebensmitteln oder pharmazeutischen Produkten, liegt nach Haltbarkeitsablauf oder Verderb keine Nachbesserungsmöglichkeit vor (Unmöglichkeit der Nachbesserung). Diese können nur nachgeliefert werden.

---

[119] BGH VIII ZR 259/97, NJW 1999, 1259.
[120] Vgl. hierzu → Rn. 187 und 380.

Praxishinweis: 272
Das Wahlrecht des Käufers kann im Verkehr zwischen Unternehmern abbedungen oder sogar in ein Wahlrecht des Verkäufers abgeändert werden. Achten Sie auf diese Möglichkeit bei Abschluss von (Rahmen-)Verträgen und AGB mit Ihren unternehmerischen Kunden.

Zu beachten ist aber, dass der Verkäufer beim Verbrauchsgüterkauf auf- 273
grund europarechtlicher Vorgaben die Nacherfüllung nicht wegen unverhältnismäßig hoher Kosten verweigern darf. Er muss sich zumindest an den Kosten der Mangelbeseitigung in angemessenem Maße beteiligen.[121] Dies ist für den Einzelhandel von Relevanz.

Ort der Nacherfüllung: Wo die Nacherfüllung vorzunehmen ist, rich- 274
tet sich in erster Linie nach der von den Parteien getroffenen Liefervereinbarung. Haben die Parteien eine Bringschuld des Verkäufers vereinbart, so muss am Ort des Käufers nacherfüllt werden. Bei einer Holschuld gilt das entgegengesetzte (Ort des Verkäufers). Ausnahmen gelten aber dann, wenn eine Reparatur zwingend am Sitz des Verkäufers zu erfolgen hat, etwa beim Kauf eines Kraftfahrzeugs, das nur in der Werkstatt repariert werden kann. Ähnlich kann es sich bei defekten Maschinen oder technischen Geräten verhalten, die in der Produktionsanlage des Verkäufers repariert werden müssen. Hat aber der Käufer den Kaufgegenstand bei sich eingebaut, so ist in der Regel der Verkäufer verpflichtet, die Reparatur beim Käufer vorzunehmen und zwar unabhängig vom vereinbarten Leistungsort. So etwa beim Kauf von Fliesen, die der Käufer bereits verlegt hat oder einer Maschine, die der Käufer bereits in seine Produktionsstraße integriert hat.

Kosten der Nacherfüllung: Die zur Beseitigung des Mangels erfor- 275
derlichen Kosten hat immer der Verkäufer zu tragen, § 439 Abs. 2 BGB. dies betrifft z.B. die **Kosten des Transports** sowie Wege-, Arbeits- und Materialkosten. Dazu gehören auch die Kosten zum Auffinden der **Mangelursache**[122], Kosten für ein **Sachverständigengutachten** sowie **Rechtsanwaltskosten,** sofern diese notwendig sind[123].

Es gibt aber Fälle, in denen die Kosten sehr hoch sein können, etwa 276
dann, wenn die Kaufsache bereits weiterverarbeitet wurde. Dies ist bei der industriellen Fertigung wohl häufig der Fall (verlegte Fliesen, verbaute Zylinderköpfe, eingebauten Lenkstangen, verarbeitete chemische Substanzen etc.).

Beim Verbrauchgüterkauf, also dem Kauf zwischen Verbraucher und 277
Unternehmer (Relevant für den Einzelhandel) schuldet der Verkäufer in

[121] BGH VIII ZR 226/11, ZIP 2012, 2397.
[122] BGH VIII ZR 122/90, NJW 1991, 1604.
[123] BGH VIII ZR 275/13, NJW 2014, 2351.

diesem Fall auch den Ausbau der mangelhaften Fliesen sowie deren Abtransport, Entsorgung und den Einbau der neuen Fliesen.[124] Nimmt der Verkäufer dies nicht selber vor, so ist er zumindest dazu verpflichtet, die notwendigen Kosten hierfür in angemessener Höhe zu tragen.

b) Rücktritt

278 Nach Ablauf einer erfolglos gesetzten Frist zur Nacherfüllung (§ 323 Abs. 1 BGB) oder Fehlschlag der Nacherfüllung kann der Käufer vom Kaufvertrag zurückzutreten, § 437 Nr. 2 Alt. 1 BGB.

279 **Länge der Frist**: Die Länge der gesetzten Frist muss angemessen sein. Die Angemessenheit der Frist ist abhängig vom Einzelfall. Maßgebend ist, in welchem Zeitraum nach dem Inhalt des Vertrages und den Gesamtumständen erwartet werden kann, dass der Verkäufer die Nacherfüllung erbringt. In den meisten Fällen dürfte eine Frist von 3 Tagen bis 4 Wochen angemessen sein (Daumenregel 2 Wochen). Hat der Käufer die Frist zu kurz bemessen, so ist die Fristsetzung nicht unwirksam. Dem Käufer wird dadurch geholfen, dass auch durch das Setzen einer unangemessenen Frist eine letztlich angemessen Frist automatisch in Gang gesetzt wird.[125] Diese angemessene Frist muss dann erfolglos ablaufen, was der Fall ist, wenn der Verkäufer der Aufforderung des Käufers zur Nacherfüllung nicht innerhalb der angemessenen Frist nachkommt.

280 **Entbehrlichkeit der Fristsetzung**: Es gibt aber auch Fälle, in denen es einer Fristsetzung nicht bedarf:

281 – Nach § 323 Abs. 2 Nr. 1 BGB bedarf es keiner Fristsetzung, wenn der Verkäufer die Nacherfüllung ernsthaft und endgültig verweigert. In einem solchen Fall ist es sinnlos, den Verkäufer unter Fristsetzung zur Leistung aufzufordern, da er zu erkennen gegeben hat, ohnehin nicht tätig zu werden. Diese Verweigerung muss als letztes Wort des Verkäufers aufzufassen sein. Nicht als ausreichend wird erachtet, dass der Verkäufer die Nacherfüllung mit der Begründung verweigert, seine Leistung sei ordnungsgemäß.[126] Auch das bloße Bestreiten des Mangels reicht nicht.[127] Verweigert der Verkäufer die Mangelbeseitigung zu Unrecht, so bedarf es der Fristsetzung nicht.[128]

282 – Eine Fristsetzung ist zudem nach § 323 Abs. 2 Nr. 2 BGB entbehrlich, wenn vertraglich eine Lieferfrist vereinbart ist oder der Käufer den Ver-

---

[124] EuGH C-65/09 und C-87/09, NJW 2011, 2269; ferner BGH VIII ZR 70/08, NJW 2012, 1073.
[125] BGH V ZR 134/84, NJW 1985, 430ff.
[126] BGH X ZR 63/91, NJW-RR 1993, 883.
[127] BGH VIII ZR 96/12, NJW 2013, 1074.
[128] BGH VII ZR 162/12, NJW 2013, 1431.

käufer vor Vertragsschluss auf die termin- oder fristgerechte Leistung und deren Bedeutung hinweist. **Just-in-Time-Belieferungsverhältnisse** sind relative Fixhandelsgeschäfte und fallen unter § 323 Abs. 2 Nr. 2 BGB.[129] Erfolgt in einem Just-in-Time-Belieferungsverhältnis die Lieferung einer Charge zu spät, so kann der Käufer von dieser Charge zurücktreten, ohne dass er eine Frist setzen muss.

– Liegen besondere Umstände vor, die unter Abwägung der beiderseitigen Interessen den sofortigen Rücktritt rechtfertigen, so ist die Fristsetzung ebenfalls entbehrlich, § 323 Abs. 2 Nr. 3 BGB. Dies ist ein Ausnahmefall. Täuscht der Verkäufer den Käufer bei Vertragsschluss arglistig über die Mangelhaftigkeit der Kaufsache, so liegen besondere Umstände vor, die eine Fristsetzung entbehrlich machen.[130] **283**

– Weitere Fälle, in denen es einer Fristsetzung durch den Käufer nicht bedarf, regelt § 440 BGB. Die Fristsetzung ist nach dieser Vorschrift entbehrlich, wenn der Verkäufer beide Arten der Nacherfüllung nach § 439 BGB wegen Unverhältnismäßigkeit der Nacherfüllungskosten verweigert oder die Nacherfüllung fehlgeschlagen ist (zwei erfolglose Nacherfüllungsversuche, § 440 Satz 2). **284**

Teilrücktritt: Es besteht auch die Möglichkeit eines nur teilweisen Rücktritts, wenn sich die Mangelhaftigkeit der Sache nur auf einen abgrenzbaren Teil bezieht (z.B. nur einen Teil einer gelieferten Charge von Zulieferteilen).[131] Der Kaufpreis ist beim Teilrücktritt entsprechend anzupassen. **285**

Rücktrittserklärung: Für den Praktiker stellt sich die Frage, wie der Rücktritt abzuwickeln ist. Zunächst bedarf es einer Erklärung des Rücktritts durch den Käufer. Dabei genügt es, wenn deutlich wird, dass er an dem Vertrag nicht weiter festhalten möchte. Der Begriff „Rücktritt" muss dabei nicht explizit verwendet werden. Einer bestimmten Form bedarf es in Ermangelung einer vertraglich vereinbarten Form nicht (mündlich genügt). Aus Beweisgründen ist eine verkörperte Erklärung (E-Mail, Fax) aber empfehlenswert. **286**

Rückgewährschuldverhältnis: Durch den wirksam erklärten Rücktritt wandelt sich der ursprüngliche Kaufvertrag in ein sog. Rückgewährschuldverhältnis, § 346 BGB. Das bedeutet, dass die beiderseits empfangenen Leistungen zurückzugeben sind. Der Käufer muss also die Kaufsache an den Verkäufer herausgeben, der Verkäufer den Kaufpreis zurückzahlen. Kann der Käufer die Sache nicht oder zumindest nicht in dem Zustand **287**

[129] BT-Drucks. 14/6040, S. 186.
[130] BGH V ZR 249/05, NJW 2007, 836.
[131] BGH V ZR 203/08, NJW 2010, 146.

herausgeben, in welchem er sie vom Verkäufer erhalten hat, so hat er Wertersatz zu leisten, § 346 Abs. 2 BGB. Die Pflicht zum Wertersatz entfällt aber u.a. wenn sich der zum Rücktritt berechtigende Mangel erst während der Verarbeitung oder Umgestaltung der Kaufsache gezeigt hat, § 346 Abs. 3 Nr. 1 BGB.

288 **Praxishinweis:**

Sollten Sie feststellen, dass eine Lieferung oder Teile davon mangelbehaftet sind, müssen diese Mängel umgehend gerügt werden. Die Rüge sollte per E-Mail oder Telefax erfolgen, und zwar unter möglichst genauer Angabe des Mangels (idealer Weise mit Untersuchungsprotokoll und ggf. Bild) sowie konkreter, angemessener Fristsetzung zur Nacherfüllung. Entstehen durch die Nacherfüllung Kosten (Personalaufwand, Transport- oder Gutachterkosten), sollten diese exakt dokumentiert werden. Eine Erstattung ist dann möglich. Weigert sich der Verkäufer, die Charge umzutauschen (oder zu reparieren, falls Reparatur möglich ist), können Sie vom Vertrag zurücktreten. Hierfür ist eine (formlose) Rücktrittserklärung erforderlich. Dokumentieren Sie auch diese Rücktrittserklärung (z.B. mittels Faxbericht; E-Mail).

c) Minderung

289 An Stelle des Rücktritts vom Kaufvertrag kann der Käufer bei Mangelhaftigkeit der Kaufsache auch den Kaufpreis mindern, §§ 437 Nr. 2 Alt. 2, 441 BGB. Die Voraussetzungen für das Recht zur Minderung sind an das Rücktrittsrecht angelehnt. Demnach muss der Käufer dem Verkäufer auch bei der Minderung **erfolglos** eine **angemessene Frist zur Nacherfüllung** gesetzt haben. Wie auch beim Rücktritt kann die Fristsetzung in bestimmten Fällen entbehrlich sein (siehe oben). Zudem muss der Käufer die **Minderung** gegenüber dem Verkäufer **erklären**. Erst mit der Erklärung tritt die Minderung ein. Die Minderung ist – anders als beim Rücktritt - auch bei einem unerheblichen Mangel möglich, § 441 Abs. 1 Satz 2 BGB.

290 Hat der Käufer den Kaufpreis bereits in voller Höhe gezahlt, so kann er vom Verkäufer den über den geminderten Kaufpreis hinausgehenden Betrag zurück verlangen, § 441 Abs. 4 Satz 1 BGB. Dies kann in der Praxis auch durch Aufrechnung (Verrechnung mit künftigen Kaufpreisforderungen des Verkäufers) geschehen.

291 **Praxishinweis:**

Die Minderung hat in der Praxis relativ hohe Bedeutung, da im Handelsverkehr - insbesondere in laufenden Lieferbeziehungen - für mangelhafte Teile oftmals Gutschriften durch den Verkäufer gewährt oder schlicht Rechnungsabzüge von Seiten des Käufers vorgenommen werden. Im letzteren Fall liegen die rechtlichen Voraussetzungen einer Minderung allerdings nur dann vor, wenn zuvor erfolglos eine Mangelbeseitigungsfrist gesetzt wurde oder die Rechnungsabzüge vertraglich vereinbart sind. Ist dies nicht der Fall, nimmt der Verkäufer dies aus Kulanzgründen oftmals dennoch hin. Der Verkäufer muss bei seinem Lieferanten dann allerdings ebenfalls auf Kulanz hoffen. Ein Anspruch auf Unternehmerregress besteht nämlich nicht, wenn der Verkäufer aus Kulanz Nachlässe gewährt.

d) Schadensersatz

Neben der Minderung kann der Käufer, wie beim Rücktritt, zusätzlich Schadensersatz geltend machen. Etwa dann, wenn ihm aufgrund der Mangelhaftigkeit der Kaufsache Gewinn entgangenen ist.[132] Dies kann bei mangelbedingtem Produktionsausfall, Bandstillstand, Gebäudebrand, etc. geschehen. **292**

Anders als bei den Mängelgewährleistungsansprüchen setzt ein Schadensersatzanspruch zusätzlich voraus, dass der Schaden des Käufers durch ein **Verschulden** des Verkäufers entstanden ist, was allerdings vermutet wird (§ 280 Abs. 1 Satz 2 BGB). Der Verkäufer muss also beweisen, dass er weder vorsätzlich noch fahrlässig gehandelt hat, § 276 BGB. Fahrlässigkeit kann dann ausgeschlossen sein, wenn den Verkäufer (z.B. als Zwischenhändler) keine Untersuchungspflicht mit Blick auf die von ihm seinerseits angekaufte Sache trifft. Wegen der allgemeinen Untersuchungs- und Rügeobliegenheit, die gewerbliche Käufer nach § 377 HGB stets trifft, dürfte dem Verkäufer ein solcher Nachweis fehlenden Verschuldens wohl kaum gelingen.[133] **293**

Der Käufer kann zudem Kosten für Zubehör, Einbau- und Montagekosten, Versand- oder Transportkosten verlangen, die durch den Mangel entstanden sind, § 284 BGB. Schäden, die darauf beruhen, dass der Käufer die Sache nicht nutzen konnte, weil der Verkäufer mit der Nacherfüllung in Verzug ist, kann der Käufer nach § 286 BGB ersetzt verlangen. **294**

Der Käufer hat allerdings kein Recht, den Mangel auf Kosten des Verkäufers selbst zu beseitigen.[134] Repariert er die Sache also selbst oder verschafft sich eine mangelfreie, so kann er die Kosten hierfür nicht – zumindest nicht ohne vorherige erfolglose Fristsetzung – vom Verkäufer ersetzt verlangen. Andernfalls würde das Recht des Verkäufers zur zweiten Andienung unterlaufen werden. Etwas anderes gilt natürlich, wenn der Verkäufer trotz Aufforderung des Käufers zur Nacherfüllung nicht tätig wird. In diesem Fall sind die Kosten der Selbstbeseitigung über den Schadensersatzanspruch ausgleichsfähig (s.o.). **295**

[132] OLG Stuttgart 3 U 106/05, ZGS 2008, 479.
[133] Abweichend noch BGH VIII ZR 14/80, NJW 1981, 1269, 1270.
[134] BGH VIII ZR 126/05, NJW 2006, 988.

6. Praxisrelevante Einzelfälle

a) Schadenspauschalen

296 In der Praxis wird zur Vereinfachung und vor allem auch aus Zeitgründen insbesondere in Dauerbelieferungsverhältnissen zur industriellen Fertigung von Gütern teilweise der Weg gewählt, von vornherein auf Nachbesserungs- oder Nachlieferungsversuche zu verzichten. Stattdessen gewährt der Verkäufer dem Käufer ein Recht zur Geltendmachung von Schadens- und Aufwendungsersatz**pauschalen**.

297 Diese in der Praxis recht geläufige Verfahrensweise ist allerdings nur unter bestimmten Voraussetzungen zulässig.[135] Zum einen müssen die Pauschalbeträge und der tatsächlich entstandene Aufwand **gleichwertig** sein. Es genügt eine „globale" Gleichwertigkeit (auch kalkulatorische Gleichwertigkeit genannt).[136] Das Bedeutet, dass der Pauschalbetrag nicht in jedem Gewährleistungsfall exakt dem tatsächlich entstandenen Aufwand entsprechen muss (was ohnehin nicht möglich wäre), sondern auch Abweichungen möglich sind. Es darf insoweit mit Erfahrungs- und Durchschnittswerten gearbeitet werden.

298 Weitere Voraussetzung für die Zulässigkeit einer Schadenspauschalierung ist, dass dem Lieferanten im Gewährleistungsfall der Nachweis gestattet wird, dass eine Wertminderung nicht entstanden oder diese wesentlich niedriger als die angegebene Pauschale ist, § 309 Nr. 5 BGB. Gleiches gilt aber auch umgekehrt: auch dem Käufer muss der Nachweis gestattet sein, dass im Einzelfall ein höherer Schaden entstanden ist.

299 **Praxishinweis:**

Im Sinne einer zügigen Mangelbeseitigung machen Pauschalen vor allem im Rahmen laufender Geschäftsbeziehungen Sinn. Vermeiden Sie aber „Gewinnaufschläge". Sie sollten versuchen, die Pauschale mit realistischen Erfahrungswerten zu hinterlegen und im Einzelfall den Nachweis eines höheren/niedrigeren Schadens zu ermöglichen.

b) Zusätzliche Verprobungen und Kontrollen

300 Gesetzlich nicht geregelt ist auch die Frage, ob der Käufer das Recht hat, vom Verkäufer zusätzliche Verprobungen und Kontrollen vor Auslieferung eines Produkts zu verlangen. Diese Frage wird besonders relevant, wenn Lieferungen bereits in der Vergangenheit Mängel aufwiesen. Nach

135 BGH VIII ZR 123/09, NJW-Spezial 2010, 361.

136 BT-Drucks. 14/6040 S. 249; *S. Lorenz*, in Münchner Kommentar, BGB, 6. Auflage 2012, § 478 Rn. 46-47.

den Grundsätzen des Mängelgewährleistungs- und Schadensrechts besteht kein Anspruch des Käufers auf zusätzliche (Ausgangs-)Kontrollen. Aus diesem Grund empfiehlt es sich, diesen Fall vertraglich zu regeln, beispielsweise in einer Qualitätssicherungsvereinbarung.

Besteht keine vertragliche Regelung, so wird dennoch teilweise vertreten, dass der Käufer die Kosten zusätzlicher Untersuchungen gegenüber dem Verkäufer in Rechnung stellen kann. Dies kann gemäß § 448 BGB aber nur für den Fall gelten, in dem sich tatsächlich auch ein Mangel zeigt. Die Kosten zusätzlicher Untersuchungen sind dann ein Mangelfolgeschaden. Anderenfalls handelt es sich bei den Untersuchungskosten um Kosten der Übergabe im Sinne des § 448 BGB, die der Käufer tragen muss. **301**

Praxishinweis: **302**
In sicherheitsrelevanten Branchen oder in Just-in-time-Belieferungsverhältnissen, in denen hohe Qualitätsstandards und ggf. eine *zero defect tolerance* bestehen, sollte unbedingt eine Qualitätssicherungsvereinbarung geschlossen werden u.a. um Ausgangskontrollen und Qualitätsstandards vertraglich zu regeln.

c) Zurückweisung künftiger Lieferungen

In der Praxis relevant ist auch die Frage, ob der Käufer künftige (mangelfreie) Lieferungen und Leistungen zurückweisen darf, wenn sich in der Vergangenheit Mängel bei bestimmten Zulieferteilen gezeigt haben. Das Problem taucht insbesondere bei Sukzessivlieferungen oder in Dauerbelieferungsverhältnissen auf. Ist ein solches Zurückweisungsrecht vertraglich vereinbart, so bestehen keine Bedenken. Anderenfalls bedarf es einer Unterscheidung nach dem Vertragstyp. **303**

- In **Sukzessivlieferverträgen** (Vertrag über eine bestimmte, von vorn herein festgelegte Menge an Produkten, die ratenweise abgerufen wird) kann der Käufer vom gesamten Sukzessivliefervertrag nur dann zurücktreten, wenn er aufgrund des Mangels einer Charge an der restlichen Teilleistung kein Interesse mehr hat. Ein Interessewegfall kann vorliegen, wenn bei Bestellung einer EDV-Anlage die für die Zwecke des Käufers entwickelte Software ausbleibt oder wenn bei einer Maschine wesentliche Teile fehlen.[137] Nicht ausreichend sind Lästigkeitsgründe oder Verärgerung. **304**
- Im Rahmen von **Dauer- oder Rahmenlieferverträgen**, kann der Käufer den Produktabruf schlicht einstellen. Sofern im Rahmenvertrag **305**

[137] BGH VIII ZR 56/89, NJW 1990, 3011; BGH VII ZR 183/70, MDR 1973, 402.

aber die Pflicht zum Produktabruf vorgesehen ist, kann sich der Käufer künftigen Belieferungen nur durch eine Kündigung des Rahmenliefervertrags entziehen. Hierfür ist maßgeblich, dass ein außerordentlicher Kündigungsgrund nach § 314 BGB vorliegt (Unzumutbarkeit des weiteren Festhaltens am Rahmenvertrag).[138]

d) Selbstbeseitigung von Mängeln

306 Nach dem gesetzlichen Leitbild des Mängelgewährleistungsrechts steht dem Verkäufer im Falle eines Mangels das Recht zur zweiten Andienung zu. Er darf es im Falle eines Mangels also nochmal versuchen. Die Parteien können hiervon aber abweichende Bestimmungen treffen. Ob dies auch in AGB möglich ist, ist nicht abschließend geklärt. Da im Verkehr zwischen Unternehmern das strenge AGB-Recht nur eingeschränkt Anwendung findet, spricht in Fällen, in denen ein nachvollziehbares Interesse des Käufers an einer Selbstvornahme oder Selbstbeseitigung besteht, einiges dafür, derartige vertragliche Absprachen auch in mehrfach verwendeten Formularverträgen (AGB) zuzulassen.[139]

7. Gewährleistungsfrist und Verjährung

a) Frist

307 Mängelgewährleistungsansprüche können nicht ohne zeitliche Beschränkung geltend gemacht werden. Im Regelfall **verjähren** die **Gewährleistungsansprüche** in **zwei Jahren**, § 438 Abs. 1 BGB **ab Übergabe** der Sache und nicht in drei Jahren, wie die allgemeinen Verjährungsregelungen dies vorsehen (§ 195 BGB). Das gilt insbesondere auch für mangelbedingte Schadensersatzansprüche. Die Verjährungsfrist von drei Jahren nach § 195 BGB gilt aber dann, wenn der Verkäufer den Mangel arglistig verschwiegen hat, § 438 Abs. 3 BGB.

308 Eine fünfjährige Verjährungsfrist gilt bei Bauwerken. Gleiches gilt für gelieferte Produkte, die entsprechend ihrer üblichen Verwendungsweise für ein Bauwerk verwendet werden und die zur Mangelhaftigkeit des Bauwerks geführt haben, § 438 Abs. 1 Nr. 2 a) und b) BGB. Gemeint sind hiermit Baumaterialien aller Art, wie zum Beispiel Steine, Zement, Fenster, Türen, usw.[140]

---

[138] Vgl. zu Einzelheiten → Rn. 335 ff.

[139] Der BGH hat sich hierzu allerdings kritisch geäußert, vgl. BGH VIII ZR 16/05, NJW 2006, 47.

[140] Für bestimmte Rechtsmängel im Zusammenhang mit Grundstücken gilt die dreißigjährige Verjährungsfrist, § 438 Abs. 1 Nr. 1 a) und b) BGB.

b) Frist in der Lieferkette

Zu beachten ist, dass für Rückgriffansprüche des Unternehmers gegen seinen Lieferanten Besonderheiten gelten, § 479 BGB. Grund hierfür ist, dass es in der Lieferkette erhebliche Zeit benötigen kann, bis die Waren an den Verbraucher abverkauft sind, da die Waren in der Regel zwischengelagert werden. Mängelansprüche können daher in der Lieferkette **frühestens zwei Monate** nach dem Zeitpunkt verjähren, in dem der **Letztverkäufer die Mängelansprüche des Verbrauchers erfüllt hat**. Die Höchstfrist für diese Ablaufhemmung endet fünf Jahre nach dem Zeitpunkt, in dem der Lieferant die Sache an seinen Käufer abgeliefert hat. **309**

c) Sonderproblem: Gewährleistungsfrist bei zwischenzeitlich erfolgter Nacherfüllung

Die Gewährleistungsfrist beginnt grundsätzlich nicht neu zu laufen, wenn der Verkäufer eine Sache nachbessert oder neu liefert. Etwas anderes gilt gemäß § 212 Abs. 1 Nr. 1 BGB allenfalls dann, wenn ein Anerkenntnis des Verkäufers vorliegt. Dazu ist u.a. erforderlich, dass der Verkäufer in dem Bewusstsein nacherfüllt, zur Mängelbeseitigung verpflichtet zu sein. Leistet er indessen aus Kulanz, aus Gründen der Kundenpflege oder aus Lästigkeit, kann von einem Anerkenntnis nicht ausgegangen werden. Gegen ein Anerkenntnis spricht zudem, wenn der Verkäufer kleinere Mängel behebt, die im Verhältnis zum Gesamtpreis oder dem Wert der Sache eher unbedeutend sind. **310**

Ein Verkäufer kann in AGB auch nicht wirksam vereinbaren, dass im Wege der Nacherfüllung von neu gelieferten oder nachgebesserten Teilen die Gewährleistungsfrist erneut zu laufen beginnt.[141] **311**

Praxishinweis: **312**

Erkennen Sie insbesondere im Rahmen von Nachbesserungsarbeiten oder einer Nachlieferung keine Pflicht zur Mangelbeseitigung an. Deklarieren Sie Mangelbeseitigungsmaßnahmen stets als Kulanzmaßnahme. Damit vermeiden Sie mögliche Streitigkeiten über einen Verjährungsneubeginn und damit über eine Verlängerung der Gewährleistungsfrist.

[141] BGH VIII ZR 16/05, NJW 2006, 47.

II. Garantie

313 Garantie und Gewährleistung werden oftmals verwechselt. Während die Gewährleistungsansprüche auch ohne vertragliche Vereinbarung entstehen, werden durch eine Garantie die Rechte des Käufers ergänzt (unselbständige Garantie) oder verstärkt (selbständige Garantie). Neben den gesetzlichen Gewährleistungsrechten können sich daher Mängelbeseitigungsansprüche eines Käufers auch aus einer Garantie ergeben, sofern es eine entsprechende Garantiezusage des Verkäufers oder eine vertragliche Vereinbarung gibt.

314 Von besonderer Bedeutung ist die Garantie für die Verjährung. Während die Verjährung von Mängelgewährleistungsansprüchen nach zwei Jahren eintritt, verjähren zumindest selbständige Garantien in der regelmäßigen Verjährungsfrist (drei Jahre ab Jahresende und Kenntnis).

315 Eine Garantie kann vom Verkäufer aber auch von einem Dritten übernommen werden, wie zum Beispiel dem Hersteller. Im Handel sind Garantien des Herstellers weit verbreitet. Es reicht aus, dass der Garantiegeber erklärt, eine Garantie für die Kaufsache zu übernehmen. Eine kaufvertragliche Beziehung muss insoweit nicht bestehen.

316 Das Gesetz unterscheidet gemäß § 443 BGB zwischen Haltbarkeits- und Beschaffenheitsgarantie, wobei Haltbarkeits- und Beschaffenheitsgarantie auch kombiniert werden können. So kann beispielsweise eine bestimmte Eigenschaft der Kaufsache für einen bestimmten Zeitraum zugesichert werden. Da es keine Verpflichtung dazu gibt, eine Garantie zu gewähren, besteht inhaltlich grundsätzlich volle Gestaltungsfreiheit.

1. Beschaffenheitsgarantie

317 Bei einer Beschaffenheitsgarantie werden dem Käufer gesetzlich nicht vorgesehene Rechte für den Fall eingeräumt, dass die garantierte Beschaffenheit fehlt. So kann zum Beispiel das Rücktrittsrecht unabhängig davon gewährt werden, ob eine Frist gesetzt wurde. Es können aber auch zusätzliche Ansprüche eingeräumt werden. Ein Beispiel hierfür ist eine sog. Mobilitätsgarantie im Rahmen eines Autokaufs. Bei dieser wird vom Garantiegeber ein Ersatzwagen für die Zeit der Nachbesserung gestellt.

2. Haltbarkeitsgarantie

318 Mit der Haltbarkeitsgarantie wird eine zeitliche Komponente geregelt. Der Garantiegeber sichert zu, dass die garantierte Beschaffenheit (z.B. Haftung eines Klebstoffs; Wetterfestigkeit eines Lacks) für einen bestimmten

Zeitraum fortbesteht. Es werden also auch Mängel erfasst, die erst nach Gefahrübergang auftreten und nicht bereits in der Sache angelegt waren. Die gesetzlichen Gewährleistungsrechte bestehen dagegen nur, wenn die Sache von Anfang an – also bereits bei Gefahrübergang – mangelhaft war.

Praxishinweis: 319

Achten Sie als Verkäufer darauf, was Sie im Vertrag, in der Werbung oder auch im Rahmen der Vertragsverhandlungen zusagen. Anpreisungen oder Versprechen könnten als Garantie ausgelegt werden und damit am Ende zu teuren Forderungen führen.

III. Beweisfragen

Im Prozess gilt grundsätzlich: Jeder muss das darlegen und beweisen, was für ihn günstig ist. Bewiesen werden müssen nur Tatsachen, die streitig sind. Günstig ist eine Tatsache immer dann, wenn sie den eigenen Vortrag stützt. Beim Kläger z.B. Tatsachen, die den geltend gemachten Anspruch stützen. Daraus ergibt sich folgendes: 320

1. Mängelgewährleistung

Der Käufer muss darlegen und beweisen, dass ein Kaufvertrag geschlossen wurde und ein Mangel vorliegt, der bereits bei Gefahrübergang gegeben war. Will er Schadensersatz geltend machen, so muss er auch das Vorliegen und die Höhe des Schadens darlegen und beweisen. 321

Bei Verbrauchsgüterkäufen, also einem Kaufvertrag zwischen einem Verbraucher als Käufer und einem Unternehmer auf Verkäuferseite, wird dem Käufer durch eine Beweislastumkehr geholfen, § 476 BGB. Nach dieser Vorschrift wird vermutet, dass ein Mangel bereits bei Gefahrübergang gegeben war, wenn er sich innerhalb der ersten sechs Monate nach Gefahrübergang zeigt. Der Käufer muss dann nur noch beweisen, dass (i) ein Kaufvertrag geschlossen wurde, (ii) ein Mangel vorliegt und (iii) der Mangel innerhalb von 6 Monaten nach Übergabe aufgetreten ist. Der Verkäufer muss dann den Beweis dafür erbringen, dass dieser Mangel nicht bereits bei Gefahrübergang vorlag oder in der Sache angelegt war, was ihm wohl nur schwer gelingen wird (in der Praxis allenfalls mittels Sachverständigengutachten). 322

2. Garantie

323 Der Käufer hat Zustandekommen und Inhalt der Garantievereinbarung darzulegen und zu beweisen. Zudem muss der Käufer darlegen und beweisen, dass ein Mangel vorliegt, der von der Garantie erfasst ist (Garantiefall). Die Parteien können in der Garantieerklärung natürlich auch Abweichendes zu Beweisfragen klären.

324 Der Verkäufer muss, wenn er dem entgegentreten will, darlegen und beweisen, dass der Käufer die Kaufsache unsachgemäß behandelt hat oder gegen in der Garantievereinbarung festgelegte Bedingungen oder Obliegenheiten verstoßen hat. In diese Richtung gehende Einwände des Verkäufers (Garantiegebers) könnte z.B. der Nachweis fehlender Wartung der Kaufsache durch den Käufer sein.

Teil 6
Die Beendigung von Verträgen

I. Allgemeines

Verträge werden u.a. dann beendet, wenn die Parteien ihre Pflichten unter dem Vertrag erfüllt haben, seine Erfüllung unmöglich wird oder der Vertrag durch Zeitablauf, Rücktritt, Widerruf oder Kündigung endet. Die in der Praxis wichtigsten Beendigungskonstellationen sind Inhalt der nachfolgenden Darstellung. **325**

II. Erfüllung, Unmöglichkeit und Aufrechnung

Erfüllen die Parteien eines Vertrags ihre vertraglich geschuldeten Pflichten, so ist der Vertrag damit beendet, § 362 Abs. 1 BGB. Haben Käufer und Verkäufer beispielsweise vereinbart, dass der Verkäufer 5 Tonnen Öl an den Käufer liefert, so ist der Vertrag erfüllt und beendet, wenn der Verkäufer die geschuldeten 5 Tonnen an den Käufer abgeliefert und letzterer den vereinbarten Kaufpreis an den Verkäufer bezahlt hat. **326**

Etwas anderes gilt lediglich für Dauerschuldverhältnisse, wenn die Parteien etwa eine Dauerbelieferung auf unbestimmte Zeit vereinbart haben oder ein Handelsvertreter für den Unternehmer unbefristet Waren vertreibt. In derartigen Fällen kommt der Vertrag (das Dauerschuldverhältnis) zum Erlöschen, wenn der Vertrag ausläuft oder von den Parteien gekündigt wird; nicht aber durch Erfüllung. **327**

Allerdings bestehen neben den genannten auch noch weitere Szenarien, die einen Vertrag zum Erlöschen und damit zur Beendigung bringen. Dies ist beispielsweise dann der Fall, wenn die geschuldete Leistung unmöglich wird, etwa dann, wenn die bestellten Zulieferteile beim Transport zum Käufer durch einen LKW-Brand zerstört werden. In diesen Fällen der Unmöglichkeit (§ 275 Abs. 1 BGB) entfällt nach § 326 Abs. 1 BGB auch der Anspruch auf die Gegenleistung – also der Kaufpreisanspruch des Verkäufers gegen den Käufer. Verträge können ferner dadurch erlöschen, dass eine Partei wirksam mit einer fälligen Gegenforderung gegen die Hauptforderung der anderen Partei aufrechnet, § 387 ff. BGB. **328**

III. Widerruf

329 Verträge kommen auch zum Erlöschen bzw. Erliegen, wenn eine Partei den Widerruf erklärt oder wirksam vom Vertrag zurücktritt. Der Widerruf ist lediglich in eng begrenzten Fällen, insbesondere im Verbraucherschutzrecht vorgesehen und muss nach § 355 BGB in Textform (meist 14 Tage nach Abschluss des Vertrags) erklärt werden. Widerrufsmöglichkeiten erhalten Verbraucher u.a. bei Haustürwiderrufgeschäften, § 312 BGB; beim Abschluss von Fernabsatzgeschäften, § 312 d BGB oder beim Abschluss eines Verbraucherdarlehensvertrags, § 491 BGB.[142] Das Widerrufsrecht soll einer möglichen Überrumpelung von Verbrauchern entgegenwirken.

330 **Praxishinweis:**

Insbesondere Unternehmen, die im Online-Vertrieb tätig sind, müssen darauf achten, dass ihre Widerrufsbelehrungen ordnungsgemäß, insbesondere formgerecht, erteilt wurden. Anderenfalls kann Verbrauchern nicht nur 14 Tage, sondern noch Jahre nach dem Vertragsabschluss ein Rücktrittsrecht zustehen, §§ 355 Abs. 4 Satz 3, 360 BGB. In Verträgen zwischen Unternehmern (b2b-Verträgen) existiert ein solches gesetzliches Widerrufsrecht nach § 355 BGB nicht.

IV. Rücktritt

331 Rücktritt und Widerruf sind zu unterscheiden. Während ein Widerruf dazu führt, dass der streitgegenständliche Vertrag als nicht geschlossen gilt, wird ein Vertrag bei einem Rücktritt in ein Rückgewährschuldverhältnis umgewandelt. Anders als ein Widerruf setzt der Rücktritt einen Rücktrittsgrund voraus, beispielsweise eine wiederholt mangelhafte Leistung (Lieferung). Wenn der Hersteller einer Industriemaschine diese an seinen Käufer mangelhaft liefert und den Mangel trotz zweimal gesetzter Nacherfüllungsfrist nicht beseitigt, kann der Käufer vom Kauf- oder Werkvertrag zurücktreten. Erklärt der Käufer den Rücktritt, so wird aus dem Kauf- oder Werkvertrag ein Rückgewährschuldverhältnis. Dies bedeutet, dass jede Partei die bereits empfangenen Leistungen zurückgewähren und gezogene Nutzungen herausgeben muss. Der Käufer muss die mangelhafte Industriemaschine also an den Verkäufer herausgeben bzw.

[142] Diese Aufzählung ist nicht abschließend, vgl. für einen hilfreichen Überblick zu Verbraucherverträgen und Widerrufsmöglichkeit: *Schärtl*, Der verbraucherschützende Widerruf bei außerhalb von Geschäftsräumen geschlossenen Verträgen und Fernabsatzverträgen, JuS 2014, 577.

diese zur Abholung bereitstellen und ggf. gezogene Nutzungen (etwa den geldwerten Vorteil für eine zeitweise Nutzung der Maschine) vergüten. Der Verkäufer muss den empfangenen Kaufpreis wieder an den Käufer herausgeben.

V. Kündigung

Dauerschuldverhältnisse wie etwa Mietverträge, Leasing-, Arbeits-, Ge- 332
sellschaftsverträge, Rahmenlieferverträge, Vertragshändler- oder Handelsvertreterverträge können nicht rückabgewickelt, sondern nur mit Wirkung für die Zukunft beendet werden. Dies bedeutet, dass die Parteien eines Dauerschuldverhältnisses ihren Vertrag nicht per Rücktritt, sondern mittels Kündigung beenden müssen, wenn sich eine Partei vom Vertrag lösen will. Hintergrund dessen ist, dass es in hohem Maße unpraktikabel wäre, wenn Dauerschuldverhältnisse – wie etwa auf wiederholte Leistung gerichtete Lieferverträge – rückabgewickelt würden. Dies gilt erst Recht dann, wenn diese schon für eine längere Zeit gelaufen sind und die Parteien unter ihnen bereits Leistungen ausgetauscht haben. Das Gesetz sieht unterschiedliche Möglichkeiten der Kündigung vor; etwa die außerordentliche Kündigung aus wichtigem Grund sowie die ordentliche Kündigung.

Praxishinweis: 333
Dauerschuldverhältnisse müssen gekündigt werden, während Kauf- oder Werkverträge in der Regel (Ausnahme z.B. § 649 Satz 1 BGB) nicht durch Kündigung, sondern durch Rücktritt beendet werden. Allerdings schadet die falsche Bezeichnung als Kündigungs- oder Rücktrittschreiben nicht.

VI. Arten der Kündigung

1. Ordentliche Kündigung

Sofern die Parteien eines Vertrags während der Laufzeit eine Beendigungs- 334
möglichkeit vorsehen möchten, nach der jede Vertragsseite das Dauerschuldverhältnis nach Wahl und ggf. ohne wichtigen Grund kündigen darf, sollten die Vertragsparteien eine entsprechende Regelung in den Vertrag aufnehmen. Für bestimmte Bereiche sieht das Gesetz zwar zwingende Regelungen zur ordentlichen Kündigung vor; dies gilt aber nicht abschließend für sämtliche Vertragstypen. Im Handelsvertreterrecht ist in § 89 Abs. 1 HGB eine ordentliche Kündigungsmöglichkeit vorgesehen, die an die Dauer des Handelsvertretervertrags anknüpft und in der Weise

zwingend ist, dass von dieser Regelung nicht zum Nachteil des Handelsvertreters abgewichen werden kann.[143] Diese zwingenden Vorgaben gelten unter bestimmten Voraussetzungen auch für Vertragshändlerverträge.[144] Auch für Wohnraumietverträge gibt es zwingende ordentliche Kündigungsfristen, § 573 Abs. 1, 2 und 4 BGB. Für Arbeitsverträge sieht § 622 BGB bestimmte Kündigungsfristen vor, die vom Arbeitgeber zwingend eingehalten werden müssen und dazu dienen, den Arbeitnehmer zu schützen. Für Kontraktlogistikverträge, Rahmen- oder Lieferverträge existieren indessen keine gesetzlichen ordentlichen Kündigungsregelungen.

2. Außerordentliche fristlose Kündigung aus wichtigem Grund

335 § 314 BGB ist die sogenannte Generalklausel, wenn es um die außerordentliche Kündigung von Dauerschuldverhältnissen aus wichtigem Grund geht. Sie dient als Rückgriff immer dann, wenn das Gesetz keine speziellen außerordentlichen Kündigungsregelungen vorsieht, wie dies etwa im Handelsvertreterrecht (§ 89a HGB), im Mietrecht (§ 543 BGB) oder im Arbeitsrecht (§ 626 BGB) der Fall ist. Die Abweichungen zwischen den vorstehend genannten Regelungen sind allerdings gering. Sie folgen alle dem Prinzip des § 314 BGB. § 314 BGB sieht für jede Vertragspartei eines Dauerschuldverhältnisses die Möglichkeit vor, dieses aus wichtigem Grund zu kündigen. Dieses Recht zur außerordentlichen Kündigung aus wichtigem Grund kann nicht ausgeschlossen werden.[145]

336 Ein wichtiger Grund ist nach § 314 Abs. 1 Satz 2 BGB immer dann gegeben, wenn dem kündigenden Teil unter Berücksichtigung aller Umstände des Einzelfalls und unter Abwägung der beiderseitigen Interessen die Fortsetzung des Vertragsverhältnisses bis zur vereinbarten Beendigung oder bis zum Ablauf einer ordentlichen Kündigungsfrist nicht zugemutet werden kann. Für die Frage der Unzumutbarkeit müssen also alle Umstände des Einzelfalls abgewogen werden, wie etwa die Laufzeit bis zu einer möglichen ordentlichen Kündigung des Vertrags (sofern diese überhaupt vorgesehen ist), die wirtschaftlichen Folgen einer Vertragsbeendigung für den Kündigungsempfänger, die Schwere möglicher Vertragsverstöße und das sonstige Verhalten der Parteien.[146]

---

[143] BGH VII ZR 29/62, NJW 1964, 350. Abweichungen zugunsten des Handelsvertreters sind indessen zulässig, KG 2 U 4731/96, MDR 1997, 1041.

[144] Vgl. *Spenner*, in: Schultze/Wauschkuhn/Spenner/Dau/Kübler, Der Vertragshändlervertrag, 5. Aufl. 2016, S. 234 Rn. 589 ff.

[145] BGH VIII ZR 218/85, NJW 1986, 3134.

[146] BGH VIII ZR 312/79, NJW 1981, 1264 (Abbruch der Vertragsverhandlungen); OLG Frankfurt/Main 16 U 231/12, NJW-RR 2013, 1272 (Drogenmissbrauch).

Sofern der wichtige Grund in einer Pflichtverletzung der anderen Vertragspartei liegt, was in der Praxis häufig der Fall, aber für § 314 BGB nicht zwingend notwendig ist (sog. steuerbares Verhalten), so ist erforderlich, dass die kündigende Vertragspartei der anderen vor Ausspruch der Kündigung eine **Abmahnung** übermittelt. Dies ist insbesondere dann notwendig, wenn es sich um eine Verletzung von Verhaltenspflichten handelt. Eine Abmahnung soll unmissverständlich zum Ausdruck bringen, dass eine Wiederholung eines derartigen Verhaltens rechtliche Folgen hat. Die Abmahnung besteht aus drei Bestandteilen. Erstens aus einer möglichst präzisen Umschreibung des beanstandeten Verhaltens, zweitens aus der Aufforderung, das gerügte Verhalten zu ändern und drittens aus der Androhung von Rechtsfolgen für das Vertragsverhältnis im Falle der Wiederholung (z.B. Androhung der Kündigung im Wiederholungsfall). **337**

Eine Abmahnung dient der Warnung des Vertragspartners und soll diesen zu ordnungsgemäßem Verhalten ermahnen. Sie ist vor Ausspruch einer Kündigung allerdings entbehrlich, wenn (i) eine Verhaltensänderung in Zukunft trotz Abmahnung nicht erwartet werden kann[147] oder (ii) es sich um eine so schwere Pflichtverletzung handelt, dass deren Rechtswidrigkeit offensichtlich sowie ohne weiteres erkennbar ist und die Hinnahme des Verhaltens durch den Vertragspartner offensichtlich ausgeschlossen ist.[148] **338**

> **Praxishinweis:** **339**
> Denken Sie bei einer außerordentlichen Kündigung stets an das Erfordernis einer Abmahnung und prüfen Sie, ob eine solche im konkreten Fall notwendig ist (etwa bei steuerbarem Verhalten des Vertragspartners). Mahnen Sie zeitnah ab.

Eine unberechtigte außerordentliche Kündigung berechtigt den Kündigungsempfänger seinerseits zur außerordentlichen Kündigung und kann zudem empfindliche Schadensersatzansprüche des zu Unrecht gekündigten Vertragspartners auslösen. **340**

3. Außerordentliche Kündigung mit Kündigungsfrist

Die Gerichte haben für gewisse Fallkonstellationen ein ungeschriebenes Kündigungsrecht entwickelt, das unter bestimmten Voraussetzungen einer **341**

[147] Wenn der Vertragspartner beispielsweise ernsthaft und endgültig zu verstehen gibt, dass er keine Lieferungen mehr erbringt oder abnimmt, vgl. BGH VIII ZR 2/02, NJW-RR 2003, 928.

[148] Beispielsweise wenn die Vertragsverletzung in einer schweren Täuschung/Betrug besteht, vgl. OLG Hamm 20 U 179/05, NJW-RR 2006, 1035, 1036.

Vertragspartei eines Dauerschuldverhältnisses die Möglichkeit eröffnet, sich vom Vertrag auch dann zu lösen, wenn kein wichtiger Kündigungsgrund gegeben ist. Das Bedürfnis für ein derartiges außerordentliches Kündigungsrecht ohne wichtigen Grund aber mit Frist soll in Fällen – in denen das Gesetz keine ordentlichen Kündigungsmöglichkeiten zur Verfügung stellt – verhindern, dass die Vertragsparteien für alle Zeit an einen Vertrag gebunden sind ohne Möglichkeit, sich von diesem zu lösen.[149] Dieses ungeschriebene Recht zur außerordentlichen Kündigung mit Kündigungsfrist setzt voraus, dass (i) die Parteien ein Dauerschuldverhältnis auf unbestimmte Zeit geschlossen haben, (ii) ein Recht zur ordentlichen Kündigung des Vertrags nicht existiert und (iii) die Parteien das Recht zur ordentlichen Kündigung nicht explizit ausgeschlossen haben.[150]

342 Sind diese Voraussetzungen erfüllt, besteht ein Recht, den Vertrag mit angemessener Frist zu kündigen. Was als angemessene Frist gilt, bestimmt sich im Einzelfall nach der Interessenlage der Parteien. Häufig dürften – je nach Dauer des Vertrags und den wirtschaftlichen Rahmengegebenheiten – sechs Monate eine angemessene Kündigungsfrist darstellen. Dies bedeutet allerdings nicht, dass eine Frist von sechs Monaten stets angemessen ist. Gerichte haben auch schon deutlich kürzere, aber auch längere Kündigungsfristen als angemessen erachtet.[151] Letzteres insbesondere dann, wenn es sich um ein Belieferungsverhältnis handelt und die andere Vertragspartei auf die Belieferung mit bestimmten Waren angewiesen ist, etwa weil sie ihrerseits vertragliche Weiterbelieferungspflichten übernommen hat.

VII. Die Kündigungserklärung

1. Form

343 Das Gesetz sieht kein allgemeines Formerfordernis für die Kündigung von Dauerschuldverhältnissen im unternehmerischen Verkehr vor.[152] Wurde

---

[149] Vgl. die §§ 624, 723 BGB; hierzu BGH III ZR 145/05, NJW-RR 2006, 1427; OLG München 15 U 6473/94, NJW-RR 1996, 561, 563.

[150] Insoweit muss berücksichtigt werden, dass dann, wenn die Parteien das ordentliche Kündigungsrecht zwar ausgeschlossen haben, dies aber nicht wirksam ist, die vorstehend genannten Voraussetzungen auch erfüllt sein können, OLG Stuttgart 11 U 70/89, OLGZ 90, 249, 251.

[151] BGH III ZR 212/70, NJW 1972, 1128, 1129 f.

[152] Etwas anderes gilt nur in Spezialbereichen, wie z.B. dem Arbeitsrecht (vgl. § 623 BGB), das jedoch für den hier betrachteten Bereich des Handels- und Vertriebsrechts von untergeordneter Bedeutung ist.

der zu kündigende Vertrag von den Parteien schriftlich abgeschlossen, enthält dieser in der Regel jedoch ein sogenanntes gewillkürtes Formerfordernis (z.B. Schriftform, elektronische Form oder Textform). Vor Ausspruch der Kündigung muss der zu kündigende Vertrag daher genau studiert werden, um Klarheit hinsichtlich der Form, der Frist und eventueller Kündigungsgründe zu erlangen und Formfehler auszuschließen.

Die Parteien können im Handelsverkehr frei bestimmen, welche An- **344**
forderungen sie an die Form einer Kündigung stellen wollen. Enthält der Vertrag selbst keine Definition und ergeben sich auch aus der Auslegung des Vertrags keine konkreten Anhaltspunkte, wie die Anforderungen an die vereinbarte Form zu bestimmen sind, greift die Auslegungsregel des § 127 BGB.

Vereinbarte Schriftform: Zur Wahrung einer vereinbarten schrift- **345**
lichen Form genügt in Ermangelung einer abweichenden Bestimmung gemäß § 127 Abs. 2 BGB die telekommunikative Übersendung der Kündigung, also die Übermittlung der Kündigung per E-Mail, Telefax oder Telegramm.[153] Eine eigenhändige Unterschrift ist nicht erforderlich. Notwendig ist lediglich, dass sich aus der Kündigungserklärung unzweideutig ergibt, von wem die Erklärung abgegeben worden ist.[154]

Vereinbarte Textform: Zur Wahrung einer eventuell bestimmten **346**
Textform genügt gemäß § 127 Abs. 1 BGB in Verbindung mit § 126b BGB, dass die Erklärung in einer Urkunde oder einer anderen, zur dauerhaften Wiedergabe geeigneten Weise abgegeben wird. Eine elektronische Übermittlung ist ausreichend, wenn der Empfänger die Erklärung bei sich dauerhaft speichern und ausdrucken kann. Vorsicht ist im Zusammenhang mit der immer weiter verbreiteten Nutzung von elektronischen Dokumentenplattformen geboten. Wird die Erklärung lediglich in das Internet eingestellt, ohne dass die Erklärung der anderen Partei übermittelt wird, ist die Textform nur gewahrt, wenn der Empfänger die Erklärung tatsächlich herunter lädt.[155] Erforderlich ist zudem in jedem Fall, dass das räumliche Ende der Erklärung, z.B. durch eine Grußformel oder eine Datierung[156], kenntlich gemacht wird. Eine Unterzeichnung der Erklärung ist hingegen bei der Textform nicht erforderlich.

---

[153] Die telekommunikative Übermittlung kann jedoch möglicherweise ungenügend sein, wenn zusammen mit der Kündigungserklärung der Nachweis der ordnungsgemäßen Bevollmächtigung durch Vorlage der Originalvollmacht erforderlich ist (vgl. hierzu noch unten).

[154] BGH IV ZR 297/94, NJW-RR 1996, 641; vgl. auch *Noack/Kremer*, in NK-BGB, 2. Aufl. 2012, § 127 Rn. 19-20.

[155] BGH I ZR 66/08, NJW 2010, 3566.

[156] BGH VIII ZR 300/09, NJW 2011, 295.

347 **Vereinbarte elektronische Form**: Zur Wahrung einer eventuell vereinbarten elektronischen Form genügt schließlich gemäß § 127 Abs. 1 und 3 BGB i.V.m. § 126a BGB, dass die Erklärung eine elektronische Signatur im Sinne des SigG enthält. In der Praxis ist diese Form bislang noch nicht sehr verbreitet.

348 **Praxishinweis:**

Sind Sie sich über die Form, in der eine Kündigung abgegeben werden muss, unsicher, versenden Sie die unterzeichnete Kündigung vorab per Telefax und dann ein unterzeichnetes Original per Post an den Kündigungsempfänger.

2. Frist

349 Sofern im Vertrag eine bestimmte Kündigungsfrist vorgesehen und diese wirksam ist, muss sie bei der Abgabe der Kündigungserklärung beachtet und eingehalten werden. Anderenfalls ist die Kündigung unwirksam.

350 Sofern eine Kündigungsfrist nicht vorgesehen und auch weder vom Gesetz vorgeschrieben noch aus Rechtsprechungsgrundsätzen ableitbar ist, muss für die Kündigung keine Frist beachtet werden; allerdings ist dies im Rahmen der ordentlichen Kündigung von Liefer- oder sonstigen Handelsverträgen eher der Ausnahmefall, da die Vertragsparteien für den Fall der ordentlichen Kündigung meist Kündigungsfristen (etwa zum Jahres- oder Quartalsende oder zum Ende eines Monats) vereinbaren.

351 **Praxishinweis:**

Sofern die Vertragsparteien Kündigungsfristen vereinbaren, ist auf eine klare und unzweideutige Formulierung zu achten. Soll eine Kündigung etwa zum Jahresende möglich sein, muss klargestellt werden, ob damit das Vertrags- oder das Kalenderjahresende gemeint ist. Unklarheiten können anderenfalls teure Rechtsstreitigkeiten verursachen.

352 Gesetzlich zwingende Kündigungsfristen können sich beispielswiese aus § 89 HGB (Handelsvertreter); aus § 622 BGB (Arbeitsrecht) oder auch aus diversen mietrechtlichen Vorschriften ergeben.

353 Eine Kündigungsfrist ist nur eingehalten, wenn die Kündigungserklärung dem Kündigungsempfänger binnen der Kündigungsfrist **zugeht**. Eine Erklärung gilt dann als zugegangen, wenn sie dergestalt in den Machtbereich des Empfängers gelangt ist, dass dieser unter normalen Umständen von ihrem Inhalt Kenntnis nehmen kann.[157] Läuft die Kün-

[157] BGH XII ZR 214/00, NJW 2004, 1320.

digungsfrist am 31. Dezember 2018 ab, so genügt es nicht das Kündigungsschreiben am 31. Dezember 2018 um 22 Uhr in den Briefkasten des Empfängers einzulegen, da dieser unter normalen Umständen den Briefkasten am späten Abend nicht mehr leert. Die Schwierigkeit für den Kündigenden liegt darin, dass der Kündigende den Nachweis und im Streitfall den Vollbeweis dafür erbringen muss, dass dem Empfänger die Kündigung auch zugegangen ist. Näheres hierzu, inklusive Praxishinweisen unten unter Punkt 4.

3. Ordnungsgemäße Vertretung bei Abgabe der Kündigungserklärung

Wird die Kündigung von den im Handelsregister eingetragenen, vertretungsberechtigten Personen der Gesellschaft erklärt (Geschäftsführer, Vorstände, Prokuristen, etc.) und wird die im Handelsregister vorgesehene Form der Vertretung (z.B. Gesamtvertretung zusammen mit einem zweiten Geschäftsführer oder Prokuristen) gewahrt, ist die Kündigung insoweit nicht angreifbar. **354**

Schwierigkeiten können hingegen dann entstehen, wenn die Kündigung „nur" von einem leitenden Angestellten, Handlungsbevollmächtigten oder sonstigen Mitarbeiter erklärt wird, der nicht als Vertreter der Gesellschaft im Handelsregister eingetragen ist. In diesem Fall kann die Kündigung vom Empfänger durch unverzügliche Erklärung gegenüber dem Kündigenden grundsätzlich zurückgewiesen werden, § 174 BGB. Ausgeschlossen ist dieses Recht zur Zurückweisung nur dann, wenn **355**

- der Bevollmächtigte, der die Kündigung ausspricht, eine Vollmachtsurkunde im Original oder als Ausfertigung gemäß § 47 BeurkG vorlegt;[158] **356**
- sich – wie oben bereits beschrieben – die Vertretungsmacht des Erklärenden aus dem Handelsregister ergibt[159] und etwa bestehende Rechtsunsicherheiten durch Einsichtnahme in das Handelsregister beseitigt werden können; **357**
- der Kündigungsempfänger vom Vollmachtgeber über die Bevollmächtigung in Kenntnis gesetzt wurde (§ 174 S. 2 BGB), da auch in diesem Fall kein berechtigter Zweifel an der Wirksamkeit der Kündigungserklärung besteht; oder **358**
- die Zurückweisung gemäß § 242 BGB treuwidrig ist. Dies ist dann der Fall, wenn der Mitarbeiter des Unternehmens, der die Kündigung **359**

[158] Zur Wirkung der Ausfertigung vgl. BGH III ZR 235/86, NJW 1988, 697.
[159] BAG 2 AZR 107/91, ZIP 1992, 497.

ausspricht, gegenüber dem Kündigungsempfänger schon vor Ausspruch der Kündigung als Vertreter seines Unternehmens aufgetreten ist[160], der Kündigungsempfänger dies in der Vergangenheit nicht beanstandet hat und für den Kündigungsempfänger aufgrund der Handlungen des Mitarbeiters in der Vergangenheit klar sein musste, dass der Mitarbeiter auch zur Kündigung des Vertrags berechtigt ist. Dies ist typischerweise dann der Fall, wenn der Mitarbeiter bereits beim Aushandeln des Vertrags oder bei dessen Änderung mitgewirkt hat oder dem Mitarbeiter die gesamte Abwicklung des Vertragsverhältnisses übertragen worden ist und er damit alleiniger Ansprechpartner für den Kündigungsempfänger war.

360 Will der Kündigungsempfänger die Kündigung zurückweisen, so hat er dies unverzüglich – d.h. ohne schuldhaftes Zögern – zu erklären. Die wirksame Zurückweisung durch den Kündigungsempfänger führt zur Unwirksamkeit der Kündigungserklärung. Eine nachträgliche Heilung ist nicht möglich. Abhilfe kann lediglich der Ausspruch einer erneuten Kündigung schaffen. Diese Kündigung wirkt jedoch nicht auf den Zeitpunkt des Zugangs der ersten Kündigungserklärung zurück, so dass unter Umständen die zweite Kündigung verspätet ist.

361 Allerdings gelten auch für die Zurückweisungserklärung selbst die Vorgaben des § 174 BGB und die oben beschriebenen Grundsätze. Für den Kündigenden ergibt sich dadurch möglicherweise die Gelegenheit, seine ursprüngliche Kündigungserklärung zu retten, auch wenn der Empfänger diese nach § 174 BGB zurückgewiesen hat. Dies kann z.B. der Fall sein, wenn der Kündigungsempfänger die Zurückweisung seinerseits von einem Rechtsanwalt oder einem anderen Vertreter erklären lässt, der bei der Zurückweisung nach § 174 BGB seinerseits ebenfalls nicht ordnungsgemäß bevollmächtigt war. Weist der Kündigende die Zurückweisung seinerseits – diesmal unter Vorlage einer Originalvollmacht – unverzüglich zurück, wäre eine eventuelle erneute Zurückweisung der ursprünglichen Kündigungserklärung durch den Kündigungsempfänger schuldhaft verzögert und damit wirkungslos.

362 **Praxishinweis:**

Sprechen Sie eine Kündigung möglichst mit zeitlichem „Puffer" aus und lassen Sie sich den Empfang der Kündigung bestätigen. Treten Zustellungsfehler auf oder wird die Kündigung nach § 174 BGB zurückgewiesen, können Sie die Kündigung dann nochmals aussprechen – und dies ggf. auch noch innerhalb der Kündigungsfrist.

[160] LG Aachen 5 S 411/77, NJW 1978, 1387.

4. Die Übermittlung der Kündigung

Die Kündigung wird erst wirksam, wenn die **Kündigungserklärung** dem **Empfänger zugeht**. Verzögerungen bei der Übermittlung der Kündigungserklärung gehen zu Lasten des Kündigenden. Darüber hinaus trägt der Kündigende im Streitfall die Beweislast dafür, dass die Kündigungserklärung fristgerecht zugegangen ist.[161] Folgende Übermittlungswege kommen in Betracht: 363

Übermittlung per Bote: Die wohl sicherste, aber in der Regel auch kostenaufwändigste Variante, ein Kündigungsschreiben zu übermitteln, ist die Übergabe oder der Einwurf der Kündigungserklärung durch einen Boten. Um im Streitfall nachweisen zu können, dass das Kündigungsschreiben dem Empfänger zuging, sollte der Bote bestätigen können, dass er (i) das konkrete Kündigungsschreiben (ii) in die Empfangseinrichtung des Empfängers eingelegt oder dem Empfänger übergeben hat. Das Kündigungsschreiben sollte daher erst im Beisein des Boten kuvertiert werden, damit dieser vom Inhalt des Schreibens Kenntnis nehmen kann. Empfehlenswert ist zudem, dass der Bote über diese Vorgänge unter genauer Angabe der Uhrzeit und des Datums eine kurze Notiz anfertigt, diese unterzeichnet und an den Kündigenden aushändigt. Beweiswert für den Zugang der Kündigung: hoch, bei relativ hohem Aufwand. 364

Übermittlung per Einschreiben: Die Übermittlung einer Erklärung per Einschreiben ist zum Nachweis des Zugangs weit weniger geeignet, als gemeinhin angenommen wird. Denn wird die Kündigung per Einschreiben übermittelt, kann der Kündigende im Streitfall keinen Vollbeweis dafür erbringen, dass dem Kündigungsempfänger exakt das streitgegenständliche Kündigungsschreiben zugegangen ist. Der Bestätigungsvermerk, der vom Postboten ausgestellt wird, sagt nichts darüber aus, ob das konkrete Kündigungsschreiben dem Kündigungsempfänger zugegangen ist. Es sagt lediglich aus, dass dem Kündigungsempfänger irgendein Schreiben übermittelt wurde. Zwar kann dies den Anscheinsbeweis für den Zugang begründen oder eine sekundäre Darlegungslast der Gegenseite auslösen. In jedem Fall verbleiben insoweit jedoch Restrisiken. Abzuraten ist insbesondere von der Wahl eines Übergabeeinschreibens. Denn dabei ist – anders als beim Einwurfeinschreiben – eine Mitwirkungshandlung des Empfängers erforderlich (persönliche Entgegennahme). Wird der Empfänger vom Postboten nicht angetroffen, hinterlässt der Postbote lediglich eine Benachrichtigungskarte. Die Kündigungserklärung selbst ist zu diesem Zeitpunkt noch nicht zugegangen. Erst wenn der Empfänger das Einschreiben in seiner Postfiliale abholt, wird die Zustellung – möglicher- 365

[161] BGH IV ZR 204/75, NJW 1978, 886.

weise erst Tage oder Wochen später – bewirkt. Beweiswert für den Zugang der Kündigung: gering, trotz relativ hoher Kosten.

366 **Übermittlung per einfachem Brief**: Erheblich preiswerter ist die Übermittlung der Kündigungserklärung per einfachem Brief. Diese Form der Übermittlung ist in der Praxis jedoch ungeeignet, da sich der Nachweis des Zugangs der Kündigungserklärung beim Empfänger nicht führen lässt.[162] Beweiswert für den Zugang der Kündigung: gering.

367 **Übermittlung per Telefax**: Auch die Übermittlung per Telefax – soweit damit überhaupt die von den Parteien vereinbarte Form gewahrt wird (vgl. oben) – birgt Risiken. Denn auch mit der Vorlage einer Faxsendebestätigung lässt sich der Vollbeweis des Zugangs der Kündigungserklärung nicht führen. Die Faxsendebestätigung („OK"-Vermerk) wird aber einen Anscheinsbeweis für den Zugang der Kündigungserklärung begründen und zu einer sekundären Darlegungslast des Kündigungsempfängers führen.[163] Beweiswert: gut, bei geringem Aufwand.

368 **Übermittlung per E-Mail**: Bei der Übermittlung per E-Mail gilt das zur Übermittlung per Telefax Gesagte entsprechend. Auch hier lässt sich der Vollbeweis des Zugangs nicht führen. Selbst eine automatisch generierte Lesebestätigung reicht hierfür nicht aus, da diese als automatisches Softwareprodukt fehleranfällig ist. Beweiswert für den Zugang der Kündigung: mittel, bei geringem Aufwand.

369 **Persönliche Übergabe**: Nicht selten kommt es zudem vor, dass die Kündigungserklärung im Rahmen eines persönlichen Gesprächs, bei dem die Hintergründe der Kündigung erklärt werden, übergeben wird. In diesem Fall ist darauf zu achten, dass die Übergabe im Beisein von Zeugen stattfindet oder quittiert wird. Wichtig ist insoweit zu wissen, dass vertretungsberechtigte Organe von Unternehmen (Geschäftsführer, Vorstände etc.) nach der deutschen Zivilprozessordnung vom Unternehmen selbst nicht als Zeuge benannt werden können. Bei dem Gespräch sollte also stets ein Mitarbeiter unterhalb der Geschäftsführungsebene teilnehmen. Im Übrigen gelten auch insoweit die obigen Ausführungen zum Boten entsprechend. Beweiswert für den Zugang der Kündigung: hoch, bei relativ hohem Aufwand.

[162] Die Absendung brieflicher Erklärungen ist auch kein Anscheinsbeweis für den Zugang der Erklärung BGH II ZR 132/56, NJW 1957, 1230, 1231; LG Potsdam 11 S 233/99, NJW 2000, 3722.

[163] SG Schleswig S 2 AS 207/11, NZS 2013, 918; AG Hamburg-Altona 316 C 244/06, MDR 2007, 705, 706; kritisch *Gregor*, NJW 2005, 2885.

Praxishinweis:

Empfehlenswert ist eine Kopplung der o.g. Übermittlungsmethoden in der Weise, dass man die Kündigung vorab per Telefax übermittelt (dann steht immerhin schon ein Telefaxsendebericht, der „OK"-Vermerk, als Zugangsindiz oder sogar Anscheinsbeweis zur Verfügung) und die Kündigung dann persönlich übergeben oder als Brief hinterhergeschickt wird.

Teil 7
Qualitätssicherung und Produkthaftung

I. Qualitätssicherung

1. Bedeutung

370 Die Bedeutung der Qualitätssicherung hat in den letzten Jahren kontinuierlich zugenommen. Dies zeigt sich schon an der spürbar höheren Anzahl geschlossener Qualitätssicherungsvereinbarungen zwischen Herstellern, Zulieferern und auch deren Subunternehmern. Dies hängt natürlich damit zusammen, dass Produkthersteller die Qualität ihrer Arbeit stetig überwachen und erhöhen wollen und müssen. Darüber hinaus führt steigender Kostendruck in der Industrie auch dazu, dass insbesondere OEMs zunehmend schlanke Produktionsprozesse implementieren, um Lagerkosten für Zuliefer- und Ersatzteile einzusparen. Derartige Just-in-time-Produktionsprozesse machen es häufig unentbehrlich, dass die Zulieferer sich zu einer „*zero defect*"-Strategie bekennen, da im Rahmen einer Just-in-time-Produktion bereits kleine Fehler zum Produktionsstillstand führen und massive Kosten verursachen können.

2. Definition

371 Qualitätssicherung wird verstanden als die Summe aller Maßnahmen die dazu dient, konstante Produktqualität sicherzustellen. Nach DIN EN ISO 8402, 1995-08 Ziff. 3.5 gilt als Qualitätssicherung jede geplante und systematische Tätigkeit, die innerhalb eines Systems verwirklicht wird und die dargelegt wird, um Vertrauen dahingehend zu schaffen, dass eine Einheit die Qualitätsanforderungen erfüllen wird. Hierzu gehören insbesondere die Einrichtung und Unterhaltung eines Qualitätssicherungssystems und der Abschluss von Qualitätssicherungsvereinbarungen mit Lieferanten.

372 Mit der Normenreihe EN ISO 9000 ff. wurden Normen geschaffen, die Grundsätze für Maßnahmen zur Qualitätssicherung und zum Qualitätsmanagement dokumentieren – und dies auf nationaler und internationaler Ebene. Mittlerweile gibt es eine Reihe branchenspezifischer Normen und Spezifikationen zum Qualitätsmanagement, die hier allerdings nicht näher behandelt werden.

3. Qualitätssicherungsvereinbarungen

Qualitätssicherungsvereinbarungen gewinnen nicht zuletzt auch vor dem Hintergrund an Bedeutung, dass Hersteller ihr Haftungsrisiko für Produktschäden mittels Qualitätssicherungsvereinbarungen in die Sphäre der Zulieferer und Subunternehmer verlagern können. Dies hängt damit zusammen, dass sich ein Hersteller im Produkthaftungsfall allenfalls dann seiner Verantwortung für den Produktfehler entziehen kann, wenn er nachweisen kann, dass er alle Sorgfaltspflichten beachtet hat, um den Eintritt eines Produktschadens zu vermeiden. Gelingt dem Hersteller in diesem Zusammenhang der Nachweis, dass er mit sämtlichen Zulieferern lückenlos Qualitätssicherungsvereinbarungen geschlossen hat, die den Zulieferer zur Einhaltung bestimmter Qualitätsstandards verpflichten, kann er damit ggf. beweisen, dass er seinen Sorgfaltspflichten umfassend und ordnungsgemäß nachgekommen ist. Dies lässt dann das Verschulden im Sinne der Produzentenhaftung entfallen. Im Rahmen der Produkthaftung (zur Unterscheidung unten), kann der Hersteller dann u.U. erfolgreich einwenden, dass der Produktfehler im Zeitpunkt des Inverkehrbringens nicht erkennbar war, § 1 Abs. 2 Nr. 5 ProdHaftG. 373

Praxishinweis: 374

Besonders hilfreich ist es, wenn Sie Ihre Zulieferer verpflichten, dass diese wiederum mit ihren Sublieferanten gleichlautende (oder zumindest ähnliche) Qualitätssicherungsvereinbarungen abschließen wie diejenigen, die Sie selber mit Ihrem Zulieferer abgeschlossen haben. Damit können Sie nachweisen, dass ein funktionierendes und effektives Qualitätsmanagementsystem vom Hersteller über die Zulieferer bis hin zu den einzelnen Teilekomponenten-Lieferanten besteht.

4. Was ist in einer Qualitätssicherungsvereinbarung geregelt?

Mit Qualitätssicherungsvereinbarungen will der Hersteller sicherstellen, dass die für seine Produktion notwendigen Qualitätsstandards der Zulieferteile eingehalten sind. Dem folgend muss sich der Zulieferer im Rahmen einer Qualitätssicherungsvereinbarung meist dazu verpflichten, bestimmte **Qualitätsstandards einzuhalten** (bspw. nach *DIN* oder *ISO*). Ferner sehen Qualitätssicherungsvereinbarungen häufig **Vertragsstrafen** zu Lasten des Zulieferers vor, sofern dieser Qualitätskennzahlen nicht einhält. 375

376 Zudem werden häufig Fragen der **Wareneingangs- und Warenausgangskontrolle** geregelt, in dessen Rahmen der Hersteller (Käufer, OEM) meist versucht, seine Wareneingangsprüfungspflicht aus § 377 HGB auf

den Zulieferer abzuwälzen und diese umzuwandeln in eine Warenausgangsprüfung am Standort des Zulieferers.

377 Häufig ist in Qualitätssicherungsvereinbarungen auch die **Erstbemusterung** geregelt, sowie die Pflicht des Zulieferers, bestimmte Prüfsiegel oder **Sicherheitskennzeichen** einzuhalten (bspw. CE- oder GS-Kennzeichen). Ferner regeln Qualitätssicherungsvereinbarungen i.d.R. auch den Umfang der **Gewährleistung** und **Garantie**, wobei insoweit darauf zu achten ist, dass keine Doppelregelungen zu einem ggf. noch abgeschlossenen Liefervertrag oder AGB-Klauselwerk entstehen. Qualitätssicherungsvereinbarungen regeln herkömmlicher Weise auch das Recht des Herstellers **Kontrollen (Audits)** am Produktionsstandort des Zulieferers durchführen zu dürfen, sowie deren Umfang.

378 Darüber hinaus ist häufig die Pflicht des Zulieferers geregelt, ausreichend **Haftpflicht- und Produkthaftungsversicherung** – bspw. für einen Produktrückruf – bereitzustellen und ein **Rückverfolgbarkeitssystem** (z.B. über Seriennummern oder Scan-Systeme) zu implementieren.

5. Qualitätssicherungsvereinbarung und AGB

379 Qualitätssicherungsvereinbarungen sind fast immer AGB. Das heißt sie unterfallen der (strengen) AGB-Inhaltskontrolle, die sicherstellen will, dass der Vertragspartner gegenüber dem ein Formularvertrag verwendet wird, nicht unangemessen benachteiligt wird. In diesem Zusammenhang ist zu beachten, dass exzessive Rückverfolgbarkeitspflichten gegenüber dem Zulieferer eine unangemessene Benachteiligung i.S.d. § 307 Abs. 1, Abs. 2 BGB darstellen können. Dies wäre etwa der Fall, wenn in der Qualitätssicherungsvereinbarung geregelt ist, dass der Zulieferer dafür sorgen muss, dass selbst kleinteilige Massenwaren (wie etwa Schrauben) zurückverfolgbar sind. Gleiches kann für ein exzessives Abwälzen von eventuellen Rückrufkosten auf den Zulieferer gelten, vor allem, wenn dieser auch für die Kosten eines Kulanzrückrufs oder von Kulanznachrüstungen aufkommen soll.

380 Eine wichtige Frage ist auch, inwieweit die Untersuchungs- und Rügeobliegenheit, die einem Käufer nach § 377 HGB für eingegangene Waren (Zulieferteile) obliegt, durch den Hersteller ausgeschlossen werden kann. Auch derartige Regelungen müssen sich am strengen AGB-Recht messen lassen, wenn sie in Qualitätssicherungsvereinbarungen geregelt werden. In AGB ist der komplette Ausschluss der Untersuchungs- und Rügepflicht des Käufers allenfalls dann möglich, wenn die in § 377 Abs. 1 HGB gesetzlich vorgesehene **Eingangsuntersuchung** durch eine **Ausgangsuntersuchung beim Verkäufer** (Zulieferer) **ersetzt** wird und hierfür **nachvollziehbare Gründe** bestehen. Derartige Gründe können beispielsweise darin liegen,

dass die Just-in-Time-Produktion beim Käufer eine Wareneingangsprüfung aus Zeit- oder Logistikgründen unmöglich macht oder der Käufer (als Hersteller) nicht die erforderliche Sachkenntnis besitzt, um Beprobungen und Kontrollen sachgerecht durchzuführen.

II. Produkthaftung

Die Produkthaftung schwebt häufig wie ein Damoklesschwert über Her- **381**
stellern von Lebensmitteln, von Automobil- oder Zulieferteilen sowie anderen industriellen Gütern. Wird durch den Fehler eines Produkts nämlich jemand getötet, sein Körper oder dessen Gesundheit verletzt oder eine Sache (allerdings nicht das Produkt selbst) beschädigt, so ist der Hersteller des Produkts zum Schadensersatz verpflichtet. Derartige Produkthaftungsansprüche können – je nach Rechtsgrundlage – ggf. bis zu 30 Jahre geltend gemacht werden.

Vereinfacht dargestellt betrifft die Produkthaftung die Haftung des **382**
Herstellers für Folgeschäden, die aus der Benutzung seiner Produkte entstehen. Anders als der Wortlaut vermuten lässt, geht es bei der Produkthaftung nicht um die Haftung des Herstellers für das von ihm hergestellte Produkt selbst (dies betrifft die Mängelgewährleistung), sondern für Schäden, die das Produkt an anderen Rechtsgütern, wie etwa dem Leben und der Gesundheit der Nutzer oder sonstiger Dritter verursacht. Für Sachschäden gilt dies nur mit Einschränkungen, soweit nämlich eine andere Sache als das gelieferte, fehlerhafte Produkt selbst beschädigt wird und diese andere Sache ihrer Art nach gewöhnlich für den privaten Ge- oder Verbrauch bestimmt ist.

Für industrielle Schäden oder Bandstillstände erfolgt zumindest keine **383**
Haftung nach dem Produkthaftungsgesetz (ProdHaftG), allerdings können insoweit u.a. vertragliche Haftungsansprüche und - in Ausnahmefällen, bei betriebsbezogenen Eingriffen in den Betrieb, wie etwa rechtswidrigen Streiks, Boykottaufrufen oder Betriebsblockaden – deliktische Schadensersatzansprüche in Betracht kommen.

1. Rechtsquellen

a) Zivilrecht

Das Produkthaftungsrecht wirkt in alle Rechtsbereiche des deutschen **384**
Rechts hinein, also in das Zivil-, Verwaltungs- und Strafrecht. Während die zivilrechtlichen Haftungsnormen primär die Voraussetzungen regeln, unter denen eine verletzte Person Schadensersatz verlangen kann, zielt das

öffentliche Recht – insbesondere das Produktsicherheitsrecht (ProdSG) – darauf ab, den Eintritt von Schäden zu verhindern. Zivilrechtliche Haftungsansprüche ergeben sich u.a. aus dem BGB und dem ProdHaftG.

385 Juristisch betrachtet gehört auch die Sachmängelhaftung zum Produkthaftungsrecht, denn auch insoweit wird durch ein fehlerhaftes bzw. mangelhaftes Produkt eine Haftung ausgelöst. Anders als im Kernbereich des Produkthaftungsrechts geht es beim Mängelgewährleistungsrecht allerdings nicht um den Ersatz von Körper-, Gesundheits- und Eigentumsschäden an anderen Rechtsgütern als dem Produkt selbst, sondern ausschließlich um die Beseitigung des Produktmangels, in erster Linie durch Nachbesserung oder Nachlieferung. Diese Sachmängelhaftung besteht – in Ermangelung abweichender Regelungen – zudem lediglich für die Dauer von zwei Jahren ab Übergabe der Sache. Die Sachmängelhaftung wurde bereits in Teil 5 dargestellt.

b) Öffentliches Recht

386 Öffentlich-rechtliche Verwaltungsvorschriften des Produkthaftungsrechts sind neben dem Produktsicherheitsgesetz (ProdSG) insbesondere das Arzneimittelgesetz (AMG) oder auch das Medizinproduktegesetz (MPG). Diese öffentlich-rechtlichen Sicherheitsvorschriften dienen dazu, die möglichst sichere Verwendung entsprechender Produkte sowie deren Zertifizierung sicherzustellen.

c) Strafrecht

387 Neben den zivil- und öffentlich-rechtlichen Vorschriften können Produktschäden, die zu Verletzungen von Leben, Körper, Gesundheit oder Eigentum führen, auch strafrechtliche Konsequenzen für die handelnden natürlichen Personen des Herstellers nach sich ziehen. Anders als etwa in den USA, England, Frankreich oder Belgien können in Deutschland lediglich natürliche Personen (nicht aber Unternehmen) strafrechtlich verfolgt werden. Im Falle von Produktschäden steht daher die Unternehmensleitung im Fokus, insbesondere dann, wenn versäumt wurde, ein taugliches internes Kontrollsystem zu installieren, das ausreichend Kontrolle und Berichterstattung gewährleistet. Zu einer strafrechtlichen Haftung kommt es allerdings nur dann, wenn erwiesen ist, dass das Handeln oder Unterlassen einer bestimmten Person den Tod, die Gesundheits- oder Körperverletzung einer anderen Person hervorgerufen hat. Innerhalb eines Unternehmens kann sich eine derartige Verantwortung aber schon aus der Stellung eines Geschäftsleiters (ggf. sogar Mitarbeiters) innerhalb der Organisation ergeben.[164]

[164] BGH 2 StR 549/89, NJW 1990, 2560, 2565.

Eine strafrechtliche Verantwortung kann sich beispielsweise ergeben, wenn (i) ein Produkt unter Missachtung geltender Sicherheitsstandards auf den Markt gebracht wurde, (ii) die Konstruktion, Herstellung oder Gebrauchsanleitung für ein Produkt falsch ist, (iii) ein notwendig gewordener Produktrückruf nicht ausgeführt wurde, (iv) Produkte vertrieben werden, deren Mangelhaftigkeit bereits festgestellt wurde, (v) notwendige Produktwarnungen oder Sicherheitsinstruktionen nicht gegeben wurden,[165] (vi) Mitarbeiter falsch ausgesucht oder nicht ausreichend überwacht wurden, oder (vii) eine fehlerhafte Organisation zu dem Produktfehler geführt hat, der dann einen Schaden verursachte.[166] Ob und inwieweit neben Geschäftsleitern auch angestellte Mitarbeiter wegen eines Produktfehlers strafrechtlich verfolgt werden können, ist durch die Rechtsprechung bislang nicht einheitlich geklärt.[167] **388**

Praxishinweis: **389**

Implementieren Sie „Frühwarnsysteme" in Ihrem Unternehmen, die mögliche Fehlerquellen aufdecken. Stellen Sie ein Krisen-Team auf, das Produkthaftungsfälle bearbeitet. Sofern Sie Produktmängel entdecken, sollten Sie diese nicht nur beheben, sondern dokumentieren, dass Sie Gegenmaßnahmen eingeleitet haben, und ggf. Vorgesetzte informieren. Ist ein Produktmangel sicherheitsrelevant, sollten Sie unverzüglich Rechtsrat einholen, um das weitere Vorgehen (Kundenschreiben, Produktwarnung, stiller oder öffentlicher Rückruf) möglichst optimal und ohne Haftungsrisiken für Sie zu ermitteln.

2. Die Haftung des Herstellers nach dem ProdHaftG

Das ProdHaftG regelt die Haftungstatbestände relativ schematisch und übersichtlich, nach denen ein **Hersteller** eines **Produkts** für **Schäden** haftet, die durch einen **Produktfehler** entstehen. Die Haftung des Herstellers nach dem ProdHaftG wird insbesondere dann ausgelöst, wenn durch den Fehler eines Produkts jemand getötet, sein Körper oder seine Gesundheit verletzt oder eine Sache (nicht das Produkt selbst) beschädigt wird. Zu den Voraussetzungen im Einzelnen: **390**

a) Produkt

Produkt i.S.d. des ProdHaftG ist nach § 2 ProdHaftG jede bewegliche Sache, auch wenn sie einen Teil einer anderen beweglichen Sache (bei- **391**

[165] BGH VI ZR 112/88, NJW 1989, 1542.
[166] BGH V StR 394/08, NJW 2009, 3173, 3175.
[167] *Lenz*, Produkthaftung, 2014, § 2 Rn. 47.

spielsweise Zulieferteile) bildet. Produkt i.S.d. ProdHaftG kann danach ein typisches Industriegut (Lebensmittel, Zulieferteile, Körperimplantat) sein. Da der Aggregatszustand keine Rolle spielt, können auch Wasser, Dampf und Gas körperliche Sachen sein. Zudem sieht § 2 ProdHaftG vor, dass Elektrizität – obwohl diese nicht körperlich und deshalb keine Sache ist – unter den Produktbegriff fällt.

b) Produktfehler

392 Ein Produkt ist nach § 3 ProdHaftG fehlerhaft, wenn es nicht die Sicherheit bietet, die unter Berücksichtigung aller Umstände, insbesondere seiner Darbietung, des Gebrauchs, mit dem billigerweise gerechnet werden kann, und des Zeitpunkts, in dem es in den Verkehr gebracht wurde, berechtigterweise erwartet werden kann. Ein Produkt kann aus unterschiedlichen Gründen fehlerhaft sein. Der Fehler des Produkts kann in seiner Konstruktion, seiner Herstellung oder auch in einer unzureichenden Gebrauchsanweisung liegen.

393 Die Definition des Produktfehlers in § 3 ProdHaftG macht deutlich, dass der Fehlerbegriff im ProdHaftG fließend ist. Er orientiert sich am Sicherheitsstandard, mit dem billigerweise zum Zeitpunkt des Inverkehrbringens eines Produktes gerechnet werden kann. Soweit sich der Stand von Wissenschaft und Technik und den anerkannten Regeln des Faches, insbesondere technische Normen und gesetzliche Sicherheitsbestimmungen (DIN-Vorschriften, VDE-Bestimmungen) ändern, beeinflusst dies auch die Beurteilung, ob ein Produkt fehlerhaft ist. Ein Produkt hat aber nicht allein schon deshalb einen Fehler, weil zu einem späteren Zeitpunkt ein verbessertes Produkt in den Verkehr gebracht wird.

394 In erster Linie bestimmt der bestimmungsgemäße Gebrauch, ob ein Produktfehler vorliegt. Für einen Herzschrittmacher gelten z.B. andere Sicherheitsanforderungen und daher auch andere Sicherheitserwartungen als etwa an ein Kleidungs- oder Möbelstück. In gleicher Weise sind die Sicherheitserwartungen an Kinderspielzeuge höher als diejenigen, die z.B. an Druckerzeugnisse wie Bücher gestellt werden.

c) Sonderproblem: Fehlerverdacht

395 Probleme bereitet allerdings die Frage, ob bereits dann ein Fehler vorliegt, wenn ein Fehlerverdacht besteht. Nachdem diese Frage im Zusammenhang mit einem Herzschrittmacher durch verschiedene Obergerichte (OLG Düsseldorf und OLG Frankfurt/Main) unterschiedlich beurteilt wurde, hat der EuGH im Jahr 2015 festgestellt, dass bei bestimmten Produktgruppen bereits der Verdacht eines Fehlers einen Produktfehler im Sinne des ProdHaftG darstellen kann. Dies gilt etwa für Herzschrittma-

cher.[168] Bei Herzschrittmachern, bei denen ein Ausfall des Geräts zum Tod führen kann, kann bereits ein potenzieller Fehler in der Produkt**serie** des Produkts dazu führen, dass Produkte dieser Serie fehlerhaft sind, obwohl bei ihnen der Defekt, der bei anderen Produkten dieser Produktgruppe aufgetreten ist, nicht festgestellt wurde.

Praxishinweis: 396

Bei der Herstellung von lebenserhaltenden oder lebensrettenden Produkten besteht eine Nullfehler-Toleranz. Permanente Qualitätssicherung inklusive eines implementierten Qualitätssicherungssystems und einer entsprechenden juristischen Absicherung – etwa mittels Qualitätssicherungsvereinbarungen – ist unerlässlich.

d) Hersteller

Für Schäden, die durch einen Produktfehler entstehen, wird nach dem ProdHaftG der Hersteller verantwortlich gemacht. Er muss den verursachten Schaden ersetzen, was zwangsläufig die Frage aufwirft, wer Hersteller eines Produkts ist, das durch zahlreiche **Sublieferanten** und **Teilprodukte** zusammengesetzt wird. Hersteller i.S.d. § 4 Abs. 1 Satz 1 ProdHaftG ist zunächst derjenige, der das Endprodukt, einen Grundstoff oder ein Teilprodukt des Endprodukts hergestellt hat. Diese weite Definition macht eine Abgrenzung der vorstehend genannten Personen entbehrlich. Im Ergebnis können nämlich alle Teilhersteller und Zulieferer von Teilprodukten als Hersteller verantwortlich gemacht werden. 397

Praxishinweis: 398

Beachten Sie, dass Sie nach dem ProdHaftG auch haften können, wenn Ihr Unternehmen lediglich einen Teil (Bremsschläuche, Zylinderkolben) eines Endprodukts herstellt. Stellen Sie die Rückverfolgbarkeit aller Ihrer Produkte sicher, damit Sie beweisen können welches Zulieferteil von Ihnen kommt und welches nicht. Achten Sie zudem auf ausreichende Produkthaftungsversicherung.

Als Hersteller gilt indessen auch derjenige, der sich durch das Anbringen seines Namens, seiner Marke oder eines anderen Kennzeichens als Hersteller ausgibt (**Quasihersteller**), § 4 Abs. 1 Satz 2 ProdHaftG. Quasihersteller ist damit also derjenige, der nach außen – im Rechtsverkehr – den Eindruck erweckt, er sei der tatsächliche Hersteller. Die Vorschrift hat insbesondere Bedeutung für Versandhäuser und Handelsketten, die für sich häufig in Niedriglohnländern herstellen lassen und das Produkt als eigenes anbieten. 399

[168] EuGH C-503/13, NJW 2015, 1163.

400 **Praxishinweis:**

Die Quasihersteller-Eigenschaft kann auch innerhalb eines Konzernverbunds zu einem Haftungsrisiko werden, etwa für eine Konzernmutter, deren Kennzeichen auf dem Produkt einer Tochterfirma angebracht ist.

401 Gemäß § 4 Abs. 2 ProdHaftG ist auch der **Importeur** sowie ein **Re-Importeur** Hersteller i.S.d. ProdHaftG. Hersteller ist danach, wer ein Produkt erstmals in den europäischen Wirtschaftsraum einführt oder verbringt, und zwar aus einem Land außerhalb dieses Raums (z.B. aus Brasilien, China oder Russland). Diese Vorschrift soll den geschädigten Verbraucher davor schützen, Produkthaftungsprozesse in einem Drittland führen zu müssen. Eine private Person, die beispielsweise Wein aus Südafrika, Möbel aus China oder Medizinprodukte aus den USA importiert, ist allerdings kein Importeur i.S.d. § 4 Abs. 2 ProdHaftG.

402 § 4 Abs. 2 ProdHaftG findet aber auch auf sogenannte Re-Importeure Anwendung. Dies sind Käufer, die Ware wieder in den europäischen Wirtschaftsraum importieren, nachdem diese von dort in ein Land außerhalb des europäischen Wirtschaftsraums exportiert wurde, z.B. um Fertigungsschritte an einem komplexen Produkt in einem Drittland zu fertigen.

403 Den Importeur, der Waren aus einem Drittland – also außerhalb des europäischen Wirtschaftsraums – bezieht, trifft die Pflicht, eine Risikobewertung mit Blick auf seinen Import zu treffen. Für die Einschätzung des Risikos von Importwaren kommt es beispielsweise auf das allgemeine technisch-ökonomische Niveau im Herstellerland an, ferner darauf, inwieweit im Herstellerland Sicherheitsvorschriften durch den Hersteller eingehalten werden mussten, wie der Herstellerbetrieb ausgestattet war (technische/personelle Ausstattung, Leitung und Organisation, internationaler Ruf etc.).

404 **Praxishinweis:**

Je größer Ihre Bedenken mit Blick auf das allgemein technisch-ökonomische Niveau Ihres ausländischen Zulieferers sind, desto intensiver müssen Sie die Importware prüfen und auf Risiken untersuchen. Importe aus Fernost müssen Sie im Grundsatz beispielsweise eingehender untersuchen, als Warenimporte aus der EU, dem EWR oder den USA.

405 Den **Händler** treffen indessen nach § 4 ProdHaftG nur sehr eingeschränkt und in engen Grenzen Untersuchungspflichten. Er verfügt – anders als der Hersteller – in der Regel nämlich nicht über die Kenntnis oder die Ausrüstung, die erforderlich wäre, um Produktgefahren zu identifizieren, die vom Produkt ausgehen. Hinzu kommt, dass Händler üblicherweise ein breites Sortiment von Waren führen, weshalb der Verkehr im Allgemeinen

auch nicht erwartet, dass ein Händler die von ihm erworbenen Produkte einer Sicherheitsprüfung unterzieht. Pflichten können sich aber dann ergeben, wenn Produktfehler für den Händler unübersehbar sind, er Kunden zur Produkteignung berät oder er Bedienungs- und Warnhinweise zum Gebrauch oder zur Montage gibt.

§ 4 Abs. 3 ProdHaftG sieht zudem vor, dass dann, wenn ein Hersteller eines Produkts nicht festgestellt werden kann, jeder Lieferant als dessen Hersteller gilt – es sei denn, dass der Lieferant dem Geschädigten innerhalb eines Monats ab Aufforderung den tatsächlichen Hersteller benennt. Durch diese Vorschrift soll der Verbraucherschutz gestärkt und der Anonymität von Produkten durch Verschleierung des Herstellers entgegengewirkt werden. Zudem schafft diese Haftungsnorm Anreize für den Lieferanten, im eigenen Interesse bei der Aufklärung der Herkunft der Ware mitzuwirken. **406**

e) Schaden

Gemäß § 1 ProdHaftG werden nach dem ProdHaftG Schäden ersetzt, die durch den Produktfehler an Körper, Gesundheit, Leben oder einer anderen Sache entstehen. Sachschäden werden aber lediglich insoweit ersetzt, als diese gewöhnlich für den privaten Ge- oder Verbrauch bestimmt sind. Reine Vermögensschäden werden nach dem ProdHaftG nicht ersetzt, etwa entgangener Gewinn oder Spekulationserträge für einen geplanten Weiterverkauf der Sache mit Gewinnaufschlag. **407**

Der Geschädigte kann allerdings ein Schmerzensgeld verlangen. In der deutschen Rechtsordnung ist dieses auf ein angemessenes Maß beschränkt. Strafschadensersatz (sog. *punitive damages*) wie etwa in den USA wird nicht gewährt. **408**

f) Haftungsverjährung und Haftungshöchstbetrag

Das ProdHaftG kennt gemäß § 12 Abs. 1 eine Verjährung von drei Jahren, die ab Kenntnis des Ersatzberechtigten vom Schaden, dem Produktfehler und der Person des Ersatzpflichtigen (Hersteller) läuft. Unabhängig von der Kenntnis erlöschen Produkthaftungsansprüche nach dem ProdHaftG zehn Jahre ab dem Zeitpunkt, in dem der Hersteller das schadensverursachende Produkt in den Verkehr gebracht hat, § 13 Abs. 1 ProdHaftG. **409**

Das ProdHaftG sieht zudem Haftungshöchstbeträge vor. Dies dient der Vorhersehbarkeit und Versicherbarkeit von Produkthaftungsrisiken. Damit soll eine völlig ausufernde Haftung – wie diese durch Strafschadensersatz in den USA existiert - eingedämmt werden. Nach § 10 Abs. 1 ProdHaftG besteht eine Haftungsdeckelung bei EUR 85 Mio., wenn Personenschäden durch ein Produkt oder gleiche Produkte mit demsel- **410** ben Fehler (Serienschäden) verursacht wurden. Fälle wie in den USA, bei denen Unternehmen Milliardenstrafen zahlen (wie jüngst etwa VW im Abgasskandal), sind danach in Deutschland nicht die Regel – sofern Zahlungen nicht aus Kulanz oder im Rahmen der Gewährleistung oder als Bußgelder oder Strafen erfolgen.

411 **Praxishinweis:**

Das ProdHaftG sieht keine Verschuldenshaftung vor. Das bedeutet, dass dann, wenn die vorstehend genannten Voraussetzungen erfüllt sind, die Haftung unabhängig davon greift, ob dem Hersteller ein Verschulden nachgewiesen werden kann. Dies gilt auch bezüglich des Schmerzensgelds.

g) Kein Haftungsausschluss

412 Die Haftung des Herstellers nach dem ProdHaftG kann nicht im Voraus ausgeschlossen oder beschränkt werden, § 14 Satz 1 ProdHaftG. Entgegenstehende Vereinbarungen sind unwirksam, selbst wenn Verpackungen, Gebrauchsanweisungen und Warenhinweise, AGB oder ähnliche Verträge eine entsprechende Regelung vorsehen. Allerdings können die Parteien, **nachdem** ein Schaden entstanden ist und geltend gemacht wurde, Vereinbarungen über die Art und Höhe des Schadensersatzes treffen. Auch **Haftungsfreistellungen** können mit Blick auf Produkthaftungsschäden z.B. wischen Zulieferer und Käufer vereinbart werden – nicht aber im Verhältnis zum Geschädigten (Endkunden).

h) Haftungseinwände des Herstellers

413 Zwar kann sich der Hersteller gegen seine Haftung nach dem ProdHaftG nicht damit verteidigen, ihn treffe kein Verschulden, allerdings sieht das ProdHaftG nach § 1 Abs. 2 und Abs. 3 mehrere Haftungsausschlussgründe vor, die den Hersteller von seiner Haftung befreien. Während der geschädigte Anspruchsteller grundsätzlich die anspruchsbegründenden, o.g. Umstände beweisen muss, obliegt es dem Hersteller, die nachfolgend genannten Einwände zu beweisen, die von der Haftung befreien. Der Hersteller kann gegen seine Haftung insbesondere einwenden:

– Dass er das Produkt nicht in den Verkehr gebracht hat (ein Inverkehrbringen setzt voraus, dass der Hersteller das Produkt – etwa durch Auslieferung – willentlich der tatsächlichen Herrschaftsgewalt über das Produkt begibt), § 1 Abs. 2 Nr. 1 ProdHaftG,
– dass nach den Umständen davon auszugehen ist, dass das Produkt den schadensverursachenden Fehler noch nicht hatte, als der Hersteller es in den Verkehr brachte, § 1 Abs. 2 Nr. 2 ProdHaftG,

- dass das Produkt weder für wirtschaftliche Vertriebszwecke noch für die berufliche Tätigkeit des Herstellers hergestellt oder vertrieben wurde, § 1 Abs. 2 Nr. 3 ProdHaftG,
- dass der Produktfehler darauf beruht, dass der Hersteller zwingende Rechtsvorschriften einhalten musste, die den Produktfehler letztlich hervorgerufen haben, § 1 Abs. 2 Nr. 4 ProdHaftG, oder
- dass der Fehler im Zeitpunkt des Inverkehrbringens nicht erkennbar war, § 1 Abs. 2 Nr. 5 ProdHaftG.

Praxishinweis: **414**

Sorgen Sie als Hersteller des Produkts oder der Teilkomponenten für eine lückenlose Dokumentation insbesondere bei sicherheitsrelevanten Produkten oder Teilprodukten. Dies gilt vor allem auch für Dokumente, welche die Produktentwicklung, Zertifizierung oder andere ggf. entlastende Umstände (wie Qualitätssicherungsvereinbarungen) betreffen, mit denen Sie nachweisen können, dass das Produkt im Zeitpunkt des Inverkehrbringens geltenden Sicherheitsvorschriften entsprach und keine Mängel erkennen ließ.

§ 1 Abs. 3 ProdHaftG sieht zudem einen Haftungsausschluss für Zulieferer **415**
vor. Grundsätzlich haftet ein Lieferant, Zulieferer oder sub-contractor zusammen mit dem Hersteller für Schäden, die durch das mangelhafte Endprodukt verursacht werden. Die Haftung des Zulieferers bzw. Lieferanten ist demgegenüber aber ausgeschlossen, wenn

- der Fehler durch die Konstruktion des Endprodukts, in welches das Teilprodukt eingearbeitet wurde, hervorgerufen wurde, oder
- der Fehler durch die Anleitung (Gebrauchs- oder Betriebsanleitung) des Herstellers des Produkts verursacht wurde.

Diese haftungsentlastenden Umstände muss im Streitfall der Zulieferer **416**
bzw. Lieferant beweisen.

3. Öffentlich-rechtliche Sicherheitsvorschriften

Öffentlich-rechtliche Sicherheitsvorschriften regeln – anders als Haf- **417**
tungsvorschriften – nicht die Voraussetzungen und Rechtsfolgen einer möglichen Haftung, sondern dienen der Gefahrenabwehr, d.h. sie sollen das Entstehen von Gefährdungen, die von Produkten ausgehen, vermeiden oder eindämmen. Neben branchenspezifischen Produktvorgaben, etwa durch das AMG oder das MedProdG ist hier in erster Linie das ProdSG zu nennen. Das ProdSG regelt das gewerbliche Bereitstellen, Ausstellen und die erstmalige Verwendung von Produkten, § 1 Abs. 1 ProdSG. Neben grundlegenden (§ 3 ProdSG) und besonderen (§ 6 ProdSG) Sicherheitsan-

forderungen an Verbrauchsprodukte regelt das ProdSG u.a. die Pflicht zur Vorhaltung eines Qualitäts-Managementsystems, bestimmte Unterrichtungspflichten gegenüber Behörden (Selbstanzeige) oder auch Kennzeichnungspflichten. So enthält § 7 ProdSG Regelungen zu CE-Kennzeichnungen und die §§ 20 und 22 ProdSG Vorgaben zur GS-Kennzeichnung.

418 Produkthersteller sind gut beraten, derartige Vorgaben, wie etwa CE- und GS-Kennzeichnungen oder auch DIN-Normen einzuhalten. Die Einhaltung derartiger technischer Normen entlässt den Hersteller allerdings nicht per se aus seiner zivilrechtlichen Haftung unter dem ProdHaftG.[169] Es ist ein weit verbreiteter Irrtum, dass die Einhaltung derartiger Sicherheitsvorschriften den Hersteller vollständig von seiner Haftung befreit. Lediglich dann, wenn ein Produktfehler im Zeitpunkt des Inverkehrbringens nicht erkennbar war, kann sich ein Hersteller von seiner Haftung nach dem Produkthaftungsgesetz befreien, § 1 Abs. 2 Nr. 5 ProdHaftG. Aus diesem Grund haben die öffentlich-rechtlichen Sicherheitsvorschriften gleichwohl einen erheblichen Einfluss auf die Produkthaftung und den Haftungsumfang.

419 **Praxishinweis:**

Die Einhaltung von CE-, GS- oder DIN-Normen bedeutet zwar nicht automatisch einen Haftungsausschluss, es ist aber dennoch dafür Sorge zu tragen, dass diese Vorgaben eingehalten werden. Die Verletzung von Sicherheitsvorschriften ist nämlich stets ein Indiz für einen Produktfehler. Umgekehrt kann die Einhaltung geltender Sicherheitsvorschriften zumindest ein Indiz dafür sein, dass der Produktfehler im Zeitpunkt des Inverkehrbringens nicht erkennbar war.

4. Produzentenhaftung gemäß § 823 BGB

420 Neben der verschuldensunabhängigen Haftung des ProdHaftG besteht eine weitere zivilrechtliche Haftung für Schäden nach § 823 BGB. Diese sogenannte Produzentenhaftung ist verschuldensabhängig. Danach hat derjenige einen Anspruch auf Schadensersatz, der infolge einer schuldhaften (d.h. vorsätzlichen oder fahrlässigen) Handlung eines anderen einen Schaden an Körper, Gesundheit oder an seinem Eigentum erleidet (Haftung für unerlaubte Handlung). Die Handlung kann aktiv oder durch Unterlassen begangen werden.

[169] BGH VI ZR 1/12, NJW 2013, 1302 Rn. 9.

a) Das Inverkehrbringen eines Produkts als unerlaubte Handlung

Die Haftung nach § 823 Abs. 1 BGB (Produzentenhaftung) setzt voraus, dass der Produzent eine unerlaubte Handlung begangen hat. In Produkthaftungsfällen, wenn also eine Person durch ein fehlerhaftes Produkt verletzt wird, liegt in der Regel indes kein aktives Fehlverhalten des Produzenten vor. Allerdings kann eine unerlaubte Handlung auch durch Unterlassen begangen werden, etwa indem der Produzent durch das Inverkehrbringen des Produkts eine Gefahrenlage geschaffen und damit seine Sorgfaltspflichten verletzt hat. Freilich begründet das Inverkehrbringen eines Produkts nur in Ausnahmefällen eine Haftung des Produzenten. Die Rechtsprechung hat die Sorgfaltspflichten konkretisiert, deren Verletzung eine unerlaubte Handlung im Sinne des § 823 Abs. 1 BGB darstellt und die Produzentenhaftung auslöst. Im Einzelnen handelt es sich um folgende Sorgfaltspflichten, die von Produktherstellern beachtet werden müssen: **421**

Organisationspflicht: Der Produzent – also das Unternehmen - muss seinen Betrieb so einrichten, dass Fehler bei der Produktentwicklung oder der Produktkonstruktion ausgeschlossen werden. Das bedeutet, dass die vom Produzenten hergestellten Produkte nach ihrer Konzeption dem neuesten Stand der Sicherheit entsprechen und von ihrer **Konstruktion** her das notwendige Sicherheitsniveau bieten müssen. Zudem muss die **Fabrikation**, d.h. die industrielle Fertigung der Produkte überwacht und dem Stand der Technik entsprechen. Dies verpflichtet den Produzenten dazu, seine Rohstoffe sorgfältig auszuwählen, seine Anlagen ordnungsgemäß einzurichten und zu warten, Prüfstellen einzurichten und das Fabrikationsverfahren zu kontrollieren sowie eine Qualitätskontrolle, eine Verpackungs- und Beschriftungskontrolle einzuführen. Gewährleistet der Produzent dies nicht, liegt eine Sorgfaltspflichtverletzung vor, die im Falle eines Schadenseintritts zur Schadensersatzhaftung führen kann. **422**

Praxishinweis: **423**

Sofern der Produzent nachweist, dass er die vorstehend genannten Anforderungen und Kontrollmechanismen einhält und es in Einzelfällen dennoch zu fehlerhaften Produkten kommt, kann sich der Produzent darauf berufen, dass es sich um sog. Ausreißer handelt. Derartige Ausreißer lassen die Produzentenhaftung entfallen (nicht aber die Haftung nach dem ProdHaftG, sofern deren Haftungsvoraussetzungen ebenfalls erfüllt sind).

Instruktionspflicht: Der Produzent ist verpflichtet, seinem Produkt eine ausreichende Gebrauchsanleitung beizufügen und auf Gefahren hinzuweisen. Er muss auch auf solche Gefahren hinweisen, die trotz einwandfreier Herstellung aus der Verwendung der Sache resultieren können.[170] Er muss **424**

[170] BGH VI ZR 192/98, NJW 1999, 2815.

bei seiner Instruktion auf den Empfängerhorizont abstellen und vor einem vorhersehbaren Fehlgebrauch des Produkts oder auch einer Zweckentfremdung und Schäden, die daraus entstehen können, hinweisen.[171] Die Instruktion bzw. Gebrauchsanweisung muss klar, verständlich und sachlich richtig sein. Sie muss in der Sprache des Verwenderlandes beiliegen.[172] Die Pflicht zur Aufklärung und Instruktion entfällt, wenn der Produzent berechtigterweise davon ausgehen kann, dass das Produkt lediglich von Personen benutzt wird, die mit den Gefahren vertraut sind (z.B. eingewiesenes Maschinenbedienpersonal) oder wenn die Gefahrenquelle für Jedermann offensichtlich ist – auch für Personen, die gelegentlich mit dem Produkt in Verbindung kommen (wie z.B. Kinder).[173]

425 **Produktbeobachtungspflicht**: Auch nach Inverkehrbringen eines Produkts muss der Produzent den Markt und seine Produktreihe im Blick behalten, insbesondere auch darauf, wie diese sich bewähren. Zeigen sich im Gebrauch Fehler oder Sicherheitsrisiken, so muss der Produzent angemessen reagieren (s.u.). Ausreichende und inhaltlich zutreffende Instruktion sowie Produktbeobachtung sind gleichsam auch Pflichten des Zulieferers. Auch er ist verpflichtet, seine Zulieferprodukte nach deren Veräußerung im Blick zu behalten und Anhaltspunkten für eine Gefahr nachzugehen. Ihn trifft die Pflicht, Mängel und Fehler an den Produzenten zu berichten. Die Pflichten des Produzenten und seiner Vertriebskette enden also nicht mit Auslieferung und Verkauf des Produkts.

426 **Gefahrabwendungspflicht**: Sofern der Produzent, sein Zulieferer oder Händler, Gefahren erkennen, die vom Produkt ausgehen, ist der Hersteller verpflichtet, erforderliche Gegenmaßnahmen einzuleiten, um mögliche Gefahren zu bannen. In Betracht kommen in diesem Sinne Produktinformation, Nachrüstung, Produktwarnung oder sogar Produktrückruf (hierzu unten). Es gilt, dass Inhalt und Umfang der Sorgfaltspflicht vom jeweiligen Produkt, dessen potenzieller Gefahr sowie den potentiellen Nutzern, die mit dem Produkt und dessen Gefahren in Berührung kommen können, bestimmt wird. Ein Produkt, das in Kontakt mit herkömmlichen Verbrauchern gelangt, muss grundsätzlich genaueren Sicherheitsvorrichtungen und Instruktionen genügen als ein Produkt, das für die industrielle Nutzung bestimmt ist. Folglich müssen Sorgfaltspflichten insbesondere dann höheren Ansprüchen genügen, wenn unvorhergesehene Benutzer (wie etwa Kinder) mit einem potentiell gefährlichen Produkt (beispielsweise einem Wasserboiler, Rasenmäher oder scharfem Küchengerät) in Berührung kommen. Demgegenüber kann eine bloße Warnung den Sorgfalts-

[171] BGH VI ZR 112/88, NJW 1989, 1542, 1544f.
[172] OLG Bremen 4 U 15/01, VersR 2004, 207, 208.
[173] OLG Hamm 3 U 10/99, NJW-RR 2001, 1248, 1249.

pflichten genügen, wenn ausgebildete und ggf. eingewiesene Personen mit Produkten operieren, wie beispielsweise geschultes Maschinenpersonal.

Praxishinweis: 427

Die Produzentenhaftung gilt – wie auch das Produkthaftungsgesetz – nicht nur für Großbetriebe, sondern auch für kleine Familien- sowie mittelständische Betriebe. Auch dort müssen daher Qualitätskontrollen eingerichtet werden.

b) Verschulden, Schaden, Ursachenzusammenhang und Beweisfragen

Der Produzent muss rechtswidrig und schuldhaft (d.h. vorsätzlich oder fahrlässig) gehandelt haben. Der Geschädigte muss sämtliche anspruchsbegründenden Maßnahmen darlegen und im Streitfall beweisen. Steht die unerlaubte Handlung fest, wird die Rechtswidrigkeit indiziert, so dass insoweit keine Beweisnot entsteht. Allerdings ist es für den Geschädigten oft schwierig zu beweisen, dass der Schädiger (Produzent) auch schuldhaft gehandelt hat. Der Geschädigte hat nämlich keinen Einblick in die Organisation und kann daher nicht darlegen und beweisen, dass der Produzent durch das Inverkehrbringen eine Sorgfaltspflicht schuldhaft verletzt hat. Die Rechtsprechung hat daher in bestimmten Konstellationen eine Beweislastumkehr konstruiert. **428**

– Bei **Konstruktions- und Fabrikationsfehlern** genügt es, wenn der Geschädigte beweist, dass die ihm entstandene Verletzung durch das in Verkehr gebrachte Produkt entstanden ist. Es wird dann vermutet, dass der dem Verletzten entstandene Schaden vom Produzent schuldhaft verursacht wurde (Beweislastumkehr). Der Produzent kann diese Vermutung allerdings widerlegen. Hierfür ist indes erforderlich, dass der Produzent dokumentiert und beweist, dass ihm keine Sorgfaltspflicht zur Last fällt. **429**

Praxishinweis: 430

Den Nachweis ordnungsgemäßer Konstruktion und Fabrikation kann der Produzent etwa erbringen, indem er nachweist, dass er und seine Zulieferer bestimmte Qualitätsstandards einhalten (Vorlage von Qualitätssicherungsvereinbarungen mit allen Zulieferern!). Zudem müssen Verprobungen, Kontrollen, Mitarbeiterschulungen, Testergebnisse dokumentiert (und zentral gesammelt) sowie im Prozess vorgelegt werden.

431

– Wurde der Verletzte durch einen **Instruktionsfehler** geschädigt, so muss der Geschädigte beweisen, dass keine oder keine ausreichende

Instruktion vorlag. Der Produzent muss beweisen, dass ihn kein Verschulden trifft (etwa mangels Erkennbarkeit).

432 – Liegt ein **Produktbeobachtungs- oder Gefahrabwendungsfehler** vor, so muss der Geschädigte beweisen, dass die Gefahr erkennbar war.

c) Haftungsausschluss

433 Anders als die Haftung nach dem ProdHaftG kann die Produzentenhaftung nach § 823 BGB im Prinzip zumindest beschränkt werden. Dies setzt aber eine vertragliche Beziehung zwischen Produzent und Geschädigtem voraus. Eine vertragliche Beziehung zwischen Produzent und Geschädigtem wird indessen nur in Ausnahmefällen vorliegen, denn nicht jeder Geschädigte, der mit dem Produkt des Produzenten in Berührung kommt, hat mit ihm auch einen Vertrag geschlossen. Allerdings ist selbst in den Fällen, in denen ein vertraglicher Haftungsausschluss bzw. eine Haftungsbeschränkung vereinbart wurde, zu prüfen, ob diese wirksam ist. Eine Haftung für Vorsatz ist nach § 276 Abs. 3 BGB weder in AGB noch in Individualvereinbarungen möglich. Für AGB muss zudem § 309 Nr. 7a BGB berücksichtigt werden, wonach ein Haftungsausschluss oder die Beschränkung der Haftung betreffend die Verletzung von Leben, Körper oder Gesundheit unwirksam ist.

d) Verjährung der Ansprüche aus Produzentenhaftung

434 Für deliktische Ansprüche aus § 823 BGB gilt die Regelverjährungsfrist, wonach Ansprüche nach 3 Jahren gerechnet ab Schluss des Jahres verjähren, in dem der Anspruch entstanden ist und der Geschädigte von den Umständen Kenntnis erlangt hat, welche den Anspruch begründen. Der Gesetzgeber hat allerdings eine Höchstfrist von 30 Jahren vorgesehen, die mit dem schadensauslösenden Ereignis zu laufen beginnt. Grund ist, dass es anderenfalls denkbar wäre, dass Ansprüche nie verjähren, soweit der Geschädigte von den den Anspruch begründenden Umständen nämlich keine Kenntnis erlangt. Im Übrigen gelten die allgemeinen Grundsätze zu Verjährung und Verjährungshemmung.[174]

e) Anspruchskonkurrenz

435 Die Produzentenhaftung tritt grundsätzlich neben die Haftung aus ProdHaftG und aus Vertrag, sofern zwischen den Parteien eine vertragliche Verbindung – beispielsweise ein Kaufvertrag – besteht. Sofern der Geschädigte seine Ersatzansprüche auf mehrere Anspruchsgrundlagen stützen kann, erhält er den Schaden aber dennoch nur einmal ersetzt. Wo

[174] → Rn. 106 ff.

der geschädigte Anspruchsteller die Wahl hat, ob er seinen Anspruch auf ProdHaftG oder § 823 Abs. 1 BGB (Produzentenhaftung) stützt, wird er seinen Anspruch stets auf das ProdHaftG stützen. Die Anspruchsvoraussetzungen sind insoweit niedriger, da der Anspruchsteller im Rahmen des ProdHaftG weder ein Verschulden des Herstellers bzw. Produzenten noch die Kausalität oder den Umstand nachweisen muss, dass der Hersteller das Produkt tatsächlich in Verkehr gebracht hat. Zudem kann sich der Hersteller im Rahmen der Haftung nach dem ProdHaftG nicht darauf berufen, dass der Fehler ein sog. Ausreißer war – während dies dem Produzent im Rahmen der Haftung nach § 823 Abs. 1 BGB möglich ist.

Praxishinweis: 436

Lassen Sie im Schadensfall Ihre potenziellen Ansprüche prüfen. Die Produzentenhaftung aus §823 Abs. 1 BGB hat neben dem ProdHaftG ihre Berechtigung. So sieht das ProdHaftG in § 10 einen Haftungshöchstbetrag und in § 11 eine Selbstbeteiligung des Geschädigten vor. Dies kennt die Produzentenhaftung aus §823 Abs. 1 BGB wiederum nicht. Zudem verjähren Haftungsansprüche nach ProdHaftG gemäß § 13 Abs. 1 spätestens in 10 Jahren nach Inverkehrbringen des Produkts. Im Rahmen der Produzentenhaftung kann ein Geschädigter seine Ansprüche u.U. bis zu 30 Jahre nach Inverkehrbringen des Produkts geltend machen, § 199 Abs. 2 BGB. Im Einzelfall kann es für den Geschädigten daher auch sinnvoll und günstig sein, sich auf §823 BGB anstatt auf das ProdHaftG zu berufen.

6. Der Produktrückruf

Produktrückrufe stehen zunehmend im Fokus öffentlicher Berichterstattung. Dies ist ein Grund, warum diese für Produkthersteller als besonders unangenehm empfunden werden. Unangenehm sind indessen auch die Konsequenzen, die drohen, wenn ein Rückruf unterbleibt und es in der Folge zu Körper- oder Gesundheitsverletzungen oder sogar zum Tod von Personen kommt, die auf ein fehlerhaftes Produkt zurückgehen. Es drohen in diesem Fall nicht nur zivilrechtliche Konsequenzen für das Unternehmen, sondern auch strafrechtliche Folgen für die handelnden Verantwortlichen im Unternehmen (i.d.R. die Geschäftsleitung). 437

Dass die Zahl an Produktrückrufen zunimmt, hat nichts damit zu tun, dass Produkte unsicherer werden. Vielmehr werden die gesetzlichen Sicherheitsanforderungen in vielen Rechtsordnungen ausdifferenzierter und strenger. Zudem werden Kontrollsysteme und Produktbeobachtung stetig verbessert, was zur Folge hat, dass Produktfehler schneller und leichter erkannt und aufgedeckt werden. Im Übrigen dient der Begriff „Rückruf" mittlerweile auch als Sammelbegriff für sämtliche Schutzmaßnahmen, 438 die nach in Verkehr bringen eines Produkts erfolgen, also etwa die Produktwarnung, die Stilllegungsaufforderung, die Produktinformation an Verbraucher zur gefahrlosen Verwendung und – was selbstredend ist – die Zurücknahme des Produkts oder dessen Austausch durch den Hersteller.

439 Zwar gibt es kein Produktrückrufgesetz, das die Voraussetzungen und Rechtsfolgen eines Rückrufs definiert. Es gibt lediglich einige Gesetze, die den Rückruf erwähnen, wie etwa das ProdSG (§ 2 Nr. 25). Allerdings haben die Gerichte vor allem ab den 1990er Jahren die Pflichten im Zusammenhang mit Produktrückrufen konkretisiert und stetig weiterentwickelt.

440 Eine Pflicht des Herstellers ist in drei Facetten denkbar. Erstens als individueller Anspruch eines Käufers (praktisch kaum relevant). Zweitens als Verkehrssicherungspflicht aus § 823 Abs. 1 BGB[175] und drittens kraft behördlicher Anordnung, die insbesondere dann zum Tragen kommen kann, wenn die Risiko- und Compliance-Systeme des Unternehmens versagen und trotz akuter (Lebens-)Gefahr ein Rückruf unterbleibt.

a) Wann ist ein Rückruf durchzuführen?

441 Vereinfacht gesagt ist ein Rückruf immer dann durchzuführen, wenn sich ein Produkt nach seinem in Verkehr bringen als potenziell oder tatsächlich gefährlich herausstellt.[176] Damit ist indessen noch nichts darüber gesagt, in welcher Form der Rückruf zu erfolgen hat (öffentlich oder still) oder ob ggf. auch eine (öffentliche) Produktwarnung oder Produktinformation ausreicht. Geklärt ist damit auch noch nicht, wo – d.h. in welchen Ländern – Rückrufe durchgeführt werden müssen und wer die Kosten dafür trägt. Hierzu im Einzelnen:

442 In der Praxis ist insbesondere die Beantwortung der Frage, wann und wie ein Rückruf durchgeführt werden muss, häufig umstritten. Dies hängt damit zusammen, dass die Personen, die in den Entscheidungsprozess eingebunden sind oder über deren Rechtmäßigkeit später entscheiden, häufig ein unterschiedliches Empfinden haben, ob das in Verkehr gebrachte Produkt potenziell oder tatsächlich gefährlich ist. So beurteilt die Fachabteilung (z.B. Techniker) die Gefahrenlage häufig anders als die Rechtsabteilung oder ein mit der Sache später befasstes Gericht. Es gilt: Je höher die Gefahrenlage ist, desto niedriger muss die Schadenseintrittswahrscheinlichkeit sein. Mit anderen Worten, wo Lebensgefahr droht, genügt schon die potenzielle (d.h. leichte) Möglichkeit, dass das Produkt unsicher oder fehlerhaft ist und dadurch ein Schadensfall eintritt. Völlig fernliegende oder lediglich theoretisch-abstrakte Schadenszenarien genügen allerdings nicht. Zudem muss die (potenzielle) Gefahr auf einen

[175] → Rn. 421 ff.

[176] BGH VI ZR 65/86, BGHZ 99, 167, 180.

Produktfehler zurückgehen – anderenfalls dürfte kein Auto im Straßenverkehr unterwegs sein und kein Flugzeug die Startbahn verlassen.

Die Schwierigkeit, in der Praxis zu bestimmen, ob ein echter Rückruf erforderlich ist oder ggf. eine Produktwarnung oder eine Information an die Verbraucher ausreicht, liegt letztlich darin, dass der BGH eine **Interessenabwägung im Einzelfall** fordert und zwar unter Berücksichtigung aller Umstände des jeweiligen Einzelfalls.[177] Vielfach wird man zwar davon ausgehen dürfen, dass im Einzelfall eine (öffentliche) Produktwarnung ausreicht. Dies gilt aber nicht, (i) wenn Dritte mit dem gefährlichen Produkt in Berührung kommen können (sog. *Innocent Bystanders*), welche die Produktgefahr nicht kennen oder nicht einschätzen können; (ii) wenn die Benutzer des Produkts die Gefahren trotz Warnung nicht einschätzen können oder ihr Verhalten darauf nicht einrichten können (z.B. Kinder); oder (iii) wenn Grund zu der Annahme besteht, dass die Produktbenutzer sich – ggf. bewusst – über eine Warnung hinwegsetzen und dadurch möglicherweise Dritte gefährden. 443

Eine Rückrufpflicht wurde etwa angenommen für: 444

- Plastikdecken, die versehentlich aus nicht flammgeschütztem Material hergestellt waren, die in Gasheizungen für Wohnmobile eingebaut wurden;[178]
- entflammbare Kondensatoren, die in eine Dunstabzugshaube eingebaut wurden;[179]
- aufgeplatzte Kunststoffkugelpfannen für Vergaser und Tempostate.[180]
- Indessen wurde eine Rückrufpflicht unter Verweis auf die Möglichkeit von Produktwarnungen im sog. Pflegebettenfall abgelehnt, in welchem der elektrische Antrieb von Pflegebetten undicht war und aus diesem Grund eine potenzielle Brandgefahr nicht ausgeschlossen werden konnte;[181] 445

Praxishinweis: 446

In der Praxis tendieren Hersteller häufig zu einem Rückruf. Dies hängt auch damit zusammen, dass ein kostenloser Austausch von Produkten marktseitig erwartet wird (etwa im Automobilbereich). Bei Restzweifeln lassen sich meist nur so mögliche strafrechtliche Haftungsrisiken für die Geschäftsleitung vollständig ausschließen.

[177] BGH VI ZR 170/07, NJW 2009, 1080 Rz. 13.
[178] OLG München 7 U 6173/95, NJW-RR 1999, 1657, 1658.
[179] OLG Karlsruhe 15 U 293/91, NJW-RR 1995, 594, 597.
[180] OLG Düsseldorf 22 U 13/96, NJW-RR 1997, 1344, 1345.
[181] BGH VI ZR 170/07, NJW 2009, 1080, 1081.

b) Wie ist der Rückruf durchzuführen?

447 Die Durchführung des Rückrufs hängt davon ab, welche Form des Rückrufs gewählt wird. Erfolgt lediglich ein Warnhinweis muss der Hersteller dafür sorgen, dass dieser alle Personen erreicht, die mit dem Produkt in Berührung kommen (in erster Linie sind dies die Käufer). Besteht beispielsweise ein Rückverfolgbarkeitssystem, so kann der Warnhinweis mittels Anschreiben oder über die Händler an die Kunden (Käufer) versandt werden. Bei Verbraucherendprodukten, die nicht rückverfolgbar sind oder bei denen unklar ist, wer diese nutzt, wird in der Regel ein öffentlicher Rückruf notwendig werden, der über geeignete Medien (Nachrichten, Zeitungen und ggf. Branchenzeitschriften) kommuniziert werden muss.

448 In der Regel enthält ein Warnhinweis (i) die Produktbezeichnung, (ii) ggf. eine zeitliche Eingrenzung (z.B. wenn Lebensmittel aus einer bestimmten Produktionscharge betroffen sind), (iii) eine Beschreibung der Gefahr, die vom Produkt ausgeht sowie (iv) eine Anweisung wie der Produktbesitzer sich verhalten soll.

449 Im Falle eines echten Rückrufs gilt das vorstehend gesagte in gleicher Weise. Zudem enthält die Herstellerinformation dann aber auch noch den konkreten Hinweis, wo, wann und zu welchen Konditionen ein Austausch, eine Nachrüstung oder ein Umtausch des Produkts stattfindet.

450 **Praxishinweis:**

Ein Rückruf schützt nicht zwingend und automatisch davor, dass der Hersteller wegen Schadensersatz von einer geschädigten Person in die zivilrechtliche Haftung genommen wird. Allerdings reduziert ein Rückruf das Risiko einer zivilrechtlichen Haftung und schließt eine strafrechtliche Haftung der Unternehmensleitung weitgehend aus.

c) Wo ist ein Rückruf durchzuführen?

451 In Zeiten grenzüberschreitenden Handels stellt sich bei einer Produktgefahr die Frage, in welchen Ländern ein Rückruf durchgeführt werden muss. Im Grundsatz gilt, dass überall dort ein Rückruf durchzuführen ist, wo das Produkt vertrieben, also bestimmungsgemäß in Verkehr gebracht wurde.

d) Wer hat den Rückruf durchzuführen?

452 Grundsätzlich ist der Hersteller eines defekten Produkts dafür verantwortlich, dass ein Produkt von dem eine Gefahr ausgeht, aus dem Verkehr gezogen wird oder die Gefahr auf andere Weise (mittels Warnung oder Hinweis) beseitigt wird. Allerdings kann ein Produktrückruf auch be-

hördlich angeordnet werden. In jedem Fall ist es empfehlenswert und z.T. auch rechtlich erforderlich, einen Rückruf mit den zuständigen Behörden abzustimmen. In Deutschland kann es insoweit bestimmte Sonderzuweisungen geben (im Automobilbereich z.B. das Kraftfahrt-Bundesamt), ansonsten sind die Regierungspräsidien zuständig. Im Arzneimittelgesetz (§ 69 Abs. 1 Satz 2 AMG) oder im Lebensmittel- und Futtermittelgesetz (§ 39 Abs. 2 Satz 2 LFGB) sind entsprechende Spezialermächtigungen vorgesehen.

Es ist empfehlenswert, wenn auch nicht immer zwingend erforderlich, **453**
mit den zuständigen Behörden in Kontakt zu treten und den Behörden die bisherigen Untersuchungsergebnisse offenzulegen und im besten Fall eine Strategie aufzuzeigen, wie man der Lage Herr werden möchte (dies schließt die Übermittlung der Dokumentation, also Entwürfe der Warnhinweise/Kontaktschreiben etc. ein).

Praxishinweis: **454**

Wenn die Behörden erkennen, dass Sie ein funktionierendes Warn- bzw. Rückrufmanagement haben, lässt man Sie tendenziell gewähren, ohne selbst einzugreifen und einen Rückruf ggf. per Verwaltungsakt anzuordnen. Sie bleiben dann Herr der Lage – auch hinsichtlich der öffentlichen Berichterstattung, was immer von Vorteil ist.

e) Pflicht zum Aufbau und zur Unterhaltung eines Rückrufmanagementsystems

§ 6 Abs. 2 ProdSG schreibt für Hersteller von Verbraucherprodukten vor, **455**
dass diese geeignete Maßnahmen zur Vermeidung von Risiken treffen müssen. Hierzu zählt auch, dass ein Rückrufmanagement aufgebaut und unterhalten wird damit – falls nötig – gefährliche, fehlerbehaftete Produkte zurückgenommen oder zumindest eine effektive Warnung ausgesprochen werden kann.

Wie genau ein solches Krisen- oder Rückrufmanagementsystem imple- **456**
mentiert wird, ist § 6 Abs. 2 ProdSG nicht zu entnehmen. Hierfür existiert auch kein allgemeingültiger Bauplan, da je nach Branche und Unternehmensstruktur sowie Unternehmensgröße unterschiedliche Faktoren eine Rolle spielen. Hilfreich für den Aufbau eines Rückrufmanagementsystems ist es sicherlich, wenn Sie sich über folgende Punkte Gedanken machen und diese Schritte ggf. in einer „*Notfall-Agenda*" oder einem „*Produkthaftungs-Manual*" niederlegen:

(1) stellen Sie ein Krisenteam zusammen, das möglichst aus fachkundigen Personen unterschiedlicher Fachbereiche (Entwicklung, Produktion, Einkauf, Vertrieb, Qualität, Recht) besteht.

(2) Stellen Sie stets Produktmuster von allen Produkten zurück, damit Sie im Krisenfall den Produktfehler nochmals selbst prüfen und identifizieren können.

(3) Sorgen Sie für eine effiziente Produktbeobachtung, indem Sie Kundenbeschwerden zentralisiert erfassen und diese auswerten und die Auswertungsergebnisse an die zuständigen Fachabteilungen weiterleiten.

(4) Entwerfen Sie einen Notfallplan, den Sie im Krisenfall abarbeiten können: Hierzu zählt insbesondere: (i) Hinzuziehung erforderlicher externer Unterstützung (Technik, Kommunikation, Recht); (ii) Identifikation betroffene Produkte, Vertriebsregionen und Kunden; (iii) Auslieferungssperre für das eigene Warenlager; (iv) Veranlassung eines Auslieferungsstopp im Groß- und Zwischenhandel; (v) Verhängung eines vorläufigen Produktionsstopps; (vi) Ermittlung geeigneter Abhilfemaßnahmen (Maßnahmenplan); (vii) Information der zuständigen Behörden unter Vorlage des Maßnahmenplans; (viii) Umsetzung der Maßnahme (d.h. Information, Warnung und/oder Rückruf).

(5) Ermitteln Sie die (technischen) Ursachen für das identifizierte Produktrisiko.

(6) Sprechen Sie Mängelrügen gegenüber Ihren Lieferanten aus, wenn das identifizierte Risiko zumindest auch in den Verantwortungsbereich des Lieferanten fallen könnte (Zulieferteil). Diese Mängelrügen müssen allerdings konkret sein.

(7) Informieren Sie den Versicherer.

457 **Praxishinweis:**

Dokumentieren Sie die getroffene Entscheidung über die Gefahrenabwendungsmaßnahmen und vor allem auch die dazu erfolgte Interessenabwägung. Halten Sie im Protokoll fest, welche Aspekte beispielsweise dazu geführt haben, dass die Entscheidung für eine Produktwarnung (statt für einen Rückruf) getroffen wurde. Diese Dokumentation kann aus Gründen der Enthaftung oder für Regressansprüche gegen Zulieferer Bedeutung erlangen.

f) Zulieferpflichten

458 Ein Zulieferer ist mit Blick auf das von ihm gelieferte Teil wie ein Hersteller verantwortlich. Für seinen Verantwortungsbereich obliegen dem Zulieferer daher die gleichen Pflichten wie dem Hersteller eines Endprodukts. Auch dem Zulieferer obliegt die Sorgfaltspflicht, durch geeignete Organisation von Konstruktion und Fertigung keine gefährlichen Produkte in Verkehr zu bringen, für ausreichende Instruktion zu sorgen und die in Verkehr gebrachten Produkte auch nach Auslieferung im Blick

zu behalten. Das bedeutet, dass der Zulieferer in gleicher Weise, wie der Endproduktehersteller (OEM) geeignete Sicherungsmaßnahmen ergreifen muss, was dazu führen kann, dass der Zulieferer ggf. selbst einen Rückruf seiner Zulieferteile in die Wege leiten muss, wenn sich die Anzeichen verdichten, dass das Zulieferteil eine Produktgefahr darstellt.

g) Kosten des Rückrufs

In der Praxis führt meist der Hersteller des Endprodukts den Rückruf **459** durch. Dies liegt an seiner Nähe zum Endverbraucher. Führt ein Hersteller einen Rückruf durch, stellt sich jedoch spätestens kurz danach die Frage, ob er die Kosten des Rückrufs von seinem Zulieferer erstattet bekommen kann, wenn das Zulieferteil fehlerbehaftet war.

Regressansprüche des Endproduktehersteller können sich aus dem **460** Liefervertrag, aus dem Rechtsinstitut der Geschäftsführung ohne Auftrag (§§ 677, 683 Satz 1, 670) oder aus Gesamtschuldnerausgleich (§§ 840, 426 BGB) ergeben. Notwendige Voraussetzung ist, dass der Hersteller des Endprodukts, der den Rückruf durchgeführt hat, zum Rückruf verpflichtet war. Führt der Hersteller den Rückruf nur aus Kulanzgründen oder aus Gründen der Kundenpflege durch, lag in Wahrheit überhaupt keine Gefahr für Leben, Gesundheit oder Eigentum vor oder hätte eine Produktwarnung im Einzelfall genügt, dann besteht kein Regressanspruch des Herstellers gegen seinen Zulieferer.[182]

Praxishinweis: **461**

Es ist umstritten, inwieweit der Hersteller in seinen Verträgen mit Zulieferern die Kosten für einen möglichen (Kulanz-)Rückruf auf den Zulieferer abwälzen kann. In jedem Fall müssen die Voraussetzungen einer solchen Kostenabwälzung möglichst genau definiert sein. Dem Zulieferer muss die Möglichkeit verbleiben, sich gegen diese Rückrufkosten zu versichern. Zudem muss der Hersteller den Zulieferer auf eventuelle Besonderheiten des von ihm einzuholenden Versicherungsschutzes hinweisen (wie etwa bei Lieferungen in die USA und die Gefahr von Strafschadensersatzforderungen – punitive damages).

h) Anspruch auf Rückruf

Einen individuellen Rückrufanspruch sieht das Gesetz grundsätzlich nicht **462** vor. Das bedeutet, dass eine einzelne Person keinen Anspruch auf Rückruf oder Austausch eines Produktes in der Weise hat, dass sie Rücknahme und Umtausch oder Nachrüstung vom Hersteller fordern kann. Lediglich aus

182 Mit Einzelheiten: BGH VI ZR 170/07, NJW 2009, 1080 ff.

dem vertraglichen Gewährleistungsrecht oder einer Garantie kann ein Einzelner (Kunde bzw. Endverbraucher) Reparatur oder Umtausch seines Produkts verlangen. Dies setzt indessen voraus, dass eine vertragliche Beziehung zwischen dem Einzelnen und dem Hersteller besteht und der Gewährleistungsanspruch des Einzelnen (Kunden bzw. Endverbrauchers) noch besteht, insbesondere nicht verjährt ist. Würde man aus der Verkehrssicherungspflicht des Herstellers darüber hinaus einen Rücknahme- oder Rückrufanspruch von Verbrauchern herleiten, würde dies das Gewährleistungsregime und insbesondere die dort vorgesehenen Fristen unterlaufen.

7. Grenzüberschreitende Produkthaftung

463 Der internationale Warenverkehr führt zwangsläufig dazu, dass Personen durch Produkte eines ausländischen Herstellers geschädigt werden. Wird also beispielsweise ein Japaner in Japan durch ein deutsches Produkt verletzt, stellen sich insbesondere zwei Fragen: Erstens, nach welchem Recht bestimmt sich, ob die geschädigte Person Schadensersatz erhält und zweitens, vor welchen Gerichten muss die geschädigte Person ihre Ansprüche einklagen.

a) Anwendbares Recht

464 Maßgeblich für die Frage, welches Recht in grenzüberschreitenden Produkthaftungsfällen Anwendung findet, ist – in Ermangelung verfügbarer internationaler zwischenstaatlicher Verträge - aus deutscher und europäischer Sicht die Rom-II-Verordnung (Rom-II-VO). Der Gesetzgeber hat versucht, mit den dort vorgesehenen Anknüpfungen ein Maximum an Einzelfallgerechtigkeit zu schaffen. Herausgekommen ist eine relativ komplexe und teils unübersichtliche „Anknüpfungsleiter", die in sieben Schritten abzuarbeiten ist.

465 **Praxishinweis:**

Nach der unten dargestellten Anknüpfungsleiter kann auch das Recht eines Drittstaates zur Anwendung gelangen – z.B. brasilianisches, chinesisches oder US-amerikanisches Recht –, das nicht deutsches Recht oder das Recht eines EU-Mitgliedstaats ist (Art. 3 Rom-II-VO).

466 **Schritt 1**: Die Anknüpfung ist relativ einfach, wenn die Parteien sich auf die Geltung eines Rechts geeinigt haben, Art. 3 Abs. 1 Rom-I-VO. Im Falle des Bestehens eines Vertrags wird häufig die Wahl eines bestimmten Rechts vereinbart, das dann gilt. Auch nach Eintritt eines Schadens können die Parteien sich noch auf die Geltung eines anwendbaren Rechts einigen, Art. 14 Abs. 2 Rom-II-VO. Haben sich die Parteien nicht auf die Anwendung eines bestimmten Rechts geeinigt, ist das anwendbare Recht nach den Art. 4 und 5 Rom-II-VO zu bestimmen.

Schritt 2: Gemäß Art. 4 Abs. 2 Rom-II-VO gelangt grundsätzlich das Recht des Staates zur Anwendung, in dem die Person, deren Haftung geltend gemacht wird (Hersteller) und die Person, die geschädigt wurde, zum Zeitpunkt des Schadenseintritts ihren gewöhnlichen Aufenthalt haben. Anknüpfung ist also der **gemeinsame gewöhnliche Aufenthalt** von Schädiger (Hersteller) und Geschädigtem. Gewöhnlicher Aufenthalt ist bei Gesellschaften der Sitz der Hauptverwaltung und bei natürlichen Personen der Lebens- bzw. Daseinsmittelpunkt.[183] **467**

Praxishinweis: **468**

Wird ein in Deutschland lebender Mallorca-Urlauber durch den Produktfehler eines Kfz verletzt, das von einem in Deutschland sitzenden Hersteller gebaut wurde, so gelangt deutsches Recht zur Anwendung. Wird ferner beispielsweise ein Italiener, der in Deutschland arbeitet und daher in Deutschland seinen gewöhnlichen Aufenthalt hat, durch das Produkt eines deutschen Herstellers (z.B. einen Heißwasserboiler) geschädigt, so findet deutsches Recht auf den Produkthaftungsfall Anwendung. Anders liegt der Fall indessen, wenn der Italiener lediglich zu Urlaubszwecken in Deutschland war. In diesem Fall ist das anwendbare Recht nach Art. 5 Rom-II-VO zu bestimmen (s.u.).

Schritt 3: Danach gilt, dass gemäß Art. 5 Abs. 1a) Rom-II-VO auf einen Produkthaftungsfall das Recht des Staates Anwendung findet, in dem die **geschädigte Person** beim Eintritt des Schadens ihren **gewöhnlichen Aufenthalt** hatte, wenn das **Produkt auch in diesem Staat in Verkehr gebracht** wurde. Ein Produkt ist in den Verkehr gebracht, wenn es den vom Hersteller eingerichteten Prozess der Herstellung verlassen hat und in einen Prozess der Vermarktung eingetreten ist, in dem es in gebrauchs- oder verbrauchsfertigem Zustand öffentlich angeboten wird.[184] Für die Frage, wo der **Schaden** eingetreten ist, kommt es auf den **Primärschaden** (Körperverletzung, Tötung oder Eigentumsverletzung) an, nicht hingegen auf einen Folge- oder Sekundärschaden (wie etwa entgangener Gewinn oder Einkommenseinbußen). **469**

Praxishinweis: **470**

Ein Australier mit Lebensmittelpunkt in Sydney wird durch einen Rasenmäher eines deutschen Herstellers geschädigt, den dieser an seinen aus-

[183] BGH IV ZR 103/73, NJW 1975, 1068.
[184] EuGH C-127/04, NJW 2006, 825, 826 Rz. 32.

tralischen Vertragshändler verkauft hat (der den Rasenmäher dann an den geschädigten Käufer veräußert hat). Gewöhnlicher Aufenthalt und Ort des Inverkehrbringens sind identisch (Australien). Danach ist australisches Recht anzuwenden.

471 **Schritt 4**: Liegen gewöhnlicher Aufenthalt des Geschädigten und das in Verkehr bringen des Produkts nicht im selben Staat, ist gemäß Art. 5 Abs. 1b) Rom-II-VO das Recht des Staates maßgeblich, in dem das **Produkt erworben** wurde – wenn das **Produkt** auch **in diesem Staat in Verkehr gebracht** wurde.

472 **Schritt 5**: Ist auch danach keine Anknüpfung möglich, kommt es gemäß Art. 5 Abs. 1c) Rom-II-VO auf das Recht des **Staates an, in dem der Schaden eingetreten** ist, falls das **Produkt** auch in diesem **Staat in Verkehr gebracht** wurde. Für den Schadenseintritt kommt es insoweit auch auf den Primärschaden an.

473 **Schritt 6**: Sind auch diese Voraussetzungen nicht erfüllt, bestimmt Art. 5 Abs. 1 Satz 2 Rom-II-VO, dass das **Recht des Staates** anzuwenden ist, in dem der **Schädiger** (Hersteller), **seinen gewöhnlichen Aufenthalt hat**. Diese Anknüpfung kann im Einzelfall auch die vorstehend beschriebenen Anknüpfungen nach den Art. 5 Abs. 1a) – 1c) Rom-II-VO verdrängen, wenn der Schädiger (Hersteller) das Inverkehrbringen des Produkts oder eines gleichartigen Produkts in dem Staat, dessen Recht nach den Buchstaben a, b oder c (s.o.) anzuwenden wäre, **vernünftigerweise nicht voraussehen** konnte. In diesem Fall soll das Recht am Sitz des Unternehmens (Herstellers) geltend. Ziel ist, vor allem die Vorhersehbarkeit der Haftung und damit auch die Versicherbarkeit von Produkthaftungsrisiken für den Hersteller zu erleichtern. Der Hersteller trägt – wenn er sich auf die Nichtvorhersehbarkeit beruft – allerdings die Beweislast für diesen Umstand.

474 **Praxishinweis:**

Wenn beispielsweise ein Spanier mit gewöhnlichem Aufenthalt in Spanien ein in Deutschland produziertes Auto in Italien kauft, ohne dass der deutsche Automobilhersteller Kenntnis von dem Import des Autos nach Italien haben konnte, so findet nicht italienisches, sondern gemäß Art. 5 Abs. 1 Satz 2 Rom-II-VO deutsches Recht Anwendung, wenn der spanische Käufer durch das Auto geschädigt wird (z.B. durch einen Defekt an den Bremsen).

475 **Schritt 7**: Für den Fall, dass keine der vorstehend genannten Anknüpfungsmöglichkeiten erfüllt ist, findet das Recht Anwendung, zu dem der Sachverhalt die **engste Verbindung** aufweist. Diese Ausweichklausel des Art. 5 Abs. 2 Rom-II-VO kommt insbesondere bei durch das Produkt

geschädigten Dritten (*Innocent Bystander*) zur Anwendung. Ein Innocent Bystander kommt häufig erst durch das Schadensereignis selbst in Berührung mit einem fehlerhaften Produkt – etwa dann, wenn durch eine defekte Autobremse ein **Unfall** im Ausland **mit einem unbeteiligten Dritten** verursacht wird. Dann hängt es oft vom Zufall ab, ob das ermittelte Recht für den Innocent Bystander im Einzelfall angemessen ist.

Praxishinweis: 476

Die Frage, welches Recht in Produkthaftungsfällen zur Anwendung kommt, ist auch für Ihre Produkthaftungsversicherung von Bedeutung. So benötigen Sie einen weitergehenden Versicherungsschutz, wenn Sie etwa vor US-amerikanischen Gerichten und unter Anwendung von US-Recht verklagt werden können, als wenn Sie ihre Produkte nicht ins (US-amerikanische) Ausland importieren.

b) Sicherheits- und Verhaltensregeln

Mit der Frage, welches Recht für die Bestimmung der Haftung maßgeblich ist, ist häufig noch nichts darüber gesagt, welche Sicherheits- und Verhaltensregeln beispielsweise für die Frage maßgeblich sind, ob die in Haftung genommene Person sich korrekt verhalten hat. Art. 17 Rom-II-VO stellt klar, dass für die Beurteilung des Verhaltens der in Haftung genommenen Person die Sicherheits- und Verhaltensregeln maßgeblich sind, die an dem **Ort** und zu dem **Zeitpunkt** des **haftungsbegründenden Ereignisses in Kraft** sind. In Produkthaftungsfällen kommt es insoweit insbesondere auf Sicherheitsvorschriften wie etwa *DIN*, *ISO*, *CE* oder *GS* an. Selbst wenn die in Deutschland und zum Teil auch in der EU geltenden Vorgaben vollständig eingehalten sind, in Japan oder den USA indessen noch strengere Sicherheitsvorgaben bestehen und das Produkt dort auch in Verkehr gebracht werden soll, ist der Hersteller gut beraten, auch die Sicherheitsvorschriften in diesen Exportländern zu beachten. 477

Praxishinweis: 478

Beachten Sie geltende Sicherheitsvorschriften in allen Ländern, in Sie die Waren Ihrer Unternehmung exportieren. Schalten Sie einen Rechtsanwalt ein, der die Korrespondenz mit ausländischen Behörden oder ausländischen Anwälten übernimmt und ermittelt, welche Sicherheitsvorschriften wo eingehalten werden müssen.

c) Zuständige Gerichte

479 Mit der Frage, welches Recht auf einen Schadensfall Anwendung findet, ist noch nichts darüber gesagt, welches Gericht im Streitfall für einen Produkthaftungsfall zuständig ist. So ist denkbar, dass ein deutsches Gericht beispielsweise französisches, schweizerisches oder U.S.-amerikanisches Recht anwendet. Es folgt also weder der Gerichtsstand dem anwendbaren Recht, noch folgt das anwendbare Recht zwingend einer Gerichtszuständigkeit.

480 Für Produkthaftungsfälle ist aus deutscher Perspektive der Gerichtsstand der unerlaubten Handlung maßgeblich, § 32 ZPO. Danach gilt, dass das Gericht zuständig ist, in dessen Bezirk die schädigende Handlung begangen wurde. Als Begehungsort gilt sowohl der Ort, an dem die unerlaubte Handlung begangen wurde (sog. Handlungsort), als auch der Ort, an dem in das geschützte Rechtsgut eingegriffen wurde (sog. Erfolgsort).

481 **Praxishinweis:**

Liefert etwa ein chinesisches Unternehmen ein in Shenzhen hergestelltes Spielzeug nach Deutschland und wird ein Kind in Stuttgart durch einen Produktfehler des Spielzeugs geschädigt, so liegt der Handlungsort in Shenzhen, der Erfolgsort indessen in Stuttgart. In diesen Fällen hat der Geschädigte – zumindest aus der Perspektive deutschen Rechts – ein Wahlrecht, ob er den Hersteller in Stuttgart oder in Shenzhen verklagen will (§ 35 ZPO).

482 Falls die Eltern des geschädigten Kindes im vorstehenden Beispielsfall in China klagen wollen, müsste ein chinesischer Anwalt zudem prüfen, ob für diesen Fall auch die chinesische Zivilprozessordnung einen Gerichtsstand in Shenzhen, China vorsieht.

483 Dieser letzte Schritt entfällt indes soweit Zuständigkeitsübereinkommen (wie etwa das Luganer Übereinkommen, *LugÜ*) oder harmonisiertes Recht (wie etwa die *EuGVVO* für die EU) für einen Sachverhalt mit Auslandsbezug einschlägig sind. Die EuGVVO gelangt zur Anwendung, wenn der **Beklagte seinen Sitz innerhalb der EU** (Art. 4 Abs. 1 EuGVVO) oder in Island, Norwegen oder der Schweiz (Art. 2 Abs. 1 LugÜ) hat. Die Frage der Nationalität ist unerheblich. Es kommt für die Anwendung der EuGVVO also grundsätzlich nur darauf an, dass der **Beklagte in einem Mitgliedstaat der EU sitzt**. Der **Kläger kann** auch in einem **Drittstaat ansässig** sein (wie den USA, Brasilien, Australien).[185] Wollen also ein ge-

[185] EuGH C-463/06, NJW 2008, 819. Etwas anderes gilt ausnahmsweise dort, wo die EuGVVO die Anwendung einer ihrer Zuständigkeitsregeln ausdrücklich davon abhängig macht, dass auch der Wohnsitz des Klägers in einem Vertragsstaat liegt (früher z.B. für Unterhaltssachen).

schädigter Franzose, Türke oder Kanadier einen in Deutschland sitzenden Hersteller verklagen, richtet sich die Frage der Gerichtszuständigkeit nach der EuGVVO.

Produkthaftungsansprüche sind Ansprüche aus unerlaubter Handlung und können nach Art. 7 Nr. 2 EuGVVO am Ort ihrer Begehung geltend gemacht werden, d.h. am Handlungs- oder Erfolgsort. Der geschädigte Kläger hat auch nach Art. 7 Nr. 2 EuGVVO die Wahl, ob er den Schädiger (i.d.R. der Hersteller) an dem Ort verklart, wo der Schaden (z.B. die Verletzung) eingetreten ist (=Erfolgsort); oder ob er lieber vor den Gerichten an dem Ort klagt, an dem die schädigende Handlung ausgeführt wurde (=Handlungsort). Letzteres wäre in der Regel der Ort der Herstellung des fehlerhaften Produkts, denn dort wurde die Sorgfaltspflichtverletzung (z.B. der Konstruktionsfehler) begangen. **484**

Praxishinweis: **485**

Ein in den USA ansässiger Kläger, der durch das Produkt eines in Deutschland hergestellten Produkts verletzt wurde, kann den in Deutschland sitzenden Hersteller nach Art. 7 Nr. 2 EuGVVO entweder in Deutschland (Handlungsort) oder in den USA (vornehmlich an seinem Wohnsitz als dem Erfolgsort) verklagen.

Die gute Nachricht für Hersteller ist, dass es insbesondere für Produkthaftungsfälle, die vor deutschen Gerichten ausgetragen werden, weder Sammelklagen noch Strafschadensersatz (*punitive damages*) – wie etwa in den USA - gibt. Mit dem Kapitalanleger-Musterverfahrensgesetz (KapMuG) gibt es in Deutschland zwar eine kollektive Rechtschutzmöglichkeit – allerdings nur für geschädigte Anleger in Kapitalanlegerstreitigkeiten (etwa wegen falscher, irreführender oder unterlassener öffentlicher Kapitalmarktinformationen, etwa in Jahresabschlüssen oder Börsenprospekten). **486**

d) Internationaler Produktrückruf

Eine andere Frage ist die nach dem anwendbaren Recht in grenzüberschreitenden Produktrückruffällen. Dabei geht es nicht – wie bei der Produkt**haftung** – um Schadensausgleich, sondern um die Abwendung möglicher Gefahren. Im Falle eines internationalen Produktrückrufs müssen die **Verwaltungsvorschriften** des **jeweiligen Staates** beachtet werden, in den das fehlerhafte Produkt importiert wurde. Einige Länder sehen zwingend vor, dass nationale Behörden eingeschaltet werden, auch wenn der Rückruf vom Hersteller eigentlich selbst kommuniziert und organisiert werden könnte. Dies macht ein Einschalten ausländischer Rechtsanwälte letztlich zwingend erforderlich – auch bei Rückrufen innerhalb der Europäischen Union. **487**

488 **Praxishinweis:**

Schalten Sie beim Verdacht eines Produktfehlers frühzeitig einen in Deutschland zugelassenen Rechtsanwalt ein, der Ihnen bei der rechtlichen Bewertung hilft und die ggf. notwendige Koordination mit ausländischen Anwälten sowie den Behörden übernimmt. Wurden Ihre Produkte beispielsweise in die EU exportiert, allerdings auch nach China, in die USA und nach Australien, muss durch ausländische Anwälte geprüft werden, welche Anforderungen die jeweiligen Rechtsordnungen an einen Rückruf stellen. Während etwa in Deutschland, Frankreich und Italien ein Warnhinweis ausreichen kann, wäre denkbar, dass für die konkrete Situation in den USA und Australien zwingend ein mit den zuständigen Behörden abgestimmter öffentlicher Rückruf durchgeführt werden muss.

Teil 8
Lieferverträge in Krise und Insolvenz

I. Einführung

Ordnungsgemäße Zahlung fälliger Forderungen ist lebensnotwendig für im wirtschaftsverkehr tätige Unternehmen. Wenn ein Vertragspartner in Zahlungsschwierigkeiten gerät oder sogar zahlungsunfähig wird, drohen für den Verkäufer, der schon geliefert hat, aber noch auf Bezahlung seiner Lieferung wartet, erhebliche finanzielle Schäden. Um diese zu vermeiden oder möglichst gering zu halten, sollte der Lieferant die Zahlungsfähigkeit seiner Kunden stets im Auge behalten. Nachfolgend werden der Gang eines Insolvenzverfahrens sowie die Maßnahmen beschrieben, die im Falle drohender oder feststehender Zahlungsunfähigkeit vom Gläubiger ergriffen werden können. **489**

II. Der Ablauf eines Insolvenzverfahrens

1. Der Antrag auf Eröffnung des Insolvenzverfahrens

Wird ein Unternehmen zahlungsunfähig, muss ein Insolvenzverfahren über das Vermögen dieses Unternehmens eröffnet werden. Das zahlungsunfähige Unternehmen ist der Schuldner. Zuständig für die Entscheidung über die Eröffnung eines vorläufigen Insolvenzverfahrens sowie des Insolvenzverfahrens selbst ist das Insolvenzgericht. **490**

Das Insolvenzgericht wird gemäß § 13 Abs. 1 InsO nur auf Antrag eines Gläubigers oder des Schuldners selbst tätig. Bei juristischen Personen obliegt dem Geschäftsführer (GmbH) oder dem Vorstand (Aktiengesellschaft) eines insolventen Schuldners die Pflicht, den Insolvenzantrag zu stellen, § 15a InsO. Demgegenüber gibt es weder ein Recht noch die Pflicht öffentlicher Stellen oder der Gerichte, einen Insolvenzantrag zu stellen. Das Insolvenzgericht prüft, ob (i) ein zulässiger Antrag gestellt wurde, (ii) ein Eröffnungsgrund vorliegt und (iii) das Vermögen des Schuldners ausreicht, um zumindest die Kosten des Verfahrens zu decken. Letzteres ist insbesondere bei größeren Betrieben in der Regel kein Problem, kann aber bei Kleinstbetrieben dazu führen, dass ein Insolvenzverfahren mangels Masse nicht eröffnet wird. **491**

2. Die Eröffnungsgründe

492 Eröffnungsgründe für ein Insolvenzverfahren sind erstens **Zahlungsunfähigkeit** (§ 17 InsO), zweitens **drohende Zahlungsunfähigkeit** (nur bei Eigenantrag des Schuldners) und drittens **Überschuldung** (§ 19 InsO). Für die Eröffnung eines Insolvenzverfahrens genügt es, wenn einer dieser Eröffnungsgründe vorliegt. Die Pflicht einen Insolvenzantrag zu stellen, gibt es allerdings nur im Falle der Zahlungsunfähigkeit und der Überschuldung. Im Falle drohender Zahlungsunfähigkeit ist die Stellung des Insolvenzantrags optional.

493 Gemäß § 17 Abs. 2 InsO ist eine Gesellschaft **zahlungsunfähig**, wenn sie ihre fälligen Zahlungspflichten nicht mehr erfüllen kann. Dies wird angenommen, wenn eine Gesellschaft ihre Zahlungen eingestellt hat, wobei zwischen Zahlungsstockung einerseits und Zahlungsunfähigkeit andererseits unterschieden werden muss. Eine nur vorübergehende Zahlungsstockung verpflichtet nicht zur Insolvenzantragsstellung.[186] Indessen kann die Feststellung der Zahlungsunfähigkeit durchaus auf Grund von Indizien erfolgen, wie etwa Lastschriftrückgaben, Kündigung von Krediten, Vorauskasse, Lieferung nur gegen Barzahlung, Pfändungen, Zahlungsrückstande bei Lohnzahlungen u.w.m.

494 **Drohende Zahlungsunfähigkeit** liegt nach § 18 Abs. 2 InsO vor, wenn die Gesellschaft voraussichtlich nicht in der Lage sein wird, die bestehenden Zahlungspflichten im Zeitpunkt der Fälligkeit zu erfüllen. Der Eintritt der Zahlungsunfähigkeit muss wahrscheinlicher sein als ihre Vermeidung. In diesem Fall kann die Gesellschaft einen Insolvenzantrag stellen, muss dies aber nicht, § 18 Abs. 1 InsO. Gläubiger der Gesellschaft sind in diesem Fall nicht berechtigt, einen Insolvenzantrag zu stellen.

495 **Praxishinweis:**

Für den Schuldner kann es u.U. sinnvoll sein, einen Insolvenzantrag zu stellen, da dies zu einer kurzfristigen Liquiditätsentlastung führen und dem Schuldner die Möglichkeit der Restschuldbefreiung geben kann. Zudem kann der Antrag vor einer abschließenden Entscheidung des Insolvenzgerichts wieder zurückgenommen werden (soweit bis dahin kein zwingender Eröffnungsgrund vorliegt).

496 Eine Gesellschaft ist gemäß § 19 Abs. 1 InsO **überschuldet**, wenn das Vermögen der Gesellschaft die bestehenden Verbindlichkeiten nicht mehr deckt, soweit es nach den Umständen des Einzelfalls nicht wahrscheinlicher ist, dass die Gesellschaft fortbesteht. Maßgeblich ist die Fortführungsprognose. Ist eine Gesellschaft also überschuldet, so ist maßgeblich, ob

[186] BGH IX ZR 123/04, NJW 2005, 3062.

diese dennoch eine positive Fortführungsprognose hat. Wenn die Gesellschaft eine positive Fortführungsprognose hat, muss sie keine Überschuldungsbilanz aufstellen. Entscheidend ist, ob die Gesellschaft mittelfristig, d.h. im aktuellen und nächsten Wirtschaftsjahr ihre Verbindlichkeiten erfüllen kann, was sich aus der Finanzplanung ergibt.[187]

3. Frist für die Antragstellung

Im Falle der Überschuldung und der Zahlungsunfähigkeit müssen Geschäftsführung bzw. Vorstand den Antrag auf Eröffnung des Insolvenzverfahrens ohne schuldhaftes Zögern mindestens aber binnen **3 Wochen** stellen, § 15a Abs. 1 InsO. Diese 3-Wochenfrist ist eine **Höchstfrist**. Ist die Zahlungsunfähigkeit offensichtlich oder stellt sich im Verlauf der internen Prüfung über das Vorliegen eines Insolvenzgrundes heraus, dass es keine vernünftige Change zur Vermeidung der Insolvenz gibt, eine Sanierung also gescheitert ist, muss der Insolvenzantrag unverzüglich – d.h. noch vor Ablauf der 3-Wochenfrist - gestellt werden.[188] **497**

Die 3-Wochenfrist beginnt mit Erkennbarkeit der **Insolvenzreife** zu laufen, wenn die Geschäftsleitung also erkannt hat oder hätte erkennen können, dass die Gesellschaft insolvent ist. Es gilt insoweit die Vermutung, dass die Geschäftsleitung ihre Pflicht zur Insolvenzantragstellung verletzt hat, wenn sie erkennbare Zeichen einer möglichen Insolvenzreife ignoriert.[189] **498**

Praxishinweis: **499**

Die Beweislast für eine rechtzeitige Stellung des Insolvenzantrags trägt der Geschäftsführer bzw. Vorstand. Dokumentieren Sie daher möglichst auch entlastende Umstände, die gegen das Vorliegen der Insolvenzreife sprechen.

Eine verspätete oder unterlassene Antragsstellung kann zivil- und strafrechtliche Konsequenzen haben. So kann ein Vorstand oder Geschäftsführer bei verspäteter oder unterbliebener Antragstellung aus § 823 Abs. 2 BGB i.V.m. § 15a InsO schadensersatzpflichtig werden oder der Gesellschaft für entstandene Schäden aus § 64 GmbHG oder § 92 Abs. 2 AktG haften. Zudem drohen strafrechtliche Sanktionen, § 15a Abs. 4 und 5 InsO. **500**

---

[187] OLG Köln 18 U 171/07, ZIP 2009, 808 (2 Jahre); KG Berlin 9 U 1912/00, AG 2003, 324 (bis zu 3 Jahre). Der BGH hat je nach Fall auch schon eine Zeit von nur 5 Monaten für ausreichend erachtet: BGH II ZR 269/91, NJW 1992, 2891, 2894.

[188] BGH II ZR 119/10, NZG 2012, 464, 465.

[189] BGH IX ZR 123/04, NJW 2005, 3062, 3064.

4. Vorboten einer Insolvenz

501 Gibt es Anzeichen für eine Insolvenz der Gesellschaft so ist die Geschäftsleitung verpflichtet, zu prüfen, ob eine Insolvenz der Gesellschaft gegeben ist. Die gleiche Pflicht trifft auch den sog. faktischen Geschäftsführer, der zwar offiziell keine Organstellung inne hat, aber erheblichen Einfluss auf die Geschäftsführung und deren Entscheidungen nimmt.

502 Soweit die Geschäftsleitung die notwendige Expertise nicht hat um zu beurteilen, ob die Gesellschaft insolvent ist, muss sie sich Expertenrat hierzu einholen; etwa durch einen Rechtsanwalt oder Abschlussprüfer.[190] Sobald die Geschäftsleitung Kenntnis von einer möglichen Insolvenz hat, muss nicht nur geprüft werden, ob tatsächlich ein Insolvenzantragsgrund vorliegt. Zahlungen, die zu einem Abfluss von Mitteln führen, müssen ausgesetzt werden. Dies führt üblicherweise zu einer Veränderung im Zahlungsverhalten der Gesellschaft, was wiederum wichtige Zeichen für Lieferanten und andere Gläubiger sind und für ggf. folgende Anfechtungsprozesse Bedeutung hat.[191]

503 **Praxishinweis:**

Holen Sie im Falle einer Veränderung des Zahlungsverhaltens (Zahlungsstockung, Ratenzahlungsverlangen etc.) Ihres Kunden Erkundigungen über dessen finanziellen Zustand ein. Bemühen Sie nach Möglichkeit Dritte als Informationsquelle (Banken, Presse, Branchenmittelungen) und belassen Sie es – sofern möglich – zunächst bei mündlichen Anfragen. Anderenfalls – wenn Sie einen (elektronischen) „Fußabdruck" hinterlassen – erhöht sich für den Fall einer folgenden Insolvenzanfechtung die Wahrscheinlichkeit, dass dem Insolvenzverwalter der Nachweis Ihrer Kenntnis von einer drohenden Zahlungsunfähigkeit des Schuldners gelingt.

5. Das vorläufige Insolvenzverfahren

504 Vor der Eröffnung des „eigentlichen" Insolvenzverfahrens steht das vorläufige Insolvenzverfahren (auch Insolvenzeröffnungsverfahren). Im vorläufigen Insolvenzverfahren prüft das Insolvenzgericht, ob die verfügbare Vermögensmasse des Schuldners ausreicht, um die Verfahrenskosten zu decken. Meist ordnet das Insolvenzgericht vorläufige Sicherungsmaßnahmen nach § 21 Abs. 1 InsO an. Dazu gehört, dass das Insolvenzgericht bei Insolvenz eines Unternehmens einen vorläufigen Insolvenzverwalter bestellt, der das Unternehmen zunächst weiterführt. Seine Aufgabe besteht

[190] BGH II ZR 171/10, DStR 2012, 1286, 1287.
[191] Siehe unten → Rn. 514 ff.

primär in der Sicherung und Erhaltung des Vermögens bis zur eigentlichen Eröffnung des Insolvenzverfahrens (Verfahrenseröffnung).

6. Der vorläufige Insolvenzverwalter

Der Aufgabenbereich des vorläufigen Insolvenzverwalters, d.h. seine **505**
Rechte und Pflichten hängen davon ab, ob dem Schuldner vom Insolvenzgericht ein allgemeines Verfügungsverbot auferlegt wird, § 22 Abs. 1 InsO. In diesem Fall wird dem Insolvenzverwalter die volle Verwaltungs- und Verfügungsbefugnis übertragen. Dies ist der sog. **„starke" vorläufige Insolvenzverwalter**.

Ist dies nicht der Fall, bestellt das Insolvenzgericht gemäß § 22 Abs. 2 **506**
InsO einen sog. **„schwachen" vorläufigen Insolvenzverwalter**. Dessen Pflichtenkreis muss das Insolvenzgericht dann im Einzelnen festlegen. In der Praxis bestellen die Insolvenzgerichte in der überwiegenden Zahl der Fälle einen schwachen vorläufigen Insolvenzverwalter.

7. Auswirkungen des vorläufigen Insolvenzverfahrens auf das Belieferungsverhältnis

Gerade während des vorläufigen Insolvenzverfahrens ist die Weiterbeliefe- **507**
rung für den Schuldner von großer Bedeutung, da der Betrieb anderenfalls kaum eine Sanierungschance hat. Der vorläufige Insolvenzverwalter tritt daher häufig mit der Bitte an Lieferanten heran, den Schuldner wie bisher weiter zu beliefern. Indessen ist für den Lieferanten keinesfalls gesichert, dass er Zahlung erhält oder die geleisteten Kaufpreiszahlungen später auch behalten darf. Dies ist aber jedenfalls dann gesichert, wenn vorläufiger Insolvenzverwalter und Insolvenzgericht der Weiterbelieferung bei voller Bezahlung zustimmen.

Praxishinweis: **508**

Leisten Sie der Aufforderung eines vorläufigen Insolvenzverwalters zur Weiterbelieferung keinesfalls bedenkenlos Folge. Verlangen Sie, dass das Insolvenzgericht der Weiterbelieferung bei vereinbarter Bezahlung zustimmt oder der vorläufige Insolvenzverwalter eine persönliche Garantie für die Zahlung übernimmt.

8. Das Insolvenzgeld

509 Es lässt sich in der Praxis beobachten, dass das vorläufige Insolvenzverfahren in der Regel drei Monate dauert. Dies liegt schlicht daran, dass die Bundesagentur für Arbeit über einen Zeitraum von bis zu drei Monaten vor der Eröffnung des eigentlichen Insolvenzverfahrens die Lohn- und Gehaltszahlungen der Arbeitnehmer (Insolvenzgeld) übernimmt.[192] Im Gegenzug hierfür gehen die Lohnforderungen der Arbeitnehmer auf die Bundesagentur für Arbeit über, die sie anschließend als Insolvenzgläubigerin im Insolvenzverfahren geltend machen kann, § 55 Abs. 3 InsO.

9. Die Eröffnung des eigentlichen Insolvenzverfahrens

510 Wenn das Insolvenzgericht nach Prüfung zu dem Ergebnis gelangt, dass die verfügbare Vermögensmasse des Schuldners ausreicht, um die Verfahrenskosten zu decken, wird das eigentliche Insolvenzverfahren durch einen Eröffnungsbeschluss eingeleitet, § 27 InsO. Anderenfalls wird der Antrag mangels Masse abgewiesen, § 26 Abs. 1 InsO. Das Insolvenzgericht benennt einen Insolvenzverwalter (in der Praxis ist der vorläufige Insolvenzverwalter auch der endgültige) und legt einen Berichtstermin fest. Der Berichtstermin dient gemäß § 29 Abs. 1 Nr. 1 InsO dazu, dass der Insolvenzverwalter über die wirtschaftliche Lage des Unternehmens berichtet. Zudem wird ein Prüfungstermin festgesetzt, bei dem die angemeldeten Forderungen der Gläubiger geprüft werden, § 29 Abs. 1 Nr. 2 InsO.[193]

III. Wirkungen der Eröffnung des Insolvenzverfahrens

1. Verwaltungs- und Verfügungsrecht des Insolvenzverwalters

511 Mit Eröffnung des endgültigen Insolvenzverfahrens geht das Verwaltungs- und Verfügungsrecht des zur Insolvenzmasse gehörenden Vermögens des Schuldners auf den Insolvenzverwalter über, § 80 Abs. 1 InsO. Der Insolvenzverwalter nimmt das dem Schuldner gehörende Vermögen in Besitz, verwaltet es und übt z.B. auch die Beteiligungsrechte aus, die dem Schuldner an anderen Unternehmen zustehen. Ansprüche gegen den Schuldner können nur noch zur Insolvenztabelle angemeldet werden, § 89 Abs. 1 InsO.

---

[192] Vgl. §§ 183, 185 SGB III.
[193] Siehe unten → Rn. 527 ff.

2. Verträge in der Insolvenz: Erfüllungswahlrecht des Insolvenzverwalters

Ist ein Kauf- oder Werkvertrag im Zeitpunkt der Verfahrenseröffnung **512** noch nicht vollständig erfüllt, steht dem Insolvenzverwalter ein Erfüllungswahlrecht zu, d.h. der Insolvenzverwalter entscheidet, ob er die Verträge fortführt oder beendet. Entscheidet sich der Insolvenzverwalter gegen die Erfüllung, steht dem Vertragspartner ein Ersatzanspruch zu, den er allerdings nur als Insolvenzgläubiger geltend machen kann, indem er ihn zu Tabelle anmeldet, § 103 Abs. 2 Satz 1 InsO. Entschließt sich der Insolvenzverwalter hingegen dazu, den Vertrag zu erfüllen, hat der Vertragspartner seine Leistung zu erbringen; in Bezug auf die Gegenleistung für die noch zu erbringende Leistung wird der Vertragspartner vorrangig aus der Masse befriedigt, § 55 Abs. 1 Nr. 2 InsO.

Bei Rahmenlieferverträgen, die anders als Sukzessivliefer- oder Teillie- **513** ferverträge keine im Vorhinein fest definierte Liefermenge vorsehen, sondern bei denen Einzelkaufverträge separat oder durch Abrufe unter dem Rahmenliefervertrag abgeschlossen werden, hat der Insolvenzverwalter kein Erfüllungswahlrecht.[194] Dauerschuldverhältnisse kann der Lieferant im Falle der Insolvenz, bei Unzumutbarkeit des Festhaltens am Vertrag im Regelfall gemäß § 314 Abs. 1 BGB außerordentlich kündigen.[195]

IV. Anfechtung gläubigerbenachteiligender Handlungen

Bezahlt der Schuldner vor Verfahrenseröffnung Rechnungen an den Lie- **514** feranten, so kann der Insolvenzverwalter diese Zahlungen nach Eröffnung des Insolvenzverfahrens ggf. nach § 129 InsO anfechten und diese Geldzahlungen wieder zur „Vermögens"-Masse zurückholen. Voraussetzung ist, dass die Rechtsgeschäfte (Zahlungen) vom Schuldner noch in einem bestimmten Zeitraum vor Eröffnung des Insolvenzverfahrens vorgenommenen wurden und die übrigen Insolvenzgläubiger dadurch benachteiligt werden. Ein Anfechtungsrisiko besteht indessen nicht, wenn das Insolvenzgericht Eigenverwaltung i.S.d. §§ 270 ff. InsO angeordnet hat und der Schuldner gemäß § 270b Abs. 3 InsO Masseverbindlichkeiten

[194] Vgl. *Budde*, in Martinek/Semler/Flohr, Hdb. des Vertriebsrechts, 4. Aufl. 2016, § 39 Rn. 119; auf die im Zusammenhang abgeschlossenen Ausführungsverträge ist allerdings § 103 InsO anwendbar.
[195] Siehe *Gaier*, in Münchner Kommentar, BGB, 7. Aufl. 2016, § 314 Rn. 10.

begründen darf. Allerdings gilt dies lediglich für Verbindlichkeiten, die nach Anordnung der Eigenverwaltung begründet werden.

1. Gläubigerbenachteiligung und Anfechtungsfristen

515 Eine Gläubigerbenachteiligung liegt vor, wenn das zur Befriedigung aller Gläubiger bestimmte und zur Verfügung stehende Schuldnervermögen verkürzt wird. Eine mittelbare Benachteiligung reicht in der Regel aus. Zahlt der Käufer (als Schuldner) also kurz vor Eröffnung des Insolvenzverfahrens noch offene Rechnungen des Lieferanten, so verkürzt dies in der Regel das Vermögen des Schuldners.

516 – Vor allem Rechtsgeschäfte, die in den letzten **drei Monaten** vor der Beantragung des Insolvenzverfahrens abgeschlossen wurden, sind anfechtungsgefährdet. In diesem Zeitraum sind selbst Zahlungen an berechtigte Gläubiger (wie Lieferanten) anfechtbar, wenn diese von der Zahlungsunfähigkeit des Schuldners wussten, § 130 Abs. 1 Nr. 1 InsO.

517

> **Praxishinweis:**
>
> Die Kenntnis von der Zahlungsfähigkeit wird von Gerichten relativ weit ausgelegt. Indizien hierfür sind in der Praxis meist vermehrte Mahnungen, Zahlungsstockungen, Ratenzahlungsbegehren und nicht erfüllte Ratenzahlungsvereinbarungen; i.E. genügt daher schon die Ahnung von einer möglichen Zahlungsunfähigkeit des Schuldners.

518 – Entgeltliche Verträge, die der Schuldner mit einer nahestehenden Person geschlossen hat, können anfechtbar sein, sofern der Vertrag innerhalb von **zwei Jahren** vor dem Insolvenzantrag geschlossen wurde, §§ 133 Abs. 2 S. 1, 138 InsO.

519 – Rechtsgeschäfte, die der Schuldner mit der Absicht, seine Gläubiger zu benachteiligen, innerhalb von **zehn Jahren** vor dem Insolvenzantrag vorgenommen hat, sind anfechtbar, wenn der Vertragspartner die Benachteiligungsabsicht kannte, § 133 Abs. 1 InsO.

2. Folgen der Insolvenzanfechtung für den Lieferant

520 Ficht der Insolvenzverwalter das Rechtsgeschäft (meist geht es um Zahlungen) erfolgreich an, hat der Gläubiger den erhaltenen Gegenstand an die Masse herauszugeben. Hat beispielsweise der Schuldner kurz vor Insolvenzantragstellung eine Zahlung für eine Charge gelieferter Scheibenwischer an den Lieferanten geleistet, die der Insolvenzverwalter erfolgreich angefochten hat, so muss der Lieferant diese Zahlung an den Insolvenzver-

walter zurückerstatten. Die Gegenleistung (hier die Charge der gelieferten Scheibenwischer) ist, soweit sie in der Insolvenzmasse noch unterscheidbar vorhanden ist, an den Gläubiger herauszugeben, § 144 Abs. 2 S. 1 InsO. Häufig sind die Zulieferteile indes schon verbaut und daher nicht mehr unterscheidbar vorhanden. Der Gläubiger (Lieferant) hat dann lediglich einen Anspruch auf Wertersatz, den er jedoch nur als einfache Insolvenzforderung geltend machen kann, § 144 Abs. 2 S. 2 InsO. Das bedeutet, dass der Lieferant dann lediglich noch die Insolvenzquote erhält, obwohl er die Teile (in unserem Beispiel die Scheibenwischer) an den Schuldner geliefert und den erhaltenen (angefochtenen) Kaufpreis vollumfänglich an den Insolvenzverwalter zurückbezahlt hat.

V. Die Beteiligung der Gläubiger am Insolvenzverfahren

1. Gläubigergruppen

Ob und in welcher Höhe Gläubiger aus der verfügbaren Insolvenzmasse befriedigt werden, hängt nicht nur von der verfügbaren Quote, sondern vor allem auch davon ab, welche Stellung den jeweiligen Gläubigern zukommt. Die Stellung der Gläubiger sowie deren Mitwirkungsbefugnisse am Insolvenzverfahren hängt ebenfalls davon ab, welcher Gruppe ihre Forderungen zuzuordnen sind. **521**

- Gläubiger, denen ein **Aussonderungsrecht** nach § 47 InsO oder ein Absonderungsrecht nach §§ 50, 51 InsO zusteht, erhalten volle Befriedigung. Aussonderungsberechtigt sind beispielsweise Lieferanten, die einen wirksamen Eigentumsvorbehalt für ihre Lieferungen vereinbart haben. Absonderungsberechtigt ist ein Gläubiger, der vom Schuldner eine Sicherheit übertragen bekommen hat (z.B. Sicherheitsabtretung oder kaufmännisches Zurückbehaltungsrecht nach § 369 HGB). **522**
- Ferner sind Verbindlichkeiten der **Massegläubiger** vorweg zu befriedigen, § 53 InsO. Hierzu zählen die Kosten des Insolvenzverfahrens gemäß § 54 InsO und die so genannten Masseverbindlichkeiten. Masseverbindlichkeiten sind z.B. Forderungen, die bei Erfüllungswahl durch den Insolvenzverwalter nach § 103 InsO entstehen.[196] **523**
- **Insolvenzgläubiger** sind die persönlichen Gläubiger, die im Zeitpunkt der Eröffnung des endgültigen Insolvenzverfahrens einen begründeten Vermögensanspruch gegen den Schuldner haben, § 38 InsO. Die An- **524**

[196] § 55 Nr. 2 InsO.

sprüche müssen bis zur Eröffnung des endgültigen Insolvenzverfahrens – also bei schwachem vorläufigem Insolvenzverwalter auch noch im vorläufigen Insolvenzverfahren – entstanden sein. Die Insolvenzforderungen sind lediglich entsprechend der Quote zu bedienen.

525 – **Nachrangige Insolvenzgläubiger** sind erst nach vollständiger Befriedigung der Insolvenzgläubiger zu berücksichtigen (§ 39 InsO), d.h. für sie bleibt in der Praxis meist nichts übrig. Nachrangige Insolvenzforderungen sind etwa solche auf Rückzahlung eines Gesellschafterdarlehens nach § 39 Abs. 1 Nr. 5 InsO.

2. Forderungsanmeldung

526 Um bei der Verteilung der Insolvenzmasse als Insolvenzgläubiger berücksichtigt zu werden, müssen die Insolvenzgläubiger ihre Forderung zur Eintragung in die Insolvenztabelle anmelden, §§ 174 ff. InsO. Die Anmeldung von Forderungen erfolgt nicht beim Insolvenzgericht, sondern ausschließlich beim Insolvenzverwalter. In der Praxis übersendet der Insolvenzverwalter meist ein Anmeldeformular. Er erhält durch Einsicht in die Bücher des Schuldners einen Überblick darüber, mit wem der Schuldner in Geschäftsverbindung stand und wer möglicherweise noch Forderungen gegen den Schuldner hat. Meist wird für die Forderungsanmeldung eine Frist angegeben. Wird diese versäumt, können Forderungen dennoch – i.d.R. sogar bis kurz vor der Verteilung der Masse – angemeldet werden.[197]

3. Prüfungstermin

527 Gemäß § 176 InsO werden angemeldete Forderungen in einem Prüfungstermin besprochen, an dem die Gläubiger teilnehmen können. Ein Zwang zur Teilnahme besteht nicht. Üblicherweise bestreitet der Insolvenzverwalter angemeldete Forderungen, wenn deren Existenz und Durchsetzbarkeit nicht auf der Hand liegen. Dies lieg daran, dass der Insolvenzverwalter fremdes Vermögen verwaltet und er sich daher nicht dem Vorwurf anderer Gläubiger aussetzen will, er habe leichtfertig Forderungen anerkannt. Übrigens können auch Gläubiger angemeldete Forderungen anderer Gläubiger bestreiten.

528 Widersprechen weder der Insolvenzverwalter noch die anderen Gläubiger im Prüfungstermin einer angemeldeten Forderung, wird diese nach ihrem Betrag und Rang festgestellt und gemäß § 178 Abs. 1 S. 1 InsO in der

[197] Nach Bekanntmachung des Verteilungsverzeichnisses gilt die Frist des § 189 Abs. 1 InsO.

Tabelle eingetragen. Anderenfalls muss auf Feststellung geklagt werden (§ 180 Abs. 1 InsO).

Im Falle bestrittener Forderungen muss der betroffene Gläubiger auf **529** Aufnahme des Anspruchs in die Tabelle klagen. Unterlässt er dies, geht seine Forderungen verloren. Das angerufene Gericht prüft dann, ob die bestrittene Forderung besteht und stellt dies – im Falle des Bestehens – fest, § 179 InsO.

4. Gläubigerversammlung

Der Gläubigerausschuss überwacht im Interesse aller Gläubiger die Ge- **530** schäftsführung des Insolvenzverwalters und unterstützt diese, § 69 S. 1 InsO. Im Rahmen der Gläubigerversammlungen haben die Gläubiger die Möglichkeit am Insolvenzverfahren teilzunehmen. Im Gläubigerausschuss sind die verschiedenen Gläubigergruppen (etwa Banken, Arbeitnehmer, u.a.) vertreten. Das Insolvenzgericht bestellt mit Eröffnung des Insolvenzverfahrens häufig einen vorläufigen Gläubigerausschuss.

Im sog. Berichtstermin informiert der Insolvenzverwalter die Gläu- **531** bigerversammlung über die wirtschaftliche Lage des Unternehmens des Schuldners und die Erfolgsaussichten einer möglichen Sanierung. Die Gläubigerversammlung entscheidet dann darüber, ob das Unternehmen liquidiert oder saniert wird, § 157 InsO.

III. Schutzmaßnahmen aus Sicht von Lieferanten und anderen Gläubigern

Für den Fall der (drohenden) Insolvenz eines Kunden sollten Lieferanten **532** die Bezahlung offener Forderungen gegen ihre Kunden (Käufer) absichern. Dies gilt auch und erst Recht für künftige Lieferungen, also Lieferungen, die nach Kenntnis einer möglichen (drohenden) Zahlungsunfähigkeit oder nach Insolvenzantragstellung erfolgen.

Im Falle der Zahlungsunfähigkeit eines Kunden gilt Folgendes: Sofern **533** Waren bereits ausgeliefert wurden und die Bezahlung der gelieferten Waren fällig ist, kann der Lieferant entweder Zahlung des Kaufpreises oder Rückgabe der bereits ausgelieferten Waren verlangen. Letzteres setzt allerdings voraus, dass der Lieferant mit seinen Kunden einen wirksamen Eigentumsvorbehalt vereinbart hat. Haben Lieferant und Käufer einen wirksamen Eigentumsvorbehalt vereinbart, so geht das Eigentum erst mit vollständiger Bezahlung der Lieferung oder teilweise – bei Vereinbarung sog. globaler Eigentumsvorbehalte – auch erst bei Bezahlung sämtlicher offener Forderungen aus dem Kaufverhältnis auf den Käufer über. Hat der Käufer (Kunde) die Zahlung also noch nicht geleistet, greift der Eigentumsvorbehalt, was dem Lieferanten ein Aussonderungsrecht nach § 47 InsO einräumt. Dieses Aussonderungsrecht gibt dem Lieferanten die Möglichkeit, die Rückgabe der gelieferten aber noch nicht bezahlten Ware gegenüber dem Insolvenzverwalter durchzusetzen.

534 Für den Fall, dass kein wirksamer Eigentumsvorbehalt vereinbart wurde, bleibt dem Lieferanten lediglich die Möglichkeit, die offene Kaufpreisforderung als Insolvenzforderung zur Insolvenztabelle anzumelden, nachdem das Insolvenzverfahren eröffnet wurde. Die Praxis zeigt indes, dass die Quote, mit der Insolvenzforderungen der Insolvenzgläubiger befriedigt werden, häufig nur zwei bis drei, maximal vier Prozent der Gesamtforderung beträgt.

535 Für den Lieferanten stellt sich daher die Frage, wie er bereits vor einer (drohenden) Insolvenz seine Ansprüche, insbesondere auf Zahlung, sichern kann. Pauschale Antworten auf diese Frage gibt es nicht, da die vom Lieferanten zu ergreifende Maßnahme vom Einzelfall, insbesondere davon abhängt, um was für eine Vertragsbeziehung es sich handelt, ob und inwieweit Zahlungsunfähigkeit des Kunden droht und/oder in welchem Stadium ein Insolvenzverfahren sich befindet. Abgesehen davon ist im Einzelfall zu entscheiden, ob eine und welche Maßnahme zur Anspruchssicherung für den Lieferanten zielführend ist. Die folgenden Maßnahmen lassen sich relativ leicht umsetzen:

1. Eigentumsvorbehalt

536 Eine relativ simple und weit verbreitete Möglichkeit, die Lieferung von Waren gegen die Insolvenz des Käufers abzusichern, ist die Vereinbarung eines wirksamen Eigentumsvorbehalts. Dies kann individualvertraglich oder mittels AGB geschehen. Der Eigentumsvorbehalt regelt nichts anderes, als dass der Übergang des Eigentums unter der aufschiebenden Bedingung vollständiger Kaufpreiszahlung durch den Käufer erfolgt, § 449 Abs. 1 BGB. Der Käufer erhält zwar die ausgelieferte Ware, juristisch gesehen hat er aber lediglich Besitz an dieser und noch kein Eigentum. Bis zur vollständigen Kaufpreiszahlung besteht für den Lieferanten daher die Möglichkeit, die gelieferte Ware wieder heraus zu verlangen, sofern der Käufer – oder im Falle der Insolvenz der Insolvenzverwalter – nicht oder nicht vollständig bezahlt. Entschließt sich der Insolvenzverwalter zur Zahlung (anstatt die Kaufsache herauszugeben), entsteht dem Lieferant ebenfalls kein Schaden, denn er erhält dann den vollen Kaufpreis.

Die Gerichte haben verschiedene Ausgestaltungen des Eigentumsvorbehaltes - vom einfachen Eigentumsvorbehalt hin zu weitergeleiteten, nachgeschalteten oder verlängerten Eigentumsvorbehalten - zugelassen. Derartige Gestaltungsmöglichkeiten räumen dem Lieferanten noch weitergehenden Schutz ein, als ein einfacher Eigentumsvorbehalt dies tut, insbesondere dann, wenn der Lieferant Produkte oder Waren liefert, die üblicherweise weiterverkauft, eingebaut oder umgestaltet werden. Im Falle eines verlängerten oder weitergeleiteten Eigentumsvorbehalts verbleibt dem Lieferant allerdings kein effektiver insolvenzrechtlicher Schutz, da ein Bargeschäft in diesen Fällen nicht vorliegt,[198] und an dem durch den Käufer vom Dritten eingezogenen Kaufpreis kein „Ersatz-Aussonderungsrecht" zusteht, so dass der Verkäufer vor der Weiterleitung des Geldes ungeschützt ist. **537**

Besonderheiten mit Blick auf den Eigentumsvorbehalt können sich auch aus Handelsbräuchen ergeben. Ein Handelsbrauch ist eine Gewohnheit, die im Handelsverkehr gilt. In einzelnen Branchen wird ein Handelsbrauch im Hinblick auf die stillschweigende Vereinbarung eines Eigentumsvorbehalts angenommen. Allerdings kann davon nur in Ausnahmefällen ausgegangen werden, so etwa im Buchhandel[199], der Textilbranche[200] und im Kfz-Handel[201]; während im Lebensmittelhandel[202] und im Holzhandel[203] ein entsprechender Handelsbrauch abgelehnt wurde. Grundsätzlich muss ein Eigentumsvorbehalt also ausdrücklich vereinbart werden. Dies gilt vor allem auch im Verkehr zwischen Unternehmern. **538**

Praxishinweis: **539**

Vereinbaren Sie als Lieferant Eigentumsvorbehalte und machen Sie diese möglichst frühzeitig geltend, also spätestens dann, wenn ein vorläufiger Insolvenzverwalter bestellt ist. Anderenfalls droht die Verarbeitung oder der Weiterverkauf der gelieferten Ware, was dazu führt, dass die Vorbehaltsware ggf. nicht mehr identifizierbar ist und daher nicht mehr herausgegeben werden kann. Für den Fall, dass der Kunde einen Eigentumsvorbehalt ablehnt, besteht die Möglichkeit, Kaufpreisansprüche mittels Warenkreditversicherungen abzusichern.

[198] Vgl. BGH IX ZR 180/12, NZI 2015, 320, 323 Rz. 24; OLG Saarbrücken 4 U 311/06, ZInsO 2010, 92, 95; zum Bargeschäft → Rn. 540 ff.
[199] Vgl. IHK Stuttgart, DB 1949, 526.
[200] LG Marburg 4 O 9/92, NJW-RR 1993, 1505.
[201] BGH 4 StR 307/98, NStZ-RR 1999, 11.
[202] OLG Hamm 27 U 155/91, NJW-RR 1993, 1444.
[203] OLG Hamm 5 U 351/77, BB 1979, 701, 702.

2. Bargeschäft

540 Wie bereits dargestellt, versuchen Insolvenzverwalter häufig, Zahlungen des Schuldners an den Lieferanten mit dem Instrument der Insolvenzanfechtung „zurückzuholen". Besonders erfolgversprechend und daher für den Lieferanten gefährlich sind Insolvenzanfechtungen durch den Insolvenzverwalter im Zeitraum von drei Monaten vor Stellung des Insolvenzantrags, §§ 129 ff. InsO. Praxisrelevant sind aber genauso die Vorsatzanfechtungen der §§ 133 Abs. 1 InsO, die faktisch die gleichen Voraussetzungen haben, wie § 130 InsO. Die Anfechtung von Zahlungen des insolventen Kunden (Schuldners) an den Lieferanten führt häufig zu dem für den Lieferanten unbefriedigenden Ergebnis, dass er die vom Kunden erhaltene Zahlung an den Insolvenzverwalter zurückzahlen muss, die bereits gelieferte Ware im Gegenzug aber nicht zurück bekommt. Stattdessen lebt der Kaufreiszahlungsanspruch wieder auf; dieser ist im Insolvenzverfahren aber nicht mehr viel wert, da er eine bloße Insolvenzforderung ist und lediglich noch die Insolvenzquote erlöst.

541 Um das Risiko der Insolvenzanfechtung durch den Insolvenzverwalter zu reduzieren, ist es für den Lieferanten häufig empfehlenswert, sog. Bargeschäfte nach § 142 InsO auszuführen. Liegt ein Bargeschäft vor, reduziert dies das Risiko einer Insolvenzanfechtung beträchtlich, da bei Austausch wirtschaftlich gleichwertiger Leistungen eine Gläubigerbenachteiligung widerlegt werden kann. Voraussetzung für das Bargeschäft ist (i) eine enge zeitliche Verknüpfung zwischen Warenlieferung und Zahlung (Überweisungen binnen 14 bis maximal 30 Tagen erfüllen dieses Erfordernis in der Regel) sowie (ii) eine Gleichwertigkeit von Leistung und Gegenleistung, also von Warenlieferung und Zahlung. Dies liegt etwa dann vor, wenn Bauleistungen nach Baufortschritt bezahlt werden.[204] Keine Gleichwertigkeit liegt etwa beim erweiterten Eigentumsvorbehalt vor.

542 **Praxishinweis:**

Stellen Sie die Belieferung eines Kunden auf sog. Bargeschäft um (d.h. Weiterbelieferung nur gegen unmittelbare Bezahlung), wenn Anzeichen für eine drohende Zahlungsfähigkeit oder einen Liquiditätsengpass vorliegen.

3. Vorkasse

543 Eine weitere Möglichkeit für den Lieferanten seine Kaufpreisansprüche abzusichern, besteht darin, die Belieferung des Kunden auf Vorkasse umzustellen. Dies ist insbesondere dann möglich, wenn der Lieferant sich

[204] BGH IX ZR 240/13, NZI 2014, 762, 764 Rz. 22.

im Liefer- oder Rahmenliefervertrag die Umstellung auf Vorkasse oder das Bestimmungsrecht der Leistungszeit vertraglich vorbehält.[205] Fehlen in einem Rahmenvertrag Regelungen hierzu ist jedoch unklar, ob eine Umstellung auf Vorkasse ohne weiteres einseitig durch den Lieferanten möglich ist. Hier muss folgendes gelten:

Rahmenvertrag ohne feste Lieferpflicht des Lieferanten: Besteht keine feste Lieferverpflichtung des Lieferanten, so kann der Lieferant den Abschluss eines Einzelvertrags unter die Bedingung stellen, dass der Käufer Vorkasse, d.h. Vorauszahlung leistet. Keine Lieferpflicht besteht etwa dann, wenn die Parteien einen Rahmenvertrag geschlossen haben, unter dem eine konkrete Lieferpflicht erst durch weitere separat abzuschließende Einzelaufträge entsteht (typische Rahmenvertragssituation). **544**

Belieferungsvertrag mit Produktabrufsrecht des Kunden: Anders liegen die Dinge dann, wenn der Rahmen- oder Belieferungsvertrag entweder eine einseitige Produktabrufmöglichkeit für den Käufer enthält oder es sich um einen sog. Sukzessivliefervertrag handelt. Bei einem Sukzessiv- oder Teilliefervertrag vereinbaren die Parteien bereits zu Vertragsbeginn eine feste Liefermenge, die dann vom Kunden durch einseitige Produktabrufe abgerufen werden kann. In derartigen Lieferverträgen hat sich der Lieferant bereits konkret zur Leistung verpflichtet und kann seine Lieferverpflichtung nicht einseitig abändern, indem er etwa Vorkasse verlangt. **545**

Zudem ist zu berücksichtigen, dass Vorkasse für sich alleine kein effizientes Mittel zur Sicherung der Zahlungsansprüche des Lieferanten ist, sofern dem Lieferant im Rahmenvertrag nicht das Recht eingeräumt ist, auf Vorkasse umzustellen. Vorkasse schützt zumindest im letzten Fall nicht vor der Anfechtung von Zahlungen, die der Kunde als Schuldner (kurz) vor Eröffnung des Insolvenzverfahrens an den Lieferanten geleistet hat. Denn bei einer Umstellung auf Vorkasse (ohne vertraglich eingeräumtes Recht), entfällt die Anfechtungsprivilegierung des Bargeschäfts, § 142 InsO. Dies hängt damit zusammen, dass bei einer Änderung der Zahlungsbedingungen keine „*gleichwertige*" Gegenleistung mehr vorliegt und damit eine inkongruente Deckung gegeben ist, die das Privileg des Bargeschäfts zunichte macht. **546**

4. Einzelermächtigung durch das Insolvenzgericht

Sofern ein schwacher vorläufiger Insolvenzverwalter im vorläufigen Insolvenzverfahren um Weiterbelieferung durch den Lieferanten bittet, bedeutet diese Bitte des Insolvenzverwalters nach Weiterbelieferung nicht, **547**

[205] Vgl. *Bittner*, in: Staudinger 2014, § 271 Rn. 12.

dass die daraus resultierenden Zahlungsansprüche des Lieferanten gegen den Kunden gesichert sind. Notwendig hierfür wäre, dass (i) entweder der vorläufige Insolvenzverwalter eine persönliche Zahlungsgarantie abgibt (was dieser in der Praxis nicht macht), oder (ii) zumindest Zahlung zusichert (iii) oder das Insolvenzgericht die Einzelermächtigung erteilt, Masseverbindlichkeiten zu begründen. Mit dieser Einzelermächtigung kann dann die Weiterbelieferung durch den Lieferanten insolvenzfest erfolgen. Anderenfalls sind unbefriedigte Ansprüche des Lieferanten auf Kaufpreiszahlung bloße Insolvenzforderungen, die nach Eröffnung des Insolvenzverfahrens zur Tabelle angemeldet werden müssen.

548 Für den Lieferanten ist daher der sicherste Weg, seine Zahlungsansprüche im vorläufigen Insolvenzverfahren abzusichern, entweder (i) eine Einzelermächtigung durch das Insolvenzgericht, oder (ii) eine persönliche Garantie durch den vorläufigen Insolvenzverwalter oder zumindest Zahlungszusicherung zu erwirken. Anderenfalls verbleibt als Sicherungsmaßnahme für den Lieferanten lediglich die Möglichkeit, die Voraussetzungen des Bargeschäfts herbeizuführen. Dies schließt allerdings nicht das Risiko aus, dass sich später – in einem möglichen Anfechtungsprozess – herausstellt, dass die Voraussetzungen des Bargeschäfts nach § 142 InsO nicht erfüllt waren.

5. Warenkreditversicherung

549 Die offenen Forderungen aus einer Lieferung können ferner durch eine, sogenannte Warenkreditversicherung abgesichert werden. Hierbei schließt der Versicherungsgeber, nach Überprüfung der Bonität des Vertragspartners, mit dem Lieferant (also dem Gläubiger) einen Vertrag in Höhe einer bestimmten Deckungsgrenze ab. Wird der Käufer (d.h. der Schuldner) zahlungsunfähig, tritt der Versicherungsfall ein und der Schaden wird vom Versicherungsgeber ersetzt. Allerdings sehen derartige Versicherungen in der Regel die Möglichkeit vor, dass der Versicherungsgeber bei Feststellung einer drohenden Insolvenz des Käufers, die Deckungsgrenze herabsetzen oder vollständig aufheben darf.

550 **Praxishinweis:**

Lassen Sie bei einer Weiterbelieferungsbitte des vorläufigen Insolvenzverwalters Vorsicht walten und achten Sie auf ausreichend Sicherheit. Sinngemäß kann dem Insolvenzverwalter in der Weise geantwortet werden, dass Weiterbelieferung gerne erfolgt, wenn der Insolvenzverwalter Zahlung persönlich garantiert oder diese zumindest zusagt, wodurch ein Vertrauenstatbestand geschaffen wird.

Teil 9
Internationale Lieferbeziehungen

In internationalen, d.h. grenzüberschreitenden Lieferbeziehungen, stellt sich in der Praxis stets die Frage, welches Recht Anwendung findet. Dies gilt unabhängig davon ob ein Liefervertrag zwischen einem chinesischen Hersteller und einem Deutschen OEM geschlossen wird, oder ein deutscher Hersteller einen Handelsvertreter in den USA oder Italien einsetzten möchte. Erst wenn überhaupt bestimmt wurde, welches Sachrecht, also welches staatliche Recht im Einzelfall inhaltlich zur Anwendung gelangt, können die materiell-rechtlichen Fragen geklärt werden, also die Frage, wer welche Ansprüche hat. **551**

I. Rechtsquellen

Ein internationales Vertragsgesetzbuch, das weltweit und uneingeschränkt bestimmt, wann welches Recht zur Anwendung kommt, existiert nicht. Lediglich für bestimmte Bereiche, namentlich für grenzüberschreitende Kaufverträge, regelt das Übereinkommen der Vereinten Nationen über Verträge über den internationalen Warenkauf (UN-Kaufrecht oder auch Wiener Kaufrecht, auf Englisch CISG), die wichtigsten Rechtsfragen, die in kaufrechtlichen Vertragsbeziehungen auftreten. Dies gilt aber auch nur und insoweit, wie der Anwendungsbereich des UN-Kaufrechts eröffnet ist (dazu unten). **552**

In allen anderen Fällen, d.h. wenn es sich nicht um Kaufverträge, sondern beispielsweise um Transport-, Rahmen-, Handelsvertreter-, Vertragshändler-, oder Lieferverträge handelt, muss das anwendbare Recht nach den Grundsätzen des **internationalen Privatrechts** ermittelt werden. **553**

Praxishinweis: **554**

Schließen Sie mit Ihren Geschäftspartnern schriftliche Verträge und achten Sie auf Rechtswahl- und Gerichtsstandklausel. Dadurch lässt sich das anwendbare Recht zügiger bestimmen und Sie reduzieren die Gefahr von Unklarheiten – was im Streitfall auch zu Kosteneinsparungen führt.

555 Das internationale Privatrecht sind nationale Regelungen einer Rechtsordnung, die für grenzüberschreitende, d.h. internationale Sachverhalte bestimmen, wann welches Recht zur Anwendung gelangt. Das internationale Privatrecht (auf Englisch auch *conflict of laws*), folgt dem Prinzip der engsten Verbindung. Danach soll stets das Recht zur Anwendung gelangen, das zum betreffenden Sachverhalt die engste Verbindung aufweist. Diesem Prinzip folgend hat der Gesetzgeber in Deutschland im EGBGB für bestimmte internationale Sachverhalte konkrete Anknüpfungen vorgesehen. Im Anwendungsbereich der EU wurde das internationale Privat- bzw. Vertragsrecht durch die Rom-I-VO vereinheitlicht, was einen enormen Zugewinn an Rechtssicherheit und Klarheit mit sich bringt. Zudem gibt es Bestrebungen des Gesetzgebers, ein gemeinsames Europäisches Kaufrecht zu schaffen.

1. UN-Kaufrecht

556 Das UN-Kaufrecht ist ein völkerrechtlicher Vertrag, der im Jahr 1980 in Wien geschlossen wurde. Mittlerweile haben etwa 80 Staaten den Vertrag ratifiziert, unter diesen sind auch alle wichtigen Industrienationen. Die Staaten, die dem UN-Kaufrechtsübereinkommen durch Ratifizierung beigetreten sind, haben das UN-Kaufrecht in ihr eigenes staatliches Recht übernommen. Schließen also zwei Gesellschaften aus Staaten, die dem UN-Kaufrechtsübereinkommen beigetreten sind (beispielsweise Unternehmen aus Deutschland und China oder Brasilien und USA) einen Kaufvertrag, so findet auf diesen Kaufvertrag automatisch UN-Kaufrecht Anwendung, es sei denn, die Parteien haben die Geltung des UN-Kaufrechts ausdrücklich ausgeschlossen.

a) Anwendungsbereich

557 Das UN-Kaufrecht findet nur auf internationale Kaufverträge und typengemischte Verträge Anwendung, sofern letztere überwiegend Elemente des Warenkaufs regeln. Ein typengemischter Vertrag kann beispielsweise ein Vertrag sein, der neben dem Kauf einer Sache (Maschine) auch noch Transport, Versicherung und Wartungsdienstleistungen regelt. Zumindest auf die kaufvertraglichen Leistungen ist dann UN-Kaufrecht anwendbar.

558 **Kaufvertrag**: Das UN-Kaufrecht findet nur auf Kaufverträge Anwendung. **Sukzessiv**-Lieferverträge fallen nach Art. 73 UN-Kaufrechtsübereinkommen jedenfalls dann unter den Anwendungsbereich, wenn die **Gesamtbezugsmenge** des Käufers **von vorneherein** feststeht. Alleinvertriebs-, Vertragshändler-, Franchise- oder Rahmenverträge fallen lediglich in Ausnahmefällen unter das UN-Kaufrechtsübereinkommen,

nämlich dann, wenn in dem jeweiligen Vertrag eine konkrete kaufvertragliche Verpflichtung geregelt ist. Grund dafür ist, dass Vertriebsverträge im Wesentlichen die Organisation des Vertriebs (beispielsweise Marketing, Lagerung, Werbung, Kundenservice etc.) regeln anstatt die kaufvertragliche Abwicklung im Blick zu haben.

Warenkauf: Als Waren gelten alle beweglichen körperlichen Gegen- **559** stände, wie etwa Maschinen, Kleidung, Schuhe, Fahrzeuge, aber auch Pflanzen, Arzneimittel und Tiere. Unter dem Begriff von Waren fallen keine Immobilien. Gemäß Art. 2 a) UN-Kaufrechtsübereinkommen sind zudem Waren für den persönlichen Gebrauch (insbesondere Verbrauchsgüter) ausgenommen sowie Wertpapiere oder See- und Binnenschiffe.

Internationalität: Gemäß Art. 1 Abs. 1 UN-Kaufrechtsübereinkom- **560** men ist weitere Anwendungsvoraussetzung, dass ein **internationaler** Kaufvertrag vorliegt. Ein internationaler Kaufvertrag liegt dann vor, wenn sich die **Vertragsparteien** in **unterschiedlichen Staaten** befinden, was dann der Fall ist, wenn die Parteien ihre Niederlassungen in verschiedenen Staaten haben. Wenn also beispielsweise eine OHG in München mit einer S.A. aus Amsterdam einen Kaufvertrag abschließt, liegt ein internationaler Sachverhalt vor. Nicht erforderlich ist, dass die Niederlassung eine eigene Rechtspersönlichkeit hat, also eine juristische Person (GmbH oder AG) ist. Die Staatsangehörigkeit der handelnden Personen ist ebenfalls unerheblich. Die Internationalität muss aber objektiv erkennbar sein.

Kein Ausschluss: Sofern die vorstehend genannten Kriterien erfüllt **561** sind, findet das UN-Kaufrechtsübereinkommen automatisch – ohne weiteres Rechtswahlerfordernis – Anwendung. Die Parteien eines Vertrages haben indes die Möglichkeit, die Geltung des UN-Kaufrechts ausdrücklich auszuschließen, Art. 6 UN-Kaufrechtsübereinkommen. Ein solcher Ausschluss ist ausdrücklich oder auch stillschweigend (also konkludent) möglich. Ein stillschweigender Ausschluss ist etwa dann gegeben, wenn aus dem hinreichend deutlichen Parteiwillen ableitbar ist, dass die Parteien die Geltung des UN-Kaufrechts ausschließen wollten. Dazu reicht es aus, dass die Parteien das Recht eines Staates wählen, der kein Vertragsstaat des UN-Kaufrechtsübereinkommens ist.

Praxishinweis: **562**

Vereinbaren die Parteien das Recht eines Staates, der zugleich Vertragsstaats ist (beispielsweise die Wahl deutschen Rechts), wird damit ein Ausschluss des UN-Kaufrechts nicht erreicht, da das UN-Kaufrecht durch den Beitritt Deutschlands zum UN-Kaufrechtsübereinkommen seinerseits selbst Teil des deutschen Rechts geworden ist. Wollen Sie das UN-Kaufrecht ausschließen, gleichzeitig aber deutsches Recht wählen, müssen Sie dies ausdrücklich klarstellen, etwa durch folgende Formulierung:

> *„Auf diesen Vertrag findet ausschließlich deutsches Recht Anwendung, unter Ausschluss der Reglungen des internationalen Privatrechts und des UN-Kaufrechtsübereinkommens."*

b) Was regelt das UN-Kaufrecht?

563 Das UN-Kaufrecht stellt kein in sich abgeschlossenes System zur Regelung aller Fragen dar, die im Rahmen der Abwicklung eines Kaufvertrages auftreten können. Das UN-Kaufrechtsübereinkommen regelt aber die wesentlichen Punkte, die in kaufvertraglichen Streitigkeiten üblicherweise auftreten, so etwa die Frage des Zustandekommens eines Vertrages (Wirksamkeit von Angebot und Annahme), die Pflichten der Parteien (Beförderung, Lieferzeit, Übergabe von Dokumenten), die Vertragsgemäßheit der Ware (Mangelfreiheit, Untersuchungspflicht und Mängelrüge sowie entsprechende Rechtsbehelfe des Käufers), Abnahme der Ware, Kaufpreiszahlung, Zahlungsort, Abnahme, Gefahrübergang oder auch die Frage der möglichen Rückabwicklung des Kaufs.

564 Gemäß Art. 4 b) UN-Kaufrechtsübereinkommen regelt das UN-Kaufrecht beispielsweise ausdrücklich nicht Eigentumsfragen. Damit entfällt auch der gesamte Themenbereich Eigentumsvorbehalt. Darüber hinaus regelt das UN-Kaufrecht nicht die Haftung des Verkäufers für den durch die Ware verursachten Tod oder die Körperverletzung einer Person. Ferner unterzieht das UN-Kaufrecht den Kaufvertrag keiner inhaltlichen Prüfung, wie es etwa im deutschen Recht die AGB-Inhaltskontrolle tut. Auch Fragen der Stellvertretung, die beim Zustandekommen eines Vertrages häufig Bedeutung erlangen oder Fragen der Wissenszurechnung, werden vom UN-Kaufrechtsübereinkommen nicht geregelt. Gleiches gilt für die Abtretung von Ansprüchen aus dem Kaufvertrag, die Aufrechnung oder auch die Verjährung. Gemäß Art. 7 Abs. 2 UN-Kaufrechtsübereinkommen sind all diese Fragen nach den allgemeinen Grundsätzen, d.h. nach den Regeln des internationalen Privatrechts, zu ermitteln und zu entscheiden. Das bedeutet, dass ergänzend zum UN-Kaufrecht auch noch das Recht eines Staates einer der Parteien zur Anwendung gelangen kann.

c) Wichtige Unterschiede zwischen UN-Kaufrecht und deutschem Kaufrecht

565 Das BGB verfolgt einen eher technischen und systematischen Ansatz, der gelegentlich dazu führt, dass Nicht-Juristen Schwierigkeiten haben, Zugang zur Lösung bestimmter Rechtsfragen zu finden. Das UN-Kaufrechtsübereinkommen verfolgt demgegenüber einen eher praktischen Ansatz, in dem praktisch relevante Fragen, die in einer Kaufvertragsbeziehung häufig wiederkehren, im UN-Kaufrechtsübereinkommen katalogartig aufgezählt und geregelt sind. Die nachfolgende Liste zeigt einige wesentliche Unterschiede zwischen BGB und UN-Kaufrecht (nicht abschließend):

Betreff	BGB	UN-Kaufrecht / CISG
Angebot und Angebotsannahme	Angebot und Annahme müssen vollständig übereinstimmen. Eine Angebotsannahme, die Ergänzungen, Einschränkungen oder andere Änderungen enthält, wird dagegen als Ablehnung des ursprünglichen Angebots, verbunden mit einem neuen Angebot, angesehen, § 151 BGB.	Das CISG unterscheidet zwischen wesentlichen und unwesentlichen Änderungen, Art. 19 Abs. 2 CISG. Eine Annahme, die lediglich unwesentliche Änderungen enthält, führt zum Zustandekommen der Vereinbarung, während wesentliche Änderungen (z.B. des Preises, der Qualität oder der Menge) als neues Angebot zu werten sind.
Widerruf des Angebots	Sobald ein Angebot dem Empfänger zugeht, ist es für den Anbietenden bindend, §§ 130 Abs. 1, 145 BGB.	Ein Angebot kann vom Anbietenden auch nach dessen Zugang beim Empfänger widerrufen werden, es sei denn, das Angebot wurde vom Empfänger zwischenzeitlich angenommen, Art. 15, 16 CISG.
Einbeziehung Allgemeiner Geschäftsbedingungen	Gemäß § 305 Abs. 2 BGB ist der Verweis auf allgemeine Geschäftsbedingungen zwischen zwei Unternehmern ausreichend (wenn die Möglichkeit zumutbarer Kenntnisnahme besteht).	Die Einbeziehung von AGB unter Geltung des UN-Kaufrechts ist strenger, als nach dem BGB. AGB sind nur dann wirksam einbezogen, wenn die Partei, die sich auf ihre allgemeinen Geschäftsbedingungen beruft, diese der anderen Partei zukommen lässt (z.B. per Fax, per Post, E-Mail oder per Übergabe).

Betreff	BGB	UN-Kaufrecht / CISG
Lieferung	Wenn keine Einigung über den Liefertermin erzielt werden kann, ist die geschuldete Leistung (z.B. Übergabe der Ware) sofort fällig, §271 BGB.	Soweit nicht einzeln gesondert vereinbart, muss die Lieferung der Waren innerhalb einer angemessenen Frist nach Abschluss der Vereinbarung erfolgen, Art. 33 c CISG.
Nacherfüllung	Der Verkäufer hat das Recht und die Pflicht, Nacherfüllung (einschließlich Reparatur oder Ersatz) zu leisten, §§439, 440 BGB.	Der Käufer hat das Recht, auch ohne Gewährung einer Frist Schadensersatz zu fordern, Art. 46, 37 CISG. Es besteht kein ausdrückliches Recht auf Nacherfüllung durch den Verkäufer.
Haftungsbeschränkung	Allumfassende – allerdings verschuldensabhängige - Haftung für alle erlittenen Schäden (wenn nicht gesetzlich beschränkt).	Verschuldensunabhängige Haftung. Art. 74 S. 2 CISG sieht eine gesetzliche Haftungsbeschränkung auf den bei Vertragsschluss für die vertragsbrüchige Partei vorhersehbaren Schaden vor.

566 **Praxishinweis:**

Das UN-Kaufrecht wird im Vergleich zum deutschen BGB tendenziell eher als käuferfreundlich betrachtet. So ist in Art. 74 UN-Kaufrechtsübereinkommen etwa ein verschuldensunabhängiger Schadensersatzanspruch bei jeder Art von Vertragsverletzung vorgesehen, der eine Entlastung für den Verkäufer nur in engen Grenzen zulässt. Im BGB ist Schadensersatz demgegenüber nur dann vorgesehen, wenn die Vertragsverletzung durch den Verkäufer verschuldet wurde. Zudem sind die Regelungen in den Art. 38 und 39 des UN-Kaufrechtsübereinkommens zur Mängelrüge großzügiger als die in §377 HGB vorgesehene Untersuchungs- und Rügeobliegenheit. Aus Verkäufersicht ist daher eher (aber nicht zwingend) zu den Regelungen des BGB zu raten, während Sie als Käufer durchaus auch die Geltung des UN-Kaufrechts erwägen können.

2. Gemeinsames europäisches Kaufrecht

Es existiert kein in sich abgeschlossenes europäisches Recht in dem Sinne, dass die Parteien beispielsweise in einer Rechtswahlklausel das europäische Recht als maßgeblich für ihre Vertragsbeziehung vereinbaren könnten. Es obliegt nach wie vor den einzelnen Mitgliedstaaten, ein umfassendes Rechtssystem für seine Bürger und Unternehmen bereit zu stellen. Allerdings regelt das europäische Recht durchaus bestimmte einzelne Rechtsgebiete – und diese auch abschließend. So hat das europäische Recht beispielsweise erheblichen Einfluss auf den Verbraucherschutz, das Kartellrecht, weite Teile des Gesellschaftsrechts oder bestimmte Teile des Handelsrechts (beispielsweise das Handelsvertreterrecht) oder auch die Produkthaftung (über die Produkthaftungsrichtlinie), wohingegen andere Rechtsgebiete – wie beispielsweise das Strafrecht – bislang noch weitgehend unbeeinflusst von europäischer Rechtsvereinheitlichung sind. **567**

Ein gemeinsames oder vereinheitlichtes europäisches Kaufrecht gibt es bis heute ebenfalls nicht. Allerdings gibt es bereits fortgeschrittene Bestrebungen der europäischen Kommission, ein solches Gemeinsames Europäisches Kaufrecht (Common European Sales Law, CESL) zu schaffen. Ein entsprechender Verordnungsvorschlag der Europäischen Kommission wird derzeit breit diskutiert. Es ist vorgesehen, dass dieser nicht das nationale Kaufrecht der einzelnen Mitgliedstaaten verdrängt, sondern den Vertragsparteien die Möglichkeit zur Wahl dieses gemeinsamen europäischen Kaufrechts als zusätzliche Option bietet (*Opt-in*). Insoweit weicht der Verordnungsvorschlag zum CESL vom UN-Kaufrecht ab. Letzteres findet – sofern es nicht ausgeschlossen wird – automatisch Anwendung. **568**

Das Gemeinsame Europäisches Kaufrecht spielt derzeit in der Praxis noch keine Rolle – es ist sogar bislang unklar, ob und inwieweit der Verordnungsvorschlag zu einer verbindlichen und von den Mitgliedstaaten umzusetzenden Verordnung wird. **569**

Praxishinweis: **570**

Eine Rechtswahlklausel, die etwa lautet „es gilt Europäisches Recht" ist unwirksam. Wählen Sie im Wege einer Rechtswahl stets das Recht eines bestimmten Staates.

3. Incoterms 2010

Incoterms (International Commercial Terms) sind weltweit anerkannte und vereinheitlichte Handelsklauseln, die von Vertragsparteien auf freiwilliger Basis vereinbart werden können. Die Incoterms wurden im Jahr 1936 erstmals aufgestellt, und seitdem in regelmäßigen Abständen **571** überarbeitet. Sie werden von der internationalen Handelskammer (ICC) entwickelt. Die derzeit gültige Fassung der Incoterms 2010 ist seit Januar 2011 in Kraft. Derzeit existieren elf Handelsklauseln.

572 Die Incoterms-Handelsklauseln bilden letztlich Handelsbräuche ab, die sich im internationalen Handelsverkehr herausgebildet haben. Im Wesentlichen regeln die Incoterms die Pflichten des Verkäufers, wie etwa Kosten und Gefahren, die mit der Lieferung der Ware zum Käufer verbunden sind. Incoterms ermöglichen es den Parteien, sich zügig auf eine Verteilung der kaufvertraglichen Nebenpflichten, wie etwa Transport, Verladung, Gefahrtragung, Verzollung oder Versicherung zu einigen. Damit werden die Incoterms insbesondere dem im Handelsverkehr verbreiteten Bedürfnis nach einer schnellen Geschäftsabwicklung gerecht.

573 **Praxishinweis:**

Die Incoterms gelten nicht automatisch. Sofern Sie möchten, dass die Incoterms bestimmte Fragen Ihres Kaufvertragsverhältnisses regeln sollen, müssen Sie dies im Vertrag deutlich machen, z.B. durch die Benennung einer bestimmten Handelsklausel.

a) Was regeln die Incoterms?

574 Der Regelungsbereich der Incoterms ist sehr eingeschränkt. So werden etwa typische vertragsrechtliche Fragen, wie das Zustandekommen des Vertrages, die Übergabe des Kaufgegenstandes, Zahlungsbedingungen und Zahlungsfristen, Untersuchungs- und Rügepflichten des Käufers, Mängelgewährleistung und sonstige Leistungsstörungen in Incoterms nicht geregelt. Demgegenüber regeln die Incoterms vor allem die Art und Weise der Lieferung von Waren, legen fest, welche Transportkosten der Verkäufer und welche der Käufer zu tragen hat und wer im Falle des Verlustes oder der Beschädigung der Ware das finanzielle Risiko trägt. Die Incoterms geben indessen keine Auskunft darüber, zu welcher Zeit und an welchem Ort der Verkäufer die Ware an den Käufer übergibt bzw. wo das Eigentum übergeht.

575 **Praxishinweis:**

Achten Sie darauf, dass Sie Ihren Ort (bei der Handelsklausel EXW z.B. Ihr Werk) so genau wie möglich benennen, d.h. mit Straße, Hausnummer und möglichst auch konkretem Lagerplatz oder Warenausgangsterminal.

576 Zwar regeln die Incoterms, welche Seite bei Verlust oder Beschädigung der Ware das Risiko trägt (Gefahrübergang). Die Incoterms regeln aber nicht, wann das Eigentum an der gelieferten Ware auf den Käufer übergeht. Dies

ergibt sich aus der vertraglichen Vereinbarung bzw. dem anwendbaren Recht.

Praxishinweis: 577

Die Wahl einer Incoterms-Handelsklausel ersetzt keinen Vertrag, sondern ergänzt lediglich einen bestehenden (schriftlich oder mündlich geschlossenen) Vertrag.

b) Welche Handelsklauseln gibt es?

Die Incoterms lassen sich in verschiedene Gattungen klassifizieren. Zum 578 einen gibt es Klauseln, die für alle Transportarten gelten (EXW, FCA, CPT, CIP, DAT, DAP, DDP) und Klauseln, die lediglich für den See- und Binnenschifftransport gelten und sinnvollerweise auch nur für den See- und Binnenschifftransport vereinbart werden können (FAS, FOB, CFR, CIF). Die sieben Handelsklauseln der ersten Kategorie können unabhängig von der gewählten Transportart (Straße, Luft, See) und unabhängig davon, ob mehr als eine Transportart eingesetzt wird, verwendet werden. Bei der zweiten Kategorie der Incoterms sind sowohl der Ort der Lieferung als auch der Ort, bis zu dem die Ware zum Verkäufer befördert werden soll, anzugeben. Daher können diese Klauseln sinnvollerweise nur bei See- und Binnenschiffstransporten vereinbart werden. Diese Klauseln werden daher häufig als „*See- und Binnenschiffsklauseln*" bezeichnet.

Praxishinweis: 579

Die Incoterms 2010 wurden zwar in erster Linie für den internationalen Handel geschaffen, sie können gleichwohl auch bei reinen Inlandsgeschäften angewendet und vereinbart werden. Achten Sie jedoch auf die Wahl einer geeigneten Klausel. Die Klauseln FAS, FOB, CFR und CIF sind für den See- und Binnenschiffstransport vorgesehen. Es hätte daher keinen Sinn, sie z.B. bei Straßentransporten zu vereinbaren.

c) Wie lassen sich die Incoterms-Klauseln unterscheiden?

Geläufig ist zudem auch die Kategorisierung der elf Incoterm-Klauseln 580 in vier Gruppen, die entsprechend den Anfangsbuchstaben der Klauseln benannt sind:

- **Gruppe E**: EXW (Abholklausel)
- **Gruppe F**: FCA, FAS, FOB (Absendeklauseln ohne Übernahme der Kosten für den Haupttransport seitens des Verkäufers)

- **Gruppe C**: CFR, CIF, CPT, CIP (Absendeklauseln mit Übernahme der Kosten für den Haupttransport seitens des Verkäufers)
- **Gruppe D**: DAP, DAT, DDP (Ankunftsklauseln)

581 Die Kategorisierung in diese vier Gruppen ist insoweit sinnvoll bzw. hilfreich, als die Pflichten des Verkäufers sich von einer Gruppe zur nächsten stetig erhöhen. Damit geht einher, dass sich die Verpflichtungen des Käufers zugleich reduzieren. So sind beispielsweise die Pflichten des Verkäufers am niedrigsten, wenn die Parteien Incoterms 2010 EXW vereinbaren, während den Verkäufer umfangreiche Pflichten treffen, sofern die Parteien Incoterms 2010 DDP vereinbaren. Eine Definition der einzelnen Incoterm-Klauseln mit einer Beschreibung der jeweiligen Verpflichtungen von Verkäufer und Käufer sind auf der deutschen Homepage der Internationalen Handelskammer abrufbar.[206]

II. Bestimmung des anwendbaren Rechts

582 Sofern kein harmonisiertes Recht (wie etwa das CISG) auf einen Sachverhalt anwendbar ist, müssen die Parteien bei grenzüberschreitenden Sachverhalten das anwendbare Recht nach den Grundsätzen des internationalen Privatrechts ermitteln. Dies ist beispielsweise der Fall, wenn eine Gesellschaft mit Sitz in Deutschland (Auftraggeber) einen Logistikvertrag mit einem Dienstleister aus dem Ausland (etwa der Schweiz) schließt und der Auftraggeber nach Abschluss des Vertrags Schadensersatz vom Schweizer Dienstleister fordert. Jede entwickelte Rechtsordnung stellt Regelungen zur Verfügung, mittels derer ermittelt werden kann, welches Sachrecht inhaltlich auf einen internationalen Sachverhalt anwendbar sein soll. Diese Regelungen des internationalen Privatrechts regeln also noch nicht, „wer Recht hat", sondern legen nur fest, nach welchem Recht sich dies bestimmt.

583 Damit ist indessen noch nichts darüber gesagt, welches internationale Privatrecht nun sagt, welches Sachrecht inhaltlich zur Entscheidung über einen Fall berufen ist. Um zu vermeiden, dass sich die Parteien bei diesen Fragen im Kreis drehen, gibt es den international anerkannten Grundsatz der *lex fori*. Dieser besagt, dass das Gericht, das über einen Fall entscheidet (oder zu entscheiden hätte), sein Internationales Privatrecht anwendet um wiederum das Recht zu ermitteln, das über „Recht und Unrecht" – also über die Sache selbst, d.h. inhaltlich – entscheidet. Die Ermittlung des anwendbaren Rechts in einem internationalen Fall erfolgt daher immer in einem zweistufigen Verfahren.

---

[206] http://www.icc-deutschland.de.

Auf der **ersten Stufe** wird geklärt, welches Gericht zuständig wäre. Erst dann ist klar, welches internationale Privatrecht zur Frage des anwendbaren Sachrechts Auskunft gibt, so dass auf der **zweiten Stufe** das anwendbare Sachrecht ermittelt werden kann. Verklagt im o.g. Beispielsfall der Schweizer Dienstleister den Deutschen Auftraggeber auf Zahlung seiner Vergütung vor einem deutschen Gericht, so ermittelt das deutsche Gericht (*lex fori*) anhand des deutschen internationalen Privatrechts, welches Recht (deutsches oder schweizerisches) inhaltlich über die Sache entscheidet. Hierzu im Einzelnen: **584**

1. Schritt 1: Ermittlung des Gerichtsstands

Sofern die Parteien wirksam einen **Gerichtsstand vereinbart** haben, macht die Ermittlung des zuständigen Gerichts keine Probleme. Nach deutschem Recht können Kaufleute (und damit auch Unternehmen) gemäß §§ 38, 40 ZPO problemlos Gerichtsstände vereinbaren, was in der Praxis auch häufig geschieht. Gleiches gilt nach europäischem Recht, Art. 25 EuGVVO und Art. 23 LugÜ. Die EuGVVO (Verordnung des Rates über die gerichtliche Zuständigkeit und die Anerkennung und Vollstreckung von Entscheidungen in Zivil- und Handelssachen) regelt u.a. Fragen der gerichtlichen Zuständigkeit innerhalb der EU. Das LugÜ (Lugano-Übereinkommen) regelt Zuständigkeiten zwischen den Mitgliedstaaten der EU, der Schweiz, Norwegen und Island. **585**

Sofern die Parteien **keinen Gerichtsstand** vereinbart haben oder die getroffene Gerichtsstandvereinbarung nicht wirksam ist, muss das zuständige Gericht nach nationalem Zivilprozessrecht oder – im Geltungsbereich der EU mittels der EuGVVO bzw. ggf. des LugÜ – ermittelt werden. in weiten Teilen folgen die nationalen Zivilprozessordnungen und auch die EuGVVO sowie das LugÜ dem Grundsatz des Beklagtengerichtsstands. Danach muss der Kläger den Beklagten an dessen Wohnort (bei Unternehmen am Sitz) verklagen. So ist in Art. 4 EuGVVO und in Art. 2 LugÜ geregelt, dass Personen mit (Wohn-)Sitz in einem Mitgliedstaat vor den Gerichten dieses Mitgliedstaats verklagt werden und zwar unabhängig von ihrer Staatsangehörigkeit. Allerdings gibt es besondere oder sogar ausschließliche Gerichtsstände, die zu vom Beklagtengerichtsstand abweichenden (ggf. auch zusätzlichen optionalen) Gerichtsständen führen können. So sieht etwa Art. 7 Abs. 1 EuGVVO (und Art. 5 Abs. 1a LugÜ) vor, dass in vertragsrechtlichen Streitigkeiten eine Person, die ihren Wohnsitz im Hoheitsgebiet eines Mitgliedstaats hat, in einem anderen Mitgliedstaat verklagt werden kann und zwar vor dem Gericht des Ortes, an dem die vertragliche Verpflichtung erfüllt worden ist oder zu erfüllen gewesen **586** wäre. Bei einem Kauf- oder Liefervertag wäre der Erfüllungsort beispielsweise der Ort, an den die Waren nach dem Vertag geliefert werden sollten.

587 **Praxishinweis:**

Vereinbaren Sie im unternehmerischen Verkehr stets Gerichtsstände, insbesondere dann, wenn eine Vertragsbeziehung Auslandsbezug hat. Damit schaffen Sie für den Fall eines Rechtsstreits Vorhersehbarkeit. Versuchen Sie die Gerichte am Ort Ihres Firmensitzes als zuständige Gerichte zu vereinbaren. Im Falle eines Rechtsstreits haben Sie dann nicht nur den geringeren Reiseaufwand, sondern (weitgehend) Sicherheit, dass Sie nicht plötzlich vor ausländischen Gerichten verklagt werden. Achten Sie auf die richtige Formulierung, beispielsweise wie folgt:

Für sämtliche Streitigkeiten aus oder im Zusammenhang mit diesem Vertrag, einschließlich eventueller Streitigkeiten über das wirksame Zustandekommen dieses Vertrags, sind ausschließlich die Gerichte am Sitz von [Firma, PLZ und Ort] zuständig.

2. Schritt 2: Ermittlung des anwendbaren Rechts

588 Sofern der Gerichtsstand identifiziert ist, ist auch geklärt, welches internationale Privatrecht darüber entscheidet, welches Sachrecht zur Anwendung gelangt. Dies ist nach dem Grundsatz der *lex fori* das Recht des Staates am Gerichtsstand. In Deutschland stellt das EGBGB (Einführungsgesetz zum BGB) die nationalen Kollisionsregelungen zur Verfügung, die darüber befinden, welches Sachrecht zur Anwendung gelangen soll, damit in der Sache entschieden werden kann. Das internationale Privatrecht unterliegt allerdings starker europarechtlicher Vereinheitlichung. So regelt beispielsweise die Rom-I-VO zwischen Parteien aus Mitgliedstaaten der EU, wann welches Recht in vertrags- und handelsrechtlichen Streitigkeiten zur Anwendung kommt. Für nicht-vertragsrechtliche grenzüberschreitende Sachverhalte innerhalb der EU (beispielsweise unerlaubte Handlungen) regelt die Rom-II-VO und für bestimmte familienrechtliche Fragen die Rom-III-VO, welches Recht zur Anwendung gelangt.

a) Die Bestimmung des anwendbaren Rechts nach der Rom-I-VO

589 Nach Art. 3 Rom-I-VO gilt, dass die Parteien grundsätzlich das Recht, dem sie einen Vertrag unterstellen wollen, frei wählen können. Dies kann ausdrücklich oder stillschweigend geschehen, in jedem Fall natürlich auch
590 mittels AGB. Allerdings bestimmt die Rom-I-VO, dass die freie Rechtswahl der Parteien gewissen Grenzen unterliegt (hierzu unten).

Soweit die Parteien keine Rechtswahl für ihr Vertragsverhältnis getroffen haben, helfen die Art. 4 ff. Rom-I-VO, das anwendbare Recht zu bestimmen. Art. 4 Rom-I-VO sieht für bestimmte Vertragstypen konkrete Anknüpfungen vor. Schließen beispielsweise Parteien aus unterschiedlichen EU-Mitgliedstaaten einen Kaufvertrag über bewegliche Sachen, so unterliegt der Vertrag dem Recht des Staates, in dem der Verkäufer seinen gewöhnlichen Aufenthalt hat, Art. 4 Abs. 1a) Rom-I-VO. Sofern UN-Kaufrecht nicht ausgeschlossen wurde, findet dann UN-Kaufrecht Anwendung, da alle Mitgliedstaaten der EU dem UN-Kaufrechtsübereinkommen (CISG) beigetreten sind.

Für Dienstleistungsverträge (hierunter fallen in weiten Teilen z.B. auch Logistikverträge) gilt, dass diese dem Recht des Staates unterfallen, in dem der Dienstleister (Auftragnehmer) seinen gewöhnlichen Aufenthalt hat, Art. 4 Abs. 1b) Rom-I-VO. Für Vertriebsverträge gilt, dass diese dem Recht des Staates unterliegen, in dem der Vertriebshändler (z.B. Handelsvertreter) seinen gewöhnlichen Aufenthalt hat, Art. 4 Abs. 1 f.) Rom-I-VO. Ob Vertragshändlerverträge auch unter diese Regelung fallen, ist umstritten. Sofern Pflichten aus dem Vertragshändlervertrag selbst – und nicht Rechtsfragen, die sich aus den einzelnen Kaufverträgen, die unter dem Vertragshändlervertrag üblicherweise abgeschlossen werden – betroffen sind, müsste auch für Vertragshändlerverträge gelten, dass das Recht des Staates Anwendung findet, in dem der Vertragshändler seinen gewöhnlichen Aufenthalt hat.[207] **591**

Die Rom-I-VO sieht für bestimmte weitere Vertragstypen, wie etwa Beförderungsverträge (hierunter fällt wohl auch der Speditions- und Transportvertrag, wobei internationale Übereinkommen wie die CMR vorrangig zu berücksichtigen sind), Verbraucherverträge, Versicherungsverträge und Individualarbeitsverträge besondere Anknüpfungen vor. **592**

b) Die Grenze freier Rechtswahl

Art. 3 Abs. 1 Rom-I-VO statuiert den Grundsatz der Parteiautonomie, wonach die Parteien grundsätzlich frei darin sind, das Recht zu wählen, dem ihr Vertrag unterliegen soll. Eine bestimmte Verbindung oder Nähe zum gewählten Recht ist grundsätzlich nicht erforderlich. Dies ermöglicht den Parteien auch die Wahl eines „neutralen" Rechts. Eine Partei mit Sitz in Deutschland und eine Partei mit Sitz in Frankreich können also beispielsweise ohne weiteres das Recht von Singapur, China oder England vereinbaren. Einschränkungen des Grundsatzes der freien Rechtswahl sehen aber Art. 3 Abs. 3 und Abs. 4 sowie Art. 9 Abs. 2 Rom-I-VO vor. **593**

Nach **Art. 3 Abs. 3 Rom-I-VO** können die **zwingenden Bestimmungen** eines bestimmten Staates nicht abbedungen werden, wenn alle Elemente des Sachverhalts zum Zeitpunkt der Rechtswahl in diesem Staat **594**

---

[207] *Mann*, Commercial Contracts, 2015, S. 55.

belegen waren aber das Recht eines anderen Staates gewählt wurde. Mit dieser Regelung soll für reine **Binnensachverhalte** vermieden werden, dass zwingende Bestimmungen – die meistens den Schutz der schwächeren Partei bezwecken – zu Lasten dieser Partei abgewählt werden. Mit dem Merkmal „Elemente des Sachverhalts" soll eine ausreichende Auslandsberührung sichergestellt werden. Elemente des Sachverhalts liegen in unterschiedlichen Staaten, wenn die Parteien ihren gewöhnlichen Aufenthalt bzw. ihre Niederlassungen in unterschiedlichen Staaten haben, oder wenn der Erfüllungsort im Ausland liegt, ggf. auch wenn (nur) der Vertragsabschlussort im Ausland liegt. Nicht ausreichend soll hingegen sein, wenn zwei deutsche Parteien sich beispielsweise nur zu Vertragsverhandlungen im Ausland treffen. Mit anderen Worten: Die Vertragsparteien können grundsätzlich immer das Recht eines anderen Staates als geltendes Recht für ihren Vertrag vereinbaren. Wenn es sich aber um einen reinen Binnensachverhalt handelt (zwei Parteien je mit Sitz in Deutschland), dann können die zwingenden Bestimmungen des deutschen Rechts nicht ausgeschlossen werden. Unproblematisch hingegen ist, wenn beispielsweise ein Unternehmen mit Sitz in Deutschland und ein Unternehmen mit Sitz in Frankreich griechisches oder US-amerikanisches Recht vereinbaren. In diesen Fällen liegt kein reiner Binnensachverhalt vor und zwingende Bestimmungen – wie etwa das deutsche AGB-Recht – müssen nicht beachtet werden.

595 Eine weitere Einschränkung des Grundsatzes der freien Rechtswahl ergibt sich aus **Art. 3 Abs. 4 Rom-I-VO**. Danach kann von zwingenden EU-rechtlichen Bestimmungen durch Rechtswahl nicht abgewichen werden, wenn alle Elemente des Sachverhalts zum Zeitpunkt der Rechtswahl in einem oder mehreren Mitgliedstaaten liegen. So können beispielsweise Vertragsparteien, die in Frankreich und Deutschland sitzen, nicht die Regelungen über den Handelsvertreterausgleich ausschließen, selbst dann, wenn sie singapurisches Recht wählen. Damit soll der Umgehung zwingenden EU-Rechts entgegengewirkt werden.

596 Eine weitere Einschränkung für den Grundsatz der freien Rechtswahl sieht **Art. 9 Abs. 2 Rom-I-VO** vor. Danach gilt, dass sogenannte Eingriffsnormen die Rechtswahl der Parteien im Ausnahmefall durchbrechen können. Eingriffsnormen sind zwingende Vorschriften, deren Einhaltung von einem Staat als so entscheidend für die Wahrung seines öffentlichen Interesses angesehen werden, dass sie immer und ausnahmslos angewendet werden müssen. In erster Linie fallen hierunter außenhandelsrechtliche Vorgaben, wie etwa Embargos, oder wichtige wettbewerbsrechtliche Vorschriften des jeweiligen Forumsstaates, d.h. des Staates, dessen Gerichte über einen Rechtsstreit entscheiden.

c) Die Ingmar-Entscheidung des Europäischen Gerichtshofs

Obwohl der Begriff der Eingriffsnorm in Art. 9 Abs. 2 Rom-I-VO an sich eng auszulegen ist, hat der Europäische Gerichtshof (EuGH) in der sogenannten Ingmar-Entscheidung den Ausgleichsanspruch des Handelsvertreters (§ 89b HGB) offenbar als Eingriffsnorm definiert, obwohl der Handelsvertreterausgleichsanspruch lediglich eine individualschützende Norm zugunsten des Handelsvertreters ist und mit übergeordneten staatlichen Interessen nichts zu tun hat. **597**

In der sogenannten Ingmar-Entscheidung klagte ein Handelsvertreter mit Sitz in Großbritannien einen Handelsvertreterausgleichsanspruch gegen den Unternehmer mit Sitz in Kalifornien ein. Ihrem Vertrag hatten die Parteien im Zeitpunkt des Vertragsabschlusses kalifornisches Recht zugrunde gelegt. Kalifornisches Recht sieht keinen Handelsvertreterausgleichsanspruch vor, während das Recht von Großbritannien einen Handelsvertreterausgleichsanspruch bei Beendigung des Handelsvertretervertrags vorsieht (gemäß Art. 17 der Handelsvertreterrichtlinie 86/653/EWG vom 18. Dezember 1986). Obwohl die Parteien mit der Wahl kalifornischen Rechts das Recht von Großbritannien ausgeschlossen hatten und auch kein reiner Binnensachverhalt im Sinne von Art. 3 Abs. 3 Rom-I-VO vorlag, sprach der EuGH dem Handelsvertreter Ingmar einen Ausgleichsanspruch zu. Wörtlich führte der EuGH aus: **598**

> *„Daher ist es für die gemeinschaftliche Rechtsordnung von grundlegender Bedeutung, dass ein Unternehmer mit Sitz in einem Drittland, dessen Handelsvertreter seine Tätigkeit innerhalb der Gemeinschaft ausübt, diese Bestimmungen nicht schlicht durch eine Rechtswahlklausel umgehen kann. Der Zweck dieser Bestimmungen erfordert nämlich, dass sie unabhängig davon, welchem Recht der Vertrag nach dem Willen der Parteien unterliegen soll, anwendbar sind, wenn der Sachverhalt einen starken Gemeinschaftsbezug aufweist, etwa weil der Handelsvertreter seine Tätigkeit im Gebiet eines Mitgliedstaats ausübt.*
>
> *Aus diesen Gründen ist auf die Vorlagefrage zu antworten, dass die Art. 17 und 18 der Richtlinie 86/653/EWG, die dem Handelsvertreter nach Vertragsbeendigung gewisse Ansprüche gewähren, auch dann anzuwenden sind, wenn der Handelsvertreter seine Tätigkeit in einem Mitgliedstaat ausgeübt hat, der Unternehmer seinen Sitz aber in einem Drittland hat und der Vertrag vereinbarungsgemäß dem Recht dieses Landes unterliegt.“*[208]

Diese Entscheidung des EuGH verdient Kritik, da der Handelsvertreterausgleichsanspruch eigentlich nicht die Qualität einer Eingriffsnorm im **599**

[208] EuGH C-381/89, NJW 2001, 2007, 2008 Rz. 25–26.

Sinne des Art. 9 Abs. 2 Rom-I-VO hat und im Ingmar-Fall die Voraussetzungen von Art. 3 Abs. 3 Rom-I-VO nicht vorlagen.

600 **Praxishinweis:**

Den Handelsvertreterausgleichsanspruch können Sie selbst dann nicht abbedingen, wenn Sie in einem grenzüberschreitenden Sachverhalt das Recht eines Staates wählen, das keinen Handelsvertreterausgleich vorsieht (wie etwa kalifornisches Recht). Dies gilt zumindest dann, wenn der Handelsvertreter innerhalb der EU tätig werden soll.

d) Schiedsverfahren und Rechtswahlfreiheit

601 Eine Besonderheit gilt mit Blick auf Schiedsverfahren, in denen also nicht ein staatliches Gericht, sondern ein von den Parteien angerufenes (privates) Schiedsgericht über einen vertrags- oder handelsrechtlichen Rechtsstreit entscheidet. Gemäß § 1051 Abs. 1 ZPO muss ein angerufenes Schiedsgericht die Streitigkeiten in Übereinstimmung mit den Rechtsvorschriften entscheiden, welche die Parteien als anwendbar bezeichnet haben. Da Schiedsgerichte nicht in gleicher Weise wie etwa staatliche Gerichte an zwingende Bestimmungen einer Rechtsordnung gebunden sind, sondern ggf. auch nur unter Geltung eines bestimmten Ausschnitts von Rechtsvorschriften zu einer schiedsgerichtlichen Entscheidung gelangen dürfen, wird die Meinung vertreten, dass Art. 3 Abs. 3 Rom-I-VO im Rahmen von Schiedsverfahren – selbst bei reinen Binnensachverhalten – ausgeschlossen werden kann. Im Ergebnis hat dies zur Folge, dass beispielsweise die AGB-Inhaltskontrolle vollständig ausgeschlossen werden kann, selbst dann, wenn zwei in Deutschland ansässige Unternehmer einen Vertrag schließen und eine Schiedsklausel vereinbaren.[209]

e) Law Made in Germany: Gründe für die Wahl deutschen Rechts

602 Das deutsche Recht ist bekannt für seine detaillierten und ausbalancierten Regelungen. Anders als etwa das Recht im anglo-amerikanischen Rechtskreis versucht das deutsche (Zivil-)Recht mit gesetzlichen Regelungen ein möglichst breites Spektrum von Fallkonstellationen zu erfassen und diese einer klaren Rechtsfolge zuzuführen. Dies führt dazu, dass die Regelungen häufig abstrakt-generell gehalten sind und der Zugang zum Recht für Nicht-Juristen ggf. etwas erschwert wird. Auf der anderen Seite fördert dieser vom Gesetzgeber gewählte Ansatz die Rechtssicherheit für Vertragsparteien, etwa im Vergleich zum anglo-amerikanischen Rechtskreis, wo weite Teile der Rechtsetzung der Rechtsprechung überlassen sind.

[209] So etwa *Pfeiffer*, NJW 2012, 1169; *Kondring*, RIW 2010, 148, 189.

Für deutsche Unternehmen stellt das deutsche Recht einen Wettbewerbsvorteil dar, da es Rechtssicherheit und Vorhersehbarkeit gewährleistet und dadurch eine Kostensenkung (insbesondere im Vergleich zur Rechtsberatung im anglo-amerikanischen Raum) mit sich bringt. Zudem können Urteile grundsätzlich zügig und effektiv vollstreckt werden. Auf der anderen Seite ist einzuräumen, dass das deutsche Vertragsrecht die Vertragsfreiheit der Parteien insbesondere durch die AGB-Kontrolle und den Verbraucherschutz mehr als andere Rechtsordnungen einengt. Im Wettbewerb der Rechtsordnungen droht das deutsche Recht daher etwas abzufallen. Für die Wahl deutschen Rechts sprechen die folgenden Aspekte: **603**

- **Vorhersehbarkeit**: Die Inhaltskontrolle des deutschen AGB-Rechts mag bisweilen als Hemmschuh insbesondere für Unternehmen erscheinen. Zugegebenermaßen engt die AGB-Inhaltskontrolle insbesondere in b2b-Fällen die Parteiautonomie gelegentlich zu stark ein und mag daher als wenig hilfreich empfunden werden. Auf der anderen Seite ist zu bedenken, dass auch im unternehmerischen Geschäftsverkehr häufig Vertragspartner einander gegenüberstehen, bei denen ein erhebliches Gefälle mit Blick auf die Verhandlungsmacht besteht. Überdies findet die AGB-Inhaltskontrolle im unternehmerischen Rechtsverkehr ohnehin nur eingeschränkt Anwendung. Gerichte haben zudem mit zahlreichen Entscheidungen in den vergangenen Jahrzehnten dafür gesorgt, dass viele AGB-rechtliche Einzelkonstellationen richterlich geklärt wurden und damit die Verlässlichkeit und Vorhersehbarkeit des deutschen Vertragsrechts erheblich gefestigt wurde. **604**
- **Auffangregelungen**: Das deutsche Zivilrecht stellt gesetzliche Auffangregelungen zur Verfügung. Wenn es die Parteien (absichtlich oder versehentlich) versäumt haben, bestimmte Punkte in ihren Verträgen zu regeln, halten diese Regelungen rechtliche Lösungen bereit. Dies gilt – um nur wenige Beispiele zu nennen – beispielsweise im Bereich kaufrechtlicher Gewährleistung, Vertragsbeendigung, Schadensersatz etc. Damit und mit dem Institut der Vertragsauslegung stehen effektive Mechanismen zur Schließung von Regelungslücken zur Verfügung. **605**
- **Niedrige Kosten**: Ein hohes Maß an Privatautonomie, d.h. rechtlichem Gestaltungsspielraum ist in der Regel eher für große Unternehmen von Vorteil. Kleine und mittlere Unternehmen, die möglicherweise nicht die gleichen Ressourcen wie große Unternehmen haben und daher in der Regel auch keine oder nur eine kleine Rechtsabteilung unterhalten, können dadurch benachteiligt sein. Das AGB-Recht zwingt die Parteien zumindest in gewissem Maße, ausbalancierte rechtliche Regelungen zu treffen. Damit ist es der stärkeren Vertragspartei z.B. nicht möglich, ihre gesamte Haftung auszuschließen, außerordentliche Kündigungs- **606**

rechte zum Nachteil der schwächeren Partei auszuschließen oder sämtliche Gewährleistungsvorschriften (insbesondere Nacherfüllung) aus ihrem vertraglichen Pflichtenkatalog zu streichen. Insgesamt führt dies nicht nur zu einer faireren Verteilung von Rechten und Pflichten, sondern auch dazu, dass der Aufwand der Rechtsberatung sinkt und die Rechtsberatungskosten niedriger sind, als etwa in den USA.

607 • **Effiziente Rechtsdurchsetzung**: Das deutsche Gerichtssystem sowie die Zivilprozessordnung und die Regelung der Rechtsanwaltsvergütung (RVG) sorgen für eine effiziente Rechtsdurchsetzung und dies zu – im internationalen Vergleich – niedrigen Kosten. So wird ein Kläger auf ein erstinstanzliches Zivilurteil in Deutschland vermutlich zwischen fünf und neun Monate warten. Komplexe handelsrechtliche Fälle können diesen Zeitraum zwar gelegentlich nicht nur unerheblich überschreiten – je nach Komplexität des Falles und der Notwendigkeit einer Beweisaufnahme. Es herrscht im deutschen Zivilprozessrecht aber der Beibringungsgrundsatz, was bedeutet, dass jede Partei den für sie maßgeblichen Prozessstoff sowie Beweismittel selbst beibringen muss. Damit sieht das deutsche Zivilprozessrecht teure und lang andauernde Beweisbeschaffungsverfahren wie etwa die *„pre-trial discovery“* in den USA, nicht vor. Schiedsverfahren werden zudem ebenfalls vergleichsweise stringent organisiert und effizient durchgeführt. Die Deutsche Institution für Schiedsgerichtsbarkeit (DIS) stellt ausgewogene und praxistaugliche Regelungen für ein zügiges und gut organisiertes Streitbeilegungsverfahren zur Verfügung. Zudem sind Sammelklagen im deutschen Recht nicht zulässig, was ebenfalls Kosten reduziert und die Risiken unvorhersehbarer und überbordender Haftungsrisiken beispielsweise im Bereich der Zuliefer-, der Lebensmittel- und der Pharmaindustrie einschränkt. Die Zwangsvollstreckung vollstreckbarer Titel (also von Gerichtsurteilen und Schiedssprüchen) ist in Deutschland ebenfalls problemlos möglich.

Teil 10
Streitbeilegung und Rechtsdurchsetzung

Gerichtliche oder schiedsgerichtliche Streitigkeiten sind zeit- und kostenintensiv und daher aus unternehmerischer Sicht möglichst zu vermeiden. Indessen gibt es Situationen, in denen eine Verhandlungslösung gescheitert ist und eine Partei gerichtliche oder schiedsgerichtliche Schritte einleiten muss, um ihre Interessen durchzusetzen. Dies kann beispielsweise dann der Fall sein, wenn die Parteien in ihren Vorstellungen zu weit auseinander liegen, wenn eine Partei zu Verhandlungen nicht bereit ist oder wenn die Parteien ihre Erfolgsaussichten ohne die Bewertung einer dritten, fachkundigen Person nicht abschließend einschätzen können (etwa weil das Gesetz ein weites richterliches Ermessen vorsieht). Zudem mag es Situationen - beispielsweise in Organ- oder Produkthaftungsfällen geben - in denen die (gerichtliche) Durchsetzung von Ansprüchen notwendig wird, damit die im Unternehmen handelnden Personen sich selbst nicht haftbar machen. Die Parteien haben neben gerichtlichen und schiedsgerichtlichen Verfahren die Wahl zwischen weiteren Streitbeilegungsmechanismen, die nachfolgend kursorisch beschrieben werden. Zudem werden die Grundzüge des Eilrechtsschutzes im Zivilprozess dargestellt. **608**

I. Möglichkeiten der Streitbeilegung

1. Verhandlung

Erfüllen sich die Erwartungen einer Partei nach einem Vertragsschluss nicht oder kommt es zu Störungen bei der Leistungserbringung oder sonstiger Mitwirkungspflichten, so ist es kaufmännisch vernünftig und auch üblich, dass die Parteien versuchen, ihre unterschiedlichen Erwartungen und Meinungsverschiedenheiten im Wege von Verhandlungen beizulegen. Derartige Verhandlungen finden im unternehmerischen Geschäftsverkehr grundsätzlich zunächst auf Fachebene statt. Kann dort keine Einigung erzielt werden, wird in der Regel die nächsthöhere Managementebene, bis hin zur Geschäftsleitung, eingebunden. **609**

610 Die Erfahrung zeigt: Je weiter die Verhandlungspartner von den tatsächlichen operativen Problemen entfernt sind, desto zügiger lässt sich in der Regel eine Einigung finden. Dies liegt daran, dass Personen, die innerhalb des Unternehmens nicht unmittelbar mit der Sache befasst sind, häufig einen sachlicheren Blick auf die Dinge haben. Kann auch auf Geschäftsleiterebene keine Einigung erzielt werden, werden in der Regel Rechtsanwälte zu Verhandlungen hinzugezogen. Gelingt auch insoweit eine Einigung nicht, stehen Mediations- oder Schlichtungsverfahren unter Moderation eines Mediators oder Schlichters zur Verfügung. Häufig ruft die Partei, die ihre Ansprüche durchsetzen will, in derartigen Fällen aber gleich Gericht oder Schiedsgericht an.

2. Gerichtsverfahren

611 Prozesse vor staatlichen Gerichten sind das klassische Streitbeilegungsinstrument. Der Ablauf staatlicher Gerichtsverfahren ist in der ZPO geregelt. Das praxisrelevante Wissen zum Ablauf von Gerichtsverfahren wird nachfolgend kursorisch dargestellt. Ein Sonderfall stellt der vorläufige Rechtsschutz (auch Eilrechtsschutz genannt) dar. Hierzu finden sich am Ende dieses Teils weitere Ausführungen.

a) Dauer und Organisation eines Gerichtsverfahrens

612 Erstinstanzliche Gerichtsverfahren dauern in allgemeinen Zivilsachen in der Regel sechs bis maximal zwölf Monate. Verfahren in Handelssachen, die vor den Kammern für Handelssachen (KfH) ausgetragen werden, dauern oft etwas länger. Dies hängt schlicht und ergreifend mit dem erhöhten terminlichen Abstimmungsbedarf zusammen, der durch die weiteren Richter hervorgerufen wird. Die Kammern für Handelssachen sind Spruchkörper, die bei deutschen Landgerichten eingerichtet wurden und mit einem vorsitzenden Berufsrichter sowie zwei ehrenamtlichen Handelsrichtern (dies sind Kaufleute, wie etwa Geschäftsführer mittelständischer Unternehmen) besetzt sind, § 105 GVG. Damit wird ein besonderer Praxisbezug hergestellt, da die ehrenamtlichen Handelsrichter häufig einen pragmatischen und lösungsorientierten Blick auf den Fall haben.

b) Zuständigkeit der Gerichte

613 Im Grundsatz gilt, dass ein Kläger den Beklagten am Beklagtengerichtsstand, also am Wohnort bzw. bei Gesellschaften am Sitz, verklagen muss, §§ 12, 13, 17 ZPO. Dieser Grundsatz gilt auch in vielen anderen Rechtsordnungen. Daneben sieht die ZPO häufig weitere besondere Gerichtsstände (z.B. Gerichtsstand der Erbschaft, § 27 ZPO, Gerichtsstand des Erfüllungsorts, § 29 ZPO, Gerichtsstand der unerlaubten Handlung, 32 ZPO) und teilweise auch ausschließliche, also zwingende Gerichtsstände vor (z.B. Gerichtsstand für Miet- oder Pachträume, dinglicher Gerichtsstand, § 24 ZPO). Während die besonderen Gerichtstände lediglich eine weitere Option für den Kläger begründen, vor welchem Gericht er den Beklagten verklagen kann, sind die ausschließlichen Gerichtsstände zwingend.

c) Effizienz und Kosten eines Gerichtsverfahrens

Die Verfahren vor deutschen Gerichten werden in der Regel relativ effizient durchgeführt. Das Gericht führt das Verfahren mittels Verfügungen und Beschlüssen. Das Gerichtsverfahren kommt mit der Klage in Gang, die beim Gericht eingereicht werden muss. Damit die Klage dem Beklagten zugestellt wird, muss der Kläger einen Gerichtskostenvorschuss einbezahlen. **614**

Herren des Verfahrens sind die Parteien. Einigen sich diese, endet das Verfahren. Welche Gebühren für das Verfahren anfallen, bestimmt sich nach dem Streitwert der Klage. Regelungen und Streitwerttabellen finden sich im GKG. Die Höhe der Rechtsanwaltskosten regelt das RVG. Dies sieht einen gesetzlichen Mindestsatz vor. Spezialisierte Rechtsanwälte beraten in der Regel allerdings nicht ohne Honorarvereinbarung, die meist eine Abrechnung auf Stundenbasis vorsieht. Wer im Rechtsstreit unterliegt, hat die Gerichts- und Rechtsanwaltskosten zu tragen (auch die der Gegenseite – zumindest nach RVG). Bei teilweise obsiegen und teilweise unterliegen, werden die Kosten vom Gericht gequotelt, §§ 91, 92 ZPO. **615**

d) Instanzenzug

In wirtschaftsrechtlichen Angelegenheiten über EUR 5.000 ist in der Regel das Landgericht die erste Instanz. Die Berufungsinstanz ist das Oberlandesgericht, in dessen Bezirk das Landgericht liegt, welches das erstinstanzliche Urteil erlassen hat. Gegen Endurteile der Berufungsgerichte kann die Revision beim BGH zulässig sein. Die Revision ist immer dann zuzulassen, wenn die Rechtssache grundsätzliche Bedeutung hat oder die Fortbildung des Rechts oder die Sicherung einer einheitlichen Rechtsprechung eine Entscheidung des Revisionsgerichts erfordert, § 543 Abs. 2 ZPO. Lässt das Oberlandesgericht die Revision nicht zu, kann Nichtzulassungsbeschwerde beim BGH erhoben werden. **616**

e) Anwaltszwang

Grundsätzlich herrscht vor deutschen Gerichten Anwaltszwang. Etwas anderes gilt lediglich für Verfahren vor Amtsgerichten. Juristen in der Rechtsabteilung (Syndikusrechtsanwalt) darf für seinen ständigen Auftraggeber – also meist seinen Arbeitgeber, d.h. sein Unternehmen – vor Gerichten und Schiedsgerichten nicht in seiner Eigenschaft als Rechtsan- **617** walt auftreten, § 46 Abs. 1 BRAO. Für gerichtliche und schiedsgerichtliche Verfahren muss also stets ein externer, freier Rechtsanwalt eingeschaltet werden. Vor dem BGH muss zudem ein beim BGH zugelassener Rechtsanwalt beauftragt werden, was weitere und in der Regel oft zusätzliche Kosten verursacht.

f) Beweisführung und Beweislast

618 Im deutschen Zivilprozessrecht gilt der Beibringungsgrundsatz. Das bedeutet, die Partei, die ihren Anspruch klageweise gerichtlich durchsetzen will, muss die Tatsachen, die ihren Anspruch begründen und beweisbedürftig sind, darlegen und hierfür notfalls Beweis antreten (z.B. mittels der Benennung von Zeugen, Sachverständigen, Urkunden oder Augenscheinsobjekten). In der Praxis kommt es häufig vor, dass der Anspruchsteller (bei einem Unternehmen die Mitarbeiter der Fachabteilung) übersehen, dass die Beweislage für den Anspruch, den sie sicher zu haben glauben, relativ dürftig ist. Mündlich gemachte Aussagen, die nicht in Protokollen festgehalten werden, vermischen sich dann häufig mit den eigenen Vorstellungen der Parteien. Zudem sind protokollierte Aussagen oft unpräzise und nicht belastbar. Daher muss die Beweislage vor Klageerhebung umfassend aufgearbeitet und von einem (externen) Prozessanwalt geprüft werden.

619 Insbesondere durch den Beibringungsgrundsatz unterscheidet sich der Prozess vor deutschen Gerichten wesentlich vom Zivilprozess, wie er etwa in den USA oder England geführt wird. Dort gibt es das Institut der „*Pre-Trial-Discovery*“, wonach eine klagende Partei die Gegenseite zur Herausgabe von Dokumenten auffordern kann (sogenannte „*Document Production*“). Häufig gelingt es der klagenden Partei erst mit Hilfe dieser Dokumentenvorlagepflicht durch die Gegenseite ihren Anspruch zu begründen. Dies ist im deutschen Recht nicht möglich.[210] Auch deshalb sind Gerichtsverfahren in Deutschland grundsätzlich deutlich weniger kostenintensiv, als etwa in den USA.

3. Schiedsverfahren

620 Schiedsgerichts- oder Schiedsverfahren (beides ist das gleiche) stellen eine Methode alternativer Streitbeilegung dar, die sich im handels- und vertriebsrechtlichen Bereich großer Beachtung erfreut. Dies gilt insbesondere mit Blick auf grenzüberschreitende Sachverhalte. Während im Rahmen eines Gerichtsverfahrens vor staatlichen Gerichten der Einzelrichter, die

[210] Zu den engen Grenzen der Urkundenvorlage im deutschen Zivilprozessrecht: *Krapfl/Mann*, in FS Schütze 2014, S. 279 ff.

Kammer bzw. der Senat im Gerichtssaal über einen Fall entscheidet, tut dies im Schiedsverfahren ein von den Parteien benannter Einzelschiedsrichter oder ein von den Parteien berufenes Schiedsgericht. Ein Schiedsspruch, der durch ein von den Parteien benanntes Schiedsgericht erlassen wird, hat in gleicher Weise bindende Wirkung und kann in ähnlicher Weise durchgesetzt werden, wie ein Gerichtsurteil, § 794 Abs. 1 Nr. 4a ZPO.

a) Die Schiedsvereinbarung

Notwendige Voraussetzung eines Schiedsverfahrens ist eine wirksame **621**
Schiedsvereinbarung, in der die Parteien bestimmen, dass sie Streitigkeiten zwischen ihnen oder z.B. sämtliche Streitigkeiten aus einem Vertrag oder Vertragsverhältnis vor einem Schiedsgericht austragen möchten. Es ist möglich, dass sich die Parteien bereits vor Entstehen einer Streitigkeit (beispielsweise bei Vertragsabschluss) darauf einigen, dass auftretende Streitigkeiten ausschließlich vor Schiedsgerichten beigelegt werden. Genauso möglich ist es, dass sich die Parteien eines Rechtsstreites erst nach Entstehen einer Streitigkeit darauf einigen, ihre Streitigkeit vor einem Schiedsgericht auszutragen, § 1029 ZPO. In der Praxis wird man sagen können, dass Schiedsverfahren insbesondere in internationalen und komplexen Streitigkeiten, für Unternehmen das Streitbeilegungsmittel der Wahl sind.

Der Anspruch über den das Schiedsgericht entscheiden soll, muss **622**
schiedsfähig sein. Dies sind in erster Linie vermögensrechtliche Ansprüche, § 1030 Abs. 1 ZPO. Im wirtschaftsrechtlichen Kontext sind die Einschränkungen insoweit gering. Im Wesentlichen sollen z.B. Ehe-, Kindschafts- und Betreuungssachen der Schiedsgerichtsbarkeit entzogen werden.[211]

Praxishinweis: **623**

Achten Sie darauf, klare, vollständige und wirksame Schiedsvereinbarungen zu verwenden. Anderenfalls ist die Schiedsvereinbarung „pathologisch", was dazu führen kann, dass schon Streit darüber entsteht, ob ein Schiedsgericht – und ggf. welches – überhaupt zuständig ist. Dies verursacht unnötig Kosten und verbraucht Zeit. Anerkannte Schiedsinstitutionen, wie etwa die DIS oder die ICC stellen auf ihrer Homepage Musterklauseln zur Verfügung, die als Schiedsklausel in einen Vertrag übernommen werden können.

b) Die Vorteile des Schiedsverfahrens

Dass sich Schiedsvereinbarungen insbesondere im Rechtsverkehr zwischen **624**
Unternehmen großer Beliebtheit erfreuen, hat unterschiedliche Grün-

[211] Einzelheiten bei *Schütze*, Schiedsgericht und Schiedsverfahren, 6. Aufl. 2016, S. 73 ff.

de. In erster Linie liegt dies vor allem daran, dass Schiedssprüche nahezu weltweit anerkannt werden und vollstreckbar sind. Zudem werden Schiedsverfahren üblicherweise unter Ausschluss der Öffentlichkeit und damit vertraulich geführt. Schiedsverfahren ermöglichen es den Parteien ein neutrales Recht und unabhängige, neutrale und zugleich fachkundige Schiedsrichter auszuwählen (hierzu nachfolgen im Einzelnen). Auf der anderen Seite ist zu beachten, dass Schiedsgerichte nicht das gleiche Maß an Durchsetzungsvermögen haben, wie ein staatliches Gericht. So können Schiedsrichter beispielsweise Zeugen nicht zwangsweise vorladen und auch keine Vermögensgegenstände beschlagnahmen.

625 **Vertraulichkeit**: Ein wesentlicher Vorteil von Schiedsverfahren gegenüber staatlichen Gerichtsverfahren ist, dass Schiedsverfahren „Privatprozesse" sind und es den beteiligten Parteien somit obliegt, das Schiedsverfahren und dessen Ausgang vertraulich zu behandeln.[212] Im Gegenteil hierzu steht der Öffentlichkeitsgrundsatz, dem deutsche Gerichtsverfahren nach § 169 GVG unterliegen. In staatlichen Gerichtsverfahren kann die Öffentlichkeit nur in engen Ausnahmefällen ausgeschlossen werden, §§ 170 ff. GVG. Der schiedsverfahrensrechtlichen Vertraulichkeit kommt daher insbesondere bei Fällen Bedeutung zu, an denen üblicherweise ein gesteigertes öffentliches Medieninteresse besteht, ein Gerichtsurteil Signalwirkung für Nachahmer hat oder ein Präzedenzfall geschaffen wird. In der Praxis hat sich zudem gezeigt, dass die Vertraulichkeit von Schiedsverfahren den Parteien eine weitgehend gesichtswahrende Streitbeilegung ermöglicht, was dazu führen kann, dass es den Parteien leichter fällt, ihre Geschäftsbeziehung trotz der (schieds-)gerichtlichen Auseinandersetzung aufrechtzuerhalten und fortzusetzen.

626 **Neutralität**: In grenzüberschreitenden Vertragsbeziehungen besteht für jede Vertragspartei das Risiko vor den staatlichen Gerichten der jeweils anderen Partei verklagt zu werden. In Vertragsbeziehungen mit Parteien aus Entwicklungsländern besteht damit die Gefahr, vor korrupten Gerichten oder vor Gerichten eines nicht entwickelten Justizsystems verurteilt zu werden. Schiedsverfahren eröffnen für die Parteien demgegenüber die Möglichkeit, dass diese sich bereits bei Vertragsabschluss auf ein Schiedsgericht einigen, das nicht nur an einem neutralen Ort, sondern auch unter Führung neutraler Schiedsrichter und ggf. unter Administration einer anerkannten internationalen Schiedsinstitution (z.B. DIS, ICC oder SIAC) geführt wird. Die Parteien können also frei entscheiden, in welcher Sprache, an welchem Ort, unter Anwendung welchen Rechts und unter Führung welcher Schiedsrichter sie ihre (künftigen) Streitigkeiten beilegen

---

[212] Vgl. *Leisinger*, 2012, Vertraulichkeit in internationalen Schiedsverfahren, S. 37 f. und 41 ff.

möchten. So ist es ohne weiteres möglich, dass bspw. eine deutsche und eine brasilianische Vertragspartei ihre Streitigkeit von einem Schweizer Schiedsrichter unter Anwendung englischen Rechts nach den Regeln des SIAC entscheiden lassen.

Effizienz von Schiedsverfahren: In staatlichen Gerichtsverfahren steht den Parteien der Gang durch die Instanzen zur Verfügung. Einer vor dem Landgericht unterlegenen Partei ist z.B. die Möglichkeit gegeben, Berufung beim Oberlandesgericht einzulegen und das Urteil des Landgerichts vom Berufungsgericht überprüfen zu lassen. Unter bestimmten Voraussetzungen ist gegen die Entscheidung des Oberlandesgerichts sogar die Revision zum BGH möglich. Dieser Gang durch die Instanzen benötigt Zeit (und Geld). In Extremfällen kann es durch die höheren Instanzen auch zu Zurückverweisungen in die Vorinstanzen kommen, was zusätzlich Zeit verbraucht. Schiedsverfahren kennen hingegen nur eine Instanz. Ein Schiedsspruch ist nur in engen Ausnahmefällen angreifbar, nämlich dann, wenn die Voraussetzungen für eine Aufhebung vorliegen, § 1059 ZPO. **627**

Durchsetzbarkeit von Schiedssprüchen: Der wohl größte Vorteil von Schiedssprüchen liegt in ihrer fast weltweiten Anerkennung und Vollstreckbarkeit. Während beispielsweise deutsche Gerichtsurteile in vielen Staaten nicht oder nur unter Schwierigkeiten anerkannt und vollstreckt werden können, regelt das New Yorker Übereinkommen über die Anerkennung und Vollstreckung ausländischer Schiedssprüche vom 10. Juni 1958 (New York Convention) die Anerkennung und Vollstreckung von Schiedssprüchen, die in deren Mitglieds- bzw. Beitrittsstaaten ergangen sind. Da die New York Convention mittlerweile von 156 Staaten ratifiziert wurde, können Schiedssprüche in all diesen Staaten ohne separates Anerkennungsverfahren direkt vollstreckt werden. Das Haager Übereinkommen über Gerichtsstandsvereinbarungen vom 30.6.2005 (HGÜ) will insoweit ein Gegengewicht zur New York Convention schaffen und eine möglichst breite Anerkennung und Vollstreckbarkeit von Gerichtsurteilen ihrer Mitglieds- bzw. Beitrittsstaaten schaffen. Allerdings entfaltet das HGÜ über die EU hinaus bislang nur im Verhältnis zu Mexiko und Singapur Rechtswirkung, da diese beiden Staaten das HGÜ nicht nur unterzeichnet, sondern auch ratifiziert haben. Die USA sind zwar Unterzeichner des HGÜ, haben das Übereinkommen bislang aber nicht ratifiziert. Sollten die USA das HGÜ auch ratifizieren, würde dies zu einem erheblichen Bedeutungszuwachs führen, der – zumindest im Verhältnis zu den USA – auch die Bedeutung der Schiedsgerichtsbarkeit relativiert. **628**

Flexibilität: Ein Schiedsverfahren eröffnet den Parteien die Möglichkeit, den oder die Schiedsrichter selbst auszuwählen. Dadurch können beispielsweise auch Schiedsrichter mit besonderer Sachkunde ausgewählt werden, was für internationale und komplexe Streitigkeiten (bspw. im Bereich An- **629**

lagenbau, M&A, IT oder Logistik) von besonderer Bedeutung sein kann. Zudem können die Parteien auch darüber befinden, in welcher Sprache das Schiedsverfahren abgehalten werden soll. Auch hier gilt, dass insbesondere mit Blick auf internationale Schiedsverfahren die Sprache, in der die Parteien korrespondiert haben (häufig Englisch) als Verfahrenssprache gewählt werden kann, was ggf. immense Übersetzungs- und Dolmetscherkosten einspart. Nicht zuletzt haben die Parteien auch die Wahl, ob sie ein Schiedsverfahren vor einer anerkannten Schiedsinstitution (bspw. DIS, ICC, SIAC, AAA oder SCC) administrieren lassen wollen oder ein Schiedsverfahren lieber auf sog. „*ad hoc*"-Basis ausführen möchten. Für die Praxis gilt, dass die Wahl einer international anerkannten Schiedsinstitution erhebliche Vorteile mit sich bringt, da Schiedsinstitutionen beratend zur Seite stehen, eine Schiedsordnung, die den Ablauf des Schiedsverfahrens regelt, zur Verfügung stellen und zudem den Einfluss staatlicher Gerichte stark einschränken.

4. Schiedsgutachten

630 Schiedsgutachten sind von Schiedsverfahren zu unterscheiden. Während in einem Schiedsverfahren der gesamte Rechtsstreit zur Entscheidung durch ein Schiedsgericht gestellt wird, entscheidet ein Schiedsgutachter nur eine oder mehrere einzelne Rechts- und Tatsachenfragen verbindlich. Die Ergebnisse des Schiedsgutachtens können von einem Gericht dann nur noch eingeschränkt überprüft werden (nämlich auf offenbare Unbilligkeit[213], § 319 Abs. 1 S. 1 BGB).

631 Auch für ein Schiedsgutachterverfahren ist eine entsprechende Vereinbarung zwischen den Parteien Voraussetzung. Diese kann formfrei getroffen werden. Schiedsgutachten eignen sich dann gut, wenn lediglich über eine bestimmte, komplexe Detailfrage z.B. technischer, medizinischer oder betriebswirtschaftlicher Natur (insbesondere Bewertungsfragen) entschieden werden soll. Anders als Schiedsrichter sind Schiedsgutachter meist keine Juristen, sondern Fachleute ihres Gebiets (Ingenieure, Mediziner oder Wirtschaftsprüfer). Falls sich die Parteien trotz des abschließenden und verbindlichen Schiedsgutachtens nicht einigen können, kann sich an das Schiedsgutachterverfahren noch ein Gerichts- oder Schiedsverfahren anschließen. In diesem kann die Entscheidung des Schiedsgutachters allerdings, wie bereits gesagt, nur sehr eingeschränkt überprüft werden. Andere Fragen, die das Schiedsgutachten aber nicht betreffen, stehen dann uneingeschränkt zur Überprüfung und Entscheidung durch das Gericht oder Schiedsgericht.

[213] Darunter fallen nur grobe Fehler, die jedem unbefangenen Leser einleuchten müssten, vgl. BGH III ZR 10/12, NJW 2013, 1296, 1297.

5. Mediationsverfahren

Die Mediation ist ein vertrauliches und strukturiertes Verfahren, bei dem Parteien mithilfe eines oder mehrerer Mediatoren freiwillig und eigenverantwortlich eine einvernehmliche Beilegung ihres Konflikts anstreben, § 1 Abs. 1 MediationsG. Das Mediationsverfahren wird vom Mediator geführt, der eine unabhängige und neutrale Person ohne Entscheidungsbefugnis ist, § 1 Abs. 2 MediationsG. Die Konfliktparteien versuchen, zu einer gemeinsamen Vereinbarung zu gelangen, die ihren Bedürfnissen und Interessen entspricht. Diese Lösung wird nicht vom Mediator vorgegeben, sondern soll unter dessen Führung von den Konfliktparteien selbst erarbeitet werden. **632**

Neben der privaten Mediation gibt es auch die gerichtliche oder gerichtsinterne Mediation, die in § 278a ZPO geregelt ist. Eine (gerichtliche) Mediation kann dann sinnvoll sein, wenn ein Vergleich aufgrund der Komplexität der Angelegenheit nicht in einer (oder zwei) Güteverhandlungen eines herkömmlichen Gerichtsverfahrens gefunden werden kann. Praxisrelevantes Beispiel hierfür sind Gesellschafterstreitigkeiten, die – insbesondere dann, wenn sich komplexe Rechtsfragen und Emotionen vermischen – einen umfassenden Mediations- und Regelungsbedarf aufweisen. **633**

6. Schlichtungsverfahren

Die Schlichtung unterscheidet sich von der Mediation dadurch, dass der Schlichter - anders als der Mediator – den Konfliktparteien einen Vergleichsvorschlag unterbreitet. Zudem folgt die Schlichtung – anders als die Mediation - keinem vorgegebenen Ablauf. Die Schlichtung lebt daher auch von der Lebenserfahrung, der Intuition und der persönlichen Autorität des Schlichters. Es existieren unterschiedliche branchenbezogene Schlichtungsstellen, wie etwa für Bausachen, Arzthaftungsansprüche oder Banksachen. **634**

II. Vorläufiger Rechtsschutz

In der Praxis treten immer wieder Situationen auf, in denen aus Zeitgründen zur Sicherung eines Rechts eine schnelle gerichtliche Entscheidung notwendig ist. Die ZPO sieht dafür den vorläufigen Rechtsschutz vor. **635**

1. Zweck und Funktion des vorläufigen Rechtsschutzes

636 Der vorläufige Rechtsschutz dient der Sicherung. Die Instrumente des vorläufigen Rechtsschutzes sind **Arrest** und **einstweilige Verfügung**. Während der Arrest der Sicherung der Zwangsvollstreckung wegen einer Geldforderung dient, können durch einstweilige Verfügung andere Ansprüche gesichert werden (Sicherungsverfügung, wie z.B. Übergabe und Übereignung einer Sache, § 935 ZPO), aber auch streitige Rechtsverhältnisse einstweilen geregelt werden (Regelungsverfügung, § 940 ZPO, wie etwa die Untersagung, eine Vollmacht weiter zu nutzen). In Ausnahmefällen kann sogar die vorläufige Erbringung von Leistungen (Leistungsverfügung, wie z.B. Weiterbelieferung mit einem Produkt[214]) angeordnet werden.

637 Ein endgültiges Urteil ist mit einer gerichtlichen Entscheidung im vorläufigen Rechtsschutzverfahren nicht verbunden. Ergeht etwa eine gerichtliche Verfügung, etwas zu tun oder zu unterlassen, so ist eine solche gerichtliche Verfügung in der Regel zeitlich immer beschränkt auf die Hauptsache. Das bedeutet, dass eine Person, die einstweiligen Rechtsschutz beantragt, neben dem einstweiligen Rechtsschutzverfahren stets auch ein Hauptsacheverfahren anstrengen muss. Den Arrest regeln die §§ 916-934 ZPO in allen Einzelheiten. Der einstweiligen Verfügung dagegen widmet die ZPO mit den §§ 935-942 ZPO nur wenige Vorschriften und verweist nach § 936 ZPO im Übrigen auf den Arrest.

2. Verfahren des vorläufigen Rechtsschutzes

a) Streitgegenstand und Rechtshängigkeit

638 Im vorläufigen Rechtsschutzverfahren wird eine Sache (Streitgegenstand) nicht schon endgültig entschieden. Stattdessen geht es im vorläufigen Rechtsschutz- oder auch Eilverfahren erst einmal um die Sicherung eines Anspruchs. Beim Antrag auf Arrest oder einstweilige Verfügung wird nur das Sicherungsbegehren, nicht auch die Hauptsache rechtshängig und zwar bereits wenn der Antrag beim Gericht eingeht, nicht erst – wie sonst –, wenn er dem Gegner zugestellt wird.

b) Glaubhaftmachung statt Vollbeweis

639 Praktisch bedeutsam ist indes die Frage, wie derjenige, der um vorläufigen Rechtsschutz ersucht, seinen Anspruch bzw. sein Rechtsschutzbegehren nachweist. Im normalen Zivilprozess muss derjenige, der einen Anspruch

---

[214] Vgl. *Kessel/Koch*, BB 2009, 1032 ff.

durchsetzen möchte, die für ihn günstigen Tatsachen darlegen und im Streitfall beweisen, § 286 Abs. 1 S. 1 ZPO. Im Arrestprozess gelten – aus Zeitgründen – niedrigere Maßstäbe. Die maßgeblichen Tatsachen müssen nur glaubhaft gemacht werden, §§ 920 Abs. 2, 936, 294 ZPO. Die Beweiserleichterung gilt für alle Tatsachen – sowohl betreffend die Zulässigkeit des Antrags als auch den materiell-rechtlichen Anspruch – und für beide Parteien.

Praxishinweis: 640

In der Praxis sind für die Glaubhaftmachung eidesstattliche Versicherungen der Partei oder von Dritten geläufig, die dem Schriftsatz als Anlage beigefügt werden. Von den Parteien eingeholte Privatgutachten oder anwaltliche Versicherungen taugen ebenfalls zur Glaubhaftmachung. Mittel, die den Vollbeweis erbringen, können erst recht für die Glaubhaftmachung herangezogen werden (Urkunden, mitgebrachte Zeugen oder Sachverständige). Allerdings ist zu beachten, dass ein Glaubhaftmachen nur mit präsenten Beweisen erfolgen kann. Es genügt nicht, dass eine Partei sich auf Urkunden-, Zeugen- oder Sachverständigenbeweis beruft; sie muss die Urkunden vorlegen oder die Zeugen und Sachverständigen zum Termin mitbringen.

Auch im Prozess des vorläufigen Rechtsschutzes würdigt das Gericht die Beweise gemäß § 286 Abs. 1 S. 1 ZPO frei. Glaubhaft ist eine Behauptung erst, wenn sie **überwiegend wahrscheinlich** ist. Die eidesstattliche Versicherung des Antragstellers oder seiner Angehörigen ist dafür oft zu schwach. Diejenige von dritten Personen hat demgegenüber einen höheren „Beweis"-Wert. 641

Praxishinweis: 642

In der Praxis nehmen eidesstattliche Versicherungen einer Partei häufig auf Schriftsätze ihres Prozessbevollmächtigten Bezug. Dies geschieht oft dadurch, dass es am Ende eines Schriftsatzes des Prozessbevollmächtigten heißt: „Ich habe den Schriftsatz meines Rechtsanwalts gelesen und bestätige die darin enthaltenen Angaben". Diese Form der eidesstattlichen Versicherung ist ungenügend. Notwendig ist, dass die eidesstattliche Versicherung der Partei oder der Person, die sie abgibt, als separates Dokument beigefügt ist. In der eidesstattlichen Versicherung ist eine eigene Sachdarstellung erforderlich.

c) Ablauf

Das vorläufige Rechtsschutzverfahren kommt durch den Antrag auf Erlass in Gang (sog. Gesuch), der von derjenigen Partei bei Gericht eingereicht wird, die eine Verfügung des Gerichts (auf Unterlassung oder Leistung etc.) wünscht. Während im Normalprozess das Gericht grundsätzlich nur 643 nach mündlicher Verhandlung entscheidet (§ 128 Abs. 1 ZPO) und das Gesetz davon kaum Ausnahmen erlaubt,[215] ist das Gericht im vorläufigen Rechtsschutzverfahren freier.

644 – Im Rahmen des **Arrests** ist die mündliche Verhandlung freigestellt, §§ 128 Abs. 4, 922 Abs. 1 S. 1 ZPO.

645 – Im Rahmen der **einstweiligen Verfügung** ist eine mündliche Verhandlung nur entbehrlich bei (i) Ablehnung des Antrags, (ii) Anrufung des Amtsgerichts der Zwangsbereitschaft oder (iii) Erlass einer einstweiligen Verfügung in dringenden Fällen, §§ 128 Abs. 4, 922 Abs. 1 S. 1, 937 Abs. 2, 942 Abs. 4 ZPO.

646 Hohe praktische Bedeutung kommt dem dringenden Fall zu. Dringend ist ein Fall dann, wenn der Gläubiger sofortiger Sicherung bedarf und jede mündliche Verhandlung die Sicherung vereiteln würde.[216] Ergeht eine Verfügung des Gerichts ohne dass die Gegenpartei hierzu gehört wurde, verletzt dies den Anspruch des Gegners auf rechtliches Gehör nicht, denn dieser kann mit dem Widerspruch gegen die ergangene Verfügung gemäß § 925 Abs. 1 ZPO jederzeit eine mündliche Verhandlung erzwingen und sich dort rechtliches Gehör verschaffen.

d) Einreichung einer Schutzschrift zur Erzwingung rechtlichen Gehörs

647 Es kommt immer wieder vor, dass Parteien, die sich in vorgerichtlichen Auseinandersetzungen mit einer anderen (Vertrags-)Partei befinden, prophylaktisch Schutzschriften bei ggf. zuständigen Gerichten einreichen. Dies ist vor allem dann zu beobachten, wenn eine Partei damit rechnet, dass die andere (Vertrags-)Partei möglicherweise eine einstweilige Verfügung beantragt, etwa weil diese es angekündigt hat. Mit einer Schutzschrift verschafft sich diejenige Partei rechtliches Gehör, die damit rechnet, dass gegen sie der Erlass einer einstweiligen Verfügung beantragt wird. Damit soll vermieden werden, dass das Gericht allein aufgrund des Antrags – und ohne die Version der Gegenpartei zu hören – eine einstweilige Verfügung erlässt. Denn – wie oben geschildert – ist in dringenden Fällen der Erlass einer einstweiligen Verfügung auch ohne Anhörung der Partei möglich, gegen welche die Verfügung beantragt wurde.

648 Seit dem 1. Januar 2016 ist gemäß § 945a ZPO ein zentrales Schutzschriftenregister eingerichtet. Dieses wird durch die Landesjustizverwaltung Hessen bundesweit einheitlich geführt. Die Einführung wird ergänzend geregelt durch die Schutzschriftenregisterverordnung. Das zentrale Schutzschriftenregister bietet insbesondere den Vorteil, dass eine Schutz-

[215] Vgl. §§ 128 Abs. 2-4, 251a, 283, 331 Abs. 3 ZPO.
[216] OLG Karlsruhe 6 W 103/88, WRP 1989, 265.

schrift als bei allen ordentlichen Gerichten der Länder eingereicht gilt, sobald sie in das Schutzschriftenregister eingestellt ist. Durch das zentrale Schutzschriftenregister wird sichergestellt, dass eingereichte Schutzschriften vor Erlass einer einstweiligen Verfügung vom zuständigen Richter auch gelesen werden.

Praxishinweis: 649

Schutzschriften müssen mit elektronischer Signatur im zentralen Schutzschriftenregister (https://schutzschriftenregister.hessen.de) hochgeladen werden. Nach 6 Monaten werden diese wieder gelöscht; soll die Schutzschrift also länger als 6 Monate im zentralen Schutzschriftenregister verbleiben, muss sie erneut eingereicht werden. Aus diesem Grund empfiehlt es sich, die Löschungsfristen als Vorfristen zu notieren.

3. Zulässigkeit des Gesuchs

Für Arrest und einstweilige Verfügung ist in erster Linie das **Gericht der** 650 **Hauptsache** zuständig, §§ 919, 937 Abs. 1 ZPO. Gericht der Hauptsache ist nach § 943 Abs. 1 ZPO entweder das **Gericht, bei dem die Hauptsache bereits eingeklagt ist** oder das **Gericht, das für die Hauptsache örtlich und sachlich zuständig ist**, und sei es kraft einer Zuständigkeitsvereinbarung nach § 38 ZPO.[217] In dringenden Fällen kann der Vorsitzende über das Gesuch auf Erlass einer einstweiligen Verfügung allein entscheiden, § 944 ZPO. So dringend wäre der Fall aber nur, wenn die Entscheidung der Kammer – sofern diese nach §§ 348, 348a ZPO überhaupt noch zuständig ist – zu spät käme.[218]

Im Rahmen einer einstweiligen Verfügung muss der Antragsteller den 651 **Verfügungsanspruch** oder das streitige Rechtsverhältnis und den **Verfügungsgrund schlüssig darlegen** und **glaubhaft machen**. Er muss das **Rechtsschutzziel vorgeben**, also z.B. sagen, welche Störung er verbieten lassen will oder welche Leistung er bis wann begehrt.

4. Begründetheit des Gesuchs

Begründet ist das Gesuch, wenn der in ihm bezeichnete Arrest- oder **Ver-** 652 **fügungsanspruch** sowie ein Arrest- oder **Verfügungsgrund** vorliegen.

---

[217] Die Zuständigkeit kann aber nur für die Hauptsache vereinbart werden, nicht indessen gesondert für Arrest und einstweilige Verfügung, §§ 40 Abs. 2, 802 ZPO.

[218] OLG Karlsruhe 6 W 30/87, NJW-RR 1987, 1206.

a) Verfügungsanspruch

653 Der Erlass einer einstweiligen Verfügung kann auf Ansprüche jeden Inhalts gestützt werden außer Geldforderungen (denn dafür gibt es den Arrest). Dieser Anspruch muss im Rahmen des Gesuchs glaubhaft gemacht werden.

b) Verfügungsgrund

654 Im Rahmen des Verfügungsgrunds muss die besondere Eilbedürftigkeit des Verfügungsgesuchs glaubhaft gemacht werden.

655 – Dies ist bei einer Sicherungsverfügung nach § 935 ZPO die **Anspruchsgefährdung** durch **„Veränderung des bestehenden Zustandes"**, z.B. wenn ein Herausgabeanspruch durch Veräußerung und Belastung, durch Zerstörung und Beschädigung - oft auch schon durch weitere Benutzung - gefährdet wird.[219]

656 – Die Regelungsverfügung muss nach § 940 ZPO erforderlich sein, **um schwere Nachteile abzuwenden, drohende Gewalt** zu **verhindern** oder den **Rechtsfrieden** zu **sichern**. Regelungsbedarf entsteht vor allem in Dauerrechtsverhältnissen wie Miete und Pacht, Gesellschaften, Verein, Gemeinschaft und Nachbarschaft.

657 **Praxishinweis:**

Die beantragte Verfügung wird vom Gericht nicht erlassen, wenn der Antragsteller nach Ausbruch des Streits zu lange wartet, bis er die einstweilige Verfügung beantragt. Denn wer seine Belange selbst nicht ernst nimmt, darf auch vom Gericht keine Eile erwarten. Daher ist Eile und zügige Abstimmung mit den Rechtsanwälten geboten, wenn einstweiliger Rechtsschutz erwogen wird.

5. Rechtsbehelfe gegen den Erlass von Arrest und einstweiliger Verfügung

Gegen eine einstweilige Verfügung sind folgende Rechtsbehelfe statthaft:

658 **Widerspruch**: Wenn das Gericht ohne mündliche Verhandlung durch Beschluss entschieden hat, darf der Schuldner gem. § 924 Abs. 1 ZPO dem Arrest oder der einstweiligen Verfügung widersprechen. Spätestens dann erhält die Gegenpartei also rechtliches Gehör. Der Widerspruch führt zum **Rechtfertigungsverfahren**, in dem die gesamten Grundlagen des Arrests oder der einstweiligen Verfügung nachgeprüft werden. Im Widerspruchs-

[219] Vgl. LG Ravensburg 2 KfH O 519/86, NJW 1987, 139 (Miete).

termin ist zu entscheiden, ob der Arrest jetzt angeordnet werden dürfte, und nicht, ob er von Anfang an rechtmäßig oder unrechtmäßig war. Das Gericht entscheidet dann durch **Urteil** gem. § 925 Abs. 2 ZPO über den Titel. Der rechtmäßige Titel wird bestätigt, der unrechtmäßige Titel wird aufgehoben und der Arrest- bzw. Verfügungsantrag abgewiesen.

Aufhebung wegen Versäumung der Klagefrist: Nach § 926 ZPO darf der Verfügungsgegner dem Antragsteller eine Frist zur Klage in der Hauptsache setzen lassen und Aufhebung des Arrests oder der einstweiligen Verfügung beantragen, wenn der Gläubiger die Klage in der Hauptsache nicht rechtzeitig erhebt. Gleichzeitig darf er beantragen, dass der Vollzug einstweilen eingestellt werde, § 924 Abs. 3 S. 2 ZPO analog. 659

Aufhebung wegen veränderter Umstände: In Konkurrenz mit anderen Rechtsbehelfen steht der Antrag auf Aufhebung wegen veränderter Umstände nach § 927 ZPO. Danach darf die Gegenpartei wegen veränderter Umstände beantragen, dass der Arrest bzw. die einstweilige Verfügung aufgehoben wird. Aufgrund veränderter Umstände kann der vorläufige Titel unrechtmäßig werden, sodass die Gegenpartei ein Recht auf Beseitigung hat. 660

6. Vollziehung von Arrest und einstweiliger Verfügung

Im Gegensatz zur gewöhnlichen Zwangsvollstreckung, die neben dem Antrag einen Titel, eine Klausel und die Zustellung voraussetzt, bedarf es zur Vollstreckung eines Arrests bzw. einer einstweiligen Verfügung regelmäßig **keiner Vollstreckungsklausel**, §§ 936, 929 Abs. 1 ZPO. Zudem darf **schon vor Zustellung vollstreckt werden**, §§ 936, 929 Abs. 3 S. 1 ZPO. Allerdings ist die Zustellung binnen einer Woche nachzuholen; andernfalls ist die Vollstreckung unwirksam, §§ 936, 929 Abs. 3 S. 2 ZPO. 661

Zur Vollziehung von Arrest bzw. einstweiliger Verfügung hat der Antragsteller **nur einen Monat** Zeit, §§ 929 Abs. 2, 936 ZPO. Er muss den Titel zustellen und beim zuständigen Vollstreckungsorgan den Antrag auf Vollstreckung stellen. Bei Fristversäumnis wird die Vollziehung unzulässig und der Titel verfällt der Aufhebung nach § 927 ZPO. 662

III. Die richtige Wahl des Streitbeilegungsmechanismus

663

Für welchen Streitbeilegungsmechanismus sich die Parteien entscheiden, hängt primär vom Kontext ab, in dem die Streitigkeit auftritt. Maßgeblich hierfür ist in erster Linie die vertragliche Beziehung zwischen den Parteien. Die Frage nach der richtigen Wahl des Streitbeilegungsmechanismus ist sicherlich anders zu beurteilen, wenn Parteien einen internationalen Transport- oder Belieferungsvertrag schließen, als wenn sich lokale Gründungsgesellschafter eines „*Start-Up*" zusammenfinden, um ihr (kleines) Business in eine Gesellschaft einzubringen. Während die Parteien im ersten Fall ernsthaft darüber nachdenken sollten, im Vertrag eine Schiedsklausel zu vereinbaren (ggf. unter Administration einer internationalen Schiedsinstitution) wäre dies im zweiten Fall nicht unbedingt erforderlich, da die bei den deutschen Gerichten eingerichteten Kammern für Handelssachen mit überschaubaren gesellschaftsrechtlichen Auseinandersetzungen in der Regel gut zurechtkommen.

1. Einzelfälle

664 **Internationale Verträge**: Im Rahmen internationaler Verträge sind Schiedsklauseln insbesondere dann empfehlenswert, wenn Gerichtsstandvereinbarungen im Ausland nicht anerkannt werden (wie etwa von einigen arabischen und lateinamerikanischen Staaten) oder deutsche Gerichtsurteile im Ausland nicht oder nicht effektiv vollstreckbar sind. Dies gilt beispielsweise für die Vollstreckung deutscher Urteile in den USA oder in China. Insbesondere im Verhältnis zu diesen Staaten ist die Gegenseitigkeit nicht verbürgt, was bedeutet, dass z.B. ein in Deutschland erstrittenes und vollstreckbares Urteil gegen eine in China oder den USA sitzenden Partei nicht oder häufig nur mit Schwierigkeiten anerkannt und vollstreckt werden kann. Diese Vollstreckungsproblematik stellt sich indessen nicht, wenn eine Partei einen Schiedsspruch erstritten hat und diesen gegen die andere Partei vollstrecken will und beide Parteien aus Staaten kommen, die dem New Yorker Übereinkommen über die Anerkennung und Vollstreckung ausländischer Schiedssprüche vom 10. Juni 1958 (New York Convention) beigetreten sind. Die New York Convention, der mittlerweile 156 Staaten angehören, sorgt für eine nahezu weltweite Vollstreckbarkeit von Schiedssprüchen ohne dass diese zuvor noch im jeweiligen Staat, in dem gegen den Schuldner vollstreckt werden soll, anerkannt werden müssen. Hinzu kommen Praktikabilitätserwägungen. Werden Streitigkeiten zwischen internationalen Parteien vor deutschen staatlichen Gerichten ausgetragen, müssen als Beweismittel vorgelegte Anlagen in die Landessprache (Deutsch) übersetzt werden und Beweisaufnahmen mit ausländischen Zeugen müssen durch Dolmetscher übersetzt werden. All dies verursacht Kosten und zieht einen Rechtsstreit in die Länge. Gerade im internationalen Kontext empfiehlt es sich daher Schiedsklauseln zu vereinbaren, so dass die Parteien ihre Streitigkeiten im Streitfall vor einem Schiedsgericht – ggf. in englischer Sprache - austragen können.

Nationale (Liefer-)Verträge: Die vorstehenden Probleme treten im Rahmen von rein nationalen Verträgen nicht auf. Verklagt ein in Stuttgart sitzender Lieferant seinen in Wolfsburg sitzenden Kunden in Braunschweig, so ist die Wahrscheinlichkeit geringer, dass ein Zeuge vernommen werden muss, der nicht deutsch spricht. Erstreitet der Lieferant gegen den Kunden einen Titel, so bedarf es für die Vollstreckung auch keines gesonderten Anerkennungsverfahrens. Zur Vollstreckung muss das Urteil lediglich mit einer Vollstreckbarkeitsklausel versehen und dem Schuldner (hier dem Kunden) zugestellt werden. **665**

Gesellschaftsrechtlicher Kontext: Für potenzielle Streitigkeiten in international aufgestellten Konzernen ist eine Schiedsklausel ggf. unter Wahl einer internationalen Schiedsinstitution wie der ICC (International Chamber of Commerce) oder der SCC (Stockholm Chamber of Commerce) das Mittel der Wahl. Ein Schiedsverfahren kann auch für rein nationale Gesellschafterstreitigkeiten das Mittel der Wahl sein. Allerdings sollte beachtet werden, dass deutsche Schiedsgerichte gelegentlich eine leichte Sympathie für Minderheitsgesellschafter hegen. Für die Vereinbarung von Schiedsklauseln in Gesellschaftsverträgen hat der BGH bestimmte Erfordernisse aufgestellt, die beachtet werden müssen, damit die Schiedsklausel nicht unwirksam ist.[220] **666**

M&A-Transaktionen: Grundsätzlich ist es vorzugswürdig in Unternehmenskaufverträgen Schiedsklauseln zu vereinbaren. Dies gilt insbesondere dann, wenn es sich um grenzüberschreitende Transaktionen handelt, das Transaktionsvolumen besonders hoch ist, eine komplexe „Deal-Struktur" aufgesetzt wurde und/oder ein kompliziertes Kaufpreisberechnungsmodell vereinbart wurde. In rein nationalen, kleinen Unternehmenskaufverträgen (Transaktionsvolumen z.B. bis zu EUR 10 Mio.) kann aber auch eine Gerichtsstandvereinbarung getroffen werden. **667**

Anlagenbau: In Immobilienkaufverträgen mit rein nationalem Bezug und einem überschaubaren Transaktionsvolumen ist es nicht erforderlich eine Schiedsklausel zu vereinbaren. Viele deutsche Gerichte haben beispielsweise Kammern und Senate für Bausachen eingerichtet, so dass auch innerhalb der Gerichte die notwendige richterliche Sachkunde vorhanden ist, um derartige Streitigkeiten zügig und zufriedenstellend zu lösen. Allerdings ist es üblich und angemessen in großvolumigen Anlagenbauverträgen Schiedsklauseln zu vereinbaren. Dies gilt erst recht, wenn diese internationalen Bezug haben. **668**

---

[220] Vgl. BGH II ZR 255/08, NJW 2009, 1962 (*Schiedsfähigkeit II*); BGH II ZR 124/95, NJW 1996, 1753 (*Schiedsfähigkeit I*); vgl. hierzu auch *Riegger/Wilske*, ZGR 2010, 733ff.

669 **„Kleinvolumige“ Verträge**: Aus Verträgen, die lediglich ein geringfügiges oder überhaupt kein Umsatzvolumen regeln (wie etwa Geheimhaltungsvereinbarungen, Qualitätssicherungsvereinbarungen oder LOIs), resultieren im Streitfall eher überschaubare Streitwerte. Für derartige Verträge macht eine Schiedsklausel wenig Sinn, da die „Anlaufkosten“ eines Schiedsverfahrens in der Regel höher als die eines Gerichtsverfahrens sind, erst recht, wenn die Parteien bestimmt haben, dass das Schiedsgericht mit drei Schiedsrichtern besetzt sein soll. Zudem finden sich für niedrige und damit unattraktive Streitwerte nur schwer kompetente Schiedsrichter. In derartigen Fällen ist der Gang zum staatlichen Gericht der zügigere, weniger komplizierte und meist auch preisgünstigere Weg.

670 **Fehlende Regelung**: Fehlen Regelungen zu einer Streitbeilegungsklausel, dann können sich die Parteien auch nachdem eine Streitigkeit aufgetreten ist, noch über einen alternativen Streitbelegungsmechanismus einigen. Geschieht dies nicht (was in der Praxis meist der Fall ist), muss die Partei, die ihrem Recht zur Durchsetzung verhelfen will (Kläger), die andere Partei (Beklagte) verklagen. Vor welchen Gerichten dies erfolgen muss, ist durch die Regelungen des nationalen und internationalen Zivilprozessrechts zu ermitteln.[221]

671 **Praxishinweis:**

Nahezu jede Rechtsordnung kennt den Grundsatz des Beklagtengerichtsstands. Das bedeutet, dass am Sitz des Beklagten meist ein Gerichtsstand begründet ist. Daneben könnten zudem aber auch noch weitere Gerichtsstände gegeben sein (etwa der Gerichtsstand des Erfüllungsorts). Der Kläger kann u.U. ein Wahlrecht haben und im günstigsten Fall bei den Gerichten im eigenen Land an seinem Sitz klagen, was im Einzelfall geprüft werden muss.

2. Gerichtstandvereinbarung

672 Wollen die Parteien möglicherweise auftretende Streitigkeiten vor bestimmten staatlichen Gerichten austragen, müssen sie eine Gerichtsstandvereinbarung treffen. Ob diese wirksam ist, richtet sich im Anwendungsbereich der EuGVVO nach Art. 25. Im Anwendungsbereich des Haager Übereinkommens über Gerichtsstandsvereinbarungen vom 30.06.2005 (HGÜ) richtet sich dies nach Artt 3 ff. HGÜ. Das HGÜ entfaltet bislang nur im Verhältnis zu Mexiko und Singapur Bedeutung, da diese beiden Staaten das HGÜ nicht nur unterzeichnet, sondern auch ratifiziert haben. Die USA sind zwar Unterzeichner des HGÜ, haben das Übereinkommen bislang aber nicht ratifiziert.

[221] → Rn. 586.

Für die wirksame Vereinbarung von Gerichtsstandsklauseln sind im Übrigen – insbesondere für rein nationale Sachverhalte – die §§ 38, 40 ZPO maßgeblich. Wichtigste Voraussetzung ist, dass die Parteien einer Gerichtsstandsvereinbarung Kaufleute im Sinne des HGB sind. So wäre es ohne weiteres möglich, dass ein OEM mit Sitz in Stuttgart mit seinem in München ansässigen Zulieferer (innerdeutscher Sachverhalt) einen Gerichtsstand in Stuttgart (oder München) vereinbart. Das OLG Köln hat allerdings eine Gerichtsstandsvereinbarung zwischen zwei Kaufleuten (Unternehmen) in AGB für überraschend und damit unwirksam erklärt, in denen die AGB des Verwenders einen Drittort als Gerichtsstand vorsahen, obwohl die Unternehmen einen gemeinsamen gesetzlichen Gerichtsstand hatten.[222] Überraschend und damit für Unwirksam ist auch eine Gerichtsstandsvereinbarung in AGB, wenn sie keinerlei Bezug zum Inhalt des Vertrags oder zum Sitz des AGB-Verwenders aufweist,[223] oder wenn eine Gerichtsstandsvereinbarung in AGB zwischen zwei in Deutschland sitzenden Unternehmen einen ausländischen Gerichtsstand vorsieht.[224] **673**

Praxishinweis: **674**

Wollen Sie künftige Streitigkeiten aus einem Vertrag, den Ihr Unternehmen abgeschlossen hat, vor den Gerichten an Ihrem Firmensitz beilegen, so sollten Sie eine Gerichtsstandsklausel in den Vertrag aufnehmen, die als ausschließlich zuständige Gerichte, die Gerichte am Firmensitz vorsieht. Eine solche Klausel kann lauten:

„Ausschließlich zuständig für sämtliche Streitigkeiten aus oder im Zusammenhang mit diesem Vertrag, einschließlich Streitigkeiten über dessen wirksames Zustandekommen, sind die Gerichte am Sitz von X."

3. Schiedsklausel

Jede Schiedsinstitution stellt auf ihrer Homepage Musterklauseln zur Verfügung. Diese regeln die für die Konstituierung notwendigen Punkte (wie etwa Anzahl der Schiedsrichter, Schiedsort, Sprache und Anwendung der Schiedsordnung). Vermeiden Sie „*freestyle*"-Schiedsklauseln, da diese pathologisch und damit unwirksam sein können,[225] was zu erheblicher Unsicherheit, zu Verzögerungen und letztlich schon zu Streit darüber führt, ob ein Rechtsstreit vor einem Gericht oder Schiedsgericht ausgetragen werden soll. Die Parteien streiten in diesen Fällen also bereits bevor es losgeht. **675**

---

[222] OLG Köln 24 U 44/89, ZIP 1989, 1068.
[223] LG Konstanz HO 31/83, BB 1983, 1372.
[224] Vgl. hierzu OLG Düsseldorf 6 U 139/87, NJW-RR 1988, 1260, 1262.
[225] Mit Beispielen *Wilske/Krapfl*, International Arbitration Law Review, 2006, 80 ff.

Teil 11
Rahmenvertrag

676 Rahmenverträge, die zwischen Lieferant und Käufer geschlossen werden, zielen üblicherweise auf eine dauerhafte Kooperation zwischen den Parteien ab. Der Rahmenvertrag regelt typischerweise den Rahmen einer auf Dauer angelegten Zusammenarbeit zwischen Lieferant und Käufer – enthält üblicherweise aber keine konkrete kaufvertragliche Verpflichtung. Tatsächlich werden unter einem Rahmenvertrag die Produktkäufe mittels Einzelverträgen, Bestellungen oder Lieferabrufen (dann ggf. Bezugsvertrag) geregelt.

Im Vergleich zum Fachhändler- oder Vertragshändlervertrag stellt der Rahmenvertrag eine eher losere Kooperationsform zwischen den Parteien dar. Dies kann allerdings anders sein, wenn zwischen den Parteien neben der bloßen Belieferungsverpflichtung weitere Regelungen getroffen werden, etwa zur Exklusivität, Werbung und Marketing, Marktbeobachtung, Berichterstattung oder Lagerhaltung. In derartigen Fällen kann ein als Rahmenvertrag bezeichnetes Vertragsverhältnis tatsächlich auch ein Fach- oder Vertragshändlervertrag sein, mit den rechtlichen Konsequenzen, die diesen Vertragstypen inne wohnen.[226]

677 I. Abgrenzung zu ähnlichen Vertragstypen

1. Sukzessivliefervertrag

678 Der Rahmen- oder Liefervertrag ist abzugrenzen vom sog. Sukzessivliefervertrag. Ein Sukzessivliefervertrag regelt, dass der Käufer verpflichtet ist, vom Lieferanten eine bestimmte Menge an Produkten abzunehmen. Die Abnahmemenge steht also bereits bei Vertragsschluss fest (sog. echter Ratenliefervertrag), während beim typischen Rahmen(liefer)vertrag die Menge der abzunehmenden Vertragsprodukte nicht feststeht, sondern sich am Bedarf des Käufers orientiert. Der Sukzessivliefervertrag unterfällt den rechtlichen Regelungen des Kauf- oder Werkliefervertrags, §§ 433 ff. BGB.

---

[226] Vgl. hierzu → Rn. 913 ff.

> **Praxishinweis:** 679
> Die Unterscheidung zwischen Sukzessivliefer- und Rahmenvertrag ist nicht nur von theoretischer, sondern tatsächlich auch von praktischer Bedeutung. Die Frage, ob es sich bei dem Vertrag um einen Kaufvertrag und damit um ein Einzelschuldverhältnis oder ein Dauerschuldverhältnis handelt, hat erhebliche rechtliche Auswirkungen, insbesondere hinsichtlich der Beendigung des Vertrages (Rücktritt oder Kündigung) sowie mit Blick auf die Rechte und Pflichten der Vertragsparteien.

2. Bezugsvertrag über Versorgungsgüter

Der sog. Bezugsvertrag ist ein Unterfall des Rahmen- oder Rahmenlie- **680** fervertags (beides ist das gleiche). Auch der Bezugsvertag ist ein Dauerschuldverhältnis, d.h. er wird auf unbestimmte (oder zumindest längere) Zeit abgeschlossen, ohne dass eine bestimmte Liefermenge vereinbart wird. Klassischerweise sind Bezugsverträge Versorgungsverträge z.B. über Wasser, Strom oder Gas. Typisches Wesensmerkmal des Bezugsvertrags ist, dass der Abnehmer (Käufer) die Leistung einseitig durch bloßen Abruf (Öffnen des Wasserhahns) beziehen kann. Eine Zustimmung etwa in Form einer Auftragsbestätigung seitens des Lieferanten ist nicht erforderlich; er hat sein generelles Einverständnis bereits bei Abschluss des Bezugsvertrags erteilt. Damit besteht für den Lieferanten letztlich ein Kontrahierungszwang.

3. Zuliefer- und Lohnfertigungsvertrag

Auch im Bereich der Zulieferindustrie finden sich Bezugsverträge, etwa **681** für den Bezug von Rohstoffen, Halbfertigprodukten oder Komponenten. Häufig fungiert der Zulieferer als verlängerte Werkbank für einen (großen) Kunden. Insbesondere in der Automobilindustrie sind Zuliefer- und Lohnfertigungsverträge weit verbreitet, bei denen der Auftragnehmer neben der Herstellung und Lieferung häufig auch die Entwicklung eines Zulieferprodukts übernimmt. Der Käufer (OEM) lässt dem Lieferant hierzu oft *Know-how* oder bestimmte Werkzeuge zukommen. Im Gegenzug lässt sich der Käufer (OEM) dafür Exklusivität in der Weise zusichern, dass der Hersteller das Produkt nur für den Käufer herstellt. Diese Wettbewerbsbeschränkungen sind kartellrechtlich zulässig, wenn die vom Käufer (OEM) zur Verfügung gestellten Betriebsmittel oder Kenntnisse für die Produktion des Zulieferers notwendig sind und von ihm ausschließlich zur Erfüllung des Vertrags mit dem Käufer (OEM) genutzt werden.[227] Dass Dritte von diesen Betriebsmitteln und Kenntnissen ausgeschlossen werden, ist dann unschädlich.

II. Inhalt

682 Ein Rahmenvertrag bestimmt die Pflichten der Parteien eher abstrakt und mit Blick auf die unter dem Rahmenvertrag abzuschließenden Einzelkaufverträge. Der Lieferant gibt die Erklärung ab, dass er bereit und dazu in der Lage ist, den Käufer mit bestimmten Produkten zu versorgen und der Käufer verpflichtet sich, die Produkte (oder eine bestimmte Menge an Produkten) unter dem Rahmenvertrag vom Lieferanten zu beziehen. Je nach Interesse der Parteien kann diese Belieferungs- oder Bezugsverpflichtung auch exklusiv ausgestaltet werden, wobei die Parteien bei Vertragsschluss insoweit ggf. vertriebskartellrechtliche Bestimmungen im Auge behalten müssen.

683 Eine konkrete Zahlungsverpflichtung ergibt sich aus dem Rahmenvertrag herkömmlicher Weise selbst noch nicht, sondern erst aus den unter dem Rahmenvertrag abgeschlossenen Einzelkaufverträgen bzw. aus den Bestellungen oder Produktabrufen. Demgegenüber definieren die Vertragsparteien die wesentlichen Punkte ihrer Zusammenarbeit, wie etwa (i) Mindestbezugsverpflichtung des Käufers, (ii) Pflicht zur Übermittlung von Bedarfsvorschauen, (iii) Definition der Vertragsprodukte (iv) Beschreibung des Bestellprozesses (Produktabrufe oder Bestellung mit Auftragsbestätigung), (v) Zahlungsbedingungen, (vi) Festlegung einer Maximalliefermenge, (vii) Marketingpflichten und Werbung durch den Käufer, (viii) Qualitätsanforderungen und Gewährleistung, (ix) Lieferbedingungen, (x) Eigentumsvorbehalt, (xi) Laufzeit und Kündigung sowie (xii) Schlussbestimmungen (salvatorische Klausel, Rechtswahl und Gerichtsstand oder Schiedsklausel).

III. Besondere rechtliche Probleme von Rahmenverträgen

1. Exklusivität

684 Der Begriff Exklusivität kann insbesondere in Rahmen- und Lieferverträgen unterschiedliche Bedeutungen haben. Damit kann eine Alleinbe-

[227] Bekanntmachung der Kommission vom 18.12.1978 über die Beurteilung von Zulieferverträgen (ABl. 1979 Nr. C 1/2), Ziffern 2 und 3.

zugsverpflichtung oder eine Alleinbelieferungspflicht gemeint sein, deren Umfang näher bestimmt werden muss. Fehlt im Vertrag eine Definition zur Exklusivität, so ist durch Auslegung zu ermitteln, was die Parteien mit Exklusivität gemeint haben. Dies kann zu teuren gerichtlichen Auseinandersetzungen führen, die vermieden werden sollten.

a) Alleinbezugsverpflichtung

Unter einer Alleinbezugsverpflichtung versteht man die Verpflichtung **685**
des Käufers, seinen Bedarf an Vertragsprodukten oder Dienstleistungen ausschließlich über den Verkäufer oder Dienstleister zu beziehen (für eine bestimmte Zeit). Gemäß Art. 1 (1) g) der Verordnung (EU) Nr. 330/2010 der Kommission vom 20.4.2010 über die Anwendung von Art. 101 Abs. 3 des Vertrages über die Arbeitsweise der Europäischen Union auf Gruppen von vertikalen Vereinbarungen und aufeinander abgestimmte Verhaltensweisen (Vertikal-GVO) ist eine Alleinbezugsverpflichtung ohne zeitliche Beschränkung zulässig, wenn der Käufer nicht mehr als 80 % seines Bedarfs vom Lieferanten bezieht, wobei sich der Bedarf am Bezugsvolumen des Vorjahres orientiert. Ist die Grenze von 80 % überschritten, ist eine Alleinbezugsverpflichtung nur für die Dauer von maximal 5 Jahren zulässig.[228]

b) Alleinvertriebsrecht

Unter einem Alleinvertriebsrecht versteht man die Verpflichtung des **686**
Verkäufers, die Vertragsprodukte ausschließlich einem Käufer für ein bestimmtes ihm zugewiesenes Vertragsgebiet zu verkaufen. Häufig wird diesem Käufer gleichzeitig untersagt, die Vertragsprodukte aktiv in andere Vertragsgebiete zu verkaufen. Ein Alleinvertriebsrecht stellt eine Wettbewerbsbeschränkung dar, die allerdings freistellungsfähig ist, sofern weder der Verkäufer auf seinem Absatzmarkt noch der Käufer auf seinem Bezugsmarkt jeweils mehr als 30 % Marktanteil haben. Verboten ist es jedoch den passiven Verkauf in andere Vertragsgebiete zu beschränken.[229] Das bedeutet, dass der Verkäufer seinem Käufer nicht verbieten darf, Kunden eines anderen Vertragsgebiets zu beliefern, wenn diese von sich aus an den Käufer herantreten.[230]

Praxishinweis: **687**

Möchten Sie eine Exklusivität, d.h. eine Alleinbezugsverpflichtung oder eine Alleinbelieferungsverpflichtung in ihren Rahmenvertrag aufnehmen,

[228] Art. 5 (1) a) Vertikal-GVO.
[229] Leitlinien für vertikale Beschränkungen, Rn. 152.
[230] Leitlinien für vertikale Beschränkungen, Rn. 51.

so sollten Sie deren Bedeutung und Reichweite genau definieren. Dies gilt insbesondere mit Blick darauf, ob der Lieferant im Rahmen einer Alleinbelieferungsverpflichtung beispielsweise andere Vertriebsmittler einsetzen darf, Direktverkäufe des Lieferanten ausgeschlossen sein sollen, ob sich die Alleinbelieferungsverpflichtung auf ein bestimmtes Produkt oder ein bestimmtes Gebiet bezieht oder zeitlich befristet ist.

2. Bestellprozess

688 Es gibt unterschiedliche Wege, den Bestellprozess der Vertragsprodukte unter einem Rahmenvertrag zu regeln. Der Rahmenvertrag selbst enthält üblicherweise noch keine bindende Verpflichtung für die Parteien, wann welche Produkte geliefert werden müssen. In der Praxis haben sich im Wesentlichen zwei Wege bewährt, wie die Parteien Einzelverträge unter dem Rahmen- oder Liefervertrag abschließen. Zum einen ist denkbar, dass die Parteien vereinbaren, dass der Käufer eine Bestellung schickt, die dann vom Lieferanten bestätigt wird (wobei die Bestätigung auch durch die Produktauslieferung selbst erfolgen kann). Zum anderen kann ein Einzelvertrag auch über einen bloßen Produktabruf des Käufers beim Lieferanten zustande kommen.

689 Im ersten Fall (Einzelkaufvertrag) darf der Lieferant eine Bestellung des Käufers ablehnen, zumindest sofern dies nicht willkürlich geschieht (keine Willkür bei Produktionsengpass). Im Falle von Produktabrufen (zweiter Fall) kommt der Einzelvertrag über die Lieferung einer Produktcharge bereits mit Zugang des Produktabrufs beim Lieferanten zustande. In diesem Fall besteht für den Lieferanten keine Möglichkeit, die Bestellung des Käufers zurückzuweisen. In der Praxis zeigt sich, dass vor allem Kunden mit großer Marktmacht (z.B. OEMs) oder Hersteller, die eine *Just-in-time-Produktion* implementiert haben, ihren Lieferanten ein Produktabrufsystem aufzwingen.

690 **Praxishinweis:**

Der Lieferant sollte den vertraglich vorgesehenen Bestellprozess prüfen und sicherstellen, dass er insbesondere im Falle eines Produktabrufsystems Produktionsausfälle oder Produktionsengpässe ausreichend absichert. Der Lieferant kann beispielsweise eine Lieferobergrenze pro Woche oder Monat vereinbaren oder darauf drängen, dass Schadensersatzansprüche des Käufers wegen Produktionsausfall oder Produktionsunterbrechung ausgeschlossen werden. Anderenfalls besteht – zumindest theoretisch – die Möglichkeit, dass der Käufer beim Lieferanten jede nur denkbare Liefermenge abrufen darf, und zwar unabhängig von der Produktionskapazität des Lieferanten. Vereinbaren Sie zudem eine Bedarfsmengenplanung (rolling forecast).

3. Analoge Anwendung der Handelsvertretervorschriften, §§ 84 ff. HGB

Rahmenverträge erschöpfen sich in der Regel in einer bloßen Käufer-Verkäufer-Beziehung, da allein der Rahmen für die Lieferung bestimmter Vertragsprodukte geregelt wird. Dem Käufer obliegen üblicherweise keine Absatzförderdung- oder Berichterstattungspflichten gegenüber dem Lieferanten, wie dies beispielsweise in Handelsvertreterverträgen der Fall ist. Aus diesem Grund ist grundsätzlich auch kein Raum für die analoge Anwendung der Handelsvertretervorschriften, wie etwa der Regelungen über den Handelsvertreterausgleich (89b HGB) oder der spezifischen Kündigungsvorschriften in § 89 HGB. **691**

In Ausnahmefällen, in denen der Käufer durch den Rahmen- oder Liefervertrag tatsächlich einem umfassenden Pflichtenkatalog unterworfen wird und diese Pflichten denen ähneln, die typischerweise einem Handelsvertreter obliegen, kann es im Einzelfall zur Anwendung einzelner oder aller Regelungen aus dem Handelsvertreterrecht kommen. Dies gilt insbesondere dann, wenn sich dem Rahmen- oder Liefervertrag entnehmen lässt, dass der Käufer letztlich wie ein Handelsvertreter in die Absatzorganisation des Lieferanten integriert ist und zudem die Pflicht hat, Kundendaten an den Lieferanten zu übertragen. **692**

Praxishinweis: **693**

Der Lieferant sollte den Pflichtenkatalog seines Käufers bei Abschluss des Vertrags im Blick haben. Eine enge Einbindung des Käufers in die eigene Absatzorganisation kann z.B. angenommen werden, wenn der Käufer ein Alleinvertriebsrecht hat, einem Wettbewerbsverbot unterliegt, Marketing- und Berichtspflichten hat, ihm Mindestabnahmeverpflichtungen obliegen, er einen Lagerbestand aufbauen und unterhalten muss, er an Verkaufsschulungen teilnehmen oder einen Kundendienst unterhalten muss oder wenn der Lieferant sich Überwachungsbefugnisse (sog. Audit) vorbehält. In derartigen Fällen können die strengen Handelsvertretervorschriften der §§ 84 ff. HGB zur Anwendung gelangen.

4. Kündigung

a) Festlaufzeit

Rahmenverträge sind Dauerschuldverhältnisse. Sofern die Vertragsparteien eine Festlaufzeit vereinbart haben, endet das Vertragsverhältnis zum vereinbarten Zeitpunkt. Im Falle der Vereinbarung einer Festlaufzeit, ist ein ordentliches Kündigungsrecht üblicherweise ausgeschlossen, es sei **694** denn, die Vertragsparteien haben explizit etwas Abweichendes vereinbart.

b) Außerordentliche Kündigung mit Frist

695 Sofern die Vertragsparteien einen Rahmenvertrag ohne zeitliche Befristung geschlossen haben, der Vertrag aber dennoch keine ordentliche Kündigungsmöglichkeit vorsieht und die Parteien eine ordentliche Kündigungsmöglichkeit auch nicht (bewusst) ausgeschlossen haben, erkennt die Rechtsprechung an, dass jede Vertragspartei den Rahmenvertrag mit angemessener Kündigungsfrist kündigen kann. Wann eine Frist angemessen ist, bestimmt sich nach dem Einzelfall (z.B. bisherige Laufzeit, Investitionsrisiko des Vertragspartners oder Abhängigkeit des anderen Vertragsteils).[231]

696 **Praxishinweis:**

Als „Daumenregel" dürfte in der Praxis eine Kündigungsfrist von maximal 6 Monaten in vielen Fällen fair, gerecht und damit angemessen sein.

c) Außerordentliche fristlose Kündigung

697 Neben dieser in der Rechtsprechung für Dauerschuldverhältnisse entwickelten sog. außerordentlichen Kündigungsmöglichkeit mit Frist gibt es die außerordentliche fristlose Kündigung aus wichtigem Grund. Diese ist in § 314 BGB geregelt und kann nicht – zumindest nicht mittels AGB – ausgeschlossen werden. Die außerordentliche fristlose Kündigung setzt einen wichtigen Kündigungsgrund voraus. Ein wichtiger Grund liegt nach § 314 Abs. 1 BGB vor, wenn dem kündigenden Teil unter Berücksichtigung aller Umstände des Einzelfalls und unter Abwägung der beiderseitigen Interessen der Parteien die Fortsetzung des Vertragsverhältnisses bis zur vereinbarten Beendigung oder bis zum Ablauf einer Kündigungsfrist nicht zugemutet werden kann. Hierfür müssen alle Umstände des Einzelfalls abgewogen werden.

698 Die Gerichte haben den wichtigen Grundes i.S.d. § 314 Abs. 1 BGB weiter ausdifferenziert. Danach gilt, dass für die Frage der Zumutbarkeit der Fortsetzung des Vertragsverhältnisses folgende Umstände abgewogen werden müssen: (i) die Laufzeit des Dauerschuldverhältnisses, (ii) die Möglichkeit für die kündigende Vertragspartei, das Dauerschuldverhältnis ordentlich zu kündigen, (iii) die Folgen einer fristlosen Kündigung für die

[231] BGH III ZR 145/05, NJW-RR 2006, 1427; OLG München 15 U 6473/94, NJW-RR 1996, 561, 563 (analoge Anwendung der §§ 624 und 723 BGB).

andere Vertragspartei, (iv) die Schwere eines Vertragsverstoßes (sofern es einen gibt), (v) das Verhalten der beiden Vertragsparteien.

Besteht der wichtige Grund darin, dass die andere Vertragspartei eine vertragliche Pflicht verletzt hat (was nicht in jedem Fall Voraussetzung für die Anwendbarkeit von § 314 BGB ist), so ist zwingende Voraussetzung einer außerordentlichen Kündigung, dass die vertragsbrüchige Partei abgemahnt wird. **699**

700

Praxishinweis:

Ob und unter welchen Voraussetzungen eine Vertragspartei den Rahmenvertrag außerordentlich kündigen kann, ist häufig Inhalt gerichtlicher Auseinandersetzungen. Dies hängt damit zusammen, dass die Meinungen darüber, ob ein wichtiger Grund vorliegt, oft divergieren. Aus diesem Grund ist es empfehlenswert, dass die Parteien im Rahmenvertrag bestimmte Konstellationen oder Fallgruppen definieren, die eine oder beide Vertragsparteien zu einer außerordentlichen Kündigung berechtigten.

Die folgenden Konstellationen berechtigen die andere Vertragspartei typischerweise in Rahmen- und Lieferverträgen zu einer außerordentlichen Kündigung aus wichtigem Grund: **701**

- schwerwiegende Vertragsverletzung, wie etwa mangelhafte Lieferungen oder Verzug, sofern die Vertragsverletzung nicht nur unerheblich ist;
- Nicht-Leistung durch die andere Vertragspartei;
- wiederholter Zahlungsverzug oder andauernde Zahlungsrückstände;
- Verwirklichung von Straftatbeständen durch eine Vertragspartei.

Eine unberechtigte außerordentliche Kündigung berechtigt den Kündigungsempfänger seinerseits zur außerordentlichen Kündigung und kann zudem empfindliche Schadensersatzansprüche des zu Unrecht gekündigten Vertragspartners auslösen. **702**

703

Praxishinweis:

Mahnen Sie im Zweifelsfall Ihren Vertragspartner ab, um sicherzustellen, dass eine außerordentliche Kündigung nicht an einer fehlenden Abmahnung scheitert. Dies gilt zumindest dann, wenn eine Abmahnung nicht zweifelsfrei nach den §§ 323 Abs. 2, 314 Abs. 2 BGB entbehrlich ist. Erklären Sie neben einer außerordentlichen Kündigung stets auch hilfsweise die ordentliche Kündigung des Vertrags.

5. Preisanpassung

704 Da Rahmenverträge vielfach für einen unbestimmten Zeitraum abgeschlossen werden und damit lange laufen, stellt sich – insbesondere bei einem Anstieg der Rohstoffpreise und Lohnkosten - häufig die Frage, ob die im Rahmenvertrag vereinbarten kaufmännischen Konditionen angepasst werden können. Dies gilt dann, wenn die Parteien die Preise nicht in den Einzelkaufverträgen, sondern im Rahmenvertrag selbst regeln.

705 Preisanpassungen in individuell ausgehandelten Verträgen sind weitgehend möglich, selbst dann, wenn sie eine einseitige Preisanpassung eines Vertragsteils vorsehen. Allerdings unterfallen Rahmenverträge, die im Verkehr zwischen Unternehmern verwendet werden, üblicherweise der AGB-Inhaltskontrolle, da sie oft mehrfach verwendet und nicht im Einzelnen ausgehandelt werden. In AGB sind Preisanpassungsklauseln unwirksam, wenn der Verwender sich ein einseitiges Recht vorbehält, die Preise im Vertrag nach seinem Ermessen anzupassen.[232] In b2b-Verträgen zeichnet sich allerdings ab, dass die Gerichte teilweise einen weniger strengen Maßstab an die Wirksamkeit von Preisanpassungsklauseln anlegen. Allerdings bestimmen die Gerichte überwiegend im Wege des Einzelfalles, ob eine unbillige Benachteiligung des Vertragspartners gemäß § 307 BGB vorliegt. Die Wahrscheinlichkeit, dass eine Preisanpassungsklausel im Einzelfall einer AGB-Inhaltskontrolle standhält, dürfte insbesondere dann erhöht sein, wenn (i) die Berechnungsbasis für eine Preisanpassung inklusive der Berechnungsmethode klar beschrieben ist, (ii) Preisanpassungen in beide Richtungen möglich sind (also Preissteigerungen genauso wie Preisabsenkungen) und (iii) die jeweils andere Partei im Falle einer Preisanpassung das Recht hat, sich vom Vertrag zu lösen, zumindest dann, wenn die Preisanpassung für sie eine unangemessene Härte bedeuten würde.[233]

706 **Praxishinweis:**

Falls Sie eine Preisanpassungsklausel vorsehen, sollten Sie neben den vorstehend genannten Punkten die Gründe für die Anpassung nennen und darauf achten, dass auch das Interesse des Vertragspartners ausreichend berücksichtigt ist, z.B. durch einen angemessenen Ausgleich im Falle einer Preisanpassung und ein Kündigungsrecht im Falle einer Preiserhöhung.

707 Können sich die Parteien im Laufe ihrer Zusammenarbeit nicht (mehr) auf geltende Preise einigen, weil der Käufer einer Preiserhöhung oder einer neuen Preisliste des Lieferanten widerspricht, so kann eine vertragliche Bindung zwischen Zulieferer und Kunde (OEM) dennoch zustande

[232] BGH III ZR 195/84, NJW 1986, 1803, 1806.
[233] Ähnlich auch BGH VIII ZR 125/98, NJW 2000, 515, 516.

kommen. Dies ist der Fall, wenn (i) die Parteien bei Abschluss der Einzelverträge unter dem Rahmenvertrag die genaue Entgelthöhe mangels Einigung hierüber bewusst offengelassen haben aber sie (ii) gleichwohl eine kaufvertragliche Bindung wollten. Dann muss der Preis im Wege der ergänzenden Vertragsauslegung ermittelt werden.[234]

6. Geltungsreihenfolge

Der Abschluss eines Rahmenvertrages kennzeichnet häufig den Start **708**
einer lang andauernden und ggf. umfassenden Vertriebskooperation. Oft ergibt sich bei oder nach Abschluss eines Rahmenvertrages das Bedürfnis, weitere Punkte der Kooperation vertraglich zu regeln. Besonders häufig wird daher neben einem Rahmenvertrag zusätzlich eine Vertraulichkeitsvereinbarung und/oder Qualitätssicherungsvereinbarung abgeschlossen. Zudem werden vielfach AGB in die Vertragsbeziehung einbezogen. Dies kann dazu führen, dass die unterschiedlichen Vertragswerke Doppelregelungen enthalten, die zum Teil divergieren.

Praxishinweis: **709**

Um Unklarheit zu vermeiden und das Risiko streitiger Auseinandersetzungen zu minimieren, empfiehlt es sich, dass Sie im Rahmenvertrag eine Klausel vereinbaren, welche die Geltungsreihenfolge der unterschiedlichen Vertragsdokumente regelt. Diese kann z.B. wie folgt lauten:

„Im Falle von Widersprüchen zwischen den nachfolgend aufgeführten Dokumenten, gelten diese in absteigender Reihenfolge:

Der Rahmenvertrag,
die Qualitätssicherungsvereinbarung,
die Vertraulichkeitsvereinbarung,
die AGB des Lieferanten."

[234] OLG Stuttgart Urteil vom 13.9.2012, 19 U 40/12, S. 7.

Teil 12
Handelsvertretervertrag

710 Der Vertrieb von Waren oder Dienstleistungen durch Handelsvertreter ist lediglich eine von vielen Vertriebsformen. Dem Handelsvertretervertrag kommt in der Praxis aber eine hohe Bedeutung zu, was schon daran liegt, dass er für den Unternehmer eine Vertriebsform darstellt, die es ihm ermöglicht, seinen Vertrieb ohne eigene personelle Ressourcen und weitgehend ohne Kostenrisiken zu organisieren. Üblicherweise wird ein Handelsvertreter nämlich erfolgsabhängig über eine Provision für von ihm vermittelte Geschäfte entlohnt. Darüber hinaus werden die Regelungen des Handelsvertretervertrags in den §§ 84 ff. HGB unter bestimmten Voraussetzungen für andere Vertriebsformen, die gesetzlich nicht geregelt sind, analog herangezogen (etwa den Vertragshändler oder z.T. auch das Franchising). Aus diesem Grund wird das Handelsvertreterrecht oftmals als das „Herzstück" des Vertriebsrechts bezeichnet.

I. Definition

711 Gemäß § 84 Abs. 1 Satz 1 HGB ist Handelsvertreter, wer als selbständiger Gewerbetreibender ständig damit betraut ist, für einen anderen Unternehmer Geschäfte zu vermitteln oder in dessen Namen abzuschließen. Selbständig ist gemäß § 84 Abs. 1 Satz 2 HGB, wer im Wesentlichen frei seine Tätigkeit gestalten und seine Arbeitszeit bestimmen kann. Wesensmerkmal des Handelsvertreters ist also, dass er keinen arbeitsrechtlichen Bindungen unterliegt. Er kann seine Arbeitsabläufe und seine Arbeitszeit frei bestimmen und unterliegt insbesondere keinem Weisungsrecht des Unternehmers, wie dies beim Arbeitnehmer typischerweise der Fall ist.

712 Anders als der Vertrags-, Groß- und Einzelhändler ist der Handelsvertreter gewöhnlich in die Absatzorganisation und den Vertrieb des Unternehmers eingegliedert ohne aber seine rechtliche Selbständigkeit zu verlieren. In der Praxis hat sich gezeigt, dass das Erscheinungsbild des Handelsvertreters vielfältig ausgestaltet sein kann. Es kann von großen Vertriebsunternehmen mit Marktmacht, die herkömmlicherweise als Kapitalgesellschaft organisiert sind, bis hin zu einem als Einzelperson handelnden Handelsvertreter im Nebenberuf reichen, § 92b HGB.

II. Abgrenzung von anderen Vertriebsformen

Zur Organisation ihres Vertriebs stehen Unternehmen vielfältige Möglichkeiten zur Verfügung. Um Unklarheiten in tatsächlicher und rechtlicher Hinsicht zu vermeiden, ist es notwendig, klar zu bestimmen, in welcher rechtlichen Vertriebsform ein Vertriebsmittler, der vom Unternehmer eingesetzt wird, agieren soll. Unklarheiten in rechtlicher oder tatsächlicher Hinsicht können zu teuren und zeitintensiven gerichtlichen Auseinandersetzung führen, die vermieden werden sollten. Der Handelsvertreter ist daher von den folgenden Vertriebsmittlern abzugrenzen: **713**

1. Handelsmakler

Der Handelsmakler vermittelt - wie der Handelsvertreter - den Abschluss von Verträgen für den Unternehmer. Anders als der Handelsvertreter ist der Handelsmakler allerdings nicht vertraglich ermächtigt, dies – wie der Handelsvertreter – auf ständiger Basis zu tun. Der Handelsmakler ist also im Gegensatz zum Handelsvertreter nur von Fall zu Fall tätig. Er hat auf die Interessen beider Vertragspartner, für die er vermittelnd tätig wird, Rücksicht zu nehmen, § 93 Abs. 1 HGB. **714**

2. Fach- und Vertragshändler

Der Fach- oder Vertragshändler handelt in seinem eigenen Namen und auf eigene Rechnung, während der Handelsvertreter entweder nur den Abschluss von Verträgen mit Kunden vermittelt oder Verträge – je nach vertraglicher Ausgestaltung des Handelsvertretervertrags – im Namen des Unternehmers abschließt. Dies hat wichtige rechtliche und wirtschaftliche Folgen. Ein Fach- oder Vertragshändler muss üblicherweise einen Warenbestand einlagern, er kauft die Ware im eigenen Namen und trägt die Transportkosten. Er kann den Weiterverkaufspreis der Waren im Gegenzug frei bestimmen. Dies zeigt, dass ein Fach- oder Vertragshändler das wirtschaftliche Risiko seiner Unternehmung selbst trägt. All diese Risiken bleiben dem Handelsvertreter erspart, er erhält lediglich eine Provision, die sich letztlich nach dem Erfolg seiner Vermittlungstätigkeit bemisst. **715**

3. Franchising

716

Auch der Franchisenehmer kauft üblicherweise Produkte vom Unternehmer (Franchisegeber). Er tut dies genauso wie der Fach- oder Vertragshändler im eigenen Namen und auf eigene Rechnung. Schon dies unterscheidet ihn vom Handelsvertreter. Neben dem bloßen Warenbezug und ggf. vereinbarten Absatz- und Vertriebspflichten verpflichtet sich der Franchisenehmer in der Regel auch dazu, bestimmte Dienstleistungen und Rechte (etwa *Know-how*, Beratung zu Vertriebsmethoden, Werbematerial, Marken- und Warenzeichen oder einen Geschäftsplan) vom Franchisegeber zu beziehen. Letzteres grenzt das Franchising vom Fach- oder Vertragshändler ab.

4. Arbeitnehmer

717 Die Abgrenzung des Handelsvertreters vom Arbeitnehmer bereitet in der Praxis immer wieder Schwierigkeiten. Die Bezeichnung des zwischen den Parteien geschlossenen Vertrages hilft hier kaum weiter. Selbst wenn ein Vertrag als Handelsvertretervertrag bezeichnet ist, kann die als Handelsvertreter beschriebene Person tatsächlich Arbeitnehmer des Unternehmers sein.[235] Wesensmerkmal des Handelsvertreters ist gemäß § 84 Abs. 1 HGB, dass er als selbständiger Gewerbetreibender ständig damit betraut ist, für den Unternehmer Geschäfte zu vermitteln oder in dessen Namen abzuschließen. Selbständig ist, wer im Wesentlichen frei seine Tätigkeit gestalten und seine Arbeitszeit bestimmen kann. Für das Merkmal der Selbständigkeit kommt es darauf an, dass der Handelsvertreter über eine eigene Organisation und über unternehmerischen Entscheidungsspielraum verfügt. Eine Person befindet sich hingegen in einem abhängigen Beschäftigungsverhältnis, wenn sie eng in die Organisation des Unternehmers eingebunden und weisungsabhängig ist.[236]

718 Die folgenden Elemente sprechen für eine betriebliche Eingliederung und daher eher für ein Arbeitnehmerverhältnis: (i) regemäßige (monatliche) Zahlungen anstatt einer umsatz- oder leistungsabhängigen Vergütung, (ii) Ermächtigung, die Betriebsmittel des Unternehmers mitzubenutzen, (iii) fest zugewiesener Arbeitsplatz auf dem Firmengelände des Unternehmers, (iv) soziale Abhängigkeit vom Unternehmer, insbesondere dann, wenn der Handelsvertreter/Arbeitnehmer keine andere Einnahmequelle hat, (v) Entgeltfortzahlung im Krankheitsfall.

719 **Praxishinweis:**

Maßgeblich für die Abgrenzung zwischen Handelsvertreter und Arbeitnehmer ist nicht, was die Parteien im Handelsvertretervertrag schriftlich vereinbart haben, sondern wie die Vertragsbeziehung tatsächlich gelebt wird. Eine vertragliche Vereinbarung, dass der Handelsvertreter selbständig und nicht

[235] Zu den Risiken und Gefahren → Rn. 720 ff.
[236] BAG 5 AZR 312/96, NZA 1998, 368, 369.

weisungsgebunden sein soll, ist im Streitfall nutzlos, insbesondere dann, wenn sich herausstellt, dass der Handelsvertreter tatsächlich Weisungen empfangen hat, die Betriebsmittel (Räume, PC, Telefon) des Unternehmers mit benutzt hat und eine Fixprovision erhalten hat.

III. Scheinselbständigkeit und ihre Konsequenzen

Wenn sich herausstellt, dass ein Handelsvertreter in Wahrheit nicht selbständig, sondern lediglich scheinselbständig war, kann dies insbesondere für den Unternehmer unerfreuliche Konsequenzen haben. Eine scheinselbständige Person wird rechtlich wie ein Arbeitnehmer behandelt, dies gilt insbesondere mit Blick auf die arbeitsrechtlichen und sozialversicherungsrechtlichen Vorschriften. Es soll verhindert werden, dass Arbeitnehmerschutzvorschriften umgangen werden, wie etwa die Regelungen zur Kündigung, Urlaubsanspruch, Lohnfortzahlung, Sozialversicherungsbeitragszahlungen etc. 720

Scheinselbständigkeit kann zudem erhebliche Nachzahlungspflichten des Unternehmens auslösen. Gemäß § 25 SGB IV kann der Arbeitgeber (Unternehmer) der Pflicht unterfallen, Sozialversicherungsbeiträge für das aktuelle sowie die letzten drei Jahre nachzuzahlen. Die Nachzahlungspflicht des Unternehmers erstreckt sich in diesen Fällen sowohl auf den Arbeitgeberbeitrag als auch gemäß § 28 g SGB IV auf den Arbeitnehmerbeitrag. Der Arbeitgeber kann Regress dafür beim Arbeitnehmer nur für drei Lohn- oder Gehaltszahlungen nehmen. Im Ergebnis muss der Arbeitgeber (Unternehmer) also beinahe beide Beiträge komplett nachzahlen. Jeder Versuch, eventuelle Nachzahlungsverpflichtungen auf den Arbeitnehmer abzuwälzen geht ins Leere. Derartige Vereinbarungen sind gemäß § 32 SGB I nichtig und damit unwirksam. 721

Zudem können Steuernachzahlungen auch von Seiten des Unternehmers gegenüber dem Finanzamt fällig werden. Sowohl Arbeitgeber als auch Arbeitnehmer haften für Steuernachzahlungen als Gesamtschuldner und können für die Außenstände zur Zahlung in voller Höhe aufgefordert werden. 722

Für den Unternehmer können sich zudem steuerstrafrechtliche Risiken ergeben. Gemäß § 266a StGB kann ein Vorenthalten und Veruntreuen von Arbeitsentgelt vorliegen, für das der Unternehmer (Arbeitgeber) mit Freiheitsstrafe bis zu fünf Jahren oder mit Geldstrafe bestraft werden kann. 723

IV. Formvorschriften

724 Handelsvertreterverträge können formlos abgeschlossen werden. Das bedeutet, dass die Parteien eines Handelsvertretervertrages diesen sowohl schriftlich, als auch mündlich oder durch schlüssiges Verhalten abschließen können. § 85 HGB sieht vor, dass jede Partei auch nach Abschluss - beispielsweise eines mündlichen - Handelsvertretervertrages von der anderen Vertragspartei verlangen kann, dass der Inhalt des (mündlich geschlossenen) Vertrages sowie spätere Vereinbarungen zu diesem, in eine vom anderen Teil unterzeichnete Urkunde aufgenommen werden.

725 Auch ansonsten sieht das Handelsvertreterrecht kaum Formvorschriften vor. Sogar die Kündigung kann im Grundsatz mündlich erklärt werden. Aus Beweisgründen ist aber dringend zu empfehlen, die Kündigung schriftlich, per Fax oder E-Mail zu erklären.[237] Lediglich die Übernahme der Delkredere-Haftung nach § 86b HGB und die Vereinbarung eines nachvertraglichen Wettbewerbsverbots nach § 90a HGB bedürfen der Schriftform.

V. Erscheinungsformen des Handelsvertretervertrages

726 Das Handelsrecht sieht unterschiedliche Typen von Handelsvertretern vor; etwa den Abschlussvertreter, der vertraglich ermächtigt ist, im Namen des Unternehmers Verträge abzuschließen oder den Vermittlungsvertreter, der vertraglich ermächtigt ist, die Möglichkeit zum Abschluss von Geschäften für den Unternehmer zu vermitteln. Auch ein Abschlussvertreter, der vertraglich vom Unternehmer ermächtigt ist, in dessen Namen Verträge abzuschließen, ist kein Vertragshändler. Der Vertragshändler schließt nämlich im eigenen Namen und auf eigene Rechnung Verträge mit Kunden ab, während der Handelsvertreter – wie ein Vertreter – lediglich im Namen des Unternehmens und auf dessen Rechnung Verträge mit Kunden abschließt.

727 Es ist möglich, dass ein Handelsvertreter sowohl auf Käufer- als auch auf Verkäuferseite tätig wird. Denkbar ist auch, dass ein Handelsvertreter weitere Untervertreter einschaltet. Letzteres ist insbesondere dann sinnvoll, wenn der Handelsvertreter mehrere Vertretungen ausübt und eine große Handelsvertretung betreibt. Die Provisionsansprüche des Untervertreters richten sich im Falle einer Untervertretung nicht gegen den

[237] Zu Form und Übermittlung sowie praktischen Aspekten der Kündigung → Rn. 363 ff.

Unternehmer, sondern gegen den Handelsvertreter selbst, der den Untervertreter eingeschaltet hat.

Ein Handelsvertreter kann auch als Bezirksvertreter eingesetzt werden. 728
Ist dem Handelsvertreter ein bestimmter Bezirk oder ein bestimmter Kundenkreis zugewiesen, so hat der Bezirksvertreter Anspruch auf Provision für alle Geschäfte, die während des Handelsvertreterverhältnisses in seinem Bezirk bzw. mit seinen Kunden abgeschlossen werden. Dies gilt unabhängig davon, ob der Handelsvertreter/Bezirksvertreter an diesen Vertragsabschlüssen mitgewirkt hat, § 87 Abs. 2 Satz 1 HGB.[238]

Der Bezirksvertreter muss vom Alleinvertreter abgegrenzt werden. Ein 729
Alleinvertreter erhält nur Provision, sofern er eine ursächliche Mitwirkungsleistung für den Abschluss eines Vertrags mit einem Kunden erbracht hat; zumindest sofern der Alleinvertreter nicht zugleich Bezirksvertreter ist. Erhält ein Handelsvertreter eine Alleinvertretung, so bedeutet dies in der Regel, dass der Unternehmer keinen anderen Handelsvertreter oder Absatzmittler im Vertragsgebiet einsetzt und auch keine Direktgeschäfte im Vertragsgebiet mit Kunden ausführt. Im Falle einer Verletzung dieser Alleinvertretung steht dem Alleinvertreter Schadensersatz für entgangenen Gewinn zu.[239] Zugleich kann die Verletzung eines Alleinvertriebsrechts einen wichtigen Grund für eine fristlose Kündigung von Seiten des Allein- bzw. Handelsvertreters gegenüber dem Unternehmer begründen.

Praxishinweis: 730

In der Praxis zeigt sich immer wieder, dass der Begriff „Bezirksvertreter" in Handelsvertreterverträgen bedenkenlos verwendet wird, obwohl der Unternehmer keine Bezirksvertreterprovision bezahlen möchte. Prüfen Sie also sorgfältig, ob und unter welchen Voraussetzungen Sie Provision an den Handelsvertreter zahlen wollen. Üblicherweise ist gewünscht, dass der Handelsvertreter eine kausale Mitwirkungsleistung erbringen, d.h. eine Vermittlungstätigkeit aktiv ausüben muss. Dies ist auch empfehlenswert, da dem Handelsvertreter im Falle einer Bezirksvertretung auch dann Provision zusteht, wenn er untätig bleibt. (Dazu auch → Rn. 757.)

VI. Rechte und Pflichten der Parteien

Handelsverträge sind Dauerschuldverhältnisse. Das bedeutet, dass 731
der Handelsvertretervertrag dem Handelsvertreter und dem Unternehmer nicht nur einmalige Leistungspflichten auferlegt, sondern die Vertragspar-

[238] BGH I ZR 136/76, BB 1978, 1136.
[239] BGH I ZR 143/74, BB 1975, 1409.

teien einem Pflichtenkatalog unterwirft, den sie über die gesamte Dauer des Vertragsverhältnisses erfüllen müssen.

1. Pflichten des Handelsvertreters

a) Hauptpflichten

732 Gemäß § 86 HGB hat sich der Handelsvertreter um die Vermittlung oder den Abschluss von Geschäften zu bemühen und dabei das Interesse des Unternehmers wahrzunehmen. Gemäß § 86 Abs. 3 HGB muss der Handelsvertreter mit der Sorgfalt eines ordentlichen Kaufmanns handeln. Diese Generalklausel bildet die Pflicht des Handelsvertreters sehr unspezifisch ab. Die Gerichte haben die Pflichten des Handelsvertreters daher weiter ausdifferenziert (hierzu unten).

733 Fest steht jedenfalls, dass den Handelsvertreter die Pflicht trifft, aktiv auf Bestandskunden und Neukunden einzuwirken, um diese zum Abschluss von Geschäften mit dem Unternehmer zu ermutigen. Wie der Handelsvertreter dabei allerdings vorgeht, liegt in seinem Ermessen, denn er ist selbständig. Dies bedeutet aber nicht, dass die Parteien die Pflichten des Handelsvertreters in ihrem Handelsvertretervertrag nicht regeln und insbesondere konkretisieren können. Ein solches Vorgehen ist sogar sinnvoll. So ist es beispielsweise möglich, die Anzahl von Kundenbesuchen oder Messeauftritten im Handelsvertretervertrag festzuschreiben.[240] Versäumen es die Parteien, die Pflichten des Handelsvertreters im Detail zu regeln, wird es für den Unternehmer kaum möglich sein, den Handelsvertreter zur Pflichterfüllung anzuhalten oder die Erfüllung der Pflichten notfalls einzuklagen, da das Gesetzesrecht, das in Ermangelung einer vertraglichen Parteivereinbarung sozusagen als Auffangrecht gilt, insoweit keine konkreten Vorgaben macht.

734 **Praxishinweis:**

Ein weit verbreiteter Irrtum ist es, dass dem Handelsvertreter ohne weiteres außerordentlich, fristlos gekündigt werden kann, wenn dieser (vermeintlich) seine Vertragspflichten nicht erfüllt, d.h. insbesondere kaum oder wenig werbende Tätigkeit entfaltet. Der Nachweis unmotivierter bzw. mangelhafter Pflichterfüllung ist in der Praxis kaum möglich. Dies wäre für eine außerordentliche Kündigung aber nötig. Zudem setzt eine außerordentliche Kündigung in derartigen Fällen eine Abmahnung voraus, die in der Praxis oft versäumt wird.

[240] OLG München 21 U 1608/02, NJW-RR 2003, 401, 402.

Der Handelsvertreter ist in Ermangelung einer besonderen vertraglichen Vereinbarung nicht verpflichtet, einen bestimmten Umsatz an möglichen Geschäftsabschlüssen zu vermitteln. Er muss auch kein Marketing betreiben, wenn dies im Handelsvertretervertrag nicht ausdrücklich geregelt ist und er die Interessen des Unternehmers auch anders wahrnehmen kann. **735**

736

> **Praxishinweis:**
> Wenn dem Unternehmer daran gelegen ist, dass der Handelsvertreter Messen besucht, einen Internetauftritt betreibt und pflegt, Werbung schaltet und dem Unternehmer regelmäßig Bericht erstattet, so sollte dies im Vertrag konkret geregelt werden.

Gesetzlich geregelt ist allerdings die Pflicht des Handelsvertreters, dem Unternehmer über seine Tätigkeiten, insbesondere den Abschluss von Geschäften bzw. Geschäftsvermittlungen zu unterrichten, § 86 Abs. 2 HGB. **737**

b) Nebenpflichten

Die Pflicht des Handelsvertreters, die Interessen des Unternehmers zu wahren, muss der Handelsvertreter nicht nur bei der Erfüllung seiner Hauptpflichten beachten. Rechtsprechung und Lehre leiten aus dieser Interessenwahrungspflicht des Handelsvertreters nämlich zahlreiche Nebenpflichten ab. Hierzu zählen insbesondere die folgenden vom Handelsvertreter geschuldeten Pflichten: **738**

- **Bonitätskontrolle**: Der Handelsvertreter ist verpflichtet, die Kreditwürdigkeit und Zahlungsfähigkeit der Kunden, die er vermittelt, zu prüfen und entsprechende Mitteilung an den Unternehmer zu machen. Dies gilt insbesondere mit Blick auf neue Kunden.[241] **739**
- **Förder- und Loyalitätspflicht**: Der Handelsvertreter ist verpflichtet, für den Unternehmer Geschäfte im größtmöglichen Umfang zu vermitteln und dabei effizient vorzugehen.[242] **740**
- **Produktinformation**: Der Handelsvertreter ist verpflichtet, die Kunden über die Produkte des Unternehmers so umfassend wie möglich zu informieren.[243] **741**
- **Unterordnung eigener Interessen**: Der Handelsvertreter ist verpflichtet, eigene Interessen den Interessen des Unternehmers unterzuordnen. **742**

---

[241] RG I 323/86, RGZ 18, 112.
[242] *Emde*, in: Staub, HGB, 5. Aufl. 2008, § 86 Rn. 69.
[243] *Kieninger*, AcP 199 (1999), 190.

743 • **Schadensvermeidung**: Der Handelsvertreter ist verpflichtet, Schaden vom Unternehmer abzuwenden.[244] In gleicher Weise muss er jeglichen Nachteil vom Unternehmer fernhalten.[245]

744 • **Marktbeobachtung**: Der Handelsvertreter hat die Pflicht, den Markt zu beobachten und die Möglichkeit zum Abschluss von Geschäften zu ergreifen, auszubauen und Kundenpflege zu betreiben.[246]

745 • **Wettbewerbs- und Konkurrenzverbot**: Grundsätzlich obliegt dem Handelsvertreter die Pflicht, Wettbewerb mit dem Unternehmer zu unterlassen.[247] Das bedeutet aber nicht, dass der Handelsvertreter grundsätzlich nicht für andere Unternehmer arbeiten darf. Maßgeblich ist insoweit die vertragliche Vereinbarung (Einfirmenvertreter vs. Mehrfirmenvertreter). Existiert zwischen Unternehmer und Handelsvertreter keine ausdrückliche Vereinbarung so gilt, dass der Handelsvertreter grundsätzlich auch Marken anderer Unternehmer vertreiben darf, wenn (i) diese Tätigkeit keine Wettbewerbstätigkeit zum Unternehmer darstellt (kein Vertrieb gleicher oder ähnlicher Produkte im betreffenden Markt) und (ii) der Handelsvertreter nicht als Einfirmenvertreter eingesetzt wurde.

746 **Praxishinweis:**

Sofern sich der Unternehmer die vollständige Arbeitskraft des Handelsvertreters sichern will, muss er den Handelsvertreter vertraglich als Einfirmenvertreter verpflichten und diesem möglichst ein Tätigkeitsverbot für weitere Unternehmer auferlegen. Achten Sie aber darauf, dass Wettbewerbsverbote, die auch nach Beendigung des Vertrags weiter gelten sollen, gemäß § 90a Abs. 1 Satz 3 HGB nur dann wirksam sind, wenn der Handelsvertreter eine Karenzentschädigung erhält.

747 • **Abwerbeverbot**: Unter die Pflicht des Handelsvertreters keinen Wettbewerb zu Lasten des Unternehmers zu betreiben, gehört auch, dass er es unterlässt, Arbeitnehmer des Unternehmers abzuwerben oder Konkurrenztätigkeiten zum Unternehmer zu unterhalten (als Arbeitnehmer für einen anderen Unternehmer, als Undercover- oder Untervertreter, Vertragshändler oder Franchisenehmer). Der Handelsvertreter darf zudem keine Wettbewerber des Unternehmers beraten oder die Produkte des Unternehmers gegenüber Kunden schlecht reden, während er die Produkte von Wettbewerbern lobt.

---

[244] *Löwisch*, in: Ebenroth/Boujong/Joost/Strohn, HGB, 3. Aufl. 2014, § 86 Rn. 8.

[245] BGH VII ZR 254, 62, NJW 1964, 1621, 1622.

[246] *v. Hoyningen-Huene*, in: Münchner Kommentar, HGB, 4. Aufl. 2016, § 86 Rn. 45.

[247] BGH VII ZR 254, 62, NJW 1964, 1621, 1622.

- **Vertraulichkeit**: Der Handelsvertreter darf gemäß § 90 HGB Geschäfts- und Betriebsgeheimnisse, die ihm anvertraut oder die ihm durch seine Tätigkeit für den Unternehmer bekannt geworden sind, auch nach Beendigung des Handelsvertreterverhältnisses nicht verwerten oder anderen mitteilen. **748**
- **Informationspflicht**: Der Handelsvertreter muss den Unternehmer stets informiert halten, d.h. ihm notwendige Informationen laufend zukommen lassen. Das bedeutet, dass der Handelsvertreter den Unternehmer über jede Geschäftsvermittlung bzw. jeden Abschluss eines Geschäfts unverzüglich informieren muss. Die Pflicht, den Unternehmer informiert zu halten, schließt insbesondere die folgenden Informationen ein: (i) Wesentliche Geschehnisse und Veränderungen im Vertragsgebiet; (ii) Veränderung des Kundenstamms; (iii) Details zu Anfragen von Kunden;[248] (iv) Fortschritte im Vertragsgebiet und (mögliche) Vertragsabschlüsse; (v) Vertragsverletzungen von Kunden; oder (vi) Annahmen und Prognosen über das Wettbewerbsumfeld. **749**

2. Die Pflichten des Unternehmers

a) Hauptpflichten

Die Hauptflicht des Unternehmers ist es, dem Handelsvertreter (i) gemäß § 87 HGB seine Provision zu bezahlen und (ii) gemäß § 89b HGB bei Vertragsbeendigung einen Ausgleichsanspruch zu bezahlen. Darüber hinaus gibt es zahlreiche Nebenpflichten des Unternehmers, die entweder in § 86a HGB normiert sind oder durch die Rechtsprechung entwickelt wurden. **750**

b) Pflicht zur Provisionszahlung

Der Anspruch des Handelsvertreters auf Provision ist in den §§ 87 bis 87d HGB geregelt. Dieses Provisionsrecht des Handelsvertreters regelt zugleich die Pflicht des Unternehmers, Provision an den Handelsvertreter zu bezahlen. § 87 HGB regelt, welche Geschäfte der Unternehmer verprovisionieren muss, während § 87a HGB die weiteren Voraussetzungen, insbesondere die Fälligkeit des Provisionsanspruchs regelt. § 87b HGB regelt die Höhe des Provisionsanspruchs, wobei in der Praxis üblicherweise Berechnungsmethode und Provisionshöhe vertraglich geregelt werden, was zulässig ist. § 87c HGB regelt Einzelheiten der Provisionsabrechnung. Teilweise sind diese Vorschriften zwingend, d.h. sie können durch vertragliche Vereinbarung nicht geändert werden. **751**

[248] OLG Köln 2 U 63/70, BB 1971, 543.

aa) Der Provisionsanspruch des Handelsvertreters

752 § 87 HGB spezifiziert die Voraussetzungen unter denen der Provisionsanspruch des Handelsvertreters entsteht. So bestimmt § 87 Abs. 1 Satz 1 HGB, dass der Handelsvertreter Anspruch auf Provision für alle während des Handelsvertreterverhältnisses abgeschlossenen Geschäfte hat, sofern diese Geschäfte auf die Tätigkeit des Handelsvertreters zurückzuführen sind. Dieses erfolgsabhängige Vergütungsmodell ist gängige Praxis. Allerdings können die Parteien das Vergütungsmodell frei vereinbaren und insoweit auch abweichende Regelungen treffen.[249] Die Parteien können also beispielsweise eine Provisionspauschale, ein Bonussystem, eine Gewinnbeteiligung oder Umsatzbeteiligung vereinbaren.

753 **Praxishinweis:**

Achten Sie auf eine präzise Ausformulierung und Definition der Provisionsregelungen. Meinungsverschiedenheiten über Höhe und Fälligkeit von Handelsvertreterprovisionen gehören zu den wohl häufigsten Streitursachen. Sofern keine (oder unzureichende) Regelungen getroffen werden, gelten die §§ 87 ff. HGB, die allerdings nicht gewährleisten, dass Ihren Bedürfnissen hinreichend Rechnung getragen ist.

754 **Erfolgsabhängige Provision**: Die gesetzliche Provisionsregelung sieht vor, dass der Handelsvertreter Anspruch auf Provision nur dann hat, wenn sein Verhalten zumindest mitursächlich für den Abschluss eines Geschäfts zwischen Unternehmer und Kunde war. Von einer Mitursächlichkeit wird ausgegangen, wenn ein Kunde vom Handelsvertreter neu geworben wird und dieser Bestellungen aufgibt. Die Abgrenzung, welche Handlungen des Handelsvertreters noch mitursächlich i.S.d. § 87 HGB sind, kann bisweilen schwierig sein. Völlig vernachlässigbare Handlungen, wie etwa die bloße Übersetzung von Kundenbestellungen zu eigenen Zwecken wird nicht mehr als mitursächlich angesehen werden können. Die Entscheidung darüber, ob der Unternehmer einen (vermittelten) Auftrag des Kunden annimmt, obliegt allein dem Unternehmer selbst. Er ist also frei darin zu entscheiden, ob er vom Handelsvertreter vermittelte Geschäfte mit den Kunden abschließt. Diese freie Entscheidungsbefugnis des Unternehmers findet allerdings dann ihre Grenze, wenn der Unternehmer willkürlich und ohne sachlichen Grund den Abschluss von Geschäften ablehnt.

755 **Praxishinweis:**

Die immer wieder zu beobachtende Praxis, dass der Unternehmer einen unliebsamen Handelsvertreter praktisch am „langen Arm verhungern lässt", in-

[249] *Hopt*, in: Baumbach/Hopt, HGB, 37. Aufl. 2016, § 87 Rn. 48.

dem er wiederholt oder sogar regelmäßig vom Handelsvertreter vermittelte Kundenaufträge ohne sachlichen Grund ablehnt, ist unzulässig.

Bezirksvertreterprovision: Sofern der Unternehmer den Handelsvertreter als Bezirksvertreter eingesetzt hat, kommt es für den Provisionsanspruch auf eine kausale Mitwirkungsleistung des Handelsvertreters nicht an. § 87 Abs. 2 HGB bestimmt in derartigen Fällen, dass der Handelsvertreter im Falle einer Bezirksvertretung Anspruch auch für solche Geschäfte hat, die ohne seine Mitwirkung mit Personen seines Bezirks oder seines Kundenkreises während der Dauer des Handelsvertretervertrages abgeschlossen werden. Sofern der Unternehmer (z.B. mittels Direktgeschäften, über den eigenen Außendienst, ein Outlet im Vertragsgebiet oder sonstige Dritte), Geschäfte im Vertragsgebiet abschließt, sind diese gegenüber dem als Handelsvertreter eingesetzten Bezirksvertreter provisionspflichtig. **756**

Praxishinweis: **757**

Sofern Sie keine Bezirksvertretung wünschen, was in der Praxis meist der Fall ist, sollten Sie zum einen den Begriff „Bezirksvertretung" meiden und zudem deutlich herausstellen, dass der Handelsvertreter Anspruch auf Provision nur dann hat, wenn er eine kausale Mitwirkungsleistung für den Abschluss der Geschäfte mit den Kunden erbringt.

Inwieweit der Unternehmer Provision an den Handelsvertreter für Geschäfte entrichten muss, die erst nach Beendigung des Handelsvertreterverhältnisses zwischen Unternehmer und Kunde abgeschlossen werden (Überhangprovision), regelt § 87 Abs. 3 HGB. **758**

bb) Fälligkeit der Provision

Gemäß § 87a Abs. 1 HGB hat der Handelsvertreter Anspruch auf Provision, sobald und soweit der Unternehmer das Geschäft ausgeführt hat. Das bedeutet, dass der Handelsvertreter vom Unternehmer Provision verlangen kann, sobald der Unternehmer die Ware an den Kunden ausgeliefert hat (oder im Falle der Abholung, der Kunde die Ware beim Unternehmer abgeholt hat). Von diesen Vorgaben können die Parteien allerdings in bestimmtem Rahmen vertraglich abweichen. Üblicherweise wird die Provisionszahlungspflicht des Unternehmers nicht an die Ausführung des Geschäfts geknüpft, sondern an die Zahlung des Kaufpreises des Kunden an den Unternehmer. Dieser in § 87a Abs. 1 Satz 3 HGB genannte Zeitpunkt, ist allerdings der spatest zulässige Zeitpunkt, zu dem der Provisionsanspruch des Handelsvertreters zwingend entsteht.[250] **759**

[250] BGH I ZR 6/89, NJW-RR 1991, 155, 156.

760 **Anspruch auf Vorschuss**: Unabhängig davon, was die Parteien mit Blick auf den Provisionsanspruch des Handelsvertreters und dessen Fälligkeit vereinbaren, hat der Handelsvertreter Anspruch auf angemessenen Vorschuss. Dieser ist spätestens am letzten Tag des Monats fällig, welcher der Ausführung des Geschäfts durch den Unternehmer an den Kunden folgt, § 87a Abs. 1 Satz 2 HGB. Sofern die Parteien im Handelsvertretervertrag also regeln, dass der Provisionsanspruch des Handelsvertreters erst dann fällig wird, wenn der Kunde an den Unternehmer zahlt, ist zu beachten, dass dies den Anspruch des Handelsvertreters auf Vorschuss unberührt lässt. Dieser Anspruch des Handelsvertreters auf Vorschusszahlung zielt darauf ab, die Zahlungsfähigkeit des Handelsvertreters sicherzustellen. Diese Vorschusszahlungspflicht des Unternehmers ist zwingendes Recht.

761 **Nichtzahlung durch den Kunden**: Sofern feststeht, dass der Kunde nicht leistet, entfällt der Anspruch des Handelsvertreters auf seine Provision. Bereits empfangene Beträge sind vom Handelsvertreter an den Unternehmer zurückzuzahlen. Allerdings ist anerkannt, dass der Unternehmer die Nichtzahlung durch den Kunden nicht einfach nur hinnehmen darf. Er muss zumutbare Schritte (Mahnung, Mahnbescheid, Klage) in die Wege leiten, soweit dies vernünftig und ihm zumutbar ist.

762 **Nichtleistung durch den Unternehmer**: Der Provisionsanspruch des Handelsvertreters besteht auch dann, wenn der Unternehmer das mit seinem Kunden abgeschlossene Geschäft nicht oder nur zum Teil so ausführt, wie es abgeschlossen wurde, § 87a Abs. 3 HGB. Auch diese Bestimmung ist zwingendes Recht. Von ihr kann zum Nachteil des Handelsvertreters daher nicht abgewichen werden. § 87a Abs. 3 HGB setzt also voraus, dass der Unternehmer (i) mit seinem Kunden einen (vom Handelsvertreter vermittelten) Vertrag abgeschlossen hat und (ii) diesen mit dem Kunden geschlossenen (Kauf-)Vertrag dann nicht oder nur teilweise erfüllt. In diesen Fällen besteht der Provisionsanspruch des Handelsvertreters fort.

763 Dies betrifft insbesondere solche Fälle, in denen der Unternehmer nicht leistet, weil er (i) einen Produktionsengpass hat oder Produktionsstörungen auftreten, (ii) der Auftragseingang beim Unternehmer zu hoch ist, (iii) Produktions- oder Rohstoffkapazitäten durch den Unternehmer falsch berechnet werden, (iv) Personalengpässe bestehen, (v) der Unternehmer einen Lieferengpass mit eigenen Subunternehmern hat, oder (vi) der Unternehmer Kulanzstornos gegenüber seinem Kunden gewährt. Maßgebliches Kriterium ist, dass die Nichtleistung durch den Unternehmer in dessen eigenen Verantwortungsbereich also in die Sphäre des Unternehmers fällt.

764 Sofern dem Kunden allerdings ein vertraglich eingeräumtes Rücktritts- oder Widerrufsrecht zusteht und ein bereits abgeschlossener Vertrag mit dem Kunden wegen eines rechtmäßig erklärten Rücktritts oder

Widerrufs des Kunden nicht ausgeführt wird, hat der Handelsvertreter keinen Anspruch auf Provision.[251] Zudem kann der Provisionsanspruch des Handelsvertreters in Ausnahmefällen erlöschen, beispielsweise wenn der Kunde des Unternehmers droht, die gesamte Geschäftsverbindung mit dem Unternehmer abzubrechen, sofern dieser nicht bereit ist, bestimmte Aufträge aus Kulanz zu stornieren.[252]

Grundsätzlich hat der Handelsvertreter auch dann keinen Provisionsanspruch gegen den Unternehmer, wenn die Nichtleistung durch den Unternehmer durch Umstände verursacht wird, auf die der Unternehmer keinen Einfluss nehmen kann (Fälle höherer Gewalt). **765**

cc) Provisionsabrechnung

Gemäß § 87c Abs. 1 HGB muss der Unternehmer über die Provision, die dem Handelsvertreter zusteht, monatlich abrechnen. Der Abrechnungszeitraum kann durch Parteivereinbarung bis auf maximal 3 Monate erstreckt werden, § 87c Abs. 1 Satz 2 HGB. Die Provisionsabrechnung des Unternehmers hat gemäß § 87c Abs. 1 Satz 3 HGB unverzüglich, spätestens aber bis zum Ende des nächsten Monats zu erfolgen. Das bedeutet, dass der Unternehmer nach Ablauf eines Monats mit der Provisionsabrechnung in Verzug gerät, sofern nichts Abweichendes vereinbart ist. Die Abrechnung für einen Monat, der vom 15. Mai bis zum 15. Juni geht, hat also spätestens bis zum Ablauf des 15. Juli zu erfolgen. Am 16. Juli kommt der Unternehmer in Verzug, sofern keine abweichende Vereinbarung nach § 87c Abs. 1 Satz 2 HGB getroffen wurde. **766**

dd) Provisionshöhe

Die Vereinbarung der Provisionshöhe ist üblicherweise einer der wichtigsten Punkte für die Vertragsparteien bei Verhandlung und Abschluss des Handelsvertretervertrages. Dennoch bestimmt § 87b Abs. 1 HGB sozusagen als Auffangregelung, dass in Ermangelung einer Parteivereinbarung über die Provisionshöhe der übliche Satz als vereinbart anzusehen ist. Für die Bestimmung des „üblichen Satzes“ wird es auf die durchschnittlichen Vergütungssätze des jeweiligen Vertragsgebietes, des Industriesektors oder der Branche ankommen. Im Streitfall ist die Höhe des Provisionsanspruchs durch einen Gutachter zu bestimmen. In Ermangelung einer Vereinbarung über die Provisionshöhe muss der Handelsvertreter, der seinen Provisionsanspruch geltend macht, die Höhe substantiieren und die Berechnungsmethode darlegen.[253] **767**

---

[251] BGH I ZR 6/89, NJW-RR 1991, 155, 156.
[252] BAG 3 AZR 241/66, NJW 1967, 846.
[253] OLG Hamm 26.10.2009, I-18 U 212/08.

768 **Praxishinweis:**

Vermeiden Sie Streitigkeiten über die Provision, indem Sie klare Provisionsregelungen vereinbaren, insbesondere mit Blick auf die Provisionshöhe. In der Praxis variieren – je nach Branche und Industriezweig – die Provisionsraten üblicherweise zwischen 2 % und 6 %. Letztlich hängt die Höhe der Rate davon ab, ob es sich um qualitativ hochwertige Güter handelt, bei denen Geschäfte z.B. nur in Monats- oder Quartalsintervallen abgeschlossen werden, oder ob es sich um Konsum- und Verbrauchsgüter handelt, die täglich in großen Mengen bestellt werden.

769 In Ermangelung einer besonderen vertraglichen Vereinbarung berechnet sich die Provision nach dem Entgelt (in der Regel Kaufpreis), das der Kunde an den Unternehmer bezahlt, § 87b Abs. 2 Satz 1 HGB. Sofern der Unternehmer dem Kunden Nachlässe (z.B. Skonti) gewährt, sind diese nicht abzuziehen. Dasselbe gilt für Nebenkosten, wie etwa Fracht, Verpackung, Zoll oder Steuern, es sei denn, dass die Nebenkosten dem Kunden vom Unternehmer besonders in Rechnung gestellt werden. § 87b Abs. 2 Satz 3 HGB bestimmt, dass die Umsatzsteuer, die lediglich aufgrund der steuerrechtlichen Vorschriften in der Rechnung gesondert ausgewiesen ist, nicht als besonders in Rechnung gestellt gilt.[254]

770 **Praxishinweis:**

Diese Regelungen über die Berechnung der Provision sind ohne weiteres vertraglich abdingbar, d.h. die Parteien können etwas Abweichendes vereinbaren. In der Praxis ist es üblich, dass die Parteien im Handelsvertretervertrag vereinbaren, die Provision auf der Basis des Nettopreises, der dem Kunden vom Unternehmer in Rechnung gestellt wird, zu berechnen. Es ist also ohne weiteres möglich, dass Sie als Unternehmer bei der Berechnungsbasis für die Provision Steuern, Frachtkosten und Transportkosten außer Betracht lassen.

771 **Keine einseitige Provisionsherabsetzung**: Der Unternehmer ist gut beraten, die Regelungen zur Provision mit Sorgfalt zu verhandeln und vertraglich zu fixieren, da einseitige Provisionskürzungen nach Abschluss des Handelsvertretervertrages unzulässig sind. Zwar ist es möglich, dass die Parteien – auch durch schlüssiges Verhalten – die Provisionshöhe durch Vereinbarung herabsetzen oder auch erhöhen. Dies muss aber bilateral, d.h. durch zwei übereinstimmende Willenserklärungen geschehen. Dies sollten aus Beweisgründen auch schriftlich, per E-Mail oder Fax festgehalten werden.

[254] Vgl. zu der Möglichkeit abweichender Vereinbarungen BGH VIII ZR 159/03, NJW-RR 2004, 1206, 1207.

Auch die Rechtsprechung zu Provisionsänderungen nach Vertragsschluss ist eher handelsvertreterfreundlich. So haben Gerichte klargestellt, dass die Entgegennahme reduzierter Provisionsabrechnungen durch den Handelsvertreter auch über einen längeren Zeitraum nicht notwendigerweise ein (stillschweigendes) Einverständnis des Handelsvertreters darstellt, eine reduzierte Provision auch in Zukunft zu akzeptieren.[255] Auch eine entsprechende vertragliche Provisionsanpassungsklausel, wie sie von Unternehmern in der Praxis immer wieder gerne verwendet wird, ist zumindest in Formularverträgen unwirksam, da sie einer AGB-Inhaltskontrolle nicht standhält. 772

Ohne weiteres sind hingegen Regelungen in Handelsvertreterverträgen zulässig, die z.B. nach einer bestimmten Zeit vorsehen, dass die Parteien über den Provisionssatz neu verhandeln müssen. Allerdings ist zu beachten, dass eine derartige Verhandelnsklausel für den Unternehmer keine durchsetzbare Möglichkeit darstellt, bei fehlender Zustimmung des Handelsvertreters einen geringeren Provisionssatz durchzusetzen. 773

Praxishinweis: 774

Treffen Sie klare Provisionsvereinbarungen. Knüpfen Sie die Provisionshöhe ggf. an klar definierte Umsatzziele oder vereinbaren Sie gestufte Provisionssätze (gestaffelt nach der Dauer des Handelsvertreterverhältnisses).

ee) Verlust des Provisionsanspruchs

In der Praxis drängt sich immer wieder die Frage auf, ob der Handelsvertreter seinen Provisionsanspruch verliert, wenn (i) der Unternehmer aus Kulanzgründen Ware vom Kunden zurücknimmt (insbesondere in der Modebranche), (ii) der Unternehmer bestellte Ware nicht ausliefert, weil es zu Lieferengpässen kommt, bedingt durch ein Verschulden des Zulieferers, (iii) Kunden einseitig Bestellungen stornieren oder (iv) Kunden Waren zurückgeben auf der Basis einer zwischen dem Kunden und dem Unternehmer getroffenen Vereinbarung. 775

Grundsätzlich ist der Unternehmer frei darin, ob er vom Handelsvertreter vermittelte Bestellungen annimmt und ausführt. Gemäß § 87 Abs. 1 HGB erhält der Handelsvertreter eine Provisionsanwartschaft nur dann, wenn der Unternehmer mit dem Kunden einen vom Handelsvertreter vermittelten Vertrag abschließt. Diese Provisionsanwartschaft erstarkt zum Provisionsanspruch wenn der Unternehmer das Geschäft gemäß § 87 Abs. 1 Satz 1 HGB ausgeführt hat. 776

[255] BGH VIII ZR 293/94, NJW 1996, 588; damit wurde die frühere Rechtsprechung BGH VII ZR 120/63, NJW 1965, 1136, aufgegeben.

777 Gemäß § 87a Abs. 3 Satz 1 HGB hat der Handelsvertreter grundsätzlich auch einen Provisionsanspruch, selbst wenn klar ist, dass der Unternehmer das Geschäft ganz oder teilweise nicht oder nicht so ausführt, wie es zwischen dem Unternehmer und dem Kunden abgeschlossen wurde. Indessen hat der Handelsvertreter keinen Provisionsanspruch, wenn die Nichtausführung durch den Unternehmer auf Umständen beruht, die vom Unternehmer nicht zu vertreten sind. Maßgebliches Abgrenzungskriterium ist also, ob die Umstände, die zur Nichtausführung von Seiten des Unternehmers führen, vom Unternehmer zu vertreten sind oder nicht. Vor diesem Hintergrund gilt, dass der Handelsvertreter gegen den Unternehmer einen Provisionsanspruch hat, wenn (i) der Unternehmern aus Kulanzgründen Waren vom Kunden zurücknimmt, die bereits ausgeliefert worden waren, (ii) der Unternehmer die Geschäfte nicht wie vereinbart ausführt, weil es z.B. zu Produktionsengpässen oder zu einem Belieferungsstopp bei Zulieferteilen gekommen ist, oder (iii) der Kunde nachträglich bestätigte Bestellungen storniert und der Unternehmer dagegen keine zumutbaren Schritte (Mahnung, Mahnbescheid, Klage) einleitet.

778 Sofern der Kunde die Waren jedoch auf der Basis eines vertraglichen Rücktritts- oder Widerrufsrechts an den Unternehmer zurückgibt, steht dem Handelsvertreter kein Provisionsanspruch zu, bzw. entfällt dieser.[256] Ein solches Rückgabe- oder Rückabwicklungsrecht kann sich auch aus Branchengepflogenheiten ergeben. So ist beispielsweise in der Modebranche anerkannt, dass Saison-Restbestände vom Kunden an den Unternehmer zurückgegeben werden dürfen. Ähnliches gilt im Zeitschriftenvertrieb. Dem Handelsvertreter ist dies in der Regel bekannt. In diesen Fällen dürfte dem Handelsvertreter daher richtigerweise kein Provisionsanspruch zustehen, sofern die Kunden nicht abverkaufte Waren an den Unternehmer zurückgeben.

779 **Praxishinweis:**

Ist es absehbar oder branchenüblich, dass Kunden nicht abverkaufte Ware an den Unternehmer zurückgeben dürfen, sollte dies in den Kaufverträgen mit den Kunden, z.B. mittels eines Rücktritts- oder Rückgaberechts, geregelt werden. Anderenfalls besteht die Gefahr, dass der Unternehmer Provision an den Handelsvertreter selbst dann bezahlen muss, wenn er nicht abverkaufte Ware vom Kunden zurücknimmt.

ff) Anspruch auf Buchauszug

780 **Zweck**: Der Handelsvertreter hat gegen den Unternehmer gemäß § 87c Abs. 2 HGB Anspruch auf einen Buchauszug über alle Geschäfte, für die

[256] BGH I ZR 6/89, NJW-RR 1991, 155, 156.

ihm Provision zusteht. Damit soll der Handelsvertreter in die Lage versetzt werden, die Abrechnungen des Unternehmers zu prüfen. Der Buchauszug hat große rechtliche und praktische Bedeutung für den Handelsvertreter, da er den Anspruch auf Buchauszug einerseits als Druckmittel gegenüber dem Unternehmer einsetzen kann, andererseits möglichen Schadensersatz und seinen Ausgleichsanspruch oft erst dann beziffern kann, wenn er den Buchauszug vom Unternehmer erhält. Der Buchauszug muss nur auf Verlangen des Handelsvertreters vom Unternehmer erstellt und vorgelegt werden. Der Anspruch auf Buchauszug ist unabdingbar, d.h. Unternehmer und Handelsvertreter können nicht vereinbaren, dass der Handelsvertreter auf seinen Anspruch auf Buchauszug verzichtet.

Inhalt: In der Praxis besteht über den Auskunftsumfang mit Blick **781**
auf den Buchauszug häufig Uneinigkeit. Nach der Rechtsprechung hat der Unternehmer im Buchauszug folgende Angaben zu machen: (i) Auftragsdatum und Auftragsnummer, (ii) Auftragsumfang mit Angabe der Warenart, der Warenmenge, Stückpreise und Auftragswert, (iii) Datum und Umfang der Liefermenge bzw. Teillieferung, (iv) Rechnungsdatum, Rechnungsnummer und Rechnungsbetrag, (v) Kunden mit genauer Anschrift oder Kundennummer (vi) Annullierungen, Nichtausführung und Stornierung mit Angabe von Gründen, (vii) Retouren nebst Angabe von Gründen.[257] Zudem können in Einzelfällen weitere Angaben von Nöten sein, je nachdem, welche Provisionsvereinbarung die Parteien im Handelsvertretervertrag getroffen haben.

Form: Der Buchausdruck muss transparent und klar strukturiert sein. **782**
Eine zusammenhanglose Darstellung genügt nicht. Kopien von Bestellungen oder Transportscheinen sind nicht ausreichend. Allerdings erlischt der Anspruch auf Buchauszug durch Erfüllung, wenn der Unternehmer dem Handelsvertreter stets und lückenlos monatliche Buchauszüge, z.B. auch als Abrechnungen übermittelt hat und diese Buchauszüge bzw. Abrechnungen alle notwendigen Informationen enthalten, die der Handelsvertreter nach § 87c Abs. 2 HGB fordern kann.[258]

Verjährung: Der Anspruch auf Buchauszug verjährt, wenn der be- **783**
troffene Provisionsanspruch verjährt ist oder wenn Handelsvertreter und Unternehmer sich über die Provision bzw. die der Provision zugrunde liegenden Abrechnung einigen.[259] Eine Einigung über die Abrechnung der Provision kann allerdings nicht schon in der jahrelangen widerspruchslosen Hinnahme von Abrechnungen angenommen werden – selbst bei

---

[257] OLG München 7 U 5369/09, VersR 2010, 1367.

[258] BGH I ZR 32/89, NJW-RR 1991, 156, 159; BGH I ZR 171/79, WM 1982, 152.

[259] BGH I ZR 192/78, NJW 1981, 457.

16 Jahre andauernder unbeanstandeter Provisionsabrechnung.[260] Im Ergebnis gilt, dass der Anspruch auf Erteilung eines Buchauszugs vom Handelsvertreter solange geltend gemacht werden kann, wie die Parteien noch keine Einigung über die dem Handelsvertreter zustehende Provision erzielt haben. Damit besteht im Ergebnis für alle noch nicht verjährten Provisionsansprüche des Handelsvertreters Anspruch auf Buchauszug.[261]

784 **Praxishinweis:**

Grundsätzlich trägt der Unternehmer die Kosten des Buchauszugs. Es ist allerdings möglich, dass die Parteien etwas Abweichendes vereinbaren und z.B. dem Handelsvertreter die Kosten für den Buchauszug auferlegen. Allerdings sind insofern Einschränkungen zu beachten, insbesondere mit Blick auf § 87c Abs. 4 HGB.

c) Nebenpflichten

785 **Bereitstellung von Material**: Der Unternehmer ist gemäß § 86a Abs. 1 HGB verpflichtet, dem Handelsvertreter, die zur Ausübung seiner Tätigkeit erforderlichen Unterlagen wie etwa Muster, Zeichnungen, Preislisten, Werbedrucksachen, Geschäftsbedingungen und ggf. auch Kundenlisten zur Verfügung zu stellen. Obwohl die Aufzählung in § 86a Abs. 1 HGB nicht abschließend ist, müssen dem Handelsvertreter Arbeitsmittel wie etwa Tische, PC, Software, Papier, Drucker, Auto oder Mobiltelefon vom Unternehmer nicht zur Verfügung gestellt werden. Das Material muss der Unternehmer auf seine Kosten zum Handelsvertreter verbringen. Abweichende Vereinbarungen sind unwirksam.[262] In der Modebranche gilt der Handelsbrauch, dass dem Handelsvertreter eine Musterkollektion vom Unternehmer (in dessen *show room*) unentgeltlich überlassen wird. Spätestens nach Vertragsende muss der Handelsvertreter die Gegenstände wieder an den Unternehmer herausgeben. Der Handelsvertreter ist für Schäden an den Gegenständen haftbar. Eine vertragliche Verpflichtung zum Erwerb der Musterkollektion nach Saisonende ist unwirksam.[263]

786 **Informationspflicht**: Der Unternehmer muss den Handelsvertreter gemäß § 86a Abs. 2 HGB informiert halten. Hierzu gehört, dass der Unternehmer den Handelsvertreter unverzüglich über die Annahme oder die Ablehnung der vom Handelsvertreter vermittelten Geschäfte sowie ggf. über eine Nichtausführung eines von ihm vermittelten Geschäfts

[260] OLG Hamburg 11 U 94/97, BB 1998, 971.
[261] Zur Verjährung siehe → Rn. 910.
[262] OLG München 7 U 6158/98, NJW-RR 1999, 1194.
[263] OLG München 7 U 6158/98, NJW-RR 1999, 1194, 1195.

unterrichtet. Ferner muss der Unternehmer den Handelsvertreter unverzüglich informieren, wenn der Unternehmer Geschäfte voraussichtlich nur in erheblich geringerem Umfang abschließen kann oder will als der Handelsvertreter unter gewöhnlichen Umständen erwarten konnte. Dies soll dem Handelsvertreter ermöglichen, seine Provisionsansprüche zu kalkulieren. Diese relativ allgemein gehaltene Pflicht zur Information wurde von den Gerichten ausdifferenziert. Danach gilt, dass der Unternehmer den Handelsvertreter über die folgenden Umstände unterrichten muss: Produktionsstatus, Lieferkapazität, Produktänderungen,[264] Preise und Lieferbedingungen, Änderungen der Strategie, die das Vertragsgebiet des Handelsvertreters betreffen,[265] Schließung oder Verlagerung der Gesellschaft oder Betriebsstätte,[266] Belieferungsstopp mit Blick auf bestimmte Kunden,[267] geplante wesentliche Änderungen mit Blick auf das Vertragsverhältnis mit dem Handelsvertreter (einschließlich geplante Verlängerung oder Beendigung)[268].

Unterstützung und Rücksichtnahmepflicht: Dem Unternehmer obliegt die Pflicht, die Arbeit des Handelsvertreters zu unterstützen. Hierzu gehört, dass der Unternehmer es z.B. unterlässt, (i) Personal des Handelsvertreters oder dessen Untervertreter abzuwerben, (ii) an die Bestandskunden des Handelsvertreters im Wege des Direktvertriebs heranzutreten oder (iii) die Kundenliste des Handelsvertreters anderen Handelsvertretern oder Vertragshändlern im Vertragsgebiet zuzuspielen. Allerdings folgt aus dieser Rücksichtnahmepflicht kein allgemeines Wettbewerbsverbot. Sofern zwischen Unternehmer und Handelsvertreter ein Wettbewerbsverbot nicht ausdrücklich vereinbart wurde (etwa über eine Alleinvertretung zu Gunsten des Handelsvertreters), hat der Unternehmer grundsätzlich das Recht, in Wettbewerb zu seinem Handelsvertreter zu treten. Dies kann dadurch geschehen, dass er einen eigenen Außendienst beschäftigt, weitere Handelsvertreter, Vertragshändler oder sonstige Absatzmittler im Vertragsgebiet einsetzt. Das Rücksichtnahmegebot ist allerdings dann verletzt, wenn der Unternehmer den Handelsvertreter systematisch schädigt, z.B. in dem er anhaltend und systematisch Kundenaufträge ablehnt, die der Handelsvertreter dem Unternehmer übermittelt. **787**

Vereinbarung von Pflichten: Es steht den Parteien frei, durch Parteivereinbarung weitere – d.h. neben den in § 86a HGB genannten - Pflichten des Unternehmers durch Parteivereinbarung zu definieren und zu **788**

[264] BGH II ZR 52/56, BGHZ 26, 161, 167.
[265] BGH I ZR 126/85, NJW-RR 1987, 873.
[266] BGH VII ZR 93/73, NJW 1974, 795; BGH I ZR 126/85, NJW-RR 1987, 873.
[267] BGH VII ZR 40/65, NJW 1968, 394.
[268] BGH II ZR 130/58, DB 1960, 636, 637.

vereinbaren. Von dieser Möglichkeit wird in der Praxis häufig Gebrauch gemacht, insbesondere mit Blick auf Marketing- und Werbepflichten des Handelsvertreters oder des Unternehmers. Derartige Parteivereinbarungen müssen sich freilich an den Verbotsnormen der §§ 134, 138 BGB messen lassen, sowie im Falle von Formularverträgen der AGB-Inhaltskontrolle standhalten.

VII. Vertragsbeendigung

789 Handelsvertreterverträge werden entweder befristet oder unbefristet geschlossen. Im Falle einer Befristung endet der Handelsvertretervertrag grundsätzlich mit dem festgelegten Zeitablauf, während unbefristete Handelsvertreterverträge durch Kündigung, Abschluss einer Aufhebungsvereinbarung oder ggf. bei Tod des Handelsvertreters (üblicherweise im Falle einer auf den Handelsvertreter als Einzelperson bezogenen Einzelvertretung) enden.[269] Die Insolvenz des Handelsvertreters führt nicht automatisch zu einer Beendigung des Handelsvertreterverhältnisses, sofern die Insolvenz des Handelsvertreters für den Unternehmer nicht einen außerordentlichen Kündigungsgrund darstellt, was im Vertrag so definiert sein muss. Die §§ 89 und 89a HGB regeln die ordentliche und außerordentliche Kündigung von Handelsvertreterverträgen. Hierzu im Einzelnen:

1. Ordentliche Kündigung

790 § 89 HGB sieht für die ordentliche Kündigung zeitlich gestaffelte Kündigungsfristen vor, die sich an der jeweiligen Laufzeit des Handelsvertreterverhältnisses orientieren. Diese gestaffelten Kündigungsfristen sollen den Handelsvertreter schützen und ihm Planungssicherheit geben.

791 **Zeitliche Staffelung**: Die in § 89 HGB vorgesehenen Kündigungsfristen müssen aber nur dann beachtet werden, wenn ein auf **unbestimmte Zeit** eingegangenes Handelsvertreterverhältnis **ordentlich gekündigt** werden soll. Ist dies der Fall, kann das Handelsvertreterverhältnis im ersten Jahr der Vertragsdauer mit einer Frist von einem Monat gekündigt werden; im zweiten Jahr mit einer Frist von zwei Monaten und im dritten bis fünften Jahr mit einer Frist von 3 Monaten. Nach einer Vertragsdauer von fünf Jahren kann der Handelsvertretervertrag mit einer Frist von 6 Monaten gekündigt werden.

[269] *Busche*, in: Oetker, HGB, 4. Aufl. 2015, § 89 Rn. 30, wobei die Erben des Handelsvertreters auch bei dessen Tod einen Ausgleichsanspruch haben, vgl. BGH II ZR 318/56, NJW 1957, 1029.

Kündigung auf das Monatsende: Die Kündigung ist in den vorgenannten Fällen immer für den Schluss eines Kalendermonats zulässig, wobei die Parteien insoweit abweichende Vereinbarungen treffen können. 792

Handelsvertretervertrag auf unbestimmte Zeit: § 89 HGB ist ausschließlich auf Handelsvertreterverhältnisse anwendbar, die auf unbestimmte Zeit eingegangen wurden. Auf befristete Handelsvertreterverhältnisse ist § 89 HGB nicht anwendbar. Allerdings ist zu beachten, dass ein Handelsvertretervertrag mit vorgeschalteter Probezeit, der nach Ablauf der Probezeit automatisch fortgesetzt wird, als unbefristetes Vertragsverhältnis gilt.[270] Auch Handelsvertreterverträge, die vorsehen, dass der Handelsvertretervertrag automatisch endet, sobald der Handelsvertreter eine bestimmte Altersgrenze (z.B. 65 Jahre) erreicht, gelten als auf unbestimmte Zeit geschlossen.[271] In gleicher Weise sind Kettenverträge (anders als wiederholt befristete Verträge), die z.B. jährlich verlängert werden, oder eine automatische Verlängerungsklausel vorsehen, Verträge, die auf unbestimmte Zeit geschlossen sind.[272] Das Gleiche gilt auch für ein auf bestimmte Zeit eingegangenes Vertragsverhältnis, das nach Ablauf der vereinbarten Laufzeit von beiden Teilen tatsächlich (auch ohne ausdrückliche Regelung) fortgesetzt wird, § 89 Abs. 3 Satz 1 HGB. 793

Abweichende Vereinbarungen: Die in § 89 Abs. 1 Satz 1 und 2 HGB genannten Kündigungsfristen dürfen zum Nachteil des Handelsvertreters nicht abgeändert werden; weder in AGB noch durch Individualvereinbarung. Dies gilt auch während einer im Vertrag vereinbarten Probezeit, da das zwingende Kündigungsrecht durch sehr lange Probezeiten anderenfalls umgangen werden könnte. Nach § 89 Abs. 2 Satz 1 HGB ist jedoch eine Verlängerung der Kündigungsfristen zulässig. Allerdings gilt insoweit der Grundsatz der **Fristenparität**, d.h. eine Verlängerung der Kündigungsfristen ist nur dann wirksam, wenn die vereinbarte verlängerte Kündigungsfrist sowohl für den Unternehmer als auch den Handelsvertreter gilt. Vereinbaren die Parteien daher z.B., dass für den Handelsvertreter eine längere Frist als für den Unternehmer gelten soll, gilt für den Handelsvertreter ungeachtet der vertraglichen Sonderabrede die für den Unternehmer geltende (kürzere) Kündigungsfrist. Indessen sind Vereinbarungen über den Kündigungstermin ohne weiteres möglich. So können die Parteien problemlos vereinbaren, dass Kündigungen statt zum Kalendermonatsende auch zur Monatsmitte oder nur auf ein Quartalsende möglich sein sollen. 794

[270] BGH VII ZR 29/62, NJW 1964, 350.
[271] BGH VII ZR 125/66, VersR 1969, 445.
[272] BGH VIII ZR 61/95, NJW 1996, 848, 849.

795 **Analoge Anwendung von § 624 BGB**: In Fällen, in denen die Parteien ein Handelsvertreterverhältnis nicht auf unbestimmte Zeit abgeschlossen, aber z.B. für einen relativ langen befristeten Zeitraum abgeschlossen haben, greifen die zwingenden ordentlichen Kündigungsfristen des § 89 Abs. 1 HGB nicht. Dies kann im Ergebnis dazu führen, dass sich die Parteien faktisch nicht (zumindest nicht durch ordentliche Kündigung) aus dem Handelsvertretervertrag befreien können. Gerichte haben bei Handelsvertreterverträgen, die befristet, aber auf eine längere Zeit als 5 Jahre abgeschlossen wurden, z.T. § 624 BGB analog angewendet mit der Folge, dass der Handelsvertretervertrag mit einer Frist von 6 Monaten gekündigt werden kann.[273] Aus § 624 BGB ergibt sich, dass Dienstverhältnisse, die für eine längere Zeit als 5 Jahre eingegangen sind, vom Dienstverpflichteten nach Ablauf von 5 Jahren gekündigt werden können, wobei die Kündigungsfrist 6 Monate beträgt.

796 Dieses Kündigungsrecht gilt zumindest in Fällen, in denen der Handelsvertreter verpflichtet ist, seine Tätigkeit unter dem Handelsvertretervertrag persönlich zu erbringen. Dann steht ihm unter den o.g. Bedingungen nach fünfjähriger Dauer des Handelsvertretervertrags die Möglichkeit zur Kündigung mit einer 6-monatigen Frist zu. Dieses Kündigungsrecht steht dem Handelsvertreter indes nicht zu, wenn die Handelsvertretung in Form einer Kapitalgesellschaft organisiert ist, der Handelsvertreter Inhaber einer großen Handelsagentur (mit Arbeitnehmern) ist, der Handelsvertreter weitere Untervertreter bevollmächtigt hat oder die Hauptpflichten des Handelsvertreters nicht dienstvertraglichen Charakter haben.

2. Außerordentliche fristlose Kündigung

797 § 89a Abs. 1 HGB bestimmt, dass das Vertragsverhältnis von jedem Vertragsteil aus wichtigem Grund ohne Einhaltung einer Kündigungsfrist gekündigt werden kann. Dieses Recht kann weder ausgeschlossen noch durch vertragliche Vereinbarung eingeschränkt werden, § 89a Abs. 1 Satz 2 HGB. Die außerordentliche fristlose Kündigung schließt allerdings nicht die Möglichkeit aus, dass der Kündigende der anderen Partei eine Auslauffrist einräumt.[274]

a) Kündigungsgrund

798 Wesentliches Tatbestandsmerkmal des § 89a Abs. 1 HGB ist das Vorliegen eines wichtigen Grundes.

[273] OLG Hamm 18 U 205/77, BB 1978, 1335.
[274] BGH VIII ZR 221/97, NJW 1999, 946, 947.

Wichtiger Grund: Ein wichtiger Kündigungsgrund liegt dann vor, wenn es dem Kündigenden unter Berücksichtigung aller Umstände des Einzelfalls und unter Abwägung der beiderseitigen Interessen unzumutbar ist, den Ablauf des Vertrags abzuwarten oder das Vertragsverhältnis unter Einhaltung der ordentlichen gesetzlichen oder vertraglichen Frist zu kündigen. Wie bei § 314 BGB kommt es also auf eine Zumutbarkeitsabwägung an.[275] Ob und inwieweit das Festhalten am Vertrag für die kündigende Vertragspartei unzumutbar geworden ist, ist letztlich eine Frage des Einzelfalls, die es erforderlich macht, dass alle Parteiinteressen in den Blick genommen und abgewogen werden.[276] Die maßgeblichen von den Gerichten im Einzelfall in den Blick genommenen Umstände sind z.B. (i) die bisherige Dauer des Vertragsverhältnisses, (ii) die Folgen einer Kündigung für die andere Vertragspartei, (iii) die Schwere der Vertragsverletzung (sofern es eine gibt), oder (iv) das Verhalten der Parteien vor Ausspruch der Kündigung (einschließlich einer ggf. vorübergehenden Duldung der Vertragsverletzung). **799**

Praxishinweis: **800**

Achten Sie darauf, dass Sie im Falle des Vorliegens eines möglichen Kündigungsgrundes schnell reagieren, sofern Sie den Ausspruch einer außerordentlichen Kündigung aus wichtigem Grund erwägen. Holen Sie anwaltlichen Rat ein und prüfen Sie, ob vor Ausspruch der Kündigung ggf. eine Abmahnung notwendig ist.

Kasuistik: Als Daumenregel für die Praxis gilt, dass kleinere Vertragsverletzungen das Vertrauen der anderen Vertragspartei weder strapazieren noch erschüttern und daher grundsätzlich kein wichtiger Kündigungsgrund sind. Allerdings können zahlreiche oder wiederholte auch kleinere Vertragsverstöße durchaus einen wichtigen Grund i.S.d. § 89a Abs. 1 HGB darstellen.[277] Letztlich bereitet die Bestimmung, ob ein Verhalten oder gewisse Umstände einen wichtigen Kündigungsgrund darstellen, in der Praxis immer wieder große Probleme. Aus diesem Grund ist empfehlenswert, dass die Parteien bei Abschluss des Handelsvertretervertrages möglichst viele Fälle definieren, in denen nach ihrem Verständnis ein wichtiger Kündigungsgrund gegeben sein soll. In Ermangelung derartiger Regelungen bleibt nur der Rückgriff auf die von der Rechtsprechung gebildeten Fallgruppen. Zwar kann auch insoweit kein abschließendes Bild gezeichnet werden, unter welchen Voraussetzungen mit Sicherheit ein wichtiger Grund gegeben ist, da die Interessenabwägung im Einzelfall immer von **801**

[275] → Rn. 336.
[276] BGH I ZR 39/79, MDR 1981, 906.
[277] OLG Saarbrücken 1 U 593/00-131, NJW-RR 2002, 542, 543.

den konkreten Umständen abhängt. Dennoch bietet die verfügbare Rechtsprechung vergleichsweise viel Rechtssicherheit. Die Gerichte haben z.B. in den folgenden Fällen wichtige Kündigungsgründe angenommen:[278]

- grundlose und **willkürliche Ablehnung von vermittelten Bestellungen** durch den Unternehmer: wichtiger Grund für den Handelsvertreter;
- **wiederholt rechtswidrige Abmahnungen** durch den Unternehmer: wichtiger Grund für den Handelsvertreter;
- **Verunglimpfung des Unternehmers** gegenüber Kunden durch den Handelsvertreter: wichtiger Grund für den Unternehmer;
- andauernd falsche oder **unverständliche Abrechnungen** durch den Unternehmer: wichtiger Grund für den Handelsvertreter;
- **Abwerben von Kunden durch den Unternehmer** mit dem Ziel, die Kunden direkt zu beliefern: wichtiger Grund für den Handelsvertreter;
- **Abwerben von Arbeitnehmern des Unternehmers** durch den Handelsvertreter: wichtiger Grund für den Unternehmer;
- **schwerwiegende** (ggf. andauernde) **Verletzung** der dem Handelsvertreter obliegenden **Berichterstattungspflichten** oder von Kundenpflege: ggf. wichtiger Grund für den Unternehmer;
- **Kundenbeschwerden über den Handelsvertreter**: wichtiger Grund für den Unternehmer, aber nur dann, wenn die Beschwerden begründet sind und der Handelsvertreter zugleich gegen den Handelsvertretervertrag verstoßen hat;
- **Ausführung von Direktgeschäften** durch den Unternehmer **entgegen** des dem Handelsvertreter eingeräumten **Exklusivrechts**: wichtiger Grund für den Handelsvertreter, sofern die Exklusivität unter dem Handelsvertretervertrag Direktgeschäfte durch den Unternehmer ausschließt;
- **Ernennung weiterer Handelsvertreter** oder Vertragshändler **entgegen** einer vertraglich vereinbarten **Exklusivität**: wichtiger Grund für den Handelsvertreter;
- **Drohung durch den Handelsvertreter**, **Betriebsgeheimnisse öffentlich** zugänglich zu machen oder aufzudecken: wichtiger Grund für den Unternehmer;
- **Erfolglosigkeit des Handelsvertreters**: in der Regel kein wichtiger Grund für den Unternehmer, da der Handelsvertreter üblicherweise nur ein „Bemühen" schuldet;

[278] Zu weiteren Einzelheiten sowie mit hilfreichem Überblick *Emde*, in: Staub, HGB, 5. Aufl. 2008, § 89a Rn. 27.

- **Untätigkeit des Handelsvertreters** und nachweislich kein Bemühen: wichtiger Grund für den Unternehmer;
- **falsche Beschuldigungen**: wichtiger Grund für beide Vertragsparteien;
- **anhaltende Berufsunfähigkeit** des Handelsvertreters: wichtiger Grund für den Unternehmer, wenn Personal oder Untervertreter die Handelsvertretung nicht weiterführen können;
- **Unhöflichkeit des Handelsvertreters**: kein wichtiger Grund für den Unternehmer, sofern nicht beleidigend;
- **Unwirksame außerordentliche Kündigung** durch den Unternehmer: wichtiger Grund für den Handelsvertreter;
- **unwahre Produktinformationen** von Seiten des Handelsvertreters: wichtiger Grund für den Unternehmer;
- lang anhaltende **Krankheit des Handelsvertreters**: wichtiger Grund für den Unternehmer, sofern der Handelsvertreter an der Ausübung seiner Tätigkeit gehindert ist;
- **Entzug der Fahrerlaubnis** des Handelsvertreters: wichtiger Grund für den Unternehmer, falls der Handelsvertreter dadurch an der Ausübung seiner Tätigkeit gehindert ist;
- **unangemessenes Verhalten** seitens des Handelsvertreters: ggf. wichtiger Grund für den Unternehmer;
- **wiederholte Vermittlung zahlungsunfähiger Kunden**: wichtiger Grund für den Unternehmer;
- **vorgetäuschte Arbeitsunfähigkeit** des Handelsvertreters: wichtiger Grund für den Unternehmer;
- **Mehrfachvertretungen durch den Handelsvertreter**: kein wichtiger Grund für den Unternehmer, sofern kein Wettbewerbsverbot vereinbart ist, das zu einer Verletzung des Handelsvertretervertrags führt;
- **Nichterreichen vereinbarter Umsatzziele**: wichtiger Grund für den Unternehmer dann, wenn die Verletzung auf einer Vernachlässigung von Pflichten des Handelsvertreters beruht (nicht aber Marktumfeld, Rezession);
- **Verschweigen einer Konkurrenztätigkeit** (insbesondere Leugnen eines verbotenen Wettbewerbsgeschäfts): wichtiger Grund für den Unternehmer;
- **Veruntreuung bzw. widerrechtliche Verwendung der Musterkollektion** durch den Handelsvertreter: wichtiger Grund für den Unternehmer;

- **einseitige Provisionsherabsetzung** durch den Unternehmer: wichtiger Grund für den Handelsvertreter;
- **verspätete und unregelmäßige Provisionszahlungen**: wichtiger Grund für den Handelsvertreter;
- **sexuelle Belästigung** des Unternehmers, dessen Arbeitnehmer oder Kunden: wichtiger Grund für den Unternehmer;
- **falsche Reisekostenabrechnung** seitens des Handelsvertreters: wichtiger Grund für den Unternehmer;
- **unzulässige Teilkündigung** durch den Unternehmer: wichtiger Grund für den Handelsvertreter;
- **andauernder Alkoholmissbrauch** durch den Handelsvertreter: wichtiger Grund für den Unternehmer

802 **Beweislast**: Die Beweislast für das Vorliegen eines wichtigen Grundes liegt grundsätzlich bei der Vertragspartei, die ihre Kündigung auf den wichtigen Grund stützt. Das bedeutet, dass die Partei, die eine Kündigung ausspricht und einen wichtigen Grund behauptet, im Streitfall darlegen und beweisen muss, dass die tatsächlichen Umstände vorliegen, auf die sie den wichtigen Grund stützt.

b) Abmahnung

803 Grundsätzlich ist vor Erklärung einer Kündigung eine Abmahnung auszusprechen. Entbehrlich ist diese aber ausnahmsweise dann, wenn die außerordentliche Kündigung auf Umstände gestützt wird, auf die der Kündigungsempfänger keinen Einfluss nehmen kann. Damit ist eine Abmahnung nicht entbehrlich, wenn der wichtige Grund auf Umstände gestützt wird, die vom Kündigungsempfänger steuerbar sind, also insbesondere seine Leistungspflicht, sein persönliches Verhalten und seine Kompetenz betreffen. Sofern die Integrität des Vertragspartners in Frage steht (insbesondere bei strafrechtlichen Vorwürfen), ist eine Abmahnung entbehrlich, da in diesen Fällen das Vertrauensverhältnis so erschüttert ist, dass nicht davon ausgegangen werden kann, dass die Abmahnung ihren Zweck (Rüge- und Warnfunktion) erfüllt.[279] In diesen Fällen kann die Vertragstreue auch durch eine Abmahnung nicht wiederhergestellt werden. Sofern das Verhalten des Abmahnungsempfängers einen vertragswidrigen Zustand geschaffen hat, ist grundsätzlich eine angemessene Frist zur Wiederherstellung des vertragsgemäßen Zustands zu setzen, bevor die außerordentliche Kündigung ausgesprochen wird.

[279] OLG Köln 19 U 86/00, NJW-RR 2001, 820, 821.

c) Kündigungserklärung

Die Kündigungserklärung muss dem Kündigungsempfänger zugehen. Die Beweislast hierfür trägt die Vertragspartei, welche die Kündigung erklärt. Die Kündigung des Handelsvertretervertrags bedarf keiner besonderen Form, d.h. sie kann mündlich, per E-Mail, per Einschreiben, schriftlich oder per Telefax erklärt werden.[280] **804**

805

> **Praxishinweis:**
>
> In Handelsvertreterverträgen findet sich gelegentlich eine Regelung, wonach die Kündigungserklärung per Einschreiben abgegeben werden muss. Diese Regelung ist nicht praktikabel. Sie birgt zahlreiche praktische Probleme. Zum einen können unvorhersehbare Zugangsprobleme auftreten. Zum anderen schafft eine solche vertragliche Form Rechtsunsicherheit, da Streit über die Frage entstehen kann, ob die Einhaltung der vereinbarten Form (Einschreiben) nur eine Beweisregel oder ein Wirksamkeitserfordernis für die Kündigungserklärung ist.

Die außerordentliche Kündigung muss nicht zwingend als solche beschrieben oder bezeichnet. Notwendig ist, dass aus der Kündigungserklärung für den Kündigungsempfänger eindeutig erkennbar wird, dass die kündigende Vertragspartei den Handelsvertretervertrag außerordentlich kündigen will.[281] Im Zweifel muss die Erklärung gemäß § 133, 157 BGB ausgelegt werden. **806**

Die außerordentliche Kündigung muss zu ihrer Wirksamkeit grundsätzlich keine Begründung enthalten.[282] Verlangt die gekündigte Vertragsseite allerdings eine Begründung, so ist der Kündigende verpflichtet, diese Begründung der anderen Vertragsseite in entsprechender Anwendung von § 626 Abs. 2 Satz 3 BGB schriftlich mitzuteilen.[283] **807**

808

> **Praxishinweis:**
>
> Begründen Sie eine außerordentliche Kündigung allenfalls kurz und bündig. Sofern mehrere außerordentliche Kündigungsgründe erfüllt sind, sollten diese im Kündigungsschreiben aufgegriffen werden. Lassen Sie ersichtlich unwichtige und nicht einschlägige Umstände weg, um den Eindruck einer Rechtsmissbräuchlichkeit zu vermeiden.

---

[280] Zu den Risiken sowie praktischen Hinweisen vgl. → Rn. 343 ff.

[281] OLG München 7 W 742/98, BB 1998, 1332.

[282] BGH I ZR 78/87, BB 1988, 1771.

[283] Zum Nachschieben von Kündigungsgründen, vgl. *Semler*, in: Martinek/Semler/Flohr, Hdb. des Vertriebsrechts, 4. Aufl. 2016, § 20 Rn. 37 f.

d) Kündigungserklärungs- und Überlegungsfrist

809 Eine Bestimmung mit welcher Frist eine außerordentliche Kündigung erklärt werden muss, gibt es im Handelsvertreterrecht nicht. Allerdings ist anerkannt, dass die außerordentliche fristlose Kündigung innerhalb angemessener Frist nach Kenntnis der den wichtigen Grund begründenden Umstände erfolgen muss. Eine Überlegungsfrist von 2 Wochen bis zum Ausspruch der außerordentlichen fristlosen Kündigung dürfte problemlos möglich sein, was sich bereits aus der Wertung des § 626 Abs. 2 Satz 1 BGB ergibt. Zwei Monate können hingegen zu lang sein.[284]

810 **Praxishinweis:**

Neben einer Verfristung ist auch eine Verwirkung möglich. Achten Sie daher darauf, dass Sie nach Bekanntwerden eines Kündigungsgrundes nicht beim Handelsvertreter den Eindruck erwecken, keine Kündigung aussprechen zu wollen, z.B. durch an den Handelsvertreter gerichtete Weisungen oder Aufforderungen, tätig zu werden.

e) Schadensersatz

811 Eine zu Unrecht erklärte außerordentliche, fristlose Kündigung ist unwirksam. Grundsätzlich lässt eine solche unwirksame Kündigung die Rechte und Pflichten der Parteien unberührt. Das bedeutet, dass beide Parteien (auch der Kündigungsempfänger) ihre vertraglichen Pflichten unter dem Handelsvertretervertrag weiter erbringen müssen. Allerdings kann eine unberechtigte außerordentliche Kündigung möglicherweise in eine ordentliche Kündigung umgedeutet werden, wenn sich aus den Umständen ergibt, dass der Kündigende bei Kenntnis der Unwirksamkeit seiner ausgesprochenen außerordentlichen Kündigung eine ordentliche Kündigung erklärt hätte, was meist der Fall ist.

812 **Praxishinweis:**

Um Unklarheit zu vermeiden, sollten Sie neben einer außerordentlichen Kündigung hilfsweise stets auch eine ordentliche Kündigung aussprechen. Damit schaffen Sie Klarheit und vermeiden Schadensersatz- und Prozessrisiken.

813 Eine unberechtigte außerordentliche Kündigung gewährt dem Kündigungsempfänger das Recht, den Handelsvertretervertrag entweder weiterzuführen oder seinerseits fristlos zu kündigen und Schadensersatz ge-

[284] BGH VIII ZR 123/98, BB 1999, 1516; BGH VIII ZR 157/92, NJW 1994, 722, 723.

mäß § 89a Abs. 2 HGB zu verlangen. Der einem Handelsvertreter durch eine ordentliche Kündigung entstehende Schaden liegt üblicherweise in seinem entgangenen Gewinn (Provisionsverluste). Wird hingegen dem Unternehmer zu Unrecht außerordentlich gekündigt, kann für ihn ein Schaden darin liegen, dass ihm Umsätze entgehen oder er seinen Vertrieb vorzeitig umorganisieren muss.

Zu beachten ist, dass eventuelle Schadensersatzansprüche durch ein Mitverschulden der gekündigten Partei gemindert werden können. Dies ist z.B. dann denkbar, wenn die gekündigte Partei den Handelsvertretervertrag verletzt hat, diese Vertragsverletzung aber letztlich für die (unberechtigte) außerordentliche Kündigung nicht ausreichte.[285] **814**

Im Falle einer berechtigten außerordentlichen Kündigung stehen dem Kündigungsempfänger keine Schadensersatz- oder Ausgleichsansprüche zu. Stattdessen hat die kündigende Partei zusätzlich einen Schadensersatzanspruch gegen den Kündigungsempfänger für sämtliche Schäden, die der kündigenden Partei durch die vorzeitige Beendigung in der Zeit bis zum nächstmöglichen ordentlichen Kündigungszeitpunkt entstehen.[286] **815**

Praxishinweis: **816**

Für die Schadensberechnung muss sich der Geschädigte im Rahmen des Vorteilsausgleichs all das anrechnen lassen, was er durch die vorzeitige Beendigung des Handelsvertreterverhältnisses erspart (Einsparung von Spesen, Transportkosten, Personalkosten etc.). Zudem hat jede Partei, die Schadensersatz geltend macht, gemäß § 254 BGB die Obliegenheit zur Schadensminderung, d.h. der Unternehmer muss seinen Vertrieb zügig anderweitig umorganisieren; der Handelsvertreter muss – soweit ihm dies möglich ist – eine andere Tätigkeit aufnehmen.

Kein Investitionsschutz: Weder das Handelsvertreterrecht noch die Gerichte billigen dem Handelsvertreter eine Entschädigung für nicht amortisierte Investitionen (etwa Anschaffung eines Autos, Computers, Telefons, Personalkosten etc.) zu, die der Handelsvertreter in der Erwartung getätigt hat, dass der Handelsvertretervertrag für eine bestimmte Zeit läuft. Die Parteien des Handelsvertretervertrags sind durch die zwingenden Kündigungsregelungen des HGB, sowie der Handelsvertreter zusätzlich über den Ausgleichsanspruch ausreichend abgesichert. **817**

[285] BGH I ZR 142/74, BeckRS 1975, 00274.
[286] BGH VIII ZR 101/92, NJW 1993, 1386.

3. Teilkündigung

818 Teilkündigungen sind im Handelsvertreterrecht grundsätzlich unwirksam, da Teilkündigungen im Ergebnis zu einseitigen Vertragsänderungen führen. Es ist deshalb nicht zulässig, dem Handelsvertreter durch Teilkündigung bestimmte Teile seines Vertragsgebiets zu entziehen oder die getroffene Provisionsvereinbarung einseitig abzuändern. Teilkündigungen würden nämlich auch den Ausgleichsanspruch des Handelsvertreters bei Vertragsbeendigung beeinträchtigen; auch aus diesem Grund ist die Rechtsprechung bei Teilkündigungen sehr zurückhaltend. Allerdings ist anerkannt, dass eine Teilkündigung möglich ist, wenn einer von mehreren selbständigen Teilverträgen gekündigt wird.

819 Nach herrschender Meinung ist es auch unzulässig, im Vertrag eine Teilkündigungsmöglichkeit vorzusehen, da dies im Ergebnis einer einseitigen Leistungsbestimmung gleich käme, die – zumindest in AGB – unzulässig ist.[287]

4. Änderungskündigung

820 Möchte eine Vertragspartei (i.d.R. der Unternehmer) Einzelheiten des Handelsvertretervertrages ändern (z.B. die Exklusivität, das Vertragsgebiet oder die Provisionshöhe), muss er eine sog. Änderungskündigung aussprechen. Die Änderungskündigung ist eine ordentliche Kündigung verbunden mit dem Angebot, den Vertrag unter geänderten Bedingungen fortzuführen.[288] Dabei handelt es sich um eine Beendigung des bestehenden Handelsvertretervertrages und dem Angebot zum Abschluss eines neuen (geänderten) Handelsvertretervertrages. Allerdings birgt eine Änderungskündigung für die Partei, die den bestehenden Vertrag ändern will, Risiken. Zum einen steht dem Handelsvertreter gegen den Unternehmer ein Ausgleichsanspruch für den beendeten Handelsvertretervertrag nach § 89b HGB zu. Zum anderen ist der Handelsvertreter nicht gezwungen, dem Abschluss des neuen Handelsvertretervertrages zuzustimmen. Eine Garantie, dass der Handelsvertreter sich auch künftig in den Dienst des Unternehmers stellt, ist folglich nicht gegeben. Eine Änderungskündigung macht daher vor allem dann Sinn, wenn der Unternehmer voraussichtlich keine Schwierigkeiten hat, im Falle einer Absage des bestehenden Handelsvertreters einen neuen Handelsvertreter zu finden und im Vertragsgebiet einzusetzen.

---

[287] BGH VIII ZR 125/98, NJW 2000, 515, 516.
[288] BGH VIII ZR 125/98, NJW 2000, 515, 517.

5. Aufhebungsvertrag

Die Parteien können das Handelsvertreterverhältnis in beiderseitigem Einvernehmen jederzeit durch eine Aufhebungsvereinbarung beenden. Die Einhaltung einer bestimmten Form ist nicht erforderlich, daher kann ein Aufhebungsvertrag auch mündlich oder durch schlüssiges Verhalten zwischen den Parteien geschlossen werden. In Fällen, in denen der Unternehmer seinen Vertrieb neu organisieren möchte und in diesem Zusammenhang z.B. einheitliche Vertriebsverträge aufsetzen möchte, sind Aufhebungsvereinbarungen das Mittel der Wahl. Allerdings ist stets das Einverständnis des jeweiligen Handelsvertreters oder Vertragshändlers zur Aufhebung des bestehenden Handelsvertretervertrages und zum Abschluss des neuen Vertrages erforderlich. **821**

Praxishinweis: **822**

Beachten Sie, dass der Handelsvertreter auch im Falle des Abschlusses eines Aufhebungsvertrages Anspruch auf Ausgleich nach §89b HGB hat. Vereinbarungen über die Höhe oder der Ausschluss des Ausgleichsanspruchs im Rahmen einer Aufhebungsvereinbarung sind möglich, allerdings sind insoweit Besonderheiten zu beachten (s.u.).

Sofern der Handelsvertreter dazu bereit ist, im Rahmen seines Aufhebungsvertrages Regelungen über seinen Ausgleichsanspruch zu treffen (z.B. Ausschluss oder Vereinbarung eines bestimmten Betrages), muss die Vorschrift des § 89b Abs. 4 Satz 1 HGB beachtet werden. Gemäß § 89b Abs. 4 Satz 1 HGB kann der Ausgleichsanspruch nicht im Voraus ausgeschlossen werden. Unzulässig sind gemäß § 89b Abs. 4 Satz 1 HGB neben dem vollständigen Ausschluss des Ausgleichs auch Aufhebungsvereinbarungen, durch die der Ausgleichsanspruch des Handelsvertreters im Ergebnis mehr oder weniger eingeschränkt wird.[289] Zudem wird das Merkmal „im Voraus" von der Rechtsprechung sehr weit ausgelegt. Das bedeutet, dass auch eine Vereinbarung über den Ausschluss oder die Beschränkung des Ausgleichsanspruchs von § 89b Abs. 4 Satz 1 HGB erfasst wird und damit unwirksam ist, die wenige Tage bevor ein Aufhebungsvertrag in Kraft treten soll, getroffen wird.[290] **823**

[289] BGH VII ZR 141/68, BGHZ 55, 126; BGH VIII ZR 146/01, BGHZ 153, 12.
[290] Vgl. *Mann*, ZVertriebsR 2017, 25, 26ff. m.w.N.

VIII. Nachvertragliche Abwicklungsprobleme in Handelsvertreterverträgen

824 Die Beendigung eines Handelsvertretervertrages führt in der Praxis immer wieder zu kleineren oder auch größeren Abwicklungsproblemen. So stehen häufig noch Provisionsansprüche des Handelsvertreters im Raum, die auf seine Tätigkeit vor Beendigung des Handelsvertretervertrages zurückgehen. Ferner können ein nachvertragliches Wettbewerbsverbot oder die Rückgabe von Unterlagen oder Mustern Probleme aufwerfen.

1. Nachvertragliche Provisionsansprüche

825 Unter bestimmten Voraussetzungen können dem Handelsvertreter nach Beendigung des Handelsvertretervertrages Provisionsansprüche zustehen. § 87 Abs. 3 HGB sieht zwei Fälle sog. Überhangprovisionen vor, die auch nach Beendigung des Handelsvertretervertrages einen Provisionsanspruch des Handelsvertreters begründen. Danach gilt, dass für ein Geschäft, das erst nach Beendigung des Handelsvertretervertrages zwischen Unternehmer und Kunde abgeschlossen wurde, ein Provisionsanspruch des Handelsvertreters dann besteht, wenn (i) er es vermittelt oder eingeleitet oder wenigstens so vorbereitet hat, dass der Abschluss überwiegend auf seine Tätigkeit zurückzuführen ist und das Geschäft mit dem Kunde innerhalb einer angemessenen Frist nach Beendigung des Handelsvertretervertrages abgeschlossen wurde oder (ii) das Angebot des Kunden zum Abschluss eines Geschäfts vor Beendigung des Handelsvertretervertrages entweder dem Handelsvertreter oder dem Unternehmer zugegangen ist und der Zugang des Angebots schon die Provision auslöst (wie etwa im Falle einer Bezirksvertretung).

826 Was als angemessene Frist i.S.d. § 87 Abs. 3 Satz 1 Nr. 1 HGB gilt, regelt das Gesetz nicht. Je länger die Anbahnungszeit für ein Geschäft ist, desto länger ist auch die angemessene Frist. Diese kann sich in Einzelfällen – insbesondere bei hochwertigen und teuren Gütern, deren Anbahnung sich über Jahre hin erstreckt – durchaus Monate oder Jahre betragen. Anderes gilt sicherlich für schnelllebige Wirtschaftsgüter. Besonderheiten gelten bei der Vermittlung von Rahmen- oder auch sog. OEM-Verträgen, bei denen Einzelbestellungen (oft jahrzehntelang) nach Vermittlung und Abschluss des Rahmen- oder OEM-Vertrags unter diesem abgeschlossen werden. In derartigen Fällen hat die Rechtsprechung Provisionszahlungen für vier weitere Jahre nach Beendigung des Handelsvertretervertrages

noch als angemessen angesehen.[291] Im Ergebnis wird es aber stets auf den Einzelfall ankommen, so dass auch für Rahmen- oder OEM-Verträge bei der Angemessenheit nicht immer auf vier Jahre abgestellt werden kann.

Abweichende Vereinbarungen, insbesondere mit Blick auf Überhang- **827** provisionen sind möglich. Dies ist aus praktischer Sicht sogar empfehlenswert, um Streit über die Frage, ob eine Überhangprovision noch in zeitlichem Zusammenhang zum Ende des Handelsvertretervertrages entstanden ist, zu vermeiden.

2. Nachvertragliches Wettbewerbsverbot

Die Treuepflicht des Handelsvertreters gegenüber dem Unternehmer **828** geht in gewissem Umfang auch über die Beendigung des Handelsvertretervertrages hinaus. So ist anerkannt, dass der Handelsvertreter auch nach Beendigung des Handelsvertretervertrages keine Geschäfts- oder Betriebsgeheimnisse des Unternehmers offenlegen oder weitergeben darf. Allerdings endet die Pflicht des Handelsvertreters nicht in Wettbewerb zum Unternehmer zu treten – vorbehaltlich besonderer vertraglicher Vereinbarungen – mit dem Ende des Handelsvertretervertrages. Dies gilt nur dann nicht, wenn die Parteien ein wirksames nachvertragliches Wettbewerbsverbot gemäß § 90a HGB vereinbart haben. § 90a HGB setzt dafür aber enge Grenzen.

a) Dauer des nachvertraglichen Wettbewerbsverbots

Vereinbarungen, die den Handelsvertreter nach Beendigung des Handels- **829** vertretervertrages in seiner gewerblichen Tätigkeit beschränken, dürfen längstens für die Dauer von zwei Jahren getroffen werden, gerechnet von der Beendigung des Handelsvertreterverhältnisses an. Nachvertragliche Wettbewerbsverbote, die über diesen Zeitraum hinausgehen, sind unwirksam, wobei das nachvertragliche Wettbewerbsverbot nicht insgesamt unwirksam ist. Stattdessen wird ein zu langes nachvertragliches Wettbewerbsverbot automatisch auf zwei Jahre reduziert.[292] Möglich ist zudem, dass die Parteien nach Ablauf von zwei Jahren übereinstimmend eine Erneuerung des nachvertraglichen Wettbewerbsverbots vereinbaren. Die in § 90a HGB vorgesehenen Beschränkungen gelten nämlich nur dann, wenn ein nachvertragliches Wettbewerbsverbot noch während der Laufzeit des Handelsvertretervertrages für die Zeit danach vereinbart wird. § 90a HGB greift also ein, wenn eine Wettbewerbsabrede z.B. gleichzeitig mit einer

---

[291] OLG Koblenz 6 U 529/06, BeckRS 2007, 17218.

[292] *Löwisch*, in: Ebenroth/Boujong/Joost/Strohn, HGB, 3. Aufl. 2014, § 90 Rn. 16.

für die Zukunft vereinbarten Aufhebung des Handelsvertretervertrages getroffen wird. Etwas Abweichendes gilt, wenn die Parteien nach Ende des Handelsvertretervertrages ein nachvertragliches Wettbewerbsverbot vereinbaren.[293]

b) Inhalt

830 Gemäß § 90a Abs. 1 Satz 2 HGB darf das nachvertragliche Wettbewerbsverbot sich nur auf den Bezirk oder Kundenkreis beziehen und nur auf die Gegenstände (Produkte) erstrecken, die dem Handelsvertreter zugewiesen waren. Dem Handelsvertreter kann also z.B. nicht verboten werden, dass er in einer anderen Branche oder für ein anderes Unternehmen tätig wird, das andere Produkte als der Unternehmer vertreibt.

831 Wettbewerbsabrede ist jede Vereinbarung, die den Handelsvertreter nach Beendigung des Vertragsverhältnisses in seiner gewerblichen Tätigkeit beschränkt und zwar einerlei, ob dies als Handelsvertreter, als Selbständiger, als Gesellschafter eines Wettbewerbsunternehmens oder als Arbeitnehmer geschieht. Kein nachvertragliches Wettbewerbsverbot liegt indessen vor, wenn der Unternehmer den Handelsvertreter bis zur Beendigung des Handelsvertretervertrages von seiner Tätigkeit freistellt. Nachvertragliche Wettbewerbsabreden sind beispielsweise:

- eine automatische Verlängerung eines vertraglichen oder gesetzlichen Wettbewerbsverbots über die Laufzeit des Handelsvertretervertrages hinaus;
- eine vertragliche Verpflichtung des Handelsvertreters, wonach dieser Provisionen zurückzahlen muss für den Fall, dass er nach Vertragsbeendigung in Wettbewerb zum Unternehmer tritt;
- ein Verbot zu Lasten des Handelsvertreters, wonach dieser nach Ablauf des Handelsvertretervertrages keine Informationen über die Kunden nutzen darf; oder
- ein Verbot des Handelsvertreters, wonach dieser nach Beendigung des Vertrages keine Kunden abwerben darf.

c) Form

832 Wie alle vertraglichen Abreden wird ein nachvertragliches Wettbewerbsverbot durch zwei übereinstimmende Willenserklärungen geschlossen. Eine derartige Vereinbarung kann auch ohne weiteres in AGB getroffen werden. In der Praxis vereinbaren die Parteien nachvertragliche Wettbewerbsverbote üblicherweise in Handelsvertreter- oder Aufhebungs-

---

[293] Zu einzelnen Konstellationen vgl. *Mann*, ZVertriebsR 2017, 25 ff.

verträgen. § 90a Abs. 1 Satz 1 HGB sieht vor, dass nachvertragliche Wettbewerbsverbote schriftlich geschlossen werden müssen, d.h. sowohl Handelsvertreter als auch Unternehmer müssen eine entsprechende Vertragsurkunde unterzeichnen. Zudem sieht § 90a Abs. 1 Satz 1 HGB vor, dass der Unternehmer dem Handelsvertreter auch eine entsprechende Urkunde aushändigen muss, welche die Vereinbarung vollständig wiedergibt und die mindestens vom Unternehmer unterzeichnet ist. Diese Aushändigung muss in angemessener Zeit nach Vereinbarung des nachvertraglichen Wettbewerbsverbots erfolgen.[294] Die Nichteinhaltung dieser Formvorschriften führt dazu, dass die Wettbewerbsvereinbarung nach § 125 Abs. 1 BGB unwirksam ist.[295]

d) Angemessene Entschädigung

Für die Dauer des nachvertraglichen Wettbewerbsverbots muss der Unternehmer dem Handelsvertreter eine angemessene Entschädigung, sog. Karenzentschädigung zahlen. Damit soll der Handelsvertreter für seine Einkommenseinbußen entschädigt werden, die er durch das Wettbewerbsverbot nach Vertragsbeendigung erleidet. Der Handelsvertreter hat auch dann Anspruch auf die Karenzentschädigung, wenn ein nachvertragliches Wettbewerbsverbot vereinbart ist, er aber nie die Absicht hatte, mit dem Unternehmer in Wettbewerb zu treten oder wenn der Unternehmer irrtümlich davon ausging, dass die nachvertragliche Wettbewerbsabrede eine Pflicht zur Zahlung einer Karenzentschädigung nicht auslöst. Die Karenzentschädigung ist grundsätzlich als Einmalbetrag fällig, soweit die Parteien nicht etwas anderes (z.B. monatliche Raten) vereinbaren. **833**

Der Unternehmer schuldet eine angemessene Entschädigung. Was als angemessen gilt, muss im Einzelfall (d.h. im Streitfall vom Gericht) festgestellt werden. Bei der Feststellung der Angemessenheit muss insbesondere in den Blick genommen werden, welche Nachteile dem Handelsvertreter durch das nachvertragliche Wettbewerbsverbot entstehen. Anhaltspunkt für die Bemessung der Angemessenheit ist häufig das Einkommen, das der Handelsvertreter während der Dauer des Handelsvertretervertrages (z.B. durch monatliche Provisionen) erzielt hat.[296] **834**

Ersparnisse, Ausgaben oder die nachvertragliche Einkommenssituation des Handelsvertreters sind bei der Bestimmung der Angemessenheit nicht zu berücksichtigen.[297] Der Unternehmer kann allerdings Beweis dafür **835**

[294] *Hopt*, in: Baumbach/Hopt, HGB, 37. Aufl. 2016, § 90a Rn. 15.
[295] *Löwisch*, in: Ebenroth/Boujong/Joost/Strohn, HGB, 3. Aufl. 2014, Rn. 17.
[296] Häufig wird dieser Betrag als Mindestgrenze betrachtet, OLG Karlsruhe 1 U 113/09, VersR 2011, 529.
[297] BGH VII ZR 2/74, NJW 1975, 388, 389.

antreten, dass die vereinbarte Karenzentschädigung aus Gründen, die nach Abschluss des nachvertraglichen Wettbewerbsverbots eingetreten sind, unangemessen hoch ist. Eine unangemessene Entschädigung, die zwischen den Parteien vereinbart wurde, entfaltet keine Rechtswirkung. Die Gerichte haben in diesen Fällen die angemessene Entschädigung zu bestimmen.[298]

e) Rechtsfolgen von Verstößen gegen das nachvertragliche Wettbewerbsverbot

836 Ein Verstoß gegen das nachvertragliche Wettbewerbsverbot oder die Verpflichtung zur Zahlung der Karenzentschädigung führt nicht automatisch dazu, dass die jeweils andere Verpflichtung entfällt.

837 – Sofern der Unternehmer die geschuldete Karenzentschädigung nicht oder nicht vollständig an den Handelsvertreter bezahlt, muss der Handelsvertreter den Unternehmer auf Zahlung der Karenzentschädigung verklagen, während er zugleich an sein nachvertragliches Wettbewerbsverbot gebunden bleibt.

838 – Verstößt der Handelsvertreter gegen das nachvertragliche Wettbewerbsverbot, indem er z.B. als Wettbewerber des Unternehmers am Markt auftritt so verliert der Handelsvertreter seinen Anspruch auf Karenzentschädigung für den Zeitraum, in dem er gegen das nachvertragliche Wettbewerbsverbot verstößt. Darüber hinaus kann der Unternehmer möglicherweise Schadensersatz verlangen, wenn er nachweisen kann, dass er durch den Verstoß des Handelsvertreters gegen das nachvertragliche Wettbewerbsverbot einen Schaden erlitten hat. Zudem kann der Unternehmer u.U. von der Vereinbarung des nachvertraglichen Wettbewerbsverbots zurücktreten.

f) Verzicht auf das Wettbewerbsverbot

839 Der Unternehmer hat das Recht, gemäß § 90a Abs. 2 HGB bis zum Ende des Handelsvertretervertrages schriftlich auf das nachvertragliche Wettbewerbsverbot mit dem Ergebnis zu verzichten, dass er mit dem Ablauf von sechs Monaten seit der Erklärung von der Verpflichtung zur Zahlung der Karenzentschädigung frei wird. Notwendig ist, dass diese Verzichtserklärung vom Unternehmer gegenüber dem Handelsvertreter **schriftlich** abgegeben wird. Zudem muss sie dem Handelsvertreter **vor Beendigung** des Handelsvertretervertrages zugehen.

[298] BAG 5 AZR 278/63, NJW 1964, 1641, 1643.

Praxishinweis: 840

Sobald das Handelsvertreterverhältnis einmal beendet ist, kann sich der Unternehmer von seiner Pflicht zur Zahlung der Karenzentschädigung nicht mehr einseitig durch Verzicht auf das Wettbewerbsverbot befreien. Überlegen Sie daher bereits im Vorfeld (d.h. bei Abschluss des Handelsvertretervertrags), ob ein nachvertragliches Wettbewerbsverbot sinnvoll ist – denn ein solches kann für den Unternehmer sehr teuer werden.

Sechs Monate nach Zugang der Verzichtserklärung entfällt dann die 841 Pflicht des Unternehmers, die Karenzentschädigung an den Handelsvertreter zu bezahlen. Im Umkehrschluss ist der Handelsvertreter dann auch nicht mehr an das nachvertragliche Wettbewerbsverbot gebunden. Dieses Recht auf Verzicht des nachvertraglichen Wettbewerbsverbots kann vom Unternehmer einseitig ausgeübt werden; eine Zustimmung des Handelsvertreters ist insoweit nicht erforderlich.

Die Parteien können das nachvertragliche Wettbewerbsverbot einer- 842 seits und die Zahlung einer Karenzentschädigung andererseits auch in einer Aufhebungsvereinbarung regeln, d.h. die Parteien können durch übereinstimmende Willenserklärung – und dies auch nach Beendigung des Handelsvertretervertrages - beschließen, dass das nachvertragliche Wettbewerbsverbot und die Karenzentschädigung entfallen sollen.[299]

g) Kündigung aus wichtigem Grund

Kündigen Unternehmer oder Handelsvertreter den Handelsvertreter- 843 vertrag und ist in diesem Handelsvertretervertrag eine nachvertragliche Wettbewerbsabrede enthalten, so kann sich jede Partei durch schriftliche Erklärung binnen eines Monats nach der Kündigung von dem nachvertraglichen Wettbewerbsverbot lossagen. Dies gilt allerdings nur im Falle einer außerordentlichen Kündigung wegen schuldhaften Verhaltens des anderen Teils, § 90a Abs. 3 HGB.

h) Schließung der Handelsvertretung und Tod des Handelsvertreters

Schließt der Handelsvertreter seine Vertretung oder stirbt er, enden so- 844 wohl die Verpflichtung des Handelsvertreters, keinen nachvertraglichen Wettbewerb zu betreiben, als auch die Verpflichtung des Unternehmers, eine Karenzentschädigung zu bezahlen. Im Falle des Ablebens des Handelsvertreters dürfte dies allerdings nur dann gelten, wenn die Handelsvertretung mit dem Tod des Handelsvertreters nicht mehr weiterbetrieben

[299] Zu Sonderkonstellationen, insbesondere nachvertraglichen Wettbewerbsverboten ohne Karenzentschädigung und Aufhebungsvereinbarungen, vgl. *Mann*, ZVertriebsR 2017, 25 ff.

wird. Dies wird bei Handelsvertretungen der Fall sein, die nicht als Kapitalgesellschaften organisiert sind. Arbeits- oder Berufsunfähigkeit des Handelsvertreters führen allerdings nicht dazu, dass sein Anspruch auf Karenzentschädigung entfällt.[300]

i) Abweichende Vereinbarungen

845 Im Rahmen der Vereinbarung eines nachvertraglichen Wettbewerbsverbotes kann zwar zum Vorteil, nicht aber zum Nachteil des Handelsvertreters von den Vorschriften des § 90a Abs. 1 bis 3 HGB abgewichen werden. Dies ergibt sich aus § 90a Abs. 4 HGB. Dies gilt unabhängig davon, ob der Handelsvertreter schutzbedürftig ist.[301] Eine unzulässige Abweichung liegt allerdings nicht schon dann vor, wenn die Karenzentschädigung in Sachwerten, Gebrauchsvorteilen nicht aber in Geld bezahlt wird. Maßgeblich ist allein, ob die Karenzentschädigung angemessen ist. Die Angemessenheit kann auch durch die Hingabe von Sachwerten erfüllt sein.

846 Vereinbaren die Parteien die Karenzentschädigung bereits im Voraus, ist dies zwar zulässig. Dem Handelsvertreter steht aber die Möglichkeit offen, die Angemessenheit gerichtlich überprüfen zu lassen. Die im Voraus vereinbarte Karenzentschädigung wird dann üblicherweise als Mindestbetrag betrachtet, d.h. der Handelsvertreter hat auf diese auch dann Anspruch, wenn sie tatsächlich über eine angemessene Entschädigung hinausgeht.[302]

847 **Praxishinweis:**
Als Daumenregel gilt, dass die durchschnittliche Vergütung des Handelsvertreters eine angemessene Karenzentschädigung abbildet.

3. Rückgabe von Unterlagen und Mustern

848 Musterkollektionen, Preislisten, Werbedrucksachen, Zeichnungen und andere Unterlagen, die dem Unternehmer gehören und die dieser dem Handelsvertreter lediglich für seine Tätigkeit unter dem Handelsvertretervertrag zur Verfügung gestellt hat, sind bei Beendigung des Handelsvertretervertrages vom Handelsvertreter an den Unternehmer herauszugeben. Dies gilt auch mit Blick auf Ersatzteile oder einen Lagerbestand, soweit der Handelsvertreter einen solchen für den Unternehmer verwaltet

[300] Für weitere Hinweise vgl. *Emde*, in: Staub, HGB, 5. Aufl. 2008, § 90a Rnrn. 60-67.
[301] BGH VII ZR 146/67, BGHZ 53, 92.
[302] *Emde*, in: Staub, HGB, 5. Aufl. 2008, § 90a Rn. 40.

hat. Praktische Schwierigkeiten können sich insbesondere dann ergeben, wenn der Handelsvertreter beispielsweise Ausstellungsstücke in seinen Räumlichkeiten oder seinem Showroom eingebaut hat oder ausstellt (Schilder mit Markennamen, Kleidungsständer, Küchen, etc.). In diesem Fall ist es möglich, dass der Unternehmer durch den Einbau derartiger Teile im Rahmen des gesetzlichen Eigentumserwerbs sein Eigentum an den Gegenständen verliert.

Praxishinweis: **849**

Um Unsicherheit und Streit über den Umfang der dem Handelsvertreter obliegenden Herausgabepflicht zu vermeiden, sollten die Parteien im Handelsvertretervertrag klare Regelungen dazu treffen, welche Gegenstände nach Beendigung des Handelsvertretervertrags wann und wo vom Handelsvertreter an den Unternehmer übergeben werden müssen.

4. Herausgabe von Kundendaten

Gemäß § 667 BGB ist der Handelsvertreter verpflichtet, dem Unternehmer **850** Kundendaten und Kundenlisten herauszugeben, welche die Kontaktdaten der Kunden des Unternehmers enthalten und zwar unabhängig davon, ob es sich um Bestandskunden oder neu geworbene Kunden handelt. Diese Verpflichtung des Handelsvertreters zur Herausgabe der Kundendaten bedeutet indessen nicht, dass der Handelsvertreter die Kunden nach Beendigung des Handelsvertretervertrags nicht ansprechen und mit diesen nicht in Kontakt treten darf. Dies wäre nur dann der Fall, wenn die Parteien ein wirksames nachvertragliches Wettbewerbsverbot vereinbart haben.[303]

Der Handelsvertreter verliert auch nicht seinen Ausgleichsanspruch, **851** sofern er nach Vertragsbeendigung die Kunden kontaktiert und mit diesen Geschäfte abschließt, wenngleich dies zu einer – ggf. nicht nur unerheblichen – Reduzierung des Ausgleichsanspruchs führen kann. Gemäß § 90 HGB ist der Handelsvertreter allerdings nicht berechtigt, die Kundendaten dritten Personen (etwa Wettbewerbern des Unternehmers) zugänglich zu machen.[304]

5. Anspruch auf Weiterbelieferung

Unter engen Voraussetzungen kann der Handelsvertreter Anspruch auf **852** Weiterbelieferung gegen den Unternehmer haben. Da der Handelsver-

[303] BGH I ZR 28/06, NJW 2009, 1420.
[304] OLG Koblenz 6 U 604/86, NJW-RR 1987, 95, 98.

treter allerdings nicht Waren kauft und weiterverkauft, sondern lediglich die Möglichkeit zum Abschluss von Geschäften für den Unternehmer vermitteln muss, können (kartellrechtliche) Weiterbelieferungsansprüche aus § 19ff. GWB allenfalls dann bestehen, wenn der Handelsvertreter neben seiner Vermittlungstätigkeit auch die vertragliche Verpflichtung übernommen hat, Kundendienst oder sonstige Services (Ersatzteillieferungen etc.) zu erbringen. In derartigen Fällen kann dem Handelsvertreter die Fortsetzung der Belieferung mit Ersatzteilen während einer angemessenen Übergangszeit zustehen.[305]

IX. Der Ausgleichsanspruch des Handelsvertreters

1. Allgemeines

853 Der Handelsvertreter kann vom Unternehmer nach Beendigung des Handelsvertretervertrags gemäß § 89 b Abs. 1 HGB einen angemessenen Ausgleich verlangen, sofern bestimmte Voraussetzungen erfüllt sind. Dieser Ausgleichsanspruch des Handelsvertreters ist kein Schadensersatzanspruch, sondern eine vertragliche Entschädigung des Handelsvertreters als Gegenleistung für die Vorteile, die dem Unternehmer durch den vom Handelsvertreter geschaffenen Kundenstamm nach Vertragsbeendigung verbleiben. Der Ausgleichsanspruch entsteht erst nach Beendigung des Vertragsverhältnisses, er kann dennoch abgetreten oder gepfändet werden und dies sogar vor Beendigung des Handelsvertretervertrages.

854 Rückstellungen des Unternehmers für den Ausgleichsanspruch des Handelsvertreters dürfen mit steuerlicher Wirkung erst bilanziert werden, wenn das Vertragsverhältnis bereits beendet ist oder seine Beendigung unmittelbar bevorsteht.[306]

855 Der Ausgleichsanspruch steht grundsätzlich jedem Handelsvertreter zu, unabhängig von der Ausgestaltung (Vermittlungsvertreter, Abschlussvertreter, Bezirksvertreter, Alleinvertreter, nicht-exklusiver Handelsvertreter, Einkaufs- oder Verkaufsvertreter), der Organisationsform (Einzelkaufmann, Kapitalgesellschaft, Freelancer) und der Branchenausrichtung. Auch dem Untervertreter steht gegen den Hauptvertreter ein Ausgleichsanspruch zu. Für Versicherungs- und Bausparkassenvertreter enthält § 89b Abs. 5 HGB eine Sonderregelung, die sich primär auf die Berechnung des Ausgleichsanspruchs in derartigen Vertragsverhältnissen

[305] BGH KZR 3/88, NJW-RR 1989, 1310; OLG Frankfurt/Main 6 U (Kart.) 197/88, WuW 1991, 623.
[306] BFH I R 39/00, BStBl. II 2005, 465, Rn. 20.

bezieht. Fach- und Vertragshändlern[307], Kommissionsagenten, Franchise- und Lizenznehmern kann bei Beendigung des Vertrags unter bestimmten (zusätzlichen) Voraussetzungen auch ein Ausgleichsanspruch zustehen. Kein Ausgleichsanspruch steht hingegen Handelsvertretern im Nebenberuf (§ 92b HGB) oder Außendienstmitarbeitern zu, die als Arbeitnehmer eine Festanstellung haben.

Praxishinweis: 856

Der Umstand, dass der Ausgleichsanspruch grundsätzlich nicht ausgeschlossen werden kann und bei seiner Berechnung in weiten Teilen Billigkeitserwägungen zu berücksichtigen sind, führt in der Praxis häufig dazu, dass über den Umfang des Ausgleichsanspruchs Streit entsteht. Allerdings gibt es einige Konstellationen, in denen der Ausgleichsanspruchs ausgeschlossen werden kann (hierzu unten). Sowohl bei Abschluss von Handelsvertreterverträgen als auch bei deren Beendigung sollten daher rechtzeitig Anwälte konsultiert werden.

2. Voraussetzung des Ausgleichsanspruchs

Der Ausgleichsanspruch entsteht nur dann, wenn die folgenden Voraus- 857
setzungen erfüllt sind: (1) Das Handelsvertreterverhältnis muss beendet sein; (2) der Handelsvertreter hat neue Kunden geworben oder die Geschäftsverbindung mit Bestandskunden erheblich erweitert; (3) der Unternehmer hat auch nach Beendigung des Vertragsverhältnisses erhebliche Vorteile mit diesen Kunden; (4) die Zahlung eines Ausgleichs entspricht der Billigkeit; (5) der Ausgleichsanspruch ist nicht ausgeschlossen; und (6) der Ausgleichsanspruch wurde innerhalb eines Jahres nach Beendigung des Vertragsverhältnisses geltend gemacht. Zu den Voraussetzungen des Ausgleichsanspruchs im Einzelnen:

a) Beendigung des Handelsvertretervertrags

Der Ausgleichsanspruch setzt voraus, dass das Handelsvertreterverhältnis 858
beendet wurde. Der Grund für die Beendigung ist ohne Belang. Dementsprechend löst die Beendigung durch Kündigung, Teilkündigung, Zeitablauf (auch nach einer Probezeit), Aufhebungsvereinbarung oder Insolvenz des Unternehmers den Ausgleichsanspruch aus. Der Auslauf eines befristeten Handelsvertretervertrages oder Kettenvertrages stellt nur dann keine Beendigung i.S.d. § 89b HGB dar, sofern die Parteien einen neuen Handelsvertretervertrag abschließen oder das Vertragsverhältnis stillschwei-

[307] BGH I ZR 146/80, NJW 1982, 2819.

gend fortsetzen. Maßgeblich ist, ob das fortgesetzte Vertragsverhältnis insgesamt als einheitliches Vertragsverhältnis verstanden werden kann.

b) Werbung neuer Kunden und Erweiterung der Geschäftsverbindung mit Bestandskunden

859 Sinn und Zweck des Ausgleichsanspruchs ist es, die Bemühungen des Handelsvertreters zum Aufbau eines Kundenstamms zu entschädigen – dies aber nur soweit, als der Unternehmer verbleibende Vorteile aus diesem Kundenstamm hat. Daher sind lediglich diejenigen Kunden ausgleichspflichtig, die der Handelsvertreter neu geworben hat. Da dies in Fällen, in denen der Handelsvertreter erhebliche Akquiseanstrengungen bei Bestands- oder Altkunden unternommen hat, teilweise zu unbilligen Ergebnissen führen kann, sind auch diejenigen Bestandskunden ausgleichspflichtig, bei denen der Handelsvertreter die Geschäftsverbindung **wesentlich erweitert** hat.

860 **Neukunden**: Als Neukunden sind Kunden zu verstehen, die bislang, d.h. bis zum Tätigwerden des betreffenden Handelsvertreters, keine Geschäftsverbindung zum Unternehmer hatten. In Fällen, in denen ein Kunde in der Vergangenheit bereits bestimmte Produkte beim Unternehmer bezogen hat, können diese Kunden dennoch zu Neukunden werden. Allerdings nur dann, wenn der Handelsvertreter diese Altkunden mit Produkten bewirbt, welche diese vor Abschluss des Handelsvertretervertrages vom Unternehmer noch nicht bezogen haben und dieser Verkauf der neuen Waren eine spezielle Geschäftsverbindung erfordert (d.h. Vermittlungsbemühungen des Handelsvertreters und eine besondere Verkaufsstrategie).[308] Wirbt der Handelsvertreter etwa Tochtergesellschaften oder weitgehend selbständige Zweigniederlassungen eines Unternehmers, können diese ebenfalls Neukunden i.S.d. § 89b HGB sein. Dies darf richtigerweise aber nur dann gelten, wenn der Handelsvertreter tatsächlich Neugeschäft akquiriert hat und nicht lediglich eine konzerninterne Umverteilung des Produktbedarfs stattfindet. Bestands- oder Altkunden des Handelsvertreters, die dieser nach Abschluss des Handelsvertretervertrages zum Unternehmer transferiert, sind aus Perspektive des Unternehmers Neukunden, sofern der Unternehmer mit diesen Kunden nicht zuvor schon Geschäfte abgeschlossen hat. Die bloße Umfirmierung, Namensänderung oder die bloße Änderung der Rechtsform des Kunden macht einen Altkunden hingegen nicht zu einem Neukunden.

[308] BGH VII ZR 328/12, ZVertriebsR 2016, 384, 385; BGH VIII ZR 354/97, NJW 1999, 2668, 2670.

Praxishinweis: 861
In der Praxis entsteht häufig Streit darüber, welche Kunden neu geworben wurden. Um langwierige Auseinandersetzungen in diesem Punkt und die Entstehung von Kosten zu vermeiden, sollte dem Handelsvertretervertrag bei Abschluss eine Liste der Bestandskunden als Anlage beigefügt werden.

Wesentliche Erweiterung der Geschäftsverbindung mit Altkunden: 862
Auch die wesentliche Erweiterung der Geschäftsverbindung mit Bestands- oder Altkunden ist ausgleichspflichtig i.S.d. § 89b Abs. 1 Satz 2 HGB. Das Gesetz beantwortet die Frage, was eine wesentliche Erweiterung sein soll, nicht. In der Rechtsprechung ist indessen anerkannt, dass eine wesentliche Erweiterung jedenfalls in Fällen vorliegt, in denen der Umsatz mit einem Alt- bzw. Bestandskunden zumindest verdoppelt wurde (Umsatzsteigerung um 100 %).[309] Richtigerweise ist dies als Untergrenze zu betrachten, da das Gesetz eine wesentliche Erweiterung verlangt, die wirtschaftlich der Werbung eines Neukunden gleichkommen muss. Den Handelsvertreter trifft die Beweislast bezüglich der Frage, ob die Geschäftsverbindung mit einem Altkunden durch ihn wesentlich erweitert wurde. Allerdings dürfte eine Umsatzsteigerung von 100 % letztlich ein so starkes Indiz zugunsten des Handelsvertreters sein, dass den Unternehmer im Prozess zumindest eine sekundäre Darlegungslast dafür trifft, dass eine solche Umsatzsteigerung nicht auf eine Vermittlungsleistung des Handelsvertreters zurückgeht.[310]

Vermittlung durch den Handelsvertreter: Die Tätigkeit des Handels- 863
vertreters muss für die Vermittlung und Werbung neuer Kunden (oder die wesentliche Erweiterung der Geschäftsverbindung mit Altkunden) ursächlich gewesen sein. Ein Kunde aus dem Vertragsgebiet des Handelsvertreters, der Produktbestellungen auf Empfehlung eines Dritten, aufgrund des Internetauftritts des Unternehmers oder ausschließlich aufgrund der Marktposition und Präsenz des Unternehmers bestellt, wird nicht als vermittelter Kunde betrachtet. Dies gilt selbst dann, wenn ein Kunde, der auf Empfehlung eines Dritten beim Unternehmer bestellt, den Handelsvertreter lediglich zur Bestellabwicklung kontaktiert.[311] Allerdings reicht Mitursächlichkeit für die Vermittlungsleistung des Handelsvertreters grundsätzlich aus.[312] In Fällen, in denen der Kunde die Produkte des Unternehmers zwar bereits kannte, aber erst durch den Handelsvertreter zur Abgabe einer

309 BGH VII ZR 23/70, NJW 1971, 1611; BGH VIII ZR 354/97, NJW 1999, 2668, 2670.
310 BGH VII ZR 23/70, NJW 1971, 1611.
311 OLG Karlsruhe 2 U 144/58, BB 1960, 381.
312 BGH VIII ZR 322/09, NJW 2011, 1143, 1144.

Bestellung veranlasst wurde, ist dies als ursächliche Vermittlungsleistung anzuerkennen und damit ausgleichspflichtig. Hält der Handelsvertreter hingegen einen Bestandskunden davon ab, ein Wettbewerbsprodukt von einem Wettbewerber des Unternehmers zu beziehen, wird dieser Kunde dadurch nicht zum Neukunde. Auch von einer wesentlichen Erweiterung der Geschäftsverbindung kann in einem solchen Fall – trotz des durchaus hohen Nutzens für den Unternehmer – nicht ausgegangen werden.

c) Unternehmervorteil

864 Der Handelsvertreter hat nur dann einen Ausgleichsanspruch, wenn dem Unternehmer auch nach Beendigung des Handelsvertretervertrages aus der Tätigkeit des Handelsvertreters Vorteile verbleiben. Dies ist gemäß § 89b Abs. 1 Satz 1 Nr. 1 und Nr. 2 HGB nur dann der Fall, wenn die Neukunden (oder wesentlich weiter entwickelte Bestandskunden) **Stammkunden** (Mehrfachkunden) sind, die Kunden **nicht abwandern** und die dem Unternehmer verbleibenden **Vorteile erheblich** sind. Für den Unternehmer muss also die Möglichkeit bestehen, den vom Handelsvertreter aufgebauten Kundenstamm auch nach Beendigung des Handelsvertretervertrages weiter zu nutzen.

865 **Stammkunden**: Bei der Berechnung des Ausgleichsanspruchs sind nur Stammkunden berücksichtigungsfähig. Stammkunden sind Kunden, die innerhalb eines überschaubaren Zeitraums, in dem üblicherweise mit Nachbestellungen zu rechnen ist, mehr als einmal ein Geschäft mit dem Unternehmer abgeschlossen haben oder voraussichtlich abschließen werden. Einmalkunden oder Kunden, die lediglich in unregelmäßigen Abständen und eher zufällig Produkte bestellen, bleiben bei der Berechnung des Ausgleichs außen vor (sog. Laufkunden). Das Bestellverhalten muss also eine gewisse Nachhaltigkeit aufweisen.[313] Häufig wird sich durch einen Blick in die Vergangenheit bestimmen lassen, ob ein bestimmter Kunde mehrfach gekauft hat und dieser Kunde daher ein berücksichtigungsfähiger Stammkunde ist. In derartigen Fällen wird vermutet, dass dieser Kunde auch in Zukunft weiter beim Unternehmer bestellt.[314] Der Unternehmer kann diese Vermutung allerdings widerlegen. Ob ein Bestellverhalten eines Kunden nachhaltig ist, kann nur durch eine Einzelfallbetrachtung geklärt werden. Letztlich hängt die Beantwortung dieser Frage von Branche und Produkt ab. So sind die Bestellintervalle in der Automobilindustrie (zweimaliger Autokauf notwendig[315]) deutlich länger als etwa in der Pharmaindustrie. Das bedeutet, dass ein Kunde, der im

[313] BGH VIII ZR 194/06, BB 2007, 2475.
[314] BGH I ZR 92/84, WM 1986, 622.
[315] BGH VIII ZR 272/95, NJW 1997, 1503.

Laufe des Handelsvertreterverhältnisses nur einmal beim Unternehmer bestellt hat, bei der Berechnung des Ausgleichsanspruchs nicht automatisch außen vor bleibt, da er in Zukunft – etwa bei einer weiteren Bestellung – zum Stammkunden werden kann. Zudem ist zu bedenken, dass es auch Branchen gibt, in denen eine Zweitbestellung äußerst selten oder per se ausgeschlossen ist (Fertighäuser, Fenster und Türen, Enzyklopädien, Grabsteine, große landwirtschaftliche Maschinen).[316] Allerdings obliegt es in derartigen Fällen dem Handelsvertreter, ausreichend Indizien vorzutragen, aus denen sich ergibt, dass der Kunde auch in Zukunft beim Unternehmer bestellen wird.

Nutzungsmöglichkeit genügt: Für die Berechnung des Ausgleichsanspruchs ist es unerheblich, ob der Unternehmer von dem Kundenstamm, den der Handelsvertreter ihm hinterlässt, tatsächlich Gebrauch macht. Es genügt, dass er in die Lage versetzt wird – also die Möglichkeit erhält – von den Kundenbeziehungen Gebrauch zu machen. Insoweit ist allerdings zu bedenken, dass dem Unternehmer eine Fortsetzung des Vertragsverhältnisses mit insolventen Kunden oder Kunden, die kein zuverlässiges Zahlungsverhalten gezeigt haben (sog. Inkassokunden) nicht zugemutet werden kann. Derartige Kunden sind daher bei der Berechnung des Ausgleichsanspruchs nicht zu berücksichtigen. Gleiches gilt, wenn der Unternehmer im Zeitpunkt der Beendigung des Handelsvertretervertrags eine Strategieänderung vornimmt, die zur Folge hat, dass künftig bestimmte Kunden oder ein Kundensegment nicht mehr beliefert werden können. **866**

Einstandszahlung: In der Praxis kommt es immer wieder vor, dass der Unternehmer von einem neuen Handelsvertreter für die Übernahme des bestehenden Kundenstamms eine sog. Einstandszahlung verlangt. Häufig finanziert der Unternehmer damit den Ausgleichsanspruch, den er an den ausscheidenden Handelsvertreter zahlen muss. In derartigen Fällen stellt sich die Frage, ob die Bestandskunden durch die Zahlung des neuen Handelsvertreters zu dessen Neukunden werden, mit der Folge, dass diese bei Beendigung des Handelsvertretervertrags mit dem neuen Handelsvertreter ausgleichspflichtig werden. Dies gilt nur dann, wenn die Parteien vereinbart haben, dass die übernommenen Altkunden tatsächlich Neukunden sein sollen (sog. Zurechnungsvereinbarung). Weder eine Übernahmevereinbarung, noch eine Ablöse- oder Einstandszahlung führt automatisch dazu, dass die vom neu eintretenden Handelsvertreter übernommenen Alt- oder Bestandskunden zu Neukunden werden.[317] Erst recht keine Zurechnung zwischen Unternehmer und neuem Handelsver- **867**

[316] Zu Einzelheiten vgl. *Emde* in: Staub, HGB, 5. Aufl. 2008, § 89b Rn. 82.
[317] BGH I ZR 36/82, NJW 1985, 58; KG 2 U 2756/68, BB 1969, 1062; LG Bielefeld 11 O 243/70, BB 1972, 195 f.

treter kann dann erfolgen, wenn lediglich eine Zahlung vom neuen an den alten Handelsvertreter erfolgt.

868 **Abwanderung**: Der Unternehmervorteil entfällt (zumindest teilweise), sobald Kunden – insbesondere Stammkunden – vom Unternehmer zu Wettbewerbern abwandern. Mit den abgewanderten Kunden kann der Unternehmer künftig keine Geschäfte mehr machen. Letztlich ist es aber unvermeidbar, dass Kunden abwandern. Aus diesem Grund ist bei der Berechnung des Ausgleichsanspruchs eine Abwanderungsquote zu Lasten des Handelsvertreters zu berücksichtigen. Gerichte haben im Rahmen ihres richterlichen Schätzermessens (§ 287 ZPO) häufig Abwanderungsquoten von 20 % angenommen.[318] Sofern eine Partei eine hiervon abweichende Abwanderungsquote behauptet, ist sie für diese darlegungs- und beweisbelastet. Letztlich ist es fall- und branchenabhängig, mit welcher Abwanderung im Einzelfall gerechnet werden muss. Ein Abgleich der Stammkundenabwanderung in den vergangenen Jahren kann letztlich als starkes Indiz dafür angeführt werden, dass die Abwanderung sich in der gleichen Weise in den Folgejahren fortsetzt. Der Abzug für die Abwanderung ist bei jedem prognostizierten Jahr zu berücksichtigen, in dem der Unternehmer durch den vom Handelsvertreter aufgebauten Kundenstamm profitiert.[319]

869 **Praxishinweis:**

Bei einer Abwanderungsquote von 20 % und einem prognostizierten Vorteil des Unternehmers über eine Laufzeit von 3 Jahren, würden sich die Provisionsverluste des Handelsvertreters bei einer Jahresprovision von EUR 100.000 im ersten Jahr auf EUR 80.000,00 im zweiten Jahr auf EUR 64.000,00 und im dritten Jahr auf EUR 51.200,00 belaufen.

870 **Verwaltende Tätigkeit des Handelsvertreters**: Der Handelsvertreter kann Ausgleich nur insoweit verlangen, als er einen Kundenstamm aufgebaut hat, von dem der Unternehmer nach Beendigung des Handelsvertretervertrages wirtschaftlich erheblich profitiert. Administrative Tätigkeiten, Lagerhaltung, Schadensregulierung und Inkasso dienen nicht dazu, einen Kundenstamm zu schaffen oder zu erweitern und sind bei der Berechnung eines Ausgleichsanspruchs daher nicht zu berücksichtigen.[320]

871 **Geschäfts- oder Produktionseinstellung**: Der Ausgleichsanspruch des Handelsvertreters kann vollständig entfallen, wenn der Unternehmer aus dem vom Handelsvertreter aufgebauten Kundenstamm keinen

[318] BGH VIII ZR 13/05, NJW-RR 2009, 824, 827-828 Rz. 32-33. In der Modebranche werden 30 % für angemessen erachtet, OLG München 7 U 5118/00, NJOZ 2002, 617, 622, 624.
[319] Vgl. BGH VIII ZR 58/00, NJW-RR 2002, 1548, 1553.
[320] BGH I ZR 79/82, NJW 1985, 860, 861; BGH II ZR 81/57, NJW 1959, 1430.

Vorteil mehr ziehen kann. Der Unternehmer hat keinen Vorteil aus dem Kundenstamm, wenn er – auch im Wege einer freien unternehmerischen Entscheidung – seinen Geschäftsbetrieb oder Teile davon einstellt.[321] Das gleiche gilt dann, wenn der Betrieb des Unternehmers im Zeitpunkt der Beendigung des Handelsvertretervertrags durch eine Insolvenz geschlossen wird und er aus diesem Grund keine Geschäfte mehr mit den Kunden macht.[322] Anders liegen hingegen die Fälle, in denen der Unternehmer seinen Betrieb verkauft und durch den vom Handelsvertreter geworbenen Kundenstamm einen höheren Verkaufspreis erzielt. Im Gegensatz dazu entfällt der Unternehmervorteil wiederum, wenn der Handelsvertreter nach Beendigung des Handelsvertretervertrages sämtliche oder wichtige Kunden abwirbt, so dass diese vom Unternehmer keine Waren mehr beziehen.[323] Der Unternehmervorteil entfällt auch dann, wenn sämtliche oder wichtige Kunden aus dem Grund zu einem Wettbewerber abwandern, weil der Handelsvertreter seine Tätigkeit für den Unternehmer beendet.

d) Prognosedauer

Für die Höhe des Ausgleichsanspruchs ist maßgeblich, wie lange der Unternehmer aus dem vom Handelsvertreter geworbenen Kundenstamm voraussichtlich einen Nutzen hat. Wie lange der Unternehmervorteil aus der Überlassung des Kundenstamms andauert, sagt das Gesetz nicht. Dies erweist sich mit abschließender Sicherheit erst in der Folgezeit. Daher sind die Vorteile des Unternehmers zu prognostizieren, wobei die künftigen erkennbaren Entwicklungen einzubeziehen sind. Für die Prognosedauer ist maßgeblich, wie lange der Unternehmer mutmaßlich von den Kundenbeziehungen profitieren wird, die der Handelsvertreter aufgebaut hat. Es ist darauf abzustellen, wie lange die Geschäftsbeziehungen zwischen Unternehmer und Kunden unter Berücksichtigung der Umstände erfahrungsgemäß andauern werden. **872**

Letztlich kommt es auf eine Einzelfallbetrachtung an, bei der die Besonderheiten der jeweiligen Branche, die Marktgegebenheiten, Wettbewerbsbedingungen, Kundenfluktuation und die Art der Tätigkeit zu berücksichtigen sind.[324] Langlebige Produkte, wie etwa Gabelstapler oder Autos haben üblicherweise größere Bestellintervalle als z.B. Konsumgüter wie Medizinprodukte, Kosmetik, Taschenrechner oder Bürobedarf. **873**

---

[321] BGH II ZR 99/58, NJW 1959, 1964; OLG München 7 U 5042/95, NJW-RR 1996, 991, 993 (Teil-Stilllegung).

[322] Mit weiteren Einzelheiten *Emde* in: Staub, HGB, 5. Aufl. 2008, § 89b Rn. 104 bis 106.

[323] OLG Celle 11 U 185/58, BB 1959, 1151.

[324] BGH I ZR 173/91, NJW-RR 1993, 221.

Insoweit steht den Gerichten Schätzermessen nach § 287 ZPO zu.[325] Der Prognosezeitraum beträgt in der Regel zwei bis drei Jahre. In Ausnahmefällen sind allerdings kürzere oder auch längere Zeiträume möglich (fünf bis acht Jahre). Die nachfolgende Auflistung gibt einen Überblick über die in der Rechtsprechung angenommenen Prognosedauern:

– Bausparverträge: 4 Jahre[326]
– Kraftfahrzeuge: 5 bis 8 Jahre[327]
– Gabelstapler: 13 Jahre[328]
– Lottoagentur: 20 Jahre[329]
– Elektrohaushaltsgeräte (Staubsauger, Kühlschränke, Waschmaschinen): 5 Jahre[330]
– Gewerbliche Vermittlung von Branchenverzeichnissen und Firmenhandbüchern: 6 Jahre[331]
– Zeitschriftenvertrieb: 4 Jahre[332]
– Rundfunkwerbung: 3 bis 4 Jahre[333]
– Tankstellen- und Shopbetrieb: 4 Jahre[334]
– Versicherungsvertrieb: 6 Jahre[335]
– Industriefußböden: 5 Jahre[336]
– Softwareprodukte: 4 Jahre[337]
– Textil- und Modevertrieb: 3 Jahre[338]

[325] OLG Düsseldorf 16 U 217/06, BeckRS 2010, 04763; BGH I ZR 173/91, NJW-RR 1993, 221.
[326] OLG Celle 11 U 193/01, VersR 2002, 976.
[327] 5 Jahre: BGH VIII ZR 17/09, NJW 2011, 3438; BGH I ZR 188/85, NJW-RR 1988, 42, 45; 6 bis 8 Jahre in Ausnahmefällen: BGH VIII ZR 173/04, NJW-RR 2006, 1328.
[328] BGH I ZR 142/89, NJW-RR 1991, 1050.
[329] BGH I ZR 130/73, WM 1975, 931.
[330] BGH I ZR 104/82, NJW 1985, 859; BGH VIII ZR 94/93, NJW 1994, 1350.
[331] BGH VIII ZR 354/97, NJW 1999, 2668.
[332] BGH VII ZR 3/71, DB 1973, 1740.
[333] OLG München 7 U 7270/93 (4 Jahre für Radiowerbung); OLG München 7 U 3617/97, OLGR 1998, 170 (3 Jahre für herkömmliche Werbung).
[334] BGH VIII ZR 150/96, ZIP 1997, 1832 (Benzin); BGH VIII ZR 108/09, NJW-RR 2010, 1550 (Tankstellen-Ladenbetrieb).
[335] OLG Hamm 18 U 148/05.
[336] BGH VIII ZR 322/09, DB 2011, 173, 174.
[337] BGH VIII ZR 13/05, BB 2008, 2594–2597.
[338] OLG München 7 U 5118/00, NJOZ 2002, 617, 624.

- Werbe- und Anzeigenvertrieb sowie Vertrieb von Atlanten: 3 Jahre[339]
- Tiefkühlproduktevertrieb: 3 Jahre[340]

e) Billigkeit

Der Unternehmer hat an den Handelsvertreter nur insoweit einen Ausgleich zu bezahlen, als dieser der Billigkeit entspricht. Üblicherweise führt die Berücksichtigung von Billigkeitsaspekten nicht dazu, dass der Ausgleichsanspruch des Handelsvertreters entfällt. In der Praxis kommt es demgegenüber aber häufig zu einer – teils erheblichen – Reduzierung des Ausgleichsanspruchs. Es ist anerkannt, dass der errechnete Rohausgleich im Wege der Billigkeit nach unten und nicht nach oben korrigiert wird.[341] **874**

Die Billigkeitsprüfung ist der vollen richterlichen Kontrolle zugänglich. Das bedeutet, dass das Gericht im Streitfall alle denkbaren Billigkeitsaspekte erfassen und in einem zweiten Schritt gewichten muss. In einem dritten Schritt sind die bewerteten Billigkeitsaspekte abzuwägen. Es existiert eine Fülle an gerichtlichen Entscheidungen, die zu der Frage der Billigkeit ergangen sind. Dies macht es möglich, Fallgruppen zu generieren, um abzuschätzen, ob und inwieweit sich der Ausgleichsanspruch des Handelsvertreters durch Billigkeitsaspekte reduziert. **875**

Die folgenden Aspekte wurden durch Gerichte z.B. für maßgeblich oder nicht maßgeblich erachtet (nicht abschließend):[342] **876**

- **Abspringen von Altkunden**: nicht relevant
- **Änderungskündigung**: lehnt der Handelsvertreter nach einer Änderungskündigung des Unternehmers einen Folgevertrag ab, ist dies nicht relevant.
- **Alter des Handelsvertreters**: nicht relevant
- **Arglistiges Verhalten des Handelsvertreters** ohne Kenntnis des Unternehmers: relevant
- **Ausbleibende Vermittlungserfolge** des **Handelsvertreters**: relevant im Falle einer Pflichtverletzung des Handelsvertreters.
- **Ausführung zulässiger Direktgeschäfte** durch den Unternehmer: nicht relevant

---

[339] OLG München 7 U 3617/97, OLGR München 1998, 170.

[340] OLG Düsseldorf I-16 U 47/11, BB 2013, 788.

[341] OLG München 7 U 2586/13; teilweise wird eine Anspruchserhöhung aus Billigkeitsgründen sogar per se für ausgeschlossen erachtet, OLG Bremen 2 U 68/64, BB 1966, 877.

[342] Für weitere Billigkeitsaspekte und Nachweise sowie mit hilfreichem Überblick: *Emde*, in: Staub, HGB, 5. Aufl. 2008, § 89 b Rn. 162.

- **Ausgleichsanspruchsforderung** durch **Rechtsnachfolger** (beispielsweise Erben): nicht relevant
- **Besonders hohe Provisionszahlungen** oder für den Handelsvertreter besonders günstige Vertragsbedingungen: relevant
- **Dauer** des **Handelsvertreterverhältnisses**: nicht relevant
- **Einstandszahlung des Handelsvertreters**: nicht relevant
- **Gesundheitszustand** des **Handelsvertreters**: nicht relevant
- **Konjunktur** und **wirtschaftliche Lage** im Zeitpunkt der Beendigung: nicht relevant
- **Konkurrenztätigkeit** des **Handelsvertreters** nach Vertragsende: relevant
- **Pflichtverletzungen von Angestellten** des Handelsvertreters: relevant
- **Schlechte Betreuung** des **Vertragsgebiets** (fehlende Kundenbesuche): relevant
- **Sogwirkung der Marke**: relevant (mit Reduktion von bis zu 30% im Falle starker Marken und abhängig von Bekanntheitsgrad und öffentlicher Wahrnehmung).[343]
- **Umsatzrückgang**: relevant, wenn schuldhafte Vernachlässigung der Vermittlungsbemühungen vorliegt.
- **Untätigkeit** des **Handelsvertreters**: relevant
- **Unterhaltsverpflichtungen** des **Handelsvertreters**: nicht relevant
- **Unzulässige Konkurrenztätigkeit** des **Handelsvertreters** vor Vertragsbeendigung: relevant
- **Verletzung von Vertragspflichten** durch eine Partei: relevant
- **Verlust von Kunden**: nicht relevant, da bereits bei der Berechnung des Rohausgleichs berücksichtigungsfähig
- **Wunsch** des Handelsvertreters nach **Vertragsbeendigung**: relevant

---

[343] Für starke Marken in der Automobilindustrie haben Gerichte erhebliche Billigkeitsreduktionen von bis zu 30% für angemessen erachtet. So etwa für Mitsubishi (20%) BGH VIII ZR 173/04, NJW-RR 2006, 1328, 1331; Renault (10% bis 25%) BGH VIII ZR 272/95, NJW 1997, 1503; Fiat/Lancia (10%) BGH VIII ZR 141/95, NJW 1996, 2298; Peugeot (15%) OLG Saarbrücken 1 U 924/01-211, NJW-RR 2003, 900. Zu berücksichtigen ist ferner, dass bekannte Marken aus der Modeindustrie, wie etwa *Boss* oder *Escada*, ebenfalls eine starke Sogwirkung haben (vgl. OLG München 7 U 5118/00, NJOZ 2002, 617, 625). Gleiches muss auch für die Pharmaindustrie und bekannte Markennamen (wie etwa *Aspirin*) oder für die Spielzeugindustrie (*Lego*, *Playmobil*, *Ravensburger*), die Lebensmittelindustrie (*Ritter Sport*, *Nutella*) gelten.

877 Der BGH hat festgestellt, dass bei der Berechnung des Rohausgleichs nur solche Umstände in die Zukunftsprognose einfließen dürfen, die zum Zeitpunkt der Vertragsbeendigung bereits abzusehen sind.[344] Diese Definition spricht eher dafür, dass es für die Bestimmung der Billigkeit allein auf solche Umstände ankommt, die im Zeitpunkt der Vertragsbeendigung bereits feststellbar sind. Gewisse Unwägbarkeiten verbleiben insoweit aber, da die Berechnung des Ausgleichsanspruchs ohnehin auf der Basis von Prognosen erfolgen muss. Es ist aber kaum vorstellbar, dass sich ein mit der Sache befasstes Gericht den tatsächlichen Umständen, die nach Vertragsbeendigung eintreten, verschließt, sofern diese später von einer Partei (z.B. im Rahmen eines Gerichtsprozesses) vorgetragen werden. Dies gilt z.B. mit Blick auf die Entwicklung von Umsätzen im Vertragsgebiet oder das Kunden- und Kaufverhalten.

878 Diejenige Partei, die Billigkeitsaspekte vorträgt, ist für diese beweisbelastet. Der Handelsvertreter muss – sofern er im Rahmen der Billigkeit ausnahmsweise eine Erhöhung des Rohausgleichs verlangt – darlegen und beweisen, dass bestimmte Umstände im Rahmen der Billigkeit anspruchserhöhend zu berücksichtigen sind. Der Unternehmer, der herkömmlicherweise mit Billigkeitsaspekten eine Reduktion des Ausgleichsanspruchs erwirken kann und will, muss die von ihm vorgetragenen Umstände darlegen und hierfür Beweis antreten.

3. Berechnung des Ausgleichsanspruchs

879 Das Gesetz stellt zwei Möglichkeiten zur Verfügung, wie der Ausgleichsanspruch konkret berechnet werden kann. Zum einen kann der Ausgleichsanspruch nach der Rohausgleichsmethode auf der Basis der Provisionsverluste des Handelsvertreters gemäß § 89 b Abs. 1 HGB berechnet werden. Zum anderen kann der Ausgleichsanspruch gemäß § 89 b Abs. 2 HGB auch aus dem Provisionsdurchschnitt der letzten fünf Jahre der Tätigkeit des Handelsvertreters - oder bei kürzerer Dauer des Vertragsverhältnisses aus den durchschnittlichen Provisionseinnahmen dieser Zeit - berechnet werden (sog. Obergrenze). Zwischen diesen beiden Berechnungsmethoden besteht ein Rangverhältnis, in der Weises, dass die Rohausgleichsmethode (§ 89 b Abs. 1 HGB) vorrangig vor der Berechnung nach der Obergrenze (§ 89 b Abs. 2 HGB) gilt. Die Obergrenze dient in erster Linie dazu, dass der Ausgleichsanspruch des Handelsvertreters der Höhe nach einer absoluten Grenze unterliegt. Bleibt der Ausgleichsanspruch nach der Berechnung des Rohausgleichs aber unterhalb der Obergrenze, so muss der Unternehmer nur diesen Rohausgleich an den Handelsvertreter zahlen.

---

[344] BGH VIII ZR 92/96, NJW 1998, 71.

880 **Praxishinweis:**

In der Praxis einigen sich die Parteien häufig auf die relativ einfach zu ermittelnde Obergrenze. Danach ist die Jahresdurchschnittsprovision der letzten (maximal fünf) Vertragsjahre zu ermitteln. Ein solches Vorgehen ist möglich, wenn es einvernehmlich erfolgt.

a) Berechnung nach den prognostizierten Provisionsverlusten, § 89 b Abs. 1 HGB

881 Die von den Gerichten entwickelte Berechnung des Rohausgleichs ergibt sich aus § 89 b Abs. 1 HGB – ohne juristische Vorkenntnisse – nur mit viel Phantasie. Die Fülle an Gerichtsentscheidungen zur Berechnung des Ausgleichsanspruchs ändert aber nichts daran, dass seine exakte Bestimmung im Einzelfall Probleme aufwirft, was letztlich damit zusammenhängt, dass die Gerichte bei der Bestimmung der prognostizierten Provisionsverluste des Handelsvertreters weites Ermessen haben.

882 Die Berechnung des Rohausgleichs erfolgt unabhängig von dem Vorstehenden nach den folgenden sechs Schritten:

883 (1) **Ermittlung des Ausgangsbetrags**: Die vermuteten Provisionsverluste des Handelsvertreters sind Ausgangspunkt für die Berechnung des Rohausgleichs nach § 89 b Abs. 1 HGB. Bei der Ermittlung der prognostizierten Provisionsverluste indiziert der Blick in die Vergangenheit, mit welchen Provisionsverlusten in Zukunft zu rechnen ist. Sämtliche Provisionseinnahmen oder andere Vergütungsbestandteile, die der Handelsvertreter für die Vermittlung neuer Kunden und die Erweiterung der Geschäftsverbindung mit Bestandskunden im letzten Vertragsjahr erhalten hat, werden zu diesem Zweck zusammen addiert. Allerdings sind nur Stammkunden (keine Einmalkunden) zu berücksichtigen. Vergütungsbestandteile, die der Handelsvertreter im letzten Vertragsjahr für verwaltende Tätigkeiten, Lagerhaltung oder Inkasso erhalten hat sowie Einmalzahlungen beispielsweise für Büroeinrichtung und Bürobedarf, müssen abgezogen werden.

884 (2) **Prognose künftiger Provisionseinnahmen**: Auf der Basis des vorstehend ermittelten Ausgangsbetrags muss geschätzt werden, wie lange der Unternehmer aus der Geschäftsverbindung mit neuen Kunden erhebliche Vorteile haben wird. Insoweit ist eine Prognose in die Zukunft erforderlich, die je nach Branche und Produkt typischerweise bei zwei bis drei Jahren liegt. Die so durch Schätzung ermittelte Prognose führt dazu, dass der Ausgangsbetrag mit der Zahl der Prognosejahre addiert wird. Bei der Addition muss allerdings die Abwanderungsquote

für jedes Jahr (auch bereits das erste) in Abzug gebracht werden (hierzu sogleich).

(3) Abwanderungsquote: Der Handelsvertreterausgleich zielt darauf ab, dem Handelsvertreter seine prognostizierten Provisionsverluste insoweit abzugelten, als der Unternehmer durch eben die vom Handelsvertreter geworbenen Stamm-Neukunden (und erweiterte Bestandskundenbeziehungen) erhebliche Vorteile hat. Klar ist, dass nicht sämtliche Stammkunden beim Unternehmer verbleiben. Diese Abwanderung ist bei der Berechnung des Ausgleichsanspruchs zu berücksichtigen – und zwar für jedes prognostizierte Jahr. Sie liegt üblicherweise bei 20%, kann in Einzelfällen durchaus aber auch 30% erreichen. **885**

(4) Abzinsung: Das so errechnete Zwischenergebnis muss abgezinst werden, da die Provisionsverluste des Handelsvertreters nicht erst in der Zukunft, sondern bereits bei Beendigung des Handelsvertretervertrages entschädigt werden sollen. Für die Höhe der Abzinsung ist das Zinsniveau maßgeblich, das für jedes Jahr berücksichtigt werden muss. **886**

(5) Abzug für entfallende Unternehmervorteile: Der Handelsvertreter hat Anspruch auf Ausgleich nur und insoweit, als der Unternehmer aus den vom Handelsvertreter geworbenen Kundenbeziehungen erhebliche Vorteile hat. Aus diesem Grund sind beispielsweise Abzüge zu machen, wenn (i) weder der Unternehmer noch ein potenzieller Käufer des Unternehmens den Kundenstamm für künftige Geschäfte nutzen kann, (ii) der Handelsvertreter erfolgreich Kunden des Unternehmers abwirbt oder (iii) Kunden vom Unternehmer aufgrund der Beendigung der Handelsvertretertätigkeit zu Wettbewerbern abwandern. **887**

(6) Billigkeit: Von dem so ermittelten Betrag sind Billigkeitsabschläge vorzunehmen, z.B. für die Sogwirkung der Marke, Pflichtverletzungen des Handelsvertreters und weiteres mehr. **888**

b) Berechnungsbeispiel (vereinfacht)

(1) Provisionserträge des Handelsvertreters in den letzten zwölf Monaten: **889**
= EUR 400.000,00

abzüglich des Einmalkundenanteils
(10% also EUR 40.000)
= EUR 360.000,00

(2) Prognosedauer (3 Jahre):

(3) Dreijahresprognose abzüglich Abwanderungsquote von je 20%

(a) 2017: EUR 360.000,00 ./. 20% (EUR 72.000,00) = EUR 288.000,00

(b) 2018: EUR 288.000,00 ./. 20 % (EUR 57.600,00) = EUR 230.400,00
(c) 2019: EUR 230.400,00 ./. 20 % (EUR 46.080,00) = EUR 184.320,00
Zwischenergebnis **= EUR 702.720,00**

(4) Abzinsung (5 %) über alle drei Prognosejahre (EUR 100.225,44) = EUR 602.494,56

(5) Abzugsposten mangels Unternehmervorteil (15 % also EUR 90.374,18) = EUR 512.120,37

(6) Billigkeitsabschlag je nach Fall (20 % also EUR 102.424,07) = **EUR 409.696,29**

4. Berechnung der Obergrenze, § 89 b Abs. 2 HGB

890 Gemäß § 89 b Abs. 2 HGB beträgt der Ausgleichsanspruch des Handelsvertreters höchstens eine nach dem Durchschnitt der letzten fünf Jahre der Tätigkeit des Handelsvertreters berechneten Jahresprovision (bei kürzerer Dauer der daraus errechnete Jahresdurchschnitt). Diese Obergrenze erlangt nur dann Bedeutung, wenn der Rohausgleich die Obergrenze übersteigt. Ist die Obergrenze hingegen höher als der Rohausgleich, kann der Handelsvertreter seinen Ausgleich nicht nach der Obergrenze fordern.[345] Meist ist die Berechnung des Rohausgleichs aber ohnehin günstiger für den Unternehmer, da insoweit diverse Abzüge zu berücksichtigen sind. Lediglich dann, wenn der Handelsvertreter die Provisionsumsätze durch gute Leistungen stetig ausgebaut hat und beispielsweise insbesondere im letzten Vertragsjahr sehr erfolgreich war, fällt die Obergrenze geringer als der Rohausgleich aus. Dies liegt daran, dass bei der Berechnung des Durchschnitts der letzten fünf Vertragsjahre auch die „schwächeren Vorjahre" berücksichtigt werden – während bei der Berechnung des Rohausgleichs lediglich die Provisionen des letzten Vertragsjahrs maßgeblich sind.

891 Bei der Berechnung der Obergrenze müssen alle Provisionsbestandteile berücksichtigt werden. Es sind bei der Berechnung nach § 89 b Abs. 2 HGB – anders als nach dem Rohausgleich, § 89 b Abs. 1 HGB – nicht nur die Provisionen für Abschluss- und Vermittlungstätigkeit, sondern alle Provisionen und sonstige Vergütungen und auch die mit Einmalkunden erzielten Provisionsumsätze zu berücksichtigen. Dies schließt also etwa Vergütung für Lagerhaltung, Inkasso und andere Dienstleistungen wie z.B. Delkredere oder Festvergütungen mit ein. Die Berechnung muss auf der Basis der Bruttoprovisionen erfolgen. Abzüge für Mehrwertsteuer (falls anfallend) sind bei der Berechnung der Obergrenze nicht statthaft. Sofern sich der Unternehmer auf die Obergrenze nach § 89 b Abs. 2 HGB beruft, trägt er für alle anspruchsbegründenden Umstände die Beweislast.

[345] BGH VIII ZR 221/97, NJW 1999, 946, 948.

5. Der Ausschluss des Ausgleichsanspruchs

In der Praxis stellt sich immer wieder die Frage, ob und inwieweit der Ausgleichsanspruch des Handelsvertreters ausgeschlossen werden kann. Gemäß § 89b Abs. 4 Satz 1 HGB ist der Ausgleichsanspruchs des Handelsvertreters bindend. Er kann im Voraus nicht ausgeschlossen werden. Daher ist es im Ergebnis bis auf wenige Ausnahmen unmöglich, den Ausgleichsanspruch des Handelsvertreters bereits bei Abschluss des Handelsvertretervertrages – also im Voraus - auszuschließen. Nachfolgend werden Fallkonstellationen beleuchtet, unter denen der Ausgleichsanspruch entweder entfällt oder u.U. umgangen werden kann. 892

Praxishinweis: 893

Der Ausgleichsanspruch kann nicht dadurch ausgeschlossen werden, dass das Handelsvertreterverhältnis z.B. als Vertriebspartnervertrag, Partner- oder Beratervertrag, Consultancy-Agreement oder Importeurvertrag bezeichnet wird, da es auf den Inhalt des Vertragsverhältnisses und den Parteiwille ankommt, nicht aber auf die bloße Bezeichnung.

a) Kündigung durch den Handelsvertreter

Gemäß § 89b Abs. 3 Nr. 1 HGB entfällt der Anspruch des Handelsvertreters auf Ausgleich, wenn er das Vertragsverhältnis selbst gekündigt hat. Von diesem Grundsatz sieht das Gesetzt aber Rückausnahmen vor. Wenn ein Verhalten des Unternehmers zur Kündigung begründeten Anlass gegeben hat oder dem Handelsvertreter eine Fortsetzung seiner Tätigkeit wegen seines Alters oder wegen Krankheit nicht zugemutet werden kann, behält der Handelsvertreter auch im Falle der Kündigung seinen Ausgleichsanspruch. Ob die Kündigung durch den Handelsvertreter ordentlich oder außerordentlich fristlos erfolgt, spielt keine Rolle, solange ein Verhalten des Unternehmers zur Kündigung begründeten Anlass gegeben hat. Kündigt der Handelsvertreter fristlos aus wichtigem Grund, hat der Unternehmer hierzu meist Anlass gegeben. Dies hat zur Folge, dass der Ausgleichsanspruch des Handelsvertreters erhalten bleibt. 894

Diese Regelungen sind letztlich Ausfluss einer gesetzgeberischen Interessenabwägung. Allerdings sind wichtiger Grund nach § 89a HGB und „begründeter Anlass" gemäß § 89b Abs. 3 Nr. 1 HGB nicht zwingend identisch. Es ist denkbar, dass das Verhalten des Unternehmers zwar begründeten Anlass zur Vertragsbeendigung durch den Handelsvertreter gibt, dieses Verhalten aber nicht schwer genug ist, um eine fristlose Kündigung zu rechtfertigen. Ein strafbares oder schuldhaftes Verhalten des Unternehmers dürfte indessen meist beide Tatbestände erfüllen, also begründeter Anlass und wichtiger Grund sein. 895

896 **Praxishinweis:**

Ein wichtiger Grund i.S.d. § 89a HGB, der in einem steuerbaren Fehlverhalten des Unternehmens liegt, wird stets auch begründeten Anlass für eine Kündigung des Handelsvertreters nach § 89b Abs. 3 Nr. 1 HGB geben, mit der Folge, dass dessen Ausgleichsanspruch nicht entfällt.

897 Gerichte haben begründeten Anlass für eine ausgleichswahrende Kündigung des Handelsvertreters insbesondere in folgenden Konstellationen angenommen:

- **Produktionsdrosselung** durch den Unternehmer, die zu einer Existenzgefährdung des Handelsvertreters führt;[346]
- Erweiterung des Produktportfolios durch den Unternehmer und daraus resultierende **Interessenkollision für** den **Handelsvertreter**;[347]
- Ausbleibende oder **schleppende Provisionszahlungen** seitens des Unternehmers;[348]
- **Direktgeschäfte** durch den Unternehmer **entgegen** dem **Handelsvertretervertrag**.[349]

898 Eine Kündigung durch den Handelsvertreter lässt dessen Ausgleichsanspruch auch dann unberührt, wenn von ihm aufgrund seines Alters oder Krankheit in zumutbarer Weise nicht erwartet werden kann, dass er das Handelsvertreterverhältnis fortsetzt. Ein solcher Fall liegt anerkanntermaßen vor, wenn der Handelsvertreter das Alter von 65 Jahren erreicht.[350] Krankheit ermächtigt den Handelsvertreter ebenfalls zur ausgleichswahrenden Kündigung, wenn eine schwerwiegende Störung des Gesundheitszustands, von nicht absehbarer Dauer, vorliegt und der Handelsvertreter seiner Tätigkeit mit Ersatzkräften nicht nachkommen kann.[351] Für eine ausgleichswahrende Kündigung ist hingegen nicht erforderlich, dass der Handelsvertreter berufsunfähig oder schwerbehindert wird.

b) Berechtigte Kündigung durch den Unternehmer

899 Gemäß § 89b Abs. 3 Nr. 2 HGB entfällt der Ausgleichsanspruch des Handelsvertreters, wenn der Unternehmer das Vertragsverhältnis gekündigt hat und für die Kündigung ein wichtiger Grund wegen schuldhaften Verhaltens des Handelsvertreters vorlag. Ob die vom Unternehmer aus-

---

346 BGH I ZR 138/74, NJW 1976, 671.
347 BGH I ZR 51/85, NJW 1987, 778.
348 BGH I ZR 185/87, NJW-RR 1989, 862.
349 BGH VIII ZR 47/92, NJW-RR 1993, 678.
350 *Hopt*, in: Baumbach/Hopt, HGB, 37. Aufl. 2016, § 89b Rn. 61.
351 BGH I ZR 150/91, NJW-RR 1993, 996.

gesprochene Kündigung ordentlich oder außerordentlich erfolgt, ist unerheblich. Erforderlich ist, dass der wichtige Grund in einem schuldhaften Verhalten des Handelsvertreters besteht. Im Umkehrschluss bedeutet dies, dass nicht jede wirksame Kündigung aus wichtigem Grund zu einem Verlust des Ausgleichsanspruchs führt – erforderlich ist, dass ein schuldhaftes Verhalten des Handelsvertreters den Anlass zur Kündigung gibt. § 89b Abs. 3 Nr. 2 HGB ist also enger als § 89a HGB, da letztere Vorschrift nicht zwingend ein schuldhaftes Verhalten des Handelsvertreters für die außerordentliche Kündigung voraussetzt. Gerichte haben in den folgenden Fällen wichtige Gründe als ausreichend i.S.d. § 89b Abs. 3 Nr. 2 HGB anerkannt: Beleidigung des Unternehmers; Urkunden- oder Unterschriftsfälschung; vertragswidrige Wettbewerbsaktivität des Handelsvertreters. Nicht ausreichend sind hingegen alle wichtigen Kündigungsgründe des Unternehmers, die der Handelsvertreter nicht verschuldet hat.

c) Einverständlicher Eintritt eines Dritten

Gemäß § 89 b Abs. 3 Nr. 3 HGB entfällt der Ausgleichsanspruch auch dann, **900**
wenn eine dritte Partei (beispielsweise ein neuer Handelsvertreter) in den Vertrag zwischen bisherigem Handelsvertreter und Unternehmer eintritt und damit die Rechte und Pflichten des bisherigen Handelsvertreters übernimmt. Sinn und Zweck ist es, eine Doppelzahlung an den ausscheidenden Handelsvertreter zu vermeiden, indem dieser eine Ausgleichszahlung vom Unternehmer einerseits und andererseits eine Einstands- bzw. Übernahmezahlung vom neuen Handelsvertreter erhält. Typische Konstellation ist, dass der Handelsvertreter seine Agentur an eine dritte Person (einen neuen Handelsvertreter) verkauft.

d) Ausschluss bei Tätigkeit außerhalb der EU und des EWR

Gemäß § 92 c Abs. 1 HGB besteht die Möglichkeit, den Ausgleichsanspruch **901**
des Handelsvertreters auszuschließen, sofern der Handelsvertreter für den Unternehmer nach dem Vertrag nicht innerhalb der EU oder des EWR ausübt. Der Ausschluss ist in diesen Fällen schon vor Beendigung des Handelsvertretervertrages und damit sogar bei Vertragsabschluss möglich.[352] Maßgeblich ist allein, wo der Handelsvertreter seine Aktivitäten örtlich tätig ist. Wenn der Handelsvertreter nach dem Vertrag beispielsweise in China, Brasilien und Russland aktiv werden soll, können die Parteien – unabhängig von ihrer Nationalität und dem Sitz ihrer Gesellschaften – den Ausgleichsanspruch des Handelsvertreters bereits bei Vertragsabschluss ausschließen. Dies gilt selbst dann, wenn das Recht des Staates, in dem der

[352] OLG München 23 U 4416/01, NJW-RR 2003, 471, 472.

Handelsvertreter bestimmungsgemäß seine Tätigkeit ausüben soll, selbst einen Ausgleichsanspruch – ähnlich dem deutschen Recht – vorsieht.[353]

902 Für die Bestimmung des Ortes, an dem der Handelsvertreter nach dem Vertrag seine Tätigkeit auszuüben hat, ist der Schwerpunkt der Tätigkeit des Handelsvertreters maßgeblich. Dies ist im Einzelfall zu bestimmen. Im Ergebnis wird es immer darauf ankommen, wo der Handelsvertreter seine werbende Vermittlungstätigkeit nach dem Vertrag entfalten soll. Dies lässt sich meist durch das Vertragsgebiet bestimmen, das dem Handelsvertreter übertragen wird. Unerheblich ist hingegen, ob der Handelsvertreter kleinere Nebenpflichten nach dem Vertrag innerhalb der EU bzw. des EWR erbringen soll, soweit er seine Hauptpflicht außerhalb der EU bzw. des EWR erbringt.[354]

903 Vorsicht ist geboten bei nachträglichen Vertragsänderungen. Wenn beispielsweise ein Handelsvertreter, der ursprünglich außerhalb der EU (z.B. in Südafrika) tätig war, nun ein weiteres Vertragsgebiet, das sich innerhalb der EU befindet (z.B. Frankreich), zusätzlich betreut, sind ab diesem Zeitpunkt vom deutschen Handelsvertreterrecht abweichende Vereinbarungen nicht mehr möglich. Dies gilt aber erst ab dem Zeitpunkt, ab dem im vorgenannten Beispiel der Handelsvertreter neben Südafrika auch Frankreich mitbetreut.

904 **Praxishinweis:**

Achten Sie auf klare vertragliche Regelungen. Halten Sie (mündlich getroffene) Vertragsänderungen schriftlich fest. Im Falle der Veränderung des Vertragsgebiets sollte zudem der Kundenstamm im Zeitpunkt der Änderung definiert werden, um nachträglich Streitigkeiten über den Umfang des Ausgleichsanspruchs zu vermeiden.

e) Rechtswahl

905 Der Ausschluss des Ausgleichsanspruchs mittels Rechtswahl ist nur in sehr beschränktem Umfang möglich. Nach der Ingmar-Entscheidung des EuGH[355] wird § 89 b HGB als sogenannte Eingriffsnorm i.S.v. Art. 9 Abs. 2 Rom-I-VO qualifiziert. In der Praxis sind daher die Möglichkeiten, den Ausgleichsanspruch durch Wahl eines ausländischen Rechts – das keinen Ausgleichsanspruch vorsieht – auszuschließen, gering.

---

353 OLG München 7 U 5609/01, NJW-RR 2003, 201.
354 OLG München 23 U 4416/01, NJW-RR 2003, 471, 472.
355 → Rn. 597.

f) Ausschluss des Ausgleichsanspruchs nach Beendigung des Handelsvertretervertrags

Gemäß § 89 b Abs. 4 Satz 1 HGB kann der Ausgleichsanspruch **im Voraus** nicht ausgeschlossen werden. Dies gilt selbst dann, wenn die Parteien eine entsprechende Aufhebungsvereinbarung, die einen solchen Ausschluss vorsieht, nur wenige Tage vor dem tatsächlichen Beendigungsdatum abschließen.[356] Ist der Handelsvertretervertrag hingegen tatsächlich beendet, kann der Ausgleichsanspruch ohne weiteres ausgeschlossen werden, sofern der Handelsvertreter dem zustimmt. Auch im Rahmen einer Aufhebungsvereinbarung ist der Ausschluss des Ausgleichsanspruchs grundsätzlich möglich; allerdings nur dann, wenn im Aufhebungsvertrag geregelt ist, dass das Handelsvertreterverhältnis mit sofortiger Wirkung (und nicht erst zu einem Datum in der Zukunft) beendet wird.[357] **906**

g) Einstandszahlung des Handelsvertreters

In der Praxis relativ weit verbreitet sind sogenannte Einstandszahlungen. Danach vereinbaren die Parteien, dass der Handelsvertreter für die Übernahme des Vertragsgebiets (und gegebenenfalls des Kundenstamms) an den Unternehmer einen Betrag (die Einstandszahlung) leistet. In Handelsvertreterverträgen findet sich immer wieder eine Verknüpfung von Einstandszahlung und Ausgleichsanspruch in der Weise, dass der Unternehmer dem Handelsvertreter die Erbringung der Einstandszahlung bis zur Beendigung des Handelsvertreterverhältnisses stundet und dann mit einem möglichen Ausgleichsanspruch aufrechnet. Eine solche Konstruktion hat für den Handelsvertreter den Vorteil, dass er für die Übernahme des Kundenstamms letztlich effektiv keine Einstandszahlung leisten muss – allerdings bei Beendigung des Handelsvertretervertrages auch keinen Ausgleich erhält. Eine derartige Stundungsvereinbarung wird häufig auch noch mit der Abrede verknüpft, dass für den Fall, dass die Einstandszahlung des Unternehmers den Ausgleichsanspruch des Handelsvertreters bei Vertragsbeendigung übersteigt, der Unternehmer dem Handelsvertreter den übersteigenden Betrag erlässt. **907**

In der Praxis ist zu beobachten, dass trotz Einstandsvereinbarung mit Stundungsabrede entgegen den Erwartungen des Unternehmers bei Vertragsbeendigung Streitigkeiten über den Ausgleichsanspruch auftreten. Zwar ist in der Rechtsprechung anerkannt, dass eine Konstruktion wie oben beschrieben grundsätzlich zulässig ist.[358] Gleichermaßen hat **908**

---

[356] BGH VII ZR 141, 68, NJW 1971, 465.
[357] *Mann*, ZVertriebsR 2017, 25, 27.
[358] Dies gilt sogar für AGB, vgl. BGH VIII ZR 23/92, NJW-RR 1993, 375.

die Rechtsprechung aber festgestellt, dass im Rahmen einer derartigen Einstandsvereinbarung ein angemessener Zahlbetrag vereinbart werden muss.[359] Wann ein Betrag angemessen ist, ist letztlich richterlicher Wertung zugänglich. Gerichtliche Entscheidungen hierzu zeichnen kein klares und pauschales Bild. Als Daumenregel lässt sich allerdings festhalten, dass – wie das OLG Düsseldorf festgestellt hat – eine Einstandszahlung eine durchschnittlich zu erwartende Jahresprovision des Handelsvertreters nicht übersteigen darf.[360] Demgegenüber haben das OLG Celle und das OLG Saarbrücken festgestellt, dass eine Einstandsvereinbarung unwirksam ist, wenn der Handelsvertreter letztlich ein ganzes Jahr für den Erwerb seines Kundenstamms arbeiten müsse, und dadurch ohne Einkommen bliebe.[361] Letztlich sind die Umstände des Einzelfalls maßgeblich für die Frage, ob eine Einstandszahlung angemessen ist. Unwirksam dürfte in jedem Fall eine Einstandsvereinbarung dann sein, wenn ein Kundenstamm überhaupt nicht übertragen wird (mangels Kunden). Das Risiko einer unwirksamen Einstandsvereinbarung kann hingegen in folgenden Fällen verringert, wenn auch nicht ausgeschlossen werden:

- Abschluss eines Handelsvertretervertrags mit langer Laufzeit und/oder fester Vertragslaufzeit;[362]
- Übertragung einer gut laufenden Bezirksvertretung durch den Unternehmer;
- Vereinbarung, dass die durch die Einstandszahlung abgelösten Kunden als Neukunden des Handelsvertreters behandelt werden.[363]

X. Verjährung

909 Sämtliche Ansprüche aus dem Handelsvertreterverhältnis verjähren gemäß §§ 195 ff. BGB innerhalb der Regelverjährungsfrist. Damit beginnt die Verjährung also mit dem Schluss des Jahres, in dem die jeweiligen Ansprü-

[359] BGH I ZR 14/81, NJW 1983, 1727, 1728.
[360] OLG Düsseldorf 16 U 68/99.
[361] OLG Celle 11 U 61/00, BeckRS 2000, 30150301; OLG Celle 11 U 90/01, BeckRS 2001, 30227124; OLG Saarbrücken 1 U 161/12, ZVertriebsR 2013, 383. Allerdings ist zu berücksichtigen, dass dieses Argument nicht greift, wenn die Zahlung des Einstandsbetrags bis zum Ende des Handelsvertreterverhältnisses gestundet wird.
[362] OLG Düsseldorf 16 U 66/02, BeckRS 2005, 06098; *Westphal*, MDR 2005, 421, 423.
[363] OLG München 7 U 3194/04, NJW-RR 2005, 1062; OLG München 7 U 3915/96, NJW-RR 1997, 986.

che entstanden sind und der Gläubiger von den den Anspruch begründenden Umständen Kenntnis erlangt hat oder ohne grobe Fahrlässigkeit hätte erlangen müssen. Von dieser dreijährigen Regelverjährung werden alle aus dem Handelsvertretervertrag herrührenden Ansprüche erfasst, wie etwa Provisionsansprüche, Überhangprovisionen, Schadensersatzansprüche, Ansprüche auf Zahlung von Vorschüssen, vereinbarte Vertragsstrafen oder Abrechnungsansprüche. Soweit die Parteien eine Verkürzung der Verjährungsfrist vereinbaren, ist dies möglich, allerdings nur soweit die kürzere Verjährungsfrist dann beidseitig (also für den Unternehmer und den Handelsvertreter gleichermaßen) gilt.

Auch der Anspruch des Handelsvertreters auf Buchauszug nach § 87c **910**
HGB verjährt innerhalb von 3 Jahren. Streit entsteht indessen häufig über die Frage, wann die Verjährung zu laufen beginnt. Dafür kommt es auf das Entstehen des Buchauszugs an. Dieser entsteht mit der Abrechnung der Provision. Von der für den Verjährungsbeginn erforderlichen Kenntnis der den Anspruch begründenden tatsächlichen Umstände im Sinne des § 199 Abs. 1 Nr. 1 HGB ist regelmäßig dann auszugehen, sobald der Handelsvertreter die auf einen bestimmten Zeitraum bezogene, abschließende Abrechnung des Unternehmers erhalten hat.[364]

XI. Typischer Vertragsinhalt von Handelsvertreterverträgen

Beim Abschluss eines Handelsvertretervertrages sollten die Parteien ihre **911**
vertragliche Zusammenarbeit möglichst abschließend regeln. Dies schließt ein, dass die Parteien sich über die folgenden Aspekte zumindest Gedanken machen und bestenfalls Regelungen zu den folgenden Punkten treffen: (i) Vertragsgebiet; (ii) Exklusivität, falls gewünscht (ggf. Alleinvertrieb); (iii) Vertragsprodukte; (iv) Pflichten der Vertragsparteien, insbesondere Umfang der Marketing- und Werbepflichten des Handelsvertreters; (v) Provisionsregelungen, insbesondere Provisionshöhe, Voraussetzungen des Provisionsanspruchs (Ursächlichkeitserfordernis), Provisionsabrechnung, Provisionsfälligkeit, ggf. Provisionsverlust; (vi) Regeln zu einem möglichen Wettbewerbsverbot; (vii) Laufzeit und Kündigung; (viii) Ausgleichsanspruch; (ix) Muster und Musterrückgabe; (x) Sonstiges (Vertraulichkeit, salvatorische Klausel, Rechtswahl, Gerichtsstand oder Schiedsklausel).

[364] OLG Hamm 18 U 94/16, ZVertriebsR 2017, 117, 119-121.

912 **Praxishinweis:**

Vermeiden Sie bei Abschluss des Handelsvertretervertrages die folgenden „Todsünden“:

- Schließen Sie keine mündlichen Handelsvertreterverträge ab, da dies häufig zu Beweisproblemen und damit zu teuren gerichtlichen Auseinandersetzungen führt.
- Vereinbaren Sie weder zugunsten des Unternehmers noch des Handelsvertreters ein Recht zur einseitigen Vertragsänderung (insbesondere mit Blick auf die Provisionsrate, die Produkte oder das Vertragsgebiet), da dies in Formularverträgen unwirksam ist und Streitigkeiten verursacht.
- Definieren Sie im Falle einer Exklusivität, was von den Parteien gemeint und gewollt ist. Klären Sie insbesondere, ob durch die Exklusivität auch Direktverkäufe des Unternehmers ins Vertragsgebiet ausgeschlossen sein sollen. Anderenfalls könnte der Handelsvertreter möglicherweise – im Falle von Direktlieferungen – Schadensersatzansprüche gegen den Unternehmer erheben.
- Definieren Sie die Bestandskunden im Vertragsgebiet am besten mittels einer Anlage zum Handelsvertretervertrag. Damit vermeiden Sie im Falle des Ausgleichsanspruchs Streit über die Frage, welche Kunden neu geworben und damit ausgleichspflichtig sind, § 89b HGB.
- Regeln Sie im Vertrag alles nur einmal. Damit vermeiden Sie Mehrfachregelungen, die sich – wie die Praxis zeigt – häufig nicht decken oder in Teilen sogar widersprechen, was zu Unklarheiten, Streit und ggf. hohen Kosten führt.
- Lassen Sie auch bei der Rechtswahl- und der Gerichtstandsvereinbarung Vorsicht walten, um nicht schon Streitigkeiten darüber zu verursachen, welche Gerichte oder Schiedsgerichte überhaupt zuständig sind. Wählen Sie niemals „europäisches Recht“, da es bislang kein in sich abgeschlossenes europäisches Rechtssystem gibt.

Teil 13
Vertragshändlervertrag

Der Gesetzgeber hat das Vertragshändlerrecht nicht geregelt. Dennoch ist unbestritten, dass Vertrags- und Fachhändler eine wichtige Rolle im Warenvertrieb einnehmen. Dieses Kapitel gibt einen praxisorientierten Überblick über die wichtigsten Rechtsfragen, die in Zusammenhang mit Fach- und Vertragshändlerverträgen auftauchen. 913

I. Allgemeines

1. Bedeutung des Vertragshändlers 914

Vertrags- und Fachhändler sind ein wichtiges Element internationaler Handelsbeziehungen und spielen eine Schlüsselrolle in der Lieferkette. Während der Handelsvertreter beispielsweise ständig damit betraut ist, für den Hersteller Geschäfte zu vermitteln oder in dessen Namen abzuschließen, kauft der Vertrags- und Fachhändler Leistungen oder Waren im eigenen Namen und auf eigene Rechnung und verkauft diese dann weiter. Das bedeutet, dass er und nicht der Hersteller das Risiko der Unternehmung trägt. Daher ist er gut beraten seine unternehmerischen Risiken genau zu kalkulieren, insbesondere was die Amortisation seiner Investitionen anbelangt. Die Tätigkeit als Vertrags- oder Fachhändler birgt jedoch auch erhebliche kaufmännische Chancen. Der Vertragshändler ist in einer Position, in dem er den Wiederverkaufspreis und damit seine Marge selbst bestimmen kann. Seine Marge (Reingewinn) dürfte daher im Regelfall deutlich höher sein, als die Provisionszahlungen, die etwa ein Handelsvertreter erhält. Im Gegenzug dafür trägt der Handelsvertreter ein eher geringes unternehmerisches Risiko.

2. Definition

Das Vertragshändlerrecht hat sich durch tatsächliche Übung und durch die Rechtsprechung entwickelt. Der BGH hat den Vertragshändlervertrag als Rahmenvertrag eigener Art definiert, durch den sich der Vertragshändler verpflichtet, Waren des Herstellers oder Lieferanten (Unternehmer) im 915 eigenen Namen und auf eigene Rechnung zu vertreiben.[365] Häufig ist der Vertragshändler zudem in die Vertriebsorganisation des Herstellers (Unternehmers) eingebunden, etwa indem er gegenüber dem Hersteller Berichtserstattungspflichten hat oder Marketingdienstleistungen übernimmt. Die Einbindung des Vertragshändlers in die Vertriebsorganisation des Herstellers kann indes sehr unterschiedlich ausgeprägt sein. Sie kann so weit gehen, dass dem Vertragshändler neben der Zuweisung eines Vertragsgebiets ein Alleinvertriebsrecht eingeräumt wird. Häufig ist der Vertragshändler vertraglich auch den Weisungen des Herstellers unterworfen. Teilweise werden seine Tätigkeit und sein Pflichtenkreis dadurch dem eines Handelsvertreters sehr ähnlich. Besonders deutlich ist dies beispielsweise im Bereich des Kraftfahrzeugvertriebs (bei Autohäusern). Hier tritt der Vertragshändler letztlich hinter die Marke des Herstellers/Unternehmers zurück. Dies kann sogar so weit gehen, dass der Vertragshändler verpflichtet wird, seine Finanzdaten an den Hersteller zu übermitteln.

916 Die nachfolgenden Sonderformen des Vertragshändlers haben sich in den letzten Jahrzenten Herausgebildet:

– **Exklusivvertrieb**, insbesondere auf der Großhandelsebene und im industriellen Zulieferbereich;
– **Selektivvertrieb**, insbesondere im Einzelhandel, z.B. in den Branchen Elektronik, Kosmetik oder Uhren;
– **Fachhändler**, insbesondere im Automobilbereich.

3. Abgrenzung zu anderen Vertragstypen

917 Die Abgrenzung zu anderen Vertragstypen, wie etwa reinen Belieferungsverhältnissen, Rahmenvertragsverhältnissen oder zum Franchising kann gelegentlich schwierig sein.

918 Bloße **Belieferungsverhältnisse** gleichen dem Vertragshändler insoweit, als es bei Belieferungs- oder Bezugsverträgen schlicht um den Kauf von Produkten (und ggf. den Weiterverkauf) geht. Allerdings gibt es über den bloßen Warenverkauf (und ggf. Weiterverkauf) keinerlei hinausgehende Bindung und Verpflichtung des Käufers. Marketing- oder Vertriebspflichten des Käufers bestehen – anders als in Vertragshändlerverhältnissen – nicht.

919 Auch **Zuliefer- und OEM-Verträge** enthalten üblicherweise die vertragliche Verpflichtung bestimmte Produkte zu kaufen und ggf. weiterzuverkaufen. Anders als in Vertragshändlerverhältnissen steht bei Zuliefer- und OEM-Verträgen das Recht des Käufers (OEM) im Vordergrund die

---

[365] BGH VIII ZR 255/68, NJW 1971, 29, 30.

gelieferten Produkte weiterzuverarbeiten und umzugestalten. Dadurch ist der OEM-Vertrag kein Vertragshändlervertrag. Vielmehr handelt es sich um einen Bezugsvertrag eigener Art.

Auch beim **Franchising** kauft der Franchisenehmer vom Franchisegeber Waren oder Dienstleistungen. Über den Kauf der Vertragsprodukte hinaus, erhält der Franchisenehmer vom Franchisegeber aber zusätzlich ein Nutzungsrecht an dessen Marken und Konzept, sowie häufig Bratungsleistungen, Software und Lizenzen. Hierfür bezahlt der Franchisenehmer an den Franchisegeber in der Regel auch eine sogenannte Franchisegebühr. **920**

Vertragshändler und **Handelsvertretervertrag** unterscheiden sich dadurch, dass der Vertragshändler Waren oder Dienstleistungen im eigenen Namen kauft und weiterverkauft. Dem gegenüber vermittelt der Handelsvertreter lediglich Geschäfte. Sofern er Geschäfte abschließt, tut er dies nicht in eigenem Namen, sondern im Namen des Unternehmers. Der Handelsvertreter ist in den §§ 84 ff. HGB gesetzlich geregelt. **921**

Auch der **Handelsmakler** ist vom Vertragshändler abzugrenzen. Der Handelsmakler ist in § 93 HGB definiert. Danach übernimmt er zwar – wie der Handelsvertreter – ebenfalls die gewerbsmäßige Vermittlung von Geschäften. Der Handelsmakler ist – anders als der Handelsvertreter – allerdings nicht ständig damit betraut, für den Unternehmer tätig zu werden. Vom Vertragshändler unterscheidet sich der Handelsmakler auch dadurch, dass der Handelsmakler Geschäfte lediglich vermittelt; nicht aber im eigenen Namen kauft und weiterverkauft. **922**

Praxishinweis: **923**

Es kommt häufig vor, dass Verträge falsch bezeichnet werden. Ein mit „Handelsvertretervertrag" überschriebener Vertrag kann in Wahrheit ein Vertragshändlervertrag sein, wenn sich aus dem Wortlaut ergibt, dass der Vertriebsvermittler nicht nur Waren vermittelt, sondern diese im eigenen Namen kauft und verkauft. Für die Anwendung der jeweiligen Rechtsvorschriften (Handelsvertreter oder Vertragshändler) ist die falsche Bezeichnung des Vertragsverhältnisses unerheblich.

4. Anwendbare Rechtsvorschriften

Weder das HGB noch ein Gesetz enthalten ein sogenanntes Vertragshändlergesetz oder Vertragshändlerrecht, d.h. ein in sich abgeschlossenes Vertragshändlergesetzbuch. Auch einzelne Bestimmungen, die den Vertragshändler explizit regeln, sucht man vergebens. Bei Vertragshändlerverträgen handelt es sich im Grundsatz um Rahmenverträge unter denen einzelne Ausführungsverträge (Einzelkaufverträge) abgeschlossen werden. **924**

Die Regelungen, denen sowohl der Vertragshändlervertrag (als Rahmenvertrag) als auch die unter diesem abzuschließenden Einzelkaufverträge unterfallen, sind teilweise dem HGB und dem BGB, sowie in Teilen dem GWB, sowie dem Europarecht (AEUV) zu entnehmen. Der Umstand, dass das Vertragshändlerrecht nicht einheitlich geregelt ist, macht es insbesondere für Nicht-Juristen zu einer komplexen Materie. Nachfolgend werden die praxisrelevantesten Konstellationen, die in Vertragshändlerverhältnissen immer wieder auftauchen, besprochen und das jeweils auf sie anzuwendende Regelungsregime erläutert.

II. Typischer Regelungsinhalt von Vertragshändlerverträgen

925 Die Parteien eines Vertragshändlervertrages sind wohlberaten, Regelungen mindestens zu den folgenden Punkten im Vertragshändlervertrag vorzusehen: (i) Vertragsgebiet; (ii) ggf. Exklusivität; (iii) Vertragsprodukte und ggf. Mindestabnahmeverpflichtung sowie Preise; (iv) Ersatzteilbelieferung; (v) Pflichten der Parteien, insbesondere Inhalt und Umfang von Marketing- und Werbepflichten des Vertragshändlers; (vi) Eigentumsvorbehalt; (vii) Gewährleistung, Haftung und Produkthaftung; (viii) ggf. Wettbewerbsverbot; (ix) Vertragsdauer und Kündigung; (x) Ausgleichsanspruch (möglicherweise Ausschluss desselben oder Vorauszahlung); (xi) Nachvertraglich Abwicklung (Rückgabe von Mustern; ggf. Rückkaufsrecht oder Rückkaufspflicht von Lagerbeständen und/oder Ersatzteilen); (xii) sonstiges (Geheimhaltung, Salvatorische Klausel, Rechtswahl, Schiedsklausel oder Gerichtsstandvereinbarung). Einige wichtige der vorstehend genannten Punkte werden nachfolgend im Einzelnen erläutert.

1. Zustandekommen des Vertragshändlervertrags

926 Es gibt kein Formerfordernis, das mit Blick auf den Abschluss eines Vertragshändlervertrages eingehalten werden müsste. Die Vertragsparteien können einen Vertragshändlervertrag daher mündlich, durch schlüssiges Verhalten, in Schrift- oder Textform oder auch in jeder anderen Form abschließen. Sofern die Parteien bestimmte Punkte bei Abschluss des Vertragshändlervertrages nicht regeln oder Regelungen unklar bzw. unvollständig sind, müssen diese durch Auslegung geschlossen bzw. ergänzt werden.

Praxishinweis: 927

Schließen Sie Vertragshändlerverträge aus Beweisgründen stets schriftlich oder zumindest in Textform ab. Achten Sie auf möglichst vollständige Regelungen zu allen wichtigen Punkten in der vertraglichen Zusammenarbeit. Arbeiten Sie beispielsweise Musterverträge Punkt für Punkt ab und/oder ziehen Sie anwaltlichen Rat bei. So lassen sich Unklarheiten vermeiden, die später zu teuren Streitigkeiten werden.

2. Vertragsinhalt

Obwohl eine vertragliche Zusammenarbeit auch ohne ausdrücklichen 928 oder schriftlichen Abschluss eines Vertragshändlervertrages erfolgen kann, ist es empfehlenswert zumindest die wesentlichen Bestimmungen der Zusammenarbeit zu regeln und festzuhalten. Dies schließt insbesondere Regelungen ein über Vertragsprodukte, Vertragsgebiet, Bestellprozess sowie ggf. Exklusivität, Kundendienst und Dauer der vertraglichen Zusammenarbeit.

a) Vertragsprodukte

Vertragsprodukte und Kaufpreis müssen vertraglich geregelt werden; 929 üblicherweise geschieht dies in einem Anhang zum Vertrag, indem die Parteien die zu vertreibenden Produkte benennen und den Kaufpreis für das jeweilige Produkt festsetzen. Üblicherweise besteht ein praktisches Bedürfnis, die Produktliste im Laufe der Zusammenarbeit anzupassen. Dies gilt insbesondere vor dem Hintergrund, dass Vertragshändlerverträge typischerweise die Zusammenarbeit für einen längeren Zeitraum regeln sollen und es in diesem Zeitraum zu Produktmodifikationen und Neuentwicklungen kommt. Damit sich die Parteien mit Blick auf die Vertragsprodukte die notwendige Flexibilität erhalten, stehen unterschiedliche Möglichkeiten zur Verfügung:

- Die Parteien können eine **Globalvertriebsklausel** aufnehmen, wonach 930 der Vertragshändler ermächtigt wird, sämtliche Produkte des Herstellers zu vertreiben. Der Hersteller sollte sich allerdings hinterfragen, ob eine derartige Globalvertriebsklausel tatsächlich seinen Interessen entspricht. Zum Zeitpunkt des Abschlusses des Vertragshändlervertrages kann er möglicherweise noch nicht alle Produktveränderungen, -entwicklungen und -erfindungen abschätzen. Zu einem späteren Zeitpunkt könnte er beispielsweise den Vertrieb seiner Produkte segmentieren und splitten oder den Vertrieb bestimmter Produkte exklusiv einem bestimmten Vertragshändler zuweisen wollen, was dann zu

Schwierigkeiten führt, wenn er den Vertrieb all seiner gegenwärtigen und zukünftigen Produkte bereits zuvor (exklusiv) einem Vertragshändler zugewiesen hat.

931 • In der Praxis finden sich häufig Regelungen, nach denen der Hersteller die Liste der zu vertreibenden Vertragsprodukte nach seiner Wahl einseitig ändern kann (**Änderungsvorbehalt**). Ein Änderungsvorbehalt kann beim Abschluss von individuell ausgehandelten Verträgen wirksam sein. In Musterverträgen (AGB) müssen die Parteien indessen § 308 Nr. 4 BGB beachten. Danach ist eine Klausel unwirksam, nach welcher der Verwender (in der Regel der Hersteller) sich das Recht vorbehält, die versprochene Leistung einseitig zu ändern oder von ihr abzuweichen. Diese Beschränkung gilt allerdings nur insoweit, als die Abweichung oder Änderung der versprochenen Leistung unter Berücksichtigung der Interessen des Herstellers für den anderen Vertragsteil unzumutbar ist. Letztlich kommt es insoweit auf eine Interessenabwägung zwischen den Parteien an. Willkürliche oder treuwidrige Änderungen, welche die Interessen des Vertragshändlers beeinträchtigen sind unwirksam.[366] Die Änderung der Modellpolitik unterliegt allein der unternehmerischen Entscheidungsfreiheit des Herstellers, d.h. sofern der Hersteller einen einseitigen Änderungsvorbehalt lediglich dazu nutzt, Produkte und Preise auf jeweils neue Modelle anzupassen, dürfte dies einer Wirksamkeit derartiger Klauseln nicht entgegen stehen.[367]

932 • Kein wirksames Mittel zur Anpassung von Preisen und Produkten stellen **Teilkündigungen** dar. Kündigungen, die also lediglich einen Teil der Produkte oder die im Vertrag vorgesehene Exklusivität „wegkündigen" sollen, sind daher unwirksam.

933 In Fällen, in denen die Produktion eines bestimmten Vertragsprodukts nicht mehr profitabel ist, darf der Hersteller grundsätzlich nach freiem Ermessen die Produktion einstellen. Der Hersteller ist nicht verpflichtet, Produkte lediglich aus Rücksicht auf die Interessen des Vertragshändlers mit Verlust oder sogar zu unrentablen Bedingungen zu produzieren und weiter zu vertreiben.[368] Der Hersteller kann auch die Produktion eines Produkts einstellen, wenn er bei der Beurteilung von Konjunktur und künftigen Absatzchancen zu dem nachvollziehbaren Ergebnis gelangt, dass eine Umstellung seiner derzeit noch rentablen Produktion erforderlich ist, um späteren Verlusten vorzubeugen. Erst dann, wenn der Hersteller ohne jeden sachlich gerechtfertigten Grund aus willkürlichen und wirtschaftlich

[366] BGH VIII ZR 125/98, NJW 2000, 515, 520.
[367] BGH VIII ZR 214/83, NJW 1985, 623, 627–628.
[368] BGH II ZR 189/57, BB 1959, 864.

nicht nachvollziehbaren Erwägungen die Produktion zum Schaden des Vertragshändlers einschränkt oder aufgibt, ist die Grenze zur vertragswidrigen Ausnutzung seiner unternehmerischen Entscheidungsfreiheit überschritten. In diesen Fällen wird der Vertragshändler mit Erfolg Schadensersatzansprüche geltend machen können.

b) Bestellprozess

Es ist ratsam, den Bestellprozess bzw. dessen Ablauf im Vertrag ausdrück- **934**
lich zu regeln. Der Hersteller kann sich beispielsweise verpflichten, Produktabrufe des Vertragshändlers direkt auszuführen, ohne dass es einer Bestätigung der vom Vertragshändler aufgegebenen Bestellungen durch den Hersteller bedarf (Belieferungspflicht). Alternativ dazu können die Parteien regeln, dass unter dem Vertragshändlervertrag für die einzelnen Produktchargen oder Produkte jeweils Einzelkaufverträge abgeschlossen werden, die also jeweils einer Bestellung durch den Vertragshändler und einer Auftragsbestätigung – die freilich auch in der direkten Ausführung durch den Hersteller liegen kann – bedürfen.

Praxishinweis: **935**
Aus Sicht des Herstellers ist es empfehlenswert, eine strikte Belieferungsfrist zu vermeiden. Der Hersteller sollte sich in der Bestellbestätigung vorbehalten, bei Produktionsengpässen oder Produktionsausfall Bestellungen des Vertragshändlers ablehnen zu können. Andernfalls drohen Schadensersatzrisiken zu Lasten des Herstellers.

c) Vertragsgebiet

Üblicherweise weist der Hersteller dem Vertragshändler ein konkret aus- **936**
gewähltes Vertragsgebiet zu (z.B. definiert nach Postleitzahl, Bundesland oder Staat). Sofern der Hersteller einen Vertragshändler für ein bestimmtes Vertragsgebiet ernennt, bedeutet dies nicht zugleich, dass er darauf verzichtet für dieses Vertragsgebiet weitere Händler oder Handelsvertreter einzuschalten oder Kunden in diesem Gebiet durch den eigenen Außenvertrieb selbst zu beliefern (Direktgeschäfte). Sofern der Hersteller einem Vertragshändler ein Vertragsgebiet exklusiv zuweisen möchte, müssen insoweit kartellrechtliche Beschränkungen beachtet werden.[369] Die Zuweisung eines Vertragsgebiets ist grundsätzlich so zu verstehen, dass die Endkunden, die der Vertragshändler beliefern soll, ihren Sitz im Vertragsgebiet haben sollen.

[369] Vgl. hierzu → Rn. 941 ff.

937 **Praxishinweis:**

Definieren Sie das Vertragsgebiet exakt, um Missverständnisse und daraus resultierende Streitigkeiten zu vermeiden.

938 Will der Hersteller die Zuweisung eines Vertragsgebiets nach Vertragsschluss ändern, ist dies nicht durch einseitige Erklärung gegenüber dem Vertragshändler möglich. Hierfür ist grundsätzlich eine Einigung zwischen den Parteien (zwei übereinstimmende Willenserklärungen) erforderlich. Insbesondere ist es unzulässig, wenn der Hersteller eine Teilkündigung, z.B. für einen Teil des Vertragsgebiets ausspricht. In engen Grenzen ist es allerdings zulässig, dass der Hersteller mit dem Vertragshändler bei Vertragsabschluss einen Änderungsvorbehalt vereinbart, der ihm unter bestimmten Voraussetzungen ermächtigt, Teile des Vertragsgebiets aus dem Vertragsverhältnis heraus zu lösen. Insbesondere in individuell ausgehandelten Verträgen ist die Vereinbarung von Änderungsvorbehalten möglich. In Standard- bzw. Musterverträgen werden die Grenzen deutlich enger gezogen. Ein Hersteller kann einen Änderungsvorbehalt mit Blick auf das Vertragsgebiet in einem standardmäßig verwendeten Vertragshändlervertrag (AGB) nur dann wirksam vereinbaren, wenn im Vertragshändlervertrag konkrete Änderungen (z.B. als Fallbeispiele) ausdrücklich genannt sind, die Voraussetzungen definiert sind und die Interessen des Vertragshändlers angemessen berücksichtigt werden.[370]

939 **Praxishinweis:**

Wollen Sie einen wirksamen Änderungsvorbehalt vereinbaren, müssen konkrete Situationen erfasst, Voraussetzungen definiert und diese als wichtige Änderungsgründe ausdrücklich in den Vertragstext aufgenommen werden. Erforderlich ist, dass die Änderungsgründe an objektive Voraussetzungen geknüpft werden (Umsatzrückgang, konkrete Erweiterung des Produktportfolios, wie etwa dessen Verdoppelung, Umsatzzahlen etc.). Um die Interessen des Vertragshändlers hinreichend zu berücksichtigen, muss der Hersteller dem Vertragshändler eine Änderung des Vertragsgebiets mit angemessener Vorlaufzeit ankündigen. Üblicherweise zahlt der Hersteller an den Vertragshändler zudem einen Ausgleich bzw. eine Abfindung.

940 Grundsätzlich besteht auch die Möglichkeit, das Vertragsgebiet mittels einer Änderungskündigung zu verändern. Bei einer Änderungskündigung handelt es sich um eine Kündigung des gesamten Vertragsverhältnisses seitens des Herstellers, verbunden mit dem Angebot an den Vertragshändler, einen neuen Vertrag zu den geänderten Bedingungen (geändertes

[370] BGH VIII ZR 125/98, NJW 2000, 515, 516; BGH VIII ZR 195/82, NJW 1984, 1182.

Vertragsgebiet) abzuschließen. Der Hersteller geht mit einer Änderungskündigung allerdings ein Risiko dahingehend ein, dass der Fortbestand des – geänderten – Vertragshändlerverhältnisses von der Zustimmung des Vertragshändlers abhängt. Nimmt dieser das Angebot, unter geänderten Bedingungen weiter zusammenzuarbeiten, nicht an, so beendet die Änderungskündigung den Vertragshändlervertrag. Ein etwa bestehender Ausgleichsanspruch analog § 89b HGB wird durch das Ausschlagen des Angebots zum Abschluss des neuen Vertragshändlervertrages nicht eingeschränkt.[371] Eine unzulässige Teilkündigung kann in eine Änderungskündigung umgedeutet werden, wenn der Hersteller seinen Willen zur Beendigung des Vertragshändlervertrages klar zum Ausdruck gebracht hat.[372]

d) *Exklusivität*

Häufig gewährt der Hersteller dem Vertragshändler ein exklusives Vertriebsrecht. In derartigen Fällen ist empfehlenswert, dass die Parteien genau definieren, was mit „Exklusivität" gemeint ist, da dieser Begriff unterschiedliche Bedeutungen haben kann und der Begriff der Exklusivität bzw. Ausschließlichkeit gesetzlich nicht geregelt ist. **941**

- Exklusivität kann bedeuten, dass der Hersteller verpflichtet ist, keine anderen Vertragshändler oder Vertriebsmittler innerhalb des Vertragsgebiets zu beliefern. **942**
- Exklusivität kann zudem aber auch bedeuten, dass der Hersteller keine Direktverkäufe an andere Vertriebsmittler oder Endverbraucher innerhalb des Auftragsgebiets ausführt. **943**
- Exklusivität kann darüber hinaus auch bedeuten, dass der Vertragshändler verpflichtet ist, seinen gesamten Bedarf an Vertragsprodukten ausschließlich beim Hersteller zu decken (Alleinbezugspflicht). **944**
- Ferner kann die Frage auftauchen, ob der Hersteller verpflichtet ist, Maßnahmen zu ergreifen, um den Vertragshändler in einem ihm allein zugewiesenen Gebiet vor Konkurrenz zu schützen. **945**

Sofern die Parteien versäumt haben, den Begriff der Exklusivität genauer zu definieren, muss im Streitfall durch Auslegung ermittelt werden, was die Parteien bei Vertragsabschluss tatsächlich gewollt haben. Der BGH hat festgestellt, dass der Begriff Alleinvertriebsrecht oder Alleinverkaufsrecht in Ermangelung einer präzisierenden Definition durch die Vertragsparteien im Regelfall bedeutet, dass nur der Vertragshändler während der Dauer des Vertragshändlervertrages im Vertragsgebiet mit Vertragsware des Her- **946**

---

[371] BGH VIII ZR 30/06, NJW 2007, 3493.
[372] OLG Köln 13 U 50/89, VersR 1989, 1148.

steller beliefert wird. Dem Hersteller ist es zudem verwehrt, seine Ware im Vertragsgebiet an einen Dritten (Handelsvertreter oder Vertragshändler) zu liefern oder die Vertragsware im Vertragsgebiet selbst zu vertreiben (Direktgeschäfte).[373] Ist zur Exklusivität im Vertragshändlervertrag nichts geregelt, oder sogar ausdrücklich klargestellt, dass die Zusammenarbeit auf nicht-exklusiver Basis erfolgt, ist der Hersteller berechtigt, andere Vertriebsmittler im Vertragsgebiet einzusetzen oder selbst (mittels Direktgeschäften) im Vertragsgebiet tätig zu werden.

947 Allerdings kann Streit darüber entstehen, in welchem Umfang der Hersteller im Vertragsgebiet mittels Direktgeschäften selbst tätig werden darf und zum Vertragshändler – auch im Falle nicht gewährter Exklusivität – in Wettbewerb zu treten. Wo in derartigen Fällen die Grenze liegt, lässt sich pauschal nicht beantworten. Je stärker der Vertragshändler in die Absatzorganisation des Herstellers eingegliedert ist, desto mehr hat der Hersteller auf die Interessen seines Vertragshändlers Rücksicht zu nehmen.[374]

948 **Praxishinweis:**

Beabsichtigen Sie als Hersteller, neben einem eingeschalteten Vertragshändler selbst im Vertragsgebiet tätig zu werden (durch Direktgeschäfte über den eigenen Außendienst), sollten Sie ein klare vertragliche Regelung schaffen, die den Umfang der Direktgeschäfte regelt – beispielsweise durch die Benennung bestimmter Kunden oder Kundengruppen, sofern kartellrechtlich zulässig.

III. Pflichten der Parteien

1. Pflichten des Vertragshändlers

949 Die Rechte und Pflichten eines Vertragshändlers sind gesetzlich nicht geregelt. Das Handelsvertreterrecht kann diese Lücke (in analoger Anwendung) nur teilweise schließen. Die wesentlichen Pflichten eines Vertragshändlers werden daher aus allgemeinen Treuepflichterwägungen abgeleitet, denen im Grundsatz beide Vertragsparteien unterliegen. Zudem hat die Rechtsprechung den Pflichtenkatalog erweitert.

950 **Rücksichtnahmepflicht**: Der Vertragshändler muss auf die Interessen des Herstellers Rücksicht nehmen. Je fester der Vertragshändler in die Absatzorganisation des Herstellers eingegliedert ist, desto stärker ausgeprägt ist seine Pflicht, die Interessen des Herstellers wahrzunehmen.

---

373 BGH VIII ZR 116/67, BB 1970, 99, 100.
374 BGH VIII ZR 165/92, BB 1994, 885.

> **Praxishinweis:** 951
> Die Interessen- und Treuepflicht des Vertragshändlers ist durch die Rechtsprechung nicht mit Blick auf jeden individuellen Einzelfall hinreichend präzisiert. Von daher ist es empfehlenswert, dass die Parteien im Vertragshändlervertrag ausdrücklich festlegen, was der Unternehmer vom Vertragshändler erwartet.

Förderungspflicht: Der Vertragshändler ist verpflichtet für einen möglichst nachhaltigen Absatz der Vertragsprodukte zu sorgen. Der Vertragshändler muss sich hierzu aktiv um Absatzmöglichkeiten bemühen, den Markt beobachten, ggf. Messen besuchen, sein Personal schulen, Werbung machen und ggf. ein ausreichendes Warenlager vorhalten. 952

> **Praxishinweis:** 953
> Die Absatzförderpflicht erfordert es nur, dass der Vertragshändler sich bemüht. Einen bestimmten Absatzerfolg schuldet er nicht. Daher sollte der Hersteller konkrete Mindestabnahmepflichten des Vertragshändlers im Rahmen des kartellrechtlich Zulässigen im Vertragshändlervertrag festschreiben.

Beibehaltung der Rechtsform: Aus der allgemeinen Treuepflicht des Vertragshändlers folgt, dass dieser seine Unternehmung nicht ohne Zustimmung des Herstellers in eine andere Rechtsform umwandelt (beispielsweise von einer Kapitalgesellschaft in eine Personengesellschaft oder umgekehrt). Grund hierfür ist, dass der Vertragshändler nach einer Umwandlung möglicherweise gegenüber dem Hersteller nur noch beschränkt haften würde. Aus einer solchen Umwandlung können sich außerordentliche Kündigungsrechte des Herstellers ergeben.[375] 954

Schutz von Geschäfts- und Betriebsgeheimnissen: Dem Vertragshändler ist es nicht gestattet, ihm anvertraute oder ihm im Rahmen seiner Tätigkeit für den Hersteller bekannt gewordene Betriebsgeheimnisse an Dritte weiterzugeben. Es ist selbstredend, dass dies dann nicht gilt, wenn die Weitergabe derartiger Informationen oder Daten gerade erforderlich ist, damit der Vertragshändler seine Pflichten (Produktvertrieb) erfüllen kann. 955

> **Praxishinweis:** 956
> Diese Geheimhaltungspflicht des Vertragshändlers erstreckt sich auch ohne ausdrückliche Regelung im Vertragshändlervertrag auf die Zeit nach Beendigung des Vertragsverhältnisses. Sofern Betriebsgeheimnisse öffentlich

[375] BGH VIII ZR 214/75, BB 1978, 982f.

bekannt werden – ohne dass dies auf einer pflichtwidrigen Weitergabe durch den Vertragshändler beruht –, erlischt die Geheimhaltungspflicht des Vertragshändlers insoweit.

957 **Berichterstattungspflicht**: Der Vertragshändler ist verpflichtet, den Hersteller über seine Tätigkeit auf dem Laufenden zu halten.

958 **Praxishinweis:**

Ob diese Berichterstattungspflicht des Vertragshändlers besteht und wie weit sie geht, ist durch die Rechtsprechung bislang nicht geklärt. Schreiben Sie daher im Vertragshändlervertrag genau fest, worüber der Vertragshändler den Hersteller unterrichten muss. Neben Markt- und Wettbewerbslage und Umsatz kann der Hersteller z.B. auch ein Interesse daran haben, regelmäßig Lagerbestand und Liquidität des Vertragshändlers abfragen zu dürfen. Allerdings können weitgehende Informationspflichten dazu führen, dass der Vertragshändler an den Hersteller Kundendaten übermittelt, was bei Vertragsbeendigung zu einer analogen Anwendung von §89b HGB führen und einen Ausgleichsanspruch des Vertragshändlers auslösen kann.

959 **Mindestabnahmeverpflichtung**: Eine Mindestabnahmepflicht des Vertragshändlers besteht nur dann, wenn sie ausdrücklich vereinbart ist. In Alleinvertriebsverträgen werden häufig – sozusagen als Gegenstück für den Alleinvertrieb – Mindestabnahmepflichten vereinbart. Dies soll sicherstellen, dass der Hersteller mit einem bestimmten Produktabsatz planen kann. Mindestabnahmepflichten können auch in Formularverträgen (also in AGB) wirksam vereinbart werden, sofern sie den Vertragshändler nicht knebeln und nicht wettbewerbswidrig sind. Sofern der Vertragshändler mehr als 80% seiner gesamten Einkäufe vom Lieferanten (Hersteller) bezieht, muss geprüft werden, ob sich eine solche Klausel mit der Vertikal-GVO in Einklang befindet und damit kartellrechtlich zulässig ist.[376]

960 **Pflicht zu verbindlichen Vorausbestellungen**: Der Hersteller kann ein billigenswertes Interesse daran haben, dass der Vertragshändler zu Zwecken der Produktionsplanung verbindliche Vorausbestellungen gegenüber dem Hersteller aufgibt. Die Annahme dieser Bestellungen durch den Hersteller ist häufig im Vertragshändlervertrag schon pauschal geregelt oder erfolgt durch die Auslieferung der Vorausbestellung. In Individualverträgen bestehen keine Bedenken gegen derartige Regelungen, während derartige Regelung in Formularverträgen (AGB) unwirksam sein können.[377]

[376] Zu Einzelheiten *Dau*, in Schultze/Wauschkuhn/Spenner/Dau/Kübler, Der Vertragshändlervertrag, 5. Aufl. 2016 Rn. 182-188 und Rn. 418ff.
[377] OLG Hamm WM 1979, 1294f.

Freies Belieferungsrecht: Das Recht, dass der Hersteller dem Vertragshändler ohne Bestellung Vertragsprodukte liefert (wie etwa im Zeitschriftenhandel), kann vertraglich lediglich dann wirksam vereinbart werden, wenn der Hersteller dem Vertragshändler ein entsprechendes Rückgaberecht (Remissionsrecht) zugesteht.[378] **961**

Verpflichtung zur Lagerhaltung: Um eine lückenlose Versorgung mit Vertragsprodukten im Vertragsgebiet zu gewährleisten, kann der Hersteller ein Interesse daran haben, dass der Vertragshändler sich verpflichtet, ein Warenlager (und/oder Ersatzteillager) vorzuhalten. Grundsätzlich ist dies möglich; der Vertragshändler trägt sowohl das Risiko, als auch die Kosten für die Lagerhaltung.[379] Bei Beendigung des Vertragsverhältnisses kann der Hersteller unter Umständen die Pflicht haben übrige Ersatzteile und Waren zurückzunehmen.[380] **962**

Pflicht zur Erbringung von Kundendienst- und Garantieleistungen: Der Hersteller kann auch ein billigenswertes Interesse daran haben, dass seine Vertragshändler Reparaturen und Kundendienstleistungen erbringen. In bestimmten Branchen, wie etwa der Automobilindustrie (Vertragswerkstätten namhafter Automobilhersteller) oder im Hausgerätebereich (Kundendienst von Küchenmaschinenherstellern) ist dies weit verbreitet. Eine derartige Verpflichtung des Vertragshändlers bedarf aber einer entsprechenden vertraglichen Vereinbarung.[381] **963**

Kein unlauterer Wettbewerb: Aus der Treuepflicht folgt, dass der Vertragshändler unlauteren Wettbewerb gegenüber dem Hersteller unterlassen muss. Er darf insbesondere ohne Zustimmung des Herstellers keine Konkurrenzprodukte vertreiben oder herstellen und sich z.B. auch nicht als Gesellschafter an einem Wettbewerber des Herstellers beteiligen. **964**

2. Pflichten des Herstellers

Für den Hersteller besteht zuvorderst die Pflicht, dass er den Vertragshändler tatsächlich mit den Vertragsprodukten beliefert. Daneben ergeben sich für den Hersteller eine Reihe weiterer Pflichten, die als Nebenpflichten zu der hauptvertraglichen Lieferverpflichtungen stehen. **965**

Treuepflicht: Aus der engen vertraglichen Bindung zwischen Vertragshändler und Hersteller ergibt sich die Verpflichtung des Herstellers, dass er auf die Interessen des Vertragshändlers Rücksicht nimmt. Auch insoweit **966**

---

[378] BGH DB 1982, 638, 639.

[379] BGH KVR 3/85, GRUR 1986, 750, 752.

[380] Vgl. → Rn. 1026 f.

[381] Hierzu und zu den Möglichkeiten und Grenzen der vertraglichen Gestaltung, vgl. *Dau*, in Schultze/Wauschkuhn/Spenner/Dau/Kübler, a.a.O., Rn. 201 – 212.

gilt: je enger der Vertragshändler in die Absatzorganisation des Herstellers eingebunden ist (beispielsweise über Marketing, Berichterstattungspflichten oder Exklusivitätsbindungen) desto mehr muss der Hersteller auf die Interessen des Vertragshändlers Rücksicht nehmen. Abstrakt lässt sich der Inhalt der Treuepflicht nicht umreißen und festlegen.

967 **Informationspflicht**: Aus der Treuepflicht leitet sich ab, dass der Hersteller den Vertragshändler über für ihn wichtige Umstände unterrichten muss. Dies gilt insbesondere für absehbare Produktionsengpässe, Produktmodifikationen, Preisänderungen, Qualitätsprobleme oder Anwendungsfehler. Teilweise wird die Informationspflicht sogar auf den vorvertraglichen Zeitraum erstreckt. Dies hat zur Folge, dass der Hersteller bereits vor Abschluss des Vertragshändlervertrages über Umstände informieren muss, die für den Vertragshändler erkennbar wichtig sind (beispielsweise über den Auslauf einer wichtigen Lizenz).[382] Sofern dem Vertragshändler durch eine Verletzung der (Informations-)Pflicht ein kausaler Schaden entsteht, ist der Hersteller zum Ersatz dieses Schadens verpflichtet, § 280 Abs. 1 BGB[383]. Ein solches Szenario ist beispielsweise denkbar in dem Fall, indem der Hersteller den Vertragshändler nicht rechtzeitig über einen Produktionsengpass unterrichtet und dieser seine Kunden dadurch nicht beliefern kann.

968 **Zur Verfügung stellen von Verkaufsunterlagen**: Der Vertragshändler hat Anspruch, vom Hersteller regelmäßig mit Unterlagen wie Katalogen, Prospekten, Verkaufs- und Kundendienstanleitungen oder sonstige Werbematerialien versorgt zu werden. Sofern die Parteien vertraglich nicht geregelt haben, wer die Kosten derartiger Materialien trägt, trifft die Kostenlast den Vertragshändler. Ohne vertragliche Vereinbarung besteht aber weder eine Verpflichtung des Herstellers den Vertragshändler und dessen Mitarbeiter zu schulen noch dazu, Werbung im Vertragsgebiet zu schalten.

969 **Gleichbehandlungspflicht**: Unter bestimmten Voraussetzungen kann dem Hersteller die Pflicht obliegen, seine Vertragshändler gleich zu behandeln, wenn er für ein Vertragsgebiet mehrere Vertragshändler ernannt hat und diese dadurch in unmittelbaren Wettbewerb stehen.

3. Lieferverpflichtung des Herstellers

970 In der Praxis taucht immer wieder die Frage auf, ob und in wie weit der Hersteller den Vertragshändler mit Produkten beliefern muss, also, ob er jede Bestellung des Vertragshändlers anzunehmen und auszuführen hat. Konkrete vertragliche Regelungen fehlen üblicherweise in Vertrags-

[382] OLG Düsseldorf 16 U 14/00, OLGR 2001, 339.
[383] BGH I ZR 126/85, NJW-RR 1987, 873.

händlerverträgen. Dies hängt damit zusammen, dass die Parteien bei Vertragsschluss nicht daran denken, dass derartige Fragen einer Belieferungspflicht des Herstellers später zu Streit führen können – haben doch beide Parteien zunächst ein großes Interesse daran eine möglichst große Zahl an Vertragsprodukten zu verkaufen. In der Praxis zeigt sich jedoch, dass insbesondere bei Produktionsengpässen, bei Qualitätsproblemen oder einer Produktionsumstellung derartige Fragen einer Belieferungspflicht auftauchen können, insbesondere dann, wenn der Hersteller die Bestellungen bestimmter Vertragshändler auf Kosten anderer vorrangig behandelt.

a) *Keine willkürliche Ablehnung von Bestellungen*

Aus dem Konzept des Vertragshändlervertrages als Rahmenvertrag folgt **971** grundsätzlich, dass unter diesem durch Bestellung und Bestellbestätigung Einzelkaufverträge abgeschlossen werden können. Grundsätzlich kann der Hersteller also entscheiden, ob er eine Bestellung des Vertragshändlers annimmt und ausführt. Aus der Treuepflicht folgt indes, dass dieser Grundsatz nur bis zur Grenze der Willkür gilt. Wann die Ablehnung einer Bestellung durch den Hersteller willkürlich ist, hängt von den Umständen des Einzelfalls ab. Insoweit gilt, dass aus einem Alleinvertriebsrecht zugunsten des Vertragshändlers, das mit einer Mindestabnahmeverpflichtung zu Lasten des Vertragshändlers kombiniert wird, eine relativ starke Verpflichtung des Herstellers resultiert, den Vertragshändler regelmäßig und fortlaufend mit Vertragsprodukten zu beliefern. In diesem Fall kann die Dispositionsbefugnis des Herstellers sogar so weit zurücktreten, dass er seinen exklusiven Vertragshändler gegenüber anderen (nicht exklusiven Vertragshändlern und/oder solchen ohne Mindestabnahmeverpflichtung) bevorzugt beliefen muss.[384] Auch insoweit gilt, dass die Parteien bei Vertragsschluss möglichst genau definieren sollten, wann und in welchen Fällen die Belieferungspflicht des Herstellers entfällt. Klar ist, dass in Musterverträgen (AGB) die Lieferverpflichtung des Herstellers nicht komplett ausgeschlossen werden kann. Unwirksam ist auch eine Klausel, wonach der Hersteller jederzeit und grundlos von bereits bestätigten Bestellungen zurücktreten kann.[385] Genauso wenig kann der Hersteller in Musterverträgen z.B. seine Haftung für Lieferverzögerungen ausschließen. Zulässig ist es hingegen, wenn er seine Lieferpflicht unter den Vorbehalt verfügbarer Kapazität oder ausreichenden Lagervorrat stellt.[386]

[384] BGH VIII ZR 86/71, BB 1972, 193.
[385] BGH VII ZR 214/83, NJW 1985, 623.
[386] BGH VII ZR 165/92, NJW 1994, 1060.

972 **Praxishinweis:**
Der Hersteller sollte darauf achten, dass er die Belieferung mit Vertragsprodukten nicht vorbehaltlos zusagt. Hierzu eignen sich Formulierungen wie „solange Vorrat reicht" oder „nach Maßgabe verfügbarer Lieferkapazität".

b) Belieferung bei Lieferengpässen

973 Sofern der Hersteller die Bestellungen seiner Vertragshändler z.B. durch Produktionsengpässe oder mangels Rohstoffverfügbarkeit nicht vollständig erfüllen kann, stellt sich die Frage, ob und in wie weit er die verfügbaren Vertragsprodukte seinen unterschiedlichen Vertragshändlern zuteilt. Der Grundsatz der Gleichbehandlung besagt, dass der Vertragshändler die verbleibenden Produkte *pro rata* oder nach Bestelleingang (*first come, first served*) zuteilen sollte.[387] Besondere Umstände – wie etwa die Gewährung von Alleinvertriebsrechten in Kombination mit Mindestabnahmeverpflichtungen gegenüber bestimmten Vertragshändlern – können von diesem Grundsatz der Gleichbehandlung eine Abweichung rechtfertigen oder ggf. sogar verlangen.

4. Verpflichtung zur Belieferung mit Ersatzteilen

974 Die Praxis zeigt, dass in Vertragshändlerverhältnissen immer wieder Fragen rund um Ersatzteillieferungen des Herstellers auftreten. In Ermangelung besonderer vertraglicher Vereinbarungen stellt sich z.B. häufig die Frage, ob der Vertragshändler vom Hersteller verlangen kann, dass dieser ihn mit Ersatzteilen beliefert. Darüber hinaus kann die Frage auftauchen, ob der Vertragshändler vom Hersteller verlangen kann, dass Letzterer ihm im Falle von Mängeln Ersatzteile liefert, anstatt dass der Hersteller das mangelhafte Vertragsprodukt selbst nachbessert. Auch nach Vertragsbeendigung stellen sich derartige Fragen, etwa dann, wenn der Vertragshändler vom Hersteller verlangen kann, dass dieser ihn (zumindest noch für eine gewisse Zeit) nach Vertragsende mit Ersatzteilen beliefert. Umgekehrt kann auch die Frage auftauchen, ob der Hersteller verpflichtet ist, bei Beendigung ein noch bestehendes Ersatzteillager des Vertragshändlers zurückzukaufen.

a) Belieferung mit Ersatzteilen

975 Häufig versäumen es die Parteien eine klare Regelung dazu zu treffen, ob der Vertragshändler vom Hersteller eine Belieferung mit Ersatzteilen

[387] OLG München 7 U 1805/83,WM 1985, 362.

verlangen kann. Es kommt dann auf den Einzelfall an und auf die Auslegung des zwischen den Parteien geschlossenen Vertragshändlervertrages. Die Auslegung, die den Parteiwillen ermitteln soll, kann je nach Branche, Produkttyp und Einzelfall variieren.[388]

Werden Ersatzteile beispielsweise über einen separaten Produktkanal vertrieben (etwa über eigens eingerichtete Servicewerkstätten), besteht im Regelfall kein Anspruch des Vertragshändlers, dass er in Ermangelung einer vertraglichen Vereinbarung, ebenfalls mit Ersatzteilen beliefert wird. **976**

Praxishinweis: **977**

Definieren Sie den Umfang der Vertragsprodukte eindeutig und klar. Sofern der Vertragshändler auch zum Vertrieb von Ersatzteilen ermächtigt werden soll, sollte insoweit eine klare Auflistung (Ersatzteiltypen und jeweiliger Preis) im Vertragshändlervertrag bzw. dessen Anlagen enthalten sein.

b) Pflicht zur Lieferung von Ersatzteilen bei Mängeln

Eine andere Frage ist, ob – wenn ein Vertragsprodukt mangelhaft ist – der Vertragshändler vom Hersteller anstatt einer Nacherfüllung die Lieferung eines oder mehrere Ersatzteile verlangen kann. Grundsätzlich hat der Vertragshändler als Käufer des Vertragsprodukts einen Mängelgewährleistungsanspruch gegen den Hersteller (Verkäufer), §§ 437 Nr. 1 und 439 BGB. Der Hersteller ist auch verpflichtet die Kosten der Nacherfüllung (Ein- und Ausbau, Transportkosten etc.) zu tragen. Es mag indessen Fälle geben, in denen der Hersteller lediglich zur Nacherfüllung bereit ist, der Vertragshändler allerdings das Ersatzteil selbst einbauen möchte. Eine Pflicht des Hersteller in diesen Fällen ein Ersatzteil zu liefern, lässt sich allenfalls aus einer konkludenten Vereinbarung zwischen den Parteien oder ggf. aus einer marktbeherrschenden Stellung des Hersteller ableiten (§§ 19, 20 GWB und Art. 102 AEUV). Im Ergebnis wird dies allerdings nur in den seltensten Fällen zu einer Ersatzteillieferpflicht des Herstellers führen. Der Vertragshändler ist daher in Ermangelung besonderer vertraglicher Abreden auf die allgemeinen gesetzlichen Gewährleistungsvorschriften und die Nacherfüllungspflicht des Herstellers beschränkt. **978**

c) Nachvertragliche Belieferung mit Ersatzteilen

Sofern überhaupt eine Verpflichtung des Herstellers besteht, den Vertragshändler mit Ersatzteilen zu beliefern, endet eine derartige Pflicht üblicherweise mit der Beendigung des Vertragshändlervertrages. Dies gilt **979**

[388] LG Köln 83 O 26/97, NJW-RR 1999, 1285.

aber nicht, wenn der Vertragshändler vor Beendigung des Vertragshändlervertrages beim Hersteller Ersatzteile bestellt hat. Diese vor Beendigung des Vertragshändlervertrages abgeschlossenen Einzelkaufverträge über Ersatzteile müssen – zumindest sofern keine außerordentliche Kündigung vorliegt – auch nach Beendigung des Vertragshändlervertrages noch ausgeführt werden. Gleiches gilt selbstverständlich, wenn die Parteien zwar vor Beendigung des Vertragshändlervertrages keine Einzelkaufverträge mehr abgeschlossen haben über die Belieferung von Ersatzteilen im Vertrag aber eine Regelung vorgesehen ist, dass der Vertragshändler noch für eine bestimmte Übergangsfrist nach Vertragsbeendigung mit Ersatzteilen beliefert werden muss.

980 **Praxishinweis:**

Treffen Sie klare Regelungen für Ersatzteillieferungen, und zwar für die Frage, ob Ersatzteile geliefert werden müssen und für wie lange (Übergangsfrist von z.B. 3 Monaten nach Vertragsende).

981 Eine Pflicht des Herstellers, den Vertragshändler noch nach Beendigung des Vertragshändlervertrages mit Ersatzteilen zu beliefern, kann sich auch aus einer marktbeherrschenden Stellung oder dem Diskriminierungsverbot (Art. 102 AEUV und §§ 19, 20 GWB) ergeben. Von einem missbräuchlichen Ausnutzen einer marktbeherrschenden Stellung ist etwa auszugehen, wenn es keine Wettbewerber gibt, welche die Ersatzteile herstellen und der Hersteller die Belieferung des Vertragshändlers mit Ersatzteilen ohne sachlich gerechtfertigten Grund verweigert.[389]

5. Die Vergütung des Vertragshändlers

982 Der Vertragshändler erhält vom Hersteller keine „direkte" Vergütung für seine Tätigkeit. Der Vertragshändler ist typischerweise selbst Hersteller und kauft die Produkte des Herstellers im eigenen Namen und verkauft sie auf eigene Rechnung weiter. Provisionszahlungen, wie sie etwa der Handelsvertreter erhält, stehen dem Vertragshändler daher nicht zu. Die Gegenleistung bzw. Vergütung, die der Vertragshändler erhält, liegt daher (i) in der Handelsmarge die der Vertragshändler durch den Weiterverkauf der Vertragsprodukte erzielt, (ii) in der Möglichkeit die Marken des Hersteller zu nutzen und ggf. darin (iii) Aufwendungsersatz für gewisse Tätigkeiten zu erhalten.

[389] Vgl. EuGH C-22/78 ECR 1979, GRUR Int 1980, 46 (*Hugin Kassaregister*).

a) Handelsmarge

Der Hauptbestandteil der Vergütung des Vertragshändlers liegt in der vom Hersteller gewährten Handelsmarge, also der Differenz zwischen Einkaufspreis und Verkaufspreis. Diese Differenz abzüglich der Kosten für verwaltende Tätigkeiten, Lagerhaltung, Marketing, Logistik und Personal u.a. sind der Reingewinn des Vertragshändlers. Der Vertragshändler hat es letztlich selbst in der Hand, seine Marge durch Festlegung des Weiterverkaufspreises an den Kunden zu beeinflussen. **983**

Praxishinweis: **984**

Der Hersteller kann lediglich eine unverbindliche Preisempfehlung oder allenfalls eine Preisobergrenze für den Weiterverkaufspreis vorgeben. Eine starre Vorgabe bzgl. des Weiterverkaufspreises des Vertragshändlers an den Kunden ist eine unzulässige Preisabsprache und kartellrechtlich verboten. Vermeiden Sie daher tunlichst Vorgaben, die auf derartige Bindungen oder Preisabsprachen deuten.

In der Praxis taucht immer wieder die Frage auf, ob und in wieweit der Hersteller seine Verkaufspreise für die Vertragsprodukte einseitig ändern kann. Einseitige Preisänderungen sind grundsätzlich unzulässig. Vereinbarte vertragliche Regelungen – und hierzu gehört auch eine Vereinbarung über die Produktpreise – können grundsätzlich nur durch übereinstimmende Willenserklärungen, d.h. im gegenseitigen Einvernehmen geändert werden. Eine Möglichkeit, mit welcher der Hersteller sich eine gewisse Flexibilität erhalten kann, liegt darin, dass er im Vertrag auf seine jeweils allgemein gültige Preisliste Bezug nimmt auf die dann der Händlerrabatt eingeräumt wird. Der BGH hat festgestellt, dass in einem solchen Fall keine einseitige Preisänderung vorliegt, da die Vertragsparteien durch die Bezugnahme auf die jeweils gültige Preisliste des Herstellers die Preise für die Vertragsprodukte nicht von vorne herein festgelegt haben.[390] **985**

b) Markennutzung

Üblicherweise vergütet der Hersteller den Vertragshändler auch dadurch, dass er ihm das Recht einräumt, die Marke bzw. den Markennamen während der Vertragsdauer zu nutzen. Die Sogwirkung einer starken Marke kann zu einer erheblichen Absatzsteigerung führen, insbesondere dann, wenn die Kunden aus eigenem Antrieb an den Vertragshändler herantreten und Produkte beziehen. **986**

[390] BGH VIII ZR 153/83, BB 1985, 1223-1225.

c) Aufwendungsersatzanspruch des Vertragshändlers

987 Ersatz von Aufwendungen des Vertragshändlers (etwa Kosten für Telefon und Internet, Reisekosten, Kfz-Kosten, Mietaufwendungen, Gehälter) kann dieser vom Hersteller nur dann verlangen, wenn die Parteien eine entsprechende vertragliche Regelung getroffen haben. Einen Handelsbrauch, nach dem der Hersteller dem Vertragshändler derartige Aufwendungen separat vergüten muss, existiert nicht.

988 **Praxishinweis:**

Achten Sie aus Herstellersicht auf ausreichende Absicherung. Der Hersteller sollte darauf achten, dass er seinen Kaufpreisanspruch gegen den Vertragshändler für den Fall von dessen Insolvenz absichert. Dies kann mittels Bankakkreditiv, Bank- oder Konzernbürgschaft – soweit der Vertragshändler Teil eines liquiden Großkonzerns ist – geschehen. Die wohl einfachste und herkömmlichste Sicherungsoption für den Hersteller ist indes die Vereinbarung eines Eigentumsvorbehalts.

IV. Typische Nebenvereinbarungen in Vertragshändlerverträgen

1. Unterhaltung eines Lagers

989 Der Hersteller verlangt vom Vertragshändler häufig, dass dieser ausreichend Lagerkapazität vorhält (z.B. in einem Sideletter, einer Zusatzvereinbarung oder einer Anlage). Eine derartige vertragliche Verpflichtung kann als Konsignationswarenlager oder als Eigenlager ausgestaltet werden. Während die Vertragsprodukte eines Eigenlagers im Besitz und Häufig auch im Eigentum des Vertragshändlers stehen, ist Wesensmerkmal des Konsignationswarenlagers, dass dieses in einer vom Hersteller angemieteten Halle oder sogar auf dessen Firmengrundstück eingerichtet wird. Die Waren bleiben solange im Eigentum des Herstellers bis der Vertragshändler sie aus dem Konsignationswarenlager entnimmt. Die Unterhaltung eines Konsignationswarenlagers ist mit relativ hohen Kosten für den Hersteller verbunden, während Kosten und Liquiditätsrisiko eines Eigenlagers vom Vertragshändler getragen werden. Der Konsignationswarenlagervertrag endet im Grundsatz automatisch mit der Beendigung des Vertragshändlerverhältnisses.[391] Dennoch ist empfehlenswert, dass die Parteien Laufzeit

[391] Vgl. *Manderla*, in Martinek/Semler/Flohr, Hdb. des Vertriebsrechts, 4. Aufl. 2016, § 25 Rn. 33.

und Beendigungsmöglichkeiten eines Lagervertrages ausdrücklich regeln, um Streit hierüber zu vermeiden.[392]

2. Betrieb einer Service- und Reparaturwerkstatt

In bestimmten Branchen, namentlich beim Vertrieb von Kfz, Haushalts- **990**
geräten oder Uhren, verlangt der Hersteller vom Vertragshändler häufig den Betrieb eines Servicepoints und/oder einer Werkstatt. Eine Verpflichtung zum Betrieb einer Service- oder Reparaturwerkstatt kann ohne vertragliche Vereinbarung (als Annex zum Vertragshändlervertrag) nicht angekommen werden. Folglich ist es erforderlich, in einem Service- und Werkstättenvertrag – der freilich eine Anlage des Vertragshändlervertrags sein kann – die Einzelheiten des Betriebs der Werkstatt, der Ersatzteilbelieferung und vor allem auch das Schicksal von Restlagerbeständen nach Ende des Vertragshändlervertrags zu regeln.

V. Kartellrechtliche Vorgaben

Vertragliche Regelungen in Vertragshändlerverträgen können – vor allem **991**
vertikale – Wettbewerbsbeschränkungen darstellen und daher kartellrechtlich unzulässig sein. Um die meist empfindlichen Rechtsfolgen eines Kartell- oder Wettbewerbsverstoßes zu umschiffen, müssen Hersteller die einschlägigen kartellrechtlichen Vorgaben im Blick haben. Nicht jede Wettbewerbsbeschränkung ist indessen auch verboten. Nicht-spürbare Eingriffe in den Wettbewerb werden, sofern bestimmte Voraussetzungen erfüllt sind (insbesondere keine Verletzung von Kernbeschränkungen), vom Kartellrecht hingenommen.[393] Ferner sind bestimmte Wettbewerbsbeschränkungen durch die sog. Vertikal-GVO freigestellt.[394] Nachfolgend werden einige praxisrelevante Konstellationen beleuchtet.

1. Alleinbezugsverpflichtung

Unter einer Alleinbezugsverpflichtung ist eine Verpflichtung des Ver- **992**
tragshändlers zu verstehen, nach der dieser seinen Bedarf an bestimmten Produkten, Produktgruppen oder Dienstleistungen für einen bestimmten Zeitraum ausschließlich vom Hersteller beziehen muss. Eine Alleinbe-

[392] Zur Pflicht des Herstellers, nach Vertragsende nicht abgesetzte Waren eines vom Vertragshändler eingerichteten Eigenlagers zurückzukaufen→ Rn. 1027.
[393] Vgl. *De-minimis*-Bekanntmachung der Europäischen Kommission.
[394] Verordnung (EU) Nr. 330/2010 vom 20. April 2010.

zugsverpflichtung beschränkt grundsätzlich den Wettbewerb. Wenn der Vertragshändler mehr als 80% seines Bedarfs an den entsprechenden Produkten vom Hersteller bezieht, ist eine Alleinbezugsverpflichtung für die Dauer von maximal 5 Jahren zulässig. Deckt der Vertragshändler indessen weniger als 80% seines Bedarfs an den Produkten durch einen Bezug vom Hersteller, ist eine derartige Alleinbezugsverpflichtung ohne zeitliche Grenze zulässig.[395]

2. Alleinvertriebsrecht

993 Unter einem Alleinvertriebsrecht versteht man die Verpflichtung des Herstellers, die Vertragsprodukte ausschließlich einem Vertragshändler für ein bestimmtes ihm zugewiesenes Vertragsgebiet zu verkaufen. Häufig wird dem Vertragshändler gleichzeitig untersagt, die Vertragsprodukte aktiv in andere Vertragsgebiete zu verkaufen. Ein Alleinvertriebsrecht stellt eine Wettbewerbsbeschränkung dar, die allerdings freistellungsfähig ist, sofern weder der Hersteller auf seinem Absatzmarkt noch der Vertragshändler auf seinem Bezugsmarkt jeweils mehr als 30% Marktanteil haben.[396] Verboten ist jedoch der passive Verkauf in andere Vertragsgebiete. Das bedeutet, dass der Hersteller dem Vertragshändler nicht verbieten darf, Kunden aus einem anderen Vertragsgebiet zu beliefern, wenn diese von sich an den Vertragshändler herantreten.[397]

3. Wettbewerbsverbot

994 Verpflichtungen des Vertragshändlers keine Waren oder Dienstleistungen herzustellen, zu beziehen oder zu vertreiben die mit den Vertragsprodukten des Herstellers in Wettbewerb stehen, sind maximal für die Dauer von 5 Jahren zulässig.[398]

4. Nachvertragliches Wettbewerbsverbot

995 Ein nachvertragliches Wettbewerbsverbot, wonach der Vertragshändler sich verpflichtet, Waren oder Dienstleistungen nach Beendigung des Vertragshändlervertrags nicht herzustellen, zu beziehen, zu kaufen oder weiterzuverkaufen, ist gemäß Art. 5 (3) d) Vertikal-GVO maximal für die Dauer eines Jahres nach Vertragsende zulässig. Notwendig ist, dass das

---

[395] Vgl. Art. 1 (1) d) i.V.m. Art. 5 (1) a) Vertikal-GVO.
[396] Leitlinien für vertikale Beschränkungen, Rn. 152.
[397] Leitlinien für vertikale Beschränkungen, Rn. 51.
[398] Art. 5 (1) a) Vertikal-GVO.

Wettbewerbsverbot (i) sich nur auf Waren oder Dienstleistungen bezieht, die mit den Vertragswaren oder -dienstleistungen im Wettbewerb stehen; (ii) sich auf Räumlichkeiten und Grundstücke beschränkt, von denen aus der Vertragshändler während der Vertragslaufzeit seine Geschäfte betrieben hat und (iii) dazu dient, vom Hersteller auf den Vertragshändler übertragenes *Know-how* zu schützen.[399]

5. Internetvertrieb

Klauseln in Vertragshändlerverträgen, wonach der Vertragshändler keinen Internetverrieb unterhalten darf, sind unzulässig. Die europäische Kommission setzt Online-Handel über das Internet mit Passivverkäufen gleich. Demzufolge sind auch Mengenbeschränkungen (wonach der Vertragshändler beispielsweise nicht mehr als 40% seines Umsatzes online machen darf) oder *dual pricing* (wonach der Vertragshändler für Produkte, die er online verkauft beim Hersteller einen höheren Einkaufspreis zahlen muss) unzulässig.[400] Zulässig ist es hingegen, wenn die Parteien im Vertragshändlervertrag eine absolute Zahl an Vertragsprodukten vereinbaren, die der Vertragshändler offline vertreiben muss (d.h. am POS), sofern dem Online-Handel – also den über das Internet verkauften Warenmengen – insoweit keine Grenze gesetzt wird. Zudem kann der Hersteller vom Vertragshändler verlangen, dass dieser eine bestimmte Anzahl an Verkaufsläden (*retail stores*) unterhält.[401] 996

6. Preisobergrenzen und unverbindliche Preisempfehlungen

Unverbindliche Preisempfehlungen des Herstellers oder die Angabe von Höchstpreisen sind keine Kernbeschränkungen und daher grundsätzlich freigestellt und damit zulässig. Dies gilt jedoch unter der Einschränkung, dass sich vorgegebene Höchstpreise oder unverbindliche Preisempfehlungen des Herstellers für den Vertragshändler faktisch nicht wie Fest- oder Mindestkaufpreise auswirken dürfen. Dies könnte etwa dann der Fall sein, wenn der Hersteller dem Vertragshändler durch die Gewährung von Anreizen oder die Ausübung faktischen Zwangs dazu bringt, zwingend einen bestimmten Preis aufzurufen.[402] 997

---

[399] Art. 5 (3) Vertikal-GVO.
[400] Leitlinien für vertikale Beschränkungen, Rn. 52 (d).
[401] Leitlinien für vertikale Beschränkungen, Rn. 54.
[402] Art. 4 a) Vertikal-GVO.

VI. Die Beendigung von Vertragshändlerverträgen

998 Neben der Kündigung können Vertragshändlerverträge durch Aufhebungsvereinbarung, Insolvenz (§§ 115, 116 InsO) und im Ausnahmefall – sofern der Vertragshändler eine natürliche Person ist – auch durch dessen Tod beendet werden. Sofern die Parteien eine feste Vertragslaufzeit vereinbart haben, und eine solche – bei formularmäßiger Verwendung – keine unangemessene Benachteiligung gemäß § 307 Abs. 1 BGB darstellt, endet der Vertragshändlervertrag mit Ablauf der Vertragslaufzeit. In Fällen, in denen eine extrem lange oder extrem kurze Vertragsdauer vereinbart wurde und dies eine unangemessene Benachteiligung gemäß § 307 Abs. 1 BGB darstellt, gilt der Vertrag als auf unbestimmte Zeit geschlossen. Es finden dann in der Regel die Kündigungsfristen des Handelsvertreterrechts analoge Anwendung, § 89 HGB. Ungewöhnlich lange Vertragsbindungen können hingegen gemäß § 138 Abs. 1 BGB sittenwidrig und damit ebenfalls unwirksam sein. So wurde beispielsweise eine vertragliche Bindung zur Abnahme von Bierlieferungen über mehr als 20 Jahre als unwirksam erachtet.[403] In der Praxis werfen Fragen rund um die ordentliche und außerordentliche Kündigung eines Vertragshändlervertrags häufig Probleme auf.

1. Ordentliche Kündigung

999 Gerichte haben in der Vergangenheit die gestaffelten Kündigungsfristen, die gem. § 89 HGB für Handelsvertreter gelten, unter bestimmten Voraussetzungen auch auf Vertragshändlerverträge angewendet.[404] Voraussetzung für die analoge Anwendung von § 89 HGB auf Vertragshändler ist, dass der Vertragshändler einem Handelsvertreter ähnliche Aufgaben ausübt. Die Voraussetzungen hierfür werden von der Rechtsprechung relativ niedrig angesetzt – anders etwa als bei der analogen Anwendung des § 89b HGB (hierzu unten). Ausreichend kann es schon sein, dass der Vertragshändler einer Mindestabnahmeverpflichtung unterliegt, Marktbeobachtungs- und Berichtspflichten gegenüber dem Hersteller hat oder vertraglich verpflichtet ist, die Zahlungsfähigkeit von Kunden und potentiellen Kunden zu überprüfen.[405] In Einzelfällen – insbesondere dann, wenn der Vertragshändler signifikante Investitionen getätigt hat – können die in § 89 HGB vorgesehenen Kündigungsfristen allerdings auch zu kurz

[403] BGH VIII ZR 14/71, NJW 1972, 1459 (20 Jahre); OLG Köln 22 O 369/91, NJW-RR 1994, 242 (10 Jahre).
[404] BGH VII ZR 202/60, NJW 1962, 1107.
[405] BGH VII ZR 95/01, NJW 2003, 98, 99.

sein. Dies kann zu einer Anwendung von § 624 BGB führen, insbesondere dann, wenn es um die Kündigung eines auf unbestimmte Zeit geschlossenen Vertragshändlervertrages geht und die ordentliche Kündigungsmöglichkeit explizit ausgeschlossen wurde. Letztlich kann die Kündigung von Vertragshändlerverhältnissen auch durch kartellrechtliche Vorgaben (§ 19 ff. GWB) und das AGB-Recht (§ 307 BGB) beeinflusst werden, was im Einzelfall zu prüfen ist.

Praxishinweis: 1000

Als Daumenregel gilt, dass je nach bisheriger sowie vertraglich vorgesehener Laufzeit und unter Beachtung der vom Vertragshändler getätigten Investitionen in den meisten Fällen eine Kündigungsfrist von 3 bis 6 Monaten angemessen sein dürfte.

2. Außerordentliche Kündigung

Wie jedes Dauerschuldverhältnis können auch Vertragshändlerverträge 1001
fristlos außerordentlich gekündigt werden. Insoweit wird § 89a HGB üblicherweise analog angewendet, wobei man für die Frage unter welchen Voraussetzungen ein Vertragshändlervertrag außerordentlich gekündigt werden kann, genauso gut auch auf § 314 BGB zurückgreifen könnte. Erforderlich ist, dass ein wichtiger Grund für die außerordentliche Kündigung vorliegt. Dies ist dann der Fall, wenn es dem kündigenden Teil unter Berücksichtigung aller Umstände des Einzelfalls und unter Abwägung der beiderseitigen Interessen nicht zumutbar ist, das Vertragsverhältnis bis zur vereinbarten Beendigung oder bis zum Ablauf einer ordentlichen Kündigungsfrist fortzusetzen. Insoweit kommt es auf eine Gesamtabwägung aller Umstände an.

Praxishinweis: 1002

Regeln Sie außerordentliche Kündigungsgründe im Vertragshändlervertrag. Dies ist deshalb von besonderer Bedeutung, weil es keine spezifischen gesetzlichen Vorgaben für die Kündigung von Vertragshändlerverhältnissen gibt und der behelfsmäßige Rückgriff auf andere Vorschriften des HGB und BGB oft keine abschließende Rechtssicherheit bringt.

1003

Gerichte haben festgestellt, dass insbesondere die folgenden Umstände wichtige Kündigungsgründe für den Hersteller darstellen:

- Einstellung des Betriebs der Reparaturwerkstatt durch den Fachhändler (Automobilsektor);

- Insolvenz des Vertragshändlers;
- Verletzung von Buchhaltungs- und Zahlungspflichten beim Weiterverkauf der Waren aus einem Konsignationswarenlager;
- Anhaltende grobfahrlässige oder absichtliche Nichtbeachtung von Vertriebspflichten;
- Verletzung von Vertraulichkeitspflichten;
- Unbefugte Entfernung des vom Hersteller angebrachten Produktlabels;
- Rechnungsmanipulation oder betrügerisches Verhalten des Vertragshändlers.

Als wichtige Kündigungsgründe auf Seiten des Vertragshändlers sind u.a. die folgenden Umstände anerkannt:

- Ernennung weiterer Vertriebsmittler im Vertragsgebiet entgegen eines vom Hersteller gewährten Alleinvertriebsrechts;
- Ausführung von Direktgeschäften durch den Hersteller entgegen einer von diesem gewährten Exklusivität, die gerade auch Direktgeschäfte des Hersteller ausschließt;[406]
- Willkürliche Ablehnung von Bestellungen;
- Willkürliche Behinderung der Vertriebsaktivitäten des Vertragshändlers, insbesondere einseitige Verkleinerung des dem Vertragshändler zugewiesenen Vertragsgebiets.

Es ist zulässig, wichtige Kündigungsgründe im Vertragshändlervertrag zu definieren.[407] Dies hilft, Unklarheiten darüber zu vermeiden, ob in einem konkreten Fall tatsächlich ein außerordentlicher Kündigungsgrund vorliegt oder nicht. Sofern Vertragshändlerverträge formularmäßig verwendet werden und damit AGBs sind, müssen sich die im Vertrag für eine außerordentliche Kündigung definierten wichtigen Gründe an der Inhaltskontrolle des AGB-Rechts messen lassen. Bei sehr einseitigen Gründen, die eine Vertragspartei zur außerordentlichen Kündigung berechtigen, ist das Risiko einer unangemessenen Benachteiligung erhöht.

1004 **Praxishinweis:**

Machen Sie durch das Wort „insbesondere" deutlich, dass bestimmte vertraglich definierte Kündigungsgründe lediglich beispielhafte Aufzählungen sind und im Übrigen das Gesetzesrecht und die Rechtsprechung zu den §§ 314 BGB und 89a HGB ergänzend Anwendung finden sollen.

[406] BGH VIII ZR 47/92, NJW-RR 1993, 678, 682.
[407] BGH I ZR 117/90, NJW-RR 1992, 1059.

VII. Der Ausgleichsanspruch des Vertragshändlers

Obgleich gesetzlich nicht geregelt, ist mittlerweile durch die Rechtsprechung anerkannt, dass einem Vertragshändler bei Beendigung des Handelsvertretervertrages ein Ausgleichsanspruch zustehen kann. Die Rechtsprechung wendet hierzu § 89b HGB analog an und zwar dann, wenn folgende Voraussetzungen erfüllt sind: Das Vertragsverhältnis zwischen dem Hersteller und dem Vertragshändler erschöpft sich nicht lediglich in einer bloßen Verkäufer-Käuferbeziehung, wodurch der **Vertragshändler in die Absatzorganisation des Herstellers eingegliedert** ist und er dadurch wirtschaftlich einem Handelsvertreter vergleichbare Aufgaben zu erfüllen hat. Zudem muss der Vertragshändler verpflichtet sein, dem Hersteller **bei Vertragsende seinen Kundenstamm zu übertragen**, so dass der Hersteller sich die Vorteile des Kundenstamms sofort und ohne weiteres nutzbar machen kann.[408] **1005**

1. Eingliederung des Vertragshändlers in die Absatzorganisation des Herstellers

Die analoge Anwendung des § 89b HGB setzt voraus, dass der Vertragshändler ähnlich einem Handelsvertreter in die Absatzorganisation des Herstellers eingebunden ist. Dies ist dann der Fall, wenn der Vertragshändler Vertriebspflichten übernommen hat, die typischerweise auch einem Handelsvertreter obliegen.[409] Der BGH hat Indizien für die Eingliederung des Vertragshändlers in das Vertriebssystem des Herstellers entwickelt. Diese müssen nicht kumulativ und vollständig vorliegen. Vielmehr ist erforderlich, dass der Vertragshändler nach dem Gesamtbild des Vertrages in die Absatzorganisation des Herstellers eingebunden ist. So soll es beispielsweise nicht ausreichen, wenn dem Vertragshändler neben einem Alleinvertriebsrecht verbunden mit einer Alleinbezugsverpflichtung keine konkreten Vertriebs- und Marketingpflichten auferlegt wurden.[410] Hingegen kann es ausreichend sein, wenn dem Vertragshändler neben einem Alleinvertriebsrecht für ein bestimmtes Vertragsgebiet eingehende Information- und Berichterstattungspflichten auferlegt worden sind.[411] Folgende Indizien können für eine Eingliederung des Vertragshändlers in die Absatzorganisation des Herstellers sprechen: **1006**

408 BGH VIII ZR 41/93, NJW 1994, 657, 658; BGH II ZR 73/57, NJW 1959, 144, 145.
409 BGH VIII ZR 352/04, NJW-RR 2007, 1327, 1328.
410 BGH I ZR 244/86, BB 1988, 1770.
411 BGH I ZR 51/90, NJW-RR 1992, 421, 422.

- Alleinvertriebsrecht,
- Konkurrenz- und Wettbewerbsverbot zu Lasten des Vertragshändlers,
- Mindestabnahmeverpflichtung von Produkten des Herstellers,
- Auditrechte des Herstellers (Zutritt zu Geschäfts- und Lagerräumen des Vertragshändlers),
- Berichterstattungspflicht des Vertragshändlers (insbesondere, wenn diese ins Einzelne geht),
- Pflicht zur Befolgung von Richtlinien und Empfehlungen des Herstellers für den Verkauf,
- Pflicht zur Einrichtung von geeigneten Geschäfts- und Werkstatträumen,
- Herausstellen des Markennamens des Herstellers,
- Pflicht zur Schulung von Mitarbeitern,
- Pflicht zur Durchführung von Kundendienst- und Reparaturleistungen,
- Pflicht zur Einrichtung von Vertragswerkstätten,
- Einrichtung eines Lagers.

2. Überlassung von Kundendaten

1007 Weitere Analogievoraussetzung für die Anwendung von § 89b HGB auf Vertragshändlerverhältnisse ist, dass dem Vertragshändler die vertragliche Pflicht obliegt, bei Vertragsende seinen Kundenstamm auf den Hersteller zu übertragen, so dass der Hersteller sich die Vorteile des Kundenstamms sofort und ohne weiteres nutzbar machen kann.[412] Es ist indessen anerkannt, dass eine ausdrückliche vertragliche Verpflichtung zur Übertragung des Kundenstamms nicht erforderlich ist.

1008 – Eine vertragliche Verpflichtung zur Übertragung von Kundendaten soll schon dann gegeben sein, wenn der Vertragshändler die Pflicht hat regelmäßige (Marketing-)Berichte an den Hersteller zu übermitteln, die Kundendaten enthalten und den Hersteller in die Lage versetzen, aufgrund dieser Kundendaten die Identität der Kunden herauszufinden.[413]

1009 – Weiter ist anerkannt, dass die Verpflichtung, Kundendaten an den Hersteller zu übertragen nicht ausdrücklich im Vertragshändlervertrag genannt sein muss. Vielmehr ist es ausreichend, dass sich eine derartige

---

[412] BGH VIII ZR 352/04, BB 2007, 1586.
[413] BGH VII ZR 172/92, NJW-RR 1994, 99, 100.

Pflicht auch indirekt aus dem Vertrag ergibt, z.B. dadurch, dass der Vertragshändler dem Hersteller Zugang zu Konten oder assistierenden Vertriebssystemen gewährt oder Vertriebsberichte mit entsprechenden Informationen verfasst.[414]

- Ferner soll es ausreichend sein, wenn der Vertragshändler der Verpflichtung unterliegt, sonstige Informationen an den Hersteller zu übermitteln, die es für den Hersteller möglich machen, die Kunden zu identifizieren (wie etwa Zulassungsdaten bei Autos).[415] **1010**
- Nicht ausreichend für die analoge Anwendung von § 89b HGB ist es hingegen, wenn der Vertragshändler lediglich einzelne Anfragen des Herstellers mit Blick auf bestimmte (wichtige) Kunden beantwortet. Grund hierfür ist, dass der Vertragshändler in Ermangelung einer vertraglichen Pflicht, die Herausgabe von Kundendaten gegenüber dem Hersteller verweigern kann.[416] **1011**
- Daher ist § 89b HGB auch dann nicht analog anwendbar, wenn der Vertragshändler Kundendaten ohne vertragliche Pflicht lediglich deshalb herausgegeben hat, weil der Hersteller hierfür einen wirtschaftlichen Anreiz (z.B. Rabatte) zugesagt hat.[417] **1012**
- Die analoge Anwendung von § 89b HGB ist auch dann ausgeschlossen, wenn der Vertragshändler verpflichtet ist, Kundendaten an eine Dritte Partei (beispielsweise eine Marketingagentur) herauszugeben. Dies gilt selbst dann, wenn dieser Dritte die Daten für den Hersteller verwendet. Ist der Dritte hingegen verpflichtet, die Kundendaten wiederum an den Hersteller herauszugeben, liegt eine bloße Umgehung und damit eine Überlassung von Kundendaten ggü. dem Hersteller vor.[418] **1013**
- Unerheblich für die analoge Anwendung von § 89b HGB ist indessen, ob die Verpflichtung des Vertragshändlers zur Übertragung von Kundendaten auf den Hersteller erst im Laufe des Vertragsverhältnisses entstanden ist oder bereits bei Abschluss des Vertragshändlervertrages bestand.[419] **1014**
- Die Verpflichtung zur Übertragung von Kundendaten kann grundsätzlich auch stillschweigend oder durch konkludentes Verhalten und durch fortdauernde Übung entstehen.[420] **1015**

---

414 BGH I ZR 59/79, NJW 1981, 1961, 1962.
415 BGH I ZR 146/80, NJW 1982, 2819, 2820.
416 BGH VIII ZR 41/93, NJW 1994, 657, 658.
417 BGH VIII ZR 41/93, NJW 1994, 657, 658.
418 BGH VIII ZR 283/96, NJW-RR 1998, 390, 391.
419 BGH I ZR 185/75, NJW 1977, 896.
420 BGH VIII ZR 172/92, NJW-RR 1994, 99, 100.

1016 – Für die analoge Anwendung von § 89b HGB kommt es nicht darauf an, ob der Hersteller die Kundendaten auch tatsächlich nutzt. Ausreichend ist allein, dass er die Möglichkeit zur Nutzung hat.[421]

1017 – Unerheblich für die analoge Anwendung von § 89b HGB ist auch, ob die Weitergabe von Kundendaten ausschließlich im Herstellerinteresse lag oder möglicherweise im Interesse beider Parteien.[422] Gleichsam ist auch der Zweck, zu dem die Kundendaten übertragen wurden unerheblich (Überwachung des Vertragshändlers, Verkaufsförderung).[423]

1018 – Nach der Rechtsprechung des BGH soll es auch nicht notwendig sein, dass der Vertragshändler alle Kundendaten lückenlos an den Hersteller übermittelt. Notwendig ist vielmehr, dass die vertragliche Vereinbarung zur Übermittlung der Kundendaten zwischen Vertragshändler und Hersteller auf eine möglichst vollständige Kundendatenübermittlung gerichtet ist und der hierfür von den Parteien gewählte Weg nicht ungeeignet ist.[424]

1019 – Sofern der Vertragshändler lediglich 58 % aller Kundendaten an den Hersteller übermittelt hat, soll dies selbst dann nicht ausreichend sein, wenn es sich dabei um diejenigen Kunden handelt, mit denen der Vertragshändler fast seinen gesamten Umsatz erwirtschaftet hat.[425]

3. Voraussetzungen von § 89b HGB

1020 Zusätzlich zu den vorstehend beschriebenen Analogievoraussetzungen müssen für einen Ausgleichsanspruch des Vertragshändlers auch die in § 89b HGB genannten Voraussetzungen vorliegen.[426] Während der Handelsvertreterausgleich auf der Basis der vom Handelsvertreter erhaltenen Provisionen berechnet wird, erfolgt die Berechnung des Vertragshändlerausgleichs auf Basis der Marge zwischen dem Einkaufspreis des Vertragshändlers und dessen Verkaufspreis.

1021 Händlertypische Positionen sind in Abzug zu bringen, da ein Ausgleich lediglich für handelsvertreterähnliche Leistungen und Bemühungen des Vertragshändlers erfolgen soll. Nicht-werbende Vergütungsbestandteile, die typischerweise bei einem Vertragshändler anfallen, müssen daher in Abzug gebracht werden. Dies schließt z.B. Lagerkosten, Transport- und Logistik-

[421] BGH I ZR 86/82, NJW 1984, 2102, 2103.
[422] BGH VIII ZR 172/92, NJW-RR 1994, 99, 100.
[423] BGH I ZR 146/80, NJW 1982, 2819, 2820.
[424] BGH VIII ZR 172/92, NJW-RR 1994, 99, 100.
[425] OLG Schleswig, 28.3.2013, 5 U 59/12 (mit fragwürdiger Begründung); vgl. *Mann*, Commercial Contracts, 2015, Seite 160.
[426] Vgl. → Rn. 857 ff.

kosten, Kosten für Inkasso, Auslieferung, Reparaturwerkstatt, Versicherung sowie Kosten für Gebäude, Elektrizität, IT- und Verwaltungskosten aus. Mit Blick auf die weiteren Berechnungsschritte, insbesondere Abwanderungsquote, Prognosedauer, Abzinsung und Billigkeit und die Berechnung der Obergrenze gilt das zum Handelsvertreterausgleich Gesagte.[427]

VIII. Nachvertragliche Abwicklungsfragen

Die Abwicklung eines beendeten Vertragshändlervertrages wirft häufig diverse Fragen und Probleme auf, insbesondere dann, wenn der Vertragshändler einen hohen Lagerbestand aufgebaut hat oder sich bei ihm noch Ersatzteile oder Werbematerial befinden. Insoweit gilt das Folgende: 1022

1. Rückgabe von Werbematerial

Musterkollektionen und Werbematerial muss der Vertragshändler bei Beendigung des Vertragshändlervertrages an den Hersteller herausgeben, sofern der Vertragshändler diese Gegenstände nicht erworben hat. Hierzu zählen beispielsweise Reparaturanleitungen, Zeichnungen, Pläne, Teilelisten und auch eine Kundenliste, wenn diese ursprünglich vom Hersteller zur Verfügung gestellt wurde. 1023

Praxishinweis: 1024

Regeln Sie die Rückgabemodalitäten möglichst im Vertrag. Damit vermeiden Sie Unklarheiten und Streit über Rückgabeumfang und Kostentragung für die Herausgabe von Werbematerial, Mustern und sonstigen verkaufsassistierenden Gegenständen.

2. Nachvertragliche Belieferungspflicht des Herstellers

Mit Beendigung des Vertragshändlervertrages endet die Pflicht des Herstellers, den Vertragshändler mit den Vertragsprodukten zu beliefern. Nach Ausspruch der Kündigung bis zur tatsächlichen Beendigung des Vertragshändlerverhältnisses (also für die Dauer der Kündigungsfrist) muss der Hersteller den Vertragshändler allerding noch in gewöhnlichem Umfang mit Vertragsprodukten beliefern. Sofern der Vertragshändler nach Ausspruch der Kündigung plötzlich in viel größerem Umfang Waren 1025

[427] Vgl. → Rn. 868ff.

beim Hersteller bestellt, etwa um einen Lagerbestand aufzubauen, muss der Hersteller diese Bestellung weder annehmen noch ausführen. Der Hersteller muss aber Bestellungen, die der Vertragshändler vor Ausspruch der Kündigung aufgegeben hat, ausliefern, selbst wenn das Auslieferdatum auf einen Zeitpunkt fällt, zu dem das Vertragshändlerverhältnis schon beendet ist. Besonderheiten können im Falle einer außerordentlichen Kündigung von Seiten des Herstellers gelten. Je nach Kündigungsgrund kann es im Einzelfall für den Hersteller unzumutbar sein, an den fristlos gekündigten Vertragshändler bereits bestätigte Bestellungen auszuliefern.[428]

3. Rücknahme von Restlagerbeständen durch den Hersteller

1026 Bei Beendigung von Vertragshändlerverträgen taucht in der Praxis auch immer wieder die Frage auf, ob und in wieweit der Hersteller Restlagerbestände und Ersatzteile vom Vertragshändler zurücknehmen bzw. zurückkaufen muss. Aufgrund der Beendigung des Vertragshändlervertrages ist durchaus denkbar, dass der Vertragshändler keine Verwendung mehr für seinen Lagerbestand, vor allem aber für Ersatzteile hat. Gesetzliche Regelungen dazu, ob und zu welchen Konditionen der Hersteller Restbestände und Ersatzteile zurücknehmen muss oder der Hersteller vom Vertragshändler die Rückgabe eines Lagerbestandes verlangen kann, gibt es nicht. Im Wesentlichen gelten die folgenden Grundsätze:

a) Rückkaufsverpflichtung von Restlagerbeständen

1027 Eine Verpflichtung des Herstellers, den Lagerbestand des Vertragshändlers zurückzunehmen, existiert im Grundsatz nicht.[429] Dies soll jedoch anders sein, wenn der Vertragshändler vertraglich verpflichtet wurde, ein Lager zu unterhalten. In diesen Fällen wird eine Pflicht des Herstellers zum Rückkauf verbleibenden Lagerbestands angenommen (i) wenn der Vertragshändler seinen Lagerbestand im Rahmen des üblichen Geschäftsgangs aufgebaut hat und (ii) soweit der Vertragshändler das Lager ausschließlich mit vom Hersteller gekauften Produkten aufgebaut hat[430] und (iii) sofern die Vertragsprodukte unbeschädigt, unbenutzt und originalverpackt sind. In der Regel wird für den Rückkauf der Lagerware ein Abschlag von 10 % für angemessen erachtet, sofern die Beendigung des Vertragshändler-

[428] Zur Pflicht des Herstellers, den Vertragshändler auch nach Abschluss des Vertrages mit Ersatzteilen zu beliefern, → Rn. 852.

[429] Zu Einzelheiten BGH VIII ZR 255/68; NJW 1971, 29, 30 f.

[430] Etwas anderes kann im Automobilbereich gelten, sofern beispielsweise ein Querlieferverbot besteht, BGH VIII ZR 121/04, NJW-RR 2005, 1496, 1503.

vertrages nicht in den alleinigen Verantwortungsbereich des Herstellers fällt (etwa bei einer außerordentlichen, fristlosen Kündigung durch den Vertragshändler auf Grund eines Fehlverhaltens des Herstellers). Überwiegend wird vertreten, dass der Vertragshändler den Hersteller binnen 6 Monaten nach Vertragsende dazu auffordern muss, die verbliebene Vertragsware (Lagerbestand) zurückzukaufen.

Praxishinweis: **1028**

Mangels gesetzlicher Regelungen ist zu empfehlen, dass Sie eine derartige Rückkaufverpflichtung von Vertragswaren und Ersatzteilen vertraglich regeln. Geregelt werden sollte insbesondere der Rückkaufspreis, das Rückkaufprozedere (Notwendigkeit eines Rückkaufverlangens) und die Transportkosten.

b) Recht des Herstellers zum Rückkauf des Lagerbestandes

Auch der umgekehrte Fall tritt in der Praxis immer wieder auf, wonach **1029** der Hersteller den beim Vertragshändler noch vorhandenen Lagerbestand zurückkaufen möchte, damit dieser die Restwaren nicht zu Dumpingpreisen auf den Markt wirft. Ein solches Recht des Herstellers kann sich nur aus einer vertraglichen Abrede ergeben. Insoweit sind – bei formularmäßiger Verwendung von Rückkaufsklauseln – allerdings ABG-rechtliche Grenzen zu beachten. Das bedeutet, dass ein Rückkaufsrecht des Herstellers den Vertragshändler nicht unangemessen benachteiligen darf, was insbesondere mit Blick auf unangemessene Rückkaufsmodalitäten (z.B. betreffend die zeitliche Dauer) der Fall sein kann. Eine Klausel, wonach der Hersteller die Vertragsware zum Verkaufspreis, den er vom Vertragshändler ursprünglich für den Verkauf erhalten hat, zurückkauft und die dem Hersteller eine Entscheidungsfrist von 3 Monaten ab Vertragsbeendigung einräumt, wird als angemessen angesehen werden können.[431]

[431] Vgl. *Wauschkuhn*, Der Vertragshändlervertrag, 3. Aufl. 2009, S. 131 m.w.N.

Sachverzeichnis

Zahlen = Randnummern